"十三五"职业教育国家规划教材

浙江省普通高校"十三五"新形态教材

集装箱运输管理与国际多式联运（第2版）

主　编　方照琪　胡建淼
　　　　陈　晨　周驿雨
副主编　李艳琴　张海霞
主　审　孙秋高
参　编　宣玲玲　潘　杰
　　　　郝国英　杨晓伟
　　　　唐林强

电子工业出版社

Publishing House of Electronics Industry

北京·BEIJING

内 容 简 介

本书遵循项目化任务驱动的编写思路，将知识点分为上、下两篇，上篇共 6 个项目 16 个任务，下篇共 5 个项目 13 个任务，系统论述了集装箱运输管理与国际多式联运的理论和实务，内容如下：集装箱运输认识、集装箱码头及经营管理、集装箱船舶及运行组织、集装箱箱务管理、集装箱货物装载及货运站业务管理、集装箱运输方式管理、国际多式联运概述、国际集装箱运输业务、国际多式联运业务管理、集装箱多式联运收费业务、国际集装箱货物运输相关法规。各项目的理论体系条理清晰，实训内容求实到位。

本书以工作任务为导向，按集装箱运输实务的操作开展项目教学。每个项目及任务由引导案例及分析、任务导读、相关知识、项目拓展、项目小结、思政园地、项目测试与训练 7 部分组成。通过学习和训练，使学生既能够进行各项集装箱运输管理及国际多式联运的实务操作，又可通过移动多媒体技术在移动终端学习拓展课程。

本书可作为物流管理、国际航运业务管理、集装箱运输管理、报关与国际货运、港航行政管理等相关专业的教学用书，同时也可供培训机构、国际运输港航企业、国际船舶代理公司、国际货运代理公司等企业业务人员自学或岗位培训使用。

未经许可，不得以任何方式复制或抄袭本书之部分或全部内容。
版权所有，侵权必究。

图书在版编目（CIP）数据

集装箱运输管理与国际多式联运 / 方照琪等主编. —2 版. —北京：电子工业出版社，2021.1

ISBN 978-7-121-37900-0

Ⅰ.①集… Ⅱ.①方… Ⅲ.①集装箱运输－交通运输管理－高等学校－教材②国际运输－集装箱运输－多式联运－高等学校－教材 Ⅳ.①U169.6

中国版本图书馆 CIP 数据核字（2019）第 259363 号

责任编辑：张云怡　　　特约编辑：田学清
印　　刷：天津画中画印刷有限公司
装　　订：天津画中画印刷有限公司
出版发行：电子工业出版社
　　　　　北京市海淀区万寿路 173 信箱　　邮编 100036
开　　本：787×1092　1/16　　印张：21.5　　字数：556.8 千字
版　　次：2016 年 6 月第 1 版
　　　　　2021 年 1 月第 2 版
印　　次：2025 年 3 月第 13 次印刷
定　　价：65.00 元

凡所购买电子工业出版社图书有缺损问题，请向购买书店调换。若书店售缺，请与本社发行部联系，联系及邮购电话：(010) 88254888，88258888。

质量投诉请发邮件至 zlts@phei.com.cn，盗版侵权举报请发邮件至 dbqq@phei.com.cn。
本书咨询联系方式：(010) 88254573　zyy@phei.com.cn。

前　言

集装箱运输是近年来发展极快的一种运输方式，因其高效率、高度标准化、国际化和信息化而被视作"运输界的一场革命"，其也是现代物流业的一个重要组成部分。随着世界经济贸易的不断发展及集装箱运输技术的不断完善与成熟，国际多式联运已成为运输领域关注的焦点，开展集装箱运输与国际多式联运业务，已成为世界各国各类物流企业的主要发展方向之一。

集装箱运输管理与国际多式联运涉及面广、环节多、工艺复杂，是一项高度系统化的工程，并且具有很强的专业性和竞争性。这就对管理人员和各类从业人员提出了很高的要求，只有全面系统地掌握集装箱运输与国际多式联运的理论知识和专业技术，才能在本职工作中更加出色。为此，我们编撰了这本《集装箱运输管理与国际多式联运》（第2版），将我们多年的工作、教学经验及认识与大家分享，希望对各位同行和即将从业的人员有所帮助。

集装箱运输管理与国际多式联运既是高等院校高端物流类专业技能型人才必须掌握的知识，又是高等院校报关与国际货运专业、集装箱运输管理专业、港口与航运管理专业、航海技术专业等相关专业的一门核心课程。

本书主要根据校企合作、工学结合培养高端技能型人才的要求，遵循能力本位的原则，以理论分析、实战案例讨论与项目实践并重的思路进行编写。本书将知识点分为11个项目29个任务，分为上、下两篇，上篇共6个项目16个任务，下篇共5个项目13个任务，系统论述了集装箱运输管理与国际多式联运的理论和实务，内容如下：集装箱运输认识、集装箱码头及经营管理、集装箱船舶及运行组织、集装箱箱务管理、集装箱货物装载及货运站业务管理、集装箱运输方式管理、国际多式联运概述、国际集装箱运输业务、国际多式联运业务管理、集装箱多式联运收费业务、国际集装箱货物运输相关法规。各项目的理论体系条理清晰，实训内容求实到位，在向学生传授课程知识的同时可以深入学习党的二十大精神，引导他们树立正确的人生观、价值观、理想观、国家观、道德观、法治观。

本书既是国家骨干院校物流管理专业核心课程"集装箱运输实务"的配套教材，又是国家高等职业教育航海技术专业教学资源库"集装箱运输"课程建设、浙江省精品课程"集装箱运输实务"、浙江省精品在线开放课程"集装箱运输实务"的配套教材，还是第二批"浙江省普通高校'十三五'新形态教材"建设项目的配套教材。本书立足于校企合作开发，充分吸收企业资深人员参与编写。本书注重对学生多种能力的培养，充分体现了职业性、实践性和开放性的要求，以及理论与实践一体化的编写思路。

在本书的编写过程中，编写组对"集装箱运输管理与国际多式联运"的教学内容进行了深入思考，力求做到以能力培养为目标、专业性与实用性统一、系统性与全面性兼顾、能力点和知识点相结合，从而培养出高端物流技能型人才。引导案例及分析部分引出了项目任务，再通过任务导读，使学生带着任务学习，这样既能激发学生的学习兴趣，又能促进学生自主学习能力的提高；相关知识部分着重介绍了学生所必须掌握的相关知识；项目拓展部分安排了让学生更深入、更广泛地了解、掌握该项目的相关知识，从而达到拓宽其视野的目的；项目小结部分通过知识思维导图对该项目的知识点及技能点进行了总结，帮助学生系统地复习和巩固；思政园地部分把党的二十大精神及思想政治教育元素和思想政治教育功能融入课堂教学环节；项目测试与训练部分精心筛选了一定数量的习题与实训题，帮助学生提高动手操作能力。另外，本书中的单证和案例均来自企业实际工作，相关的业务流程均依据企业实际工作流程而设立。

本书由浙江交通职业技术学院方照琪副教授、胡建淼副教授、陈晨、周驿雨担任主编，负责全书的统稿、修改、定稿工作；中国物流学会特约研究员、浙江交通职业技术学院现代物流研究所所长孙秋高教授对全书进行了审定。全书共 11 个项目 29 个任务，其中项目 1、项目 2、项目 3、项目 5、项目 7、项目 9、项目 10 由方照琪编写；项目 4 和项目 11 由胡建淼编写；项目 6 由浙江交通职业技术学院宣玲玲编写；项目 8 由浙江交通职业技术学院李艳琴编写，并且其负责课件制作及企业案例的收集与整理；山东交通职业学院张海霞参与项目 4 的部分编写，并负责微课视频的制作；新疆交通职业技术学院潘杰参与项目 9 的部分编写；宁波城市职业技术学院杨晓伟与青岛理工大学郝国英参与项目 1 的部分编写、浙江交通职业技术学院唐林强负责全书思政园地资料的收集与编写。

本书采用目前流行的移动多媒体技术，既可以通过移动终端（如手机等）扫描教材中的二维码进入课程资源平台学习相应的课程，又可以通过智慧职教课程平台学习相应的课程。

本书的完成与相关院校的大力支持是分不开的，借此向付出辛勤劳动的编写人员表示深深的谢意。全书及配套课程的企业案例、企业现场视频由浙江世航乍浦港口有限公司陈晨、善成资源有限公司周驿雨编写与拍摄。同时，本书在编写过程中还得到了宁波大港货柜沈海云总经理、台州安拓海运有限公司王安总经理，以及电子工业出版社张云怡编辑的大力支持，在此表示衷心的感谢。另外，还要感谢参与第 1 版编写工作的上海中侨职业技术学院段雪妍、于文玲两位老师，以及前期参与微课视频拍摄的浙江交通职业技术学院常青丽老师。

本书在编写过程中还参考了国内外的大量文献资料，借鉴了国内外众多学者的研究成果，引用了许多专家学者的资料，在此向他们表示深深的敬意和诚挚的感谢。

由于编者经验和水平有限，书中难免存在不足之处，敬请广大读者、同行和专家批评指正，以使我们再版时更臻完善。

方照琪

目 录

上篇 集装箱运输管理

项目1 集装箱运输认识..................2
- 任务1 集装箱运输认知..................3
  - 一、集装箱运输的发展..................3
  - 二、集装箱运输的特点和优越性..................7
  - 三、集装箱运输系统的组成..................8
  - 四、集装箱运输与现代物流..................12
- 任务2 集装箱认知..................13
  - 一、集装箱的定义及其标准化..................14
  - 二、集装箱的结构..................15
  - 三、集装箱的标记..................20
  - 四、集装箱的类型..................26
- 项目拓展..................31
- 项目小结..................31
- 思政园地..................31
- 项目测试与训练..................32

项目2 集装箱码头及经营管理..................34
- 任务1 集装箱码头认知..................35
  - 一、集装箱码头的特点和要求..................35
  - 二、集装箱码头的布局及设施配置..................36
  - 三、集装箱码头的机械设备..................40
- 任务2 集装箱码头堆场管理..................46
  - 一、堆场箱区划分及箱位编码方式..................46
  - 二、集装箱码头堆场进箱与提箱管理..................50
  - 三、集装箱码头堆场堆存与清场管理..................51
- 任务3 集装箱码头装卸管理..................54
  - 一、集装箱码头装卸工艺系统..................54
  - 二、集装箱码头装卸作业流程..................57
  - 三、集装箱码头各生产环节所需机械数及能力确定...57
- 项目拓展..................57
- 项目小结..................57
- 思政园地..................58
- 项目测试与训练..................59

项目3 集装箱船舶及运行组织..................62
- 任务1 集装箱船舶认知..................63
  - 一、集装箱船舶的种类..................63
  - 二、全集装箱船的结构特点..................64
- 任务2 集装箱船舶配积载..................65
  - 一、集装箱船舶配积载概述...65
  - 二、集装箱船舶配积载图..................67

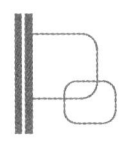

三、集装箱船舶配积载图的编制................77
四、集装箱船舶配积载的基本原则................80
任务3 集装箱船舶运行组织........82
一、航线配船................82
二、确定基本港................83
三、编制船期表................84
四、集装箱船舶运行组织的一般程序................86
项目拓展................87
项目小结................87
思政园地................89
项目测试与训练................90

项目4 集装箱箱务管理................93
任务1 集装箱箱务管理业务........94
一、集装箱配备与调运管理................94
二、集装箱发放与交接................99
三、集装箱堆存与保管................100
四、集装箱灭失、损坏与逾期还箱................101
任务2 集装箱租赁业务................103
一、集装箱租赁及其优点................103
二、集装箱租赁方式及其特点................104
三、集装箱租赁合同及主要条款................105
四、集装箱租箱量的计算与调整................107
项目拓展................109
项目小结................109
思政园地................110
项目测试与训练................111

项目5 集装箱货物装载及货运站业务管理................114
任务1 集装箱货物装载概述................115
一、集装箱货物认知................115
二、集装箱货流................117
三、集装箱货物的交接................120
四、集装箱货物的装载................121
任务2 集装箱货运站业务管理概述................128
一、集装箱货运站的类型及其基本设施................128
二、集装箱货运站的主要功能................130
三、集装箱货运站的业务管理................130
四、集装箱货运站的操作流程................133
五、集装箱货运站的管理要求................133
项目拓展................134
项目小结................134
思政园地................135
项目测试与训练................136

项目6 集装箱运输方式管理................139
任务1 水路集装箱运输................141
一、世界主要海上国际集装箱运输航线................141
二、水路集装箱运输组织................142
任务2 公路集装箱运输................143
一、集装箱运输对公路的要求................143
二、公路集装箱运输货源组织................144
三、公路集装箱运输与多式联运................146

目 录

任务3 铁路集装箱运输............149
 一、铁路集装箱运输货源组织的形式与运输条件........149
 二、铁路集装箱办理站........150
 三、铁路集装箱的中转........151
 四、铁路集装箱的货运程序............152
 五、铁路集装箱货物的交接与责任划分........155
任务4 航空集装箱运输............156
 一、航空集装箱运输中的货物............156
 二、航空集装箱............157
 三、国际航空运输组织及有关当事人............158
 四、集装箱运输对空运的要求............159
 五、我国民航关于国际航空运输的一般规定............159
 六、多式联运下的航空货物运输问题............160
项目拓展............160
项目小结............160
思政园地............162
项目测试与训练............163

下篇 国际多式联运

项目7 国际多式联运概述............166
 任务1 国际多式联运认知........167
  一、国际多式联运的定义与特征............167
  二、国际多式联运的发展......168
  三、国际多式联运的条件和优点............171
 任务2 多式联运经营人及其法律责任............173
  一、多式联运经营人的定义及分类............173
  二、多式联运经营人应具备的基本条件............174
  三、多式联运经营人的法律责任............174
项目拓展............175
项目小结............175
思政园地............176
项目测试与训练............177

项目8 国际集装箱运输业务............180
 任务1 国际集装箱运输出口业务............181
  一、国际集装箱运输的出口程序概述............182
  二、国际集装箱运输出口业务管理............184
  三、国际集装箱运输主要出口单证............189
 任务2 国际集装箱运输进口业务............194
  一、国际集装箱运输的进口程序概述............195
  二、国际集装箱运输进口业务管理............197
  三、国际集装箱运输主要进口单证............202
 任务3 大陆桥运输............204
  一、大陆桥运输认知............204
  二、大陆桥运输路线............205

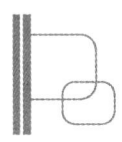

项目拓展 212	项目 11　国际集装箱货物运输相关法规 275
项目小结 212	任务 1　国际海运货物运输法规 .. 276
思政园地 213	一、《海牙规则》 276
项目测试与训练 214	二、《维斯比规则》 281

项目 9　国际多式联运业务管理 220

　　任务 1　国际多式联运单证业务 221
　　　　一、国际多式联运单证的构成与流转程序 221
　　　　二、国际多式联运单据 226
　　任务 2　国际多式联运运营管理 235
　　　　一、国际多式联运组织模式概述 235
　　　　二、国际多式联运组织模式设计 242
　　　　三、国际多式联运货运程序 245
　　项目拓展 246
　　项目小结 247
　　思政园地 247
　　项目测试与训练 248

项目 10　集装箱多式联运收费业务 ... 252

　　任务 1　集装箱运费认知 253
　　　　一、集装箱运费的基本结构 253
　　　　二、集装箱不同交接方式下的运费构成 255
　　任务 2　集装箱运费计算 256
　　　　一、集装箱海运运费计算 257
　　　　二、集装箱内陆运费计算 264
　　项目拓展 269
　　项目小结 269
　　思政园地 270
　　项目测试与训练 272

　　　　三、《汉堡规则》 283
　　任务 2　国际铁路与公路货物运输法规 286
　　　　一、国际铁路货物运输法规 286
　　　　二、国际公路货物运输法规 294
　　任务 3　国际航空货物运输法规 298
　　　　一、国际航空货运公约概述 299
　　　　二、国际航空货运公约的主要内容 299
　　任务 4　国际多式联运法律法规 303
　　　　一、国际多式联运法律法规概述 303
　　　　二、《联合国国际货物多式联运公约》 305
　　　　三、我国《国际集装箱多式联运管理规则》 309
　　项目拓展 311
　　项目小结 312
　　思政园地 312
　　项目测试与训练 314

附录 A　国际标准集装箱参数表 316

附录 B　集装箱运输管理与国际多式联运常用单证 321

附录 C　世界集装箱港口吞吐量前 20 强 334

参考文献 336

上篇

集装箱运输管理

Project 1 项目 1 集装箱运输认识

知识目标

1. 熟悉集装箱运输发展的概况及特点。
2. 了解集装箱运输发展与现代物流发展的关系。
3. 掌握集装箱的定义和类别,熟悉集装箱的标记。

能力目标

1. 了解集装箱运输的优势及其在现代物流发展中的巨大作用。
2. 会根据集装箱图识别集装箱的类别和标记。
3. 能够根据货物的性质选择合适的集装箱进行运输。

思政目标

1. 尊重知识和历史,了解民族与世界。
2. 学会用发展的眼光看待事物间的联系。
3. 培育并践行社会主义核心价值观。

引导案例及分析

港口集装箱运输对区域经济的推动

在世界经济和贸易全球化及运输现代化的推动下,港口的作用和功能不断被强化,现代港口正朝着全方位增值服务中心的方向发展。最早,港口作为海陆转运节点,后来临港工业的发展显示出其工业功能。进入20世纪80年代后,港口进一步显示出其现代物流和贸易功能,成为物流的重要节点和国际贸易的服务基地。

由于港口功能的不断强化,港城关系也日益紧密,港口在促进城市就业和区域经济发展中发挥着日益重要的作用。美国53%的居民居住在离海岸线80km的区域内。中国香港的海运及相关产业对中国香港GDP的贡献率为20%,对财政收入的贡献率为50%,并为60多万人创造了就业岗位。鹿特丹港对就业的贡献率为5.4%,对GDP的贡献率为6.8%。新加坡港对全国GDP的贡献率为13%。在中国,港口的作用也十分突出。距离可通航2万吨级船舶的港口200km内的60多个城市,其外贸进出口总额占全国的85%。天津港每万吨吞吐量可创造26个就业岗位,为GDP贡献120万元。这些数据充分说明,港口特别是综合性枢纽港,不仅可以拉动城市经济和就业的增长,还可以增强城市的聚集力,强化其向国内外的辐射功能。港口是城市发展的核心资源,是建设国际化都市的核心内容。

集装箱运输的经济性、安全性、可靠性和准时性较高,对自然环境的影响小,是现代交通运输发展的代表;集装箱运输的综合产业链长、影响范围大,明显促进了城市的发展。正是集装箱运输的这些特征,以及其规模化的发展,使其成为与港口吞吐量相当,甚至比港口吞吐量更加重要的港口城市发展指标,得到了各个港口城市的大力支持,成为城市发展的核心资源。

问题:
1. 集装箱运输、国际贸易和现代物流之间的关系如何?
2. 集装箱运输有什么优越性?
3. 港口集装箱运输对区域经济发展有什么推动作用?

Mission 任务 1　集装箱运输认知

任务导读

集装箱运输是将货物装在集装箱内,以集装箱作为一个货物集合(成组)单元,进行装卸、运输(包括船舶运输,铁路、公路、航空运输,以及这几种运输方式的联合运输)的运输工艺和运输组织形式。目前,集装箱运输已经进入以国际远洋船舶运输为主,以铁路、公路、江河运输为辅的国际多式联运的新时期。

通过学习本任务,我们可以进一步了解集装箱运输的发展与特点,掌握集装箱运输系统的组成,熟悉集装箱运输与现代物流的关系,更加深入地认识集装箱运输。

任务:你作为一名货代公司的新职员,在从事具体的集装箱运输业务前你对集装箱运输了解了多少?通过查找文献等方式,总结并完成集装箱运输现状及发展趋势的课程报告。

一、集装箱运输的发展

(一)集装箱运输产生的原因

海上集装箱运输自20世纪50年代中后期在我国出现以来已经有60多年的历史了。现在,全世界共有100多个国家和地区开展了集装箱运输,并将其发展成一个完整的运输体

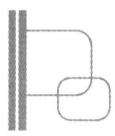

系。事实证明，这种现代化运输方式的出现和发展极大地推动了国际贸易和海上运输事业的发展，可以说"集装箱运输是一场新的运输革命"。

海上集装箱运输是在传统件杂货运输方式的基础上产生和发展起来的，是为了克服传统运输方式固有的缺陷而提出的一个全新的运输概念。我们知道，传统件杂货运输的基本特征是整个运输装卸过程都是以"件"为单位的，这是一种小而杂乱的货运单位。这一特征使该运输方式存在以下难以克服，甚至是无法克服的缺陷。

1. 无法实现整个件杂货运输系统的机械化、自动化

整个运输系统要实现机械化、自动化的重要前提是货物的标准化（货运单位的标准化）。而传统的件杂货运输方式恰恰不具备这样的前提，以至长期停留在依赖大量人工操作的状态。

2. 船舶装卸效率低，船舶在港停泊时间长，船舶的周转速度慢

这一缺陷主要是由于传统件杂货运输方式不能实现全过程的机械化、自动化。船舶在装卸作业时无法采用大型高效的装卸机械，无法提高装卸效率，以至延长了船舶在港的停泊时间，最终也就无法加快船舶的周转速度、提高船舶的运输能力。

3. 劳动强度大，货损货差多，货运质量很难得到保证

传统件杂货运输方式对人工操作的依赖性很大。例如，做关、拆关、堆垛等作业都需要大量的劳动力，致使工人的劳动强度增加。

在传统件杂货运输方式中，货物的包装较为简单，通常由生产单位用普通纸或板进行包装，因此作业时往往会损坏包装，影响货物质量。另外，货物在堆存保管时也处于单件状态，数量多，往往容易被窃或遗失。

4. 货物的装卸、运输作业受自然条件影响大，增加了码头的压力，给船期安排、泊位利用等组织、调度工作带来了困难

传统件杂货运输方式存在的缺陷，已无法与迅速发展的社会生产力相适应，必须从根本上加以改变。因为这些缺陷从根本上说都是由传统的货运单位造成的，所以解决的办法就是变"小而杂乱"的货运单位为"大而统一"的货运单位，进而为实现机械化、自动化创造条件。货物运输成组化的出现正是适应了这种需要，而尤以集装箱这种成组方式较为理想。

（二）国际集装箱运输的发展沿革

集装箱运输历经漫长的岁月而逐渐发展成为先进的现代化运输方式。追溯集装箱运输的起源，可以发现它具有悠久的历史。集装箱运输的发展经历了 5 个时期，即萌芽期、开创期、成长期、扩展期、成熟期。

1. 集装箱运输的萌芽期（1830 年至 1956 年）

在英国工业革命过程中，运输业发展出现了因人力装卸费时费力而与先进的运输工具不相适应的问题。为了解决这一问题，1830 年英国铁路首先应用了一种装煤的容器，这也是首次在铁路上使用大容器来运输货物，1853 年美国铁路也采用了容器装运法。由于当时还是工业化初期，这种大容器运输货物的方法受到了种种条件的限制，后来被迫中止使用。

正式使用集装箱是在20世纪初期。1900年，英国铁路上首先出现了较为简单的集装箱运输。1917年，美国在铁路上试行集装箱运输。随后在短短的10余年间，德国、法国、日本、意大利相继出现了集装箱运输。20世纪30年代，公路运输得到了迅速发展。由于公路运输机动灵活，适宜送货上门，深受货主的欢迎，这使铁路运输受到了一定的影响。于是，两种运输方式产生了激烈的竞争，影响到铁路和公路的集装箱联运，致使集装箱运输的优越性未能充分发挥。再加上开展集装箱运输所需投资大等原因，直至20世纪40年代末，集装箱运输的发展速度仍然很慢。

2. 集装箱运输的开创期（1956年至1966年）

1956年4月，美国泛大西洋船公司在一艘T-2型油船的甲板上设置了一个可装载58只35ft（英尺，1英尺=0.3048米）集装箱的平台，并将此油船命名为"马科斯顿"号，其航行于纽约—休斯敦航线上。经过3个月的试运行，"马科斯顿"号获得了巨大的经济效益，平均每吨货物的装卸费从原来的5.83美元下降到0.15美元。事实证明，集装箱运输可以大幅度降低运输成本，也可以获得较高的经济效益，从而显示了集装箱运输的巨大优越性。因而，该公司于1957年10月又将一艘C-2型货船改装成吊装式全集装箱船，将其命名为"盖脱威城"号，载重量9000t，可装载226只35ft集装箱，仍航行于纽约—休斯敦航线上，这是世界上第一艘全集装箱船。从此，海上集装箱运输成为现实。

1960年4月，泛大西洋船公司改名为海陆运输公司。1961年5月，该公司陆续开辟了纽约—洛杉矶—旧金山航线和阿拉斯加航线，从而奠定了在美国国内进行集装箱运输的基础。在此期间，美国的马托松等其他船公司也先后开辟了夏威夷等航线，集装箱运输从此逐步开展起来。

应该指出的是，这一时期所使用的船舶都是由货船改装成的集装箱船，没有专用的集装箱泊位，使用的都是非标准的17ft、27ft和35ft的集装箱，且集装箱运输的航线仅限于美国国内。这是该时期的重要特征。

3. 集装箱运输的成长期（1966年至20世纪70年代初）

1966年4月，海陆运输公司以经过改装的全集装箱船开辟了纽约—欧洲集装箱运输国际航线。1967年9月，马托松船公司将"夏威夷殖民者"号全集装箱船投入日本—北美太平洋沿岸航线。一年以后，日本有6家船公司在日本—加利福尼亚州之间开展集装箱运输。紧接着，日本和欧洲各国的船公司先后在日本、欧洲、美国和澳大利亚等地开展了集装箱运输。

这一时期的重要特征表现在：集装箱运输从美国本土逐步走向国际化；从事集装箱运输的船舶是中小型集装箱船（第一代集装箱船），载箱量为700~1000TEU（Twenty-foot Equivalent Unit）；出现了集装箱专用泊位；集装箱规格趋于国际标准化，集装箱运输统一采用国际标准化组织ISO所规定的20ft、40ft的标准集装箱。

4. 集装箱运输的扩展期（1971年至20世纪80年代末）

由于集装箱运输的高效率、高效益、高质量且便于开展联运等特点和优点，其深受货主、船公司、港口及有关部门的欢迎，发展极其迅速，已扩展到世界各主要航线。1971年年底，全球13条主要航线基本上实现了件杂货集装箱化。集装箱船舶运输能力迅速增强，1970年载箱量约为23万TEU，1983年则达到208万TEU。

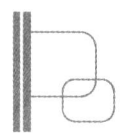

这一时期的重要特征表现在：集装箱船舶运输能力迅速增强，出现了载箱量为3000TEU的第二代集装箱船；随着海上集装箱运输的发展，世界各国普遍建设集装箱专用泊位，到1983年已达到983个集装箱专用泊位；港口设施不断现代化，许多集装箱专用泊位开始配备跨运车、第二代集装箱装卸桥及堆场轮胎式龙门起重机；电子计算机得到了更广泛的应用，管理水平也得到了较大提高；1980年5月在日内瓦通过了《联合国国际货物多式联运公约》，并在美国出现了集装箱多式联运方式。

5. 集装箱运输的成熟期（20世纪80年代末至今）

目前，集装箱运输已遍及全球，发达国家件杂货运输的集装箱化程度已在80%以上。集装箱运输进入成熟期的特征主要表现在以下两个方面。

（1）硬件与软件的成套技术臻于完善。干线全集装箱船向全自动化、大型化发展，出现了2500~4000TEU的第三代和第四代集装箱船。一些大型航运公司纷纷使用大型船组织了环球航线。为了适应大型船停泊和装卸作业的需要，港口大型、高速、自动化装卸桥也得到了进一步发展。为了使集装箱运输从港口向内陆延伸，一些技术先进的国家对内陆集疏运的公路、铁路线和中转场站及车辆、船舶进行了大量的配套建设。在运输管理方面，随着国际法规的日益完备和国际惯例的逐步形成，管理方法日益科学化，管理手段日益现代化。

（2）开始进入"门到门"运输的多式联运阶段。实现多种运输方式的联合运输或多式联运是现代交通运输的发展方向。集装箱运输在这方面具有独特的优势。技术先进的国家建立和完善了集装箱的综合运输系统，综合利用各种运输方式，使集装箱运输突破了传统运输方式的"港到港"概念，为货主提供"门到门"的优质运输服务，从而使集装箱运输的优势得以充分发挥。

目前，集装箱运输虽已进入成熟阶段，但也要看到各国的集装箱运输发展是不平衡的。集装箱运输是资本密集、对管理与技术要求都很高的产业，发展中国家由于资金短缺、人才缺少、起步较晚，一般处于集装箱运输的发展阶段，少数还处于起步阶段。但集装箱运输已广泛应用于国际贸易，发展中国家只有加快引进先进技术与管理经验，并结合本国实际加以消化吸收，才能适应国际贸易发展的需要。

（三）我国集装箱运输的发展概况

我国集装箱运输是从20世纪50年代开始起步的。1955年4月，铁路部门开始开办国内小型集装箱运输。水运部门在1956年、1960年和1972年三次借用铁路集装箱进行短期试运。1973年，中国外轮代理公司、中国远洋运输总公司和中国对外贸易运输总公司共同出面，与日本新和海运株式会社、日新仓库株式会社协商，于同年9月在上海至横滨、大阪、神户等港口之间开始用普通杂货船捎运小型集装箱（8ft×8ft×8ft）。自1973年9月至1975年年底，中日双方共派船89个航次，运载集装箱2399只，运货7503t。其中，进口40个航次，运箱1204只；出口49个航次，运箱1195只。这一阶段的试运既为我国开展国际集装箱运输积累了经验，又培养了一批集装箱运输的业务骨干。

1977年1月，我国交通部成立了集装箱筹备小组，着手在上海、天津和青岛港配备必要的集装箱吊装机械、吊具和运输车辆。与此同时，作为我国集装箱运输主力的中国远洋运输总公司也开始进行集装箱运输的筹备工作。1977—1980年，中国远洋运输总公司先后配置了 7047t 的"平乡城"半集装箱船和 8 艘新滚装船，以及 3 艘二手滚装船和 8 艘半集装箱船，共 5353 个标准箱箱位，形成了初具规模的集装箱船队。

经过几十年的努力，我国集装箱运输经历了从无到有、从小到大的光辉历程。随着我国国民经济的快速发展，以及对外贸易和外向型经济的不断增长，我国集装箱运输发展迅猛。近年来，我国集装箱运输和港口吞吐量以年均 29%左右的速度递增。我国拥有了一支现代化的集装箱船队，建成了一批集装箱专用深水泊位，初步建立了较为通畅的集疏运系统，培养了一批集装箱运输经营管理队伍，使集装箱化的水平明显提升。2020 年，上海、宁波—舟山港、深圳、青岛、中国香港分别位列世界集装箱港口的第一、三、四、六、九位；中国远洋海运集团、中国香港的东方海外集团、中国台湾的长荣海运集团和万海集团也位居世界前二十大班轮公司之列。

二、集装箱运输的特点和优越性

集装箱运输作为一种先进的现代化运输方式，是件杂货运输的发展方向，是交通运输现代化的产物和重要标志。由于集装箱运输具有巨大的优越性，目前集装箱运输发展的热潮已遍及全世界，现对其特点和优越性概述如下。

（一）集装箱运输是一种高效益的运输方式

集装箱运输的高效益主要体现在以下几个方面。

（1）简化包装，大大节省了包装费用。为避免货物在运输途中受到损坏，必须有坚固的包装，而集装箱具有坚固、密封的特点，其本身就是一种极好的包装。使用集装箱可以简化包装，有些货物甚至无须包装，大大节省了包装费用。

（2）减少货损货差，提高货运质量。由于集装箱是一个坚固、密封的箱体，其本身就是一个坚固的包装，货物装箱并铅封后，途中无须拆箱倒载，一票到底，即使经过长途运输或多次换装，也不易损坏箱内货物。集装箱运输可减少因被盗、潮湿、污损等引起的货损货差，深受货主和船公司的欢迎。货损货差的减少还减少了社会财富的浪费，具有一定的社会效益。

（3）减少运营费用，降低运输成本。集装箱的装卸基本上不受恶劣气候的影响，这就使船舶非生产性停泊时间缩短。装卸效率高、装卸时间缩短，对船公司而言，可提高航行率，降低船舶运输成本；对港口而言，可提高泊位通过能力，从而提高吞吐量、增加收入。

（二）集装箱运输是一种高效率的运输方式

在传统的运输方式下，普通货船装卸量一般为每小时 35t 左右，而集装箱船装卸量每小时可达 400t，装卸效率大幅度提高。同时，由于集装箱装卸机械化程度很高，每班组所需装卸工人数很少，平均每个工人的劳动生产率大大提高。

此外，由于装卸效率高，受气候影响小，使船舶在港停留时间大大缩短，船舶的航次时间缩短，船舶周转速度加快，航行率大大提高，船舶生产效率随之提高，从而提高了船舶运输能力，即在不增加船舶艘数的情况下可完成更多的运量，增加船公司的收入。

（三）集装箱运输是一种高投资的运输方式

集装箱运输不仅是一种高效率的运输方式，还是一种资本高度密集的运输方式。首先，

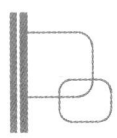

船公司必须对船舶和集装箱进行巨额投资。有关资料表明，集装箱船的造价为普通货船的 3.7~4 倍。其次，对港口进行巨额投资。专用集装箱泊位的码头设施包括码头岸线和前沿、货场、货运站、维修车间、控制塔、门房及集装箱装卸机械等，耗资巨大。最后，为开展集装箱多式联运，还要有相应的内陆设施及内陆货运站等。为了配套建设，需要兴建、扩建、改造、更新现有的公路、铁路、桥梁等，这方面的投资更是惊人。

可见，如果没有足够的资金开展集装箱运输，那么实现集装箱化是困难的，必须量力而行。

（四）集装箱运输是一种高协作的运输方式

集装箱运输涉及面广、环节多、影响大，是一个复杂的运输系统工程。集装箱运输系统包括海运、陆运、空运、港口、货运站及与集装箱运输有关的海关、商检、船舶代理公司、货运代理公司等单位和部门。如果互相配合不当，就会影响整个运输系统功能的发挥；如果某一环节失误，就会影响全局，甚至导致运输的中断。因此，要搞好整个运输系统各环节、各部门之间的高度协作。

（五）集装箱运输适于组织多式联运

集装箱运输在不同运输方式之间换装时，无须搬运箱内货物而只需换装集装箱，这就大大提高了换装作业效率，因此其适于组织多式联运。在换装转运时，海关及有关监管单位只需加封或验封转关放行，大大提高了运输效率。

集装箱运输具有的上述特点和优越性，使物流的各主要环节都发生了革命性的变化，从根本上改变了传统运输方式的落后面貌。但在此有必要强调的是，要充分发挥集装箱运输的优越性，就必须使其形成一个完整的运输体系，否则这种优越性就只能是局部的，而且是不牢固的。

三、集装箱运输系统的组成

集装箱运输是一种现代化、专业化的运输，随着其不断发展和完善，目前已形成了世界范围的、规模庞大的、专业化的运输系统。

集装箱运输系统的基本组成要素包括以下几个方面。

（一）适箱货物

根据货物是否适于集装箱运输，一般把货物分为 4 个类别。

1. 最适合集装箱化的货物（Prime-containerizable Cargoes）

这类货物一般本身价值较高，运价也比较高，由于其外包装形状、尺度及重量等属性，可以有效地装载于集装箱内进行运输。这类货物有医药品、小型电器、仪器、小五金、针纺织品、烟、酒、包装食品等。

2. 适合集装箱化的货物（Suitable-containerizable Cargoes）

这类货物的本身价值相对不高，运价也相对不高，但从其运价的承受能力和其性质与特点来看，其是适宜采用集装箱运输的货物。这类货物包括金属制品、纸浆（板）、某些装饰材料、白粉、皮张、电线等。

3. 边缘集装箱化的货物（Marginal-containerizable Cargoes）

这类货物一般可用集装箱运输，但由于其本身价值和运价都较低，使用集装箱运输在物理性质和形态上是可行的，但不够经济，所以这类货物可以用集装箱运输，也可以不使用集装箱运输。这类货物包括钢锭、钢材、木材（原木）、生铁、小型构件等。

4. 不适合集装箱化的货物（Unsuitable-containerizable Cargoes）

这类货物由于其本身属性和经济上的原因，一般不适合用集装箱运输，如废钢铁、大型构件、机械设备、大型卡车等。这些货物中如果采用专用运输设施和工具来运输则更为合适。

在以上4类货物中，前两类构成了集装箱运输的主体，是各运输经营人竞争的对象。

（二）集装箱

在集装箱运输中，符合国际标准的集装箱是使货物标准化的装运工具和外包装，是集装箱运输的基本单元。在运输过程中，它既是货物的一部分，又是运输工具的组成部分。有关集装箱的定义、国际标准、结构、类别等，将在本项目任务2中详细说明。

（三）集装箱海上运输干线与工具

海上运输在国际运输中占有重要的地位。随着干支线分工的不断明确化，以及"载运中心港"思想的发展，支线运输的作用已变成向干线港集疏货物。因此，当前对海上主要运输线路的理解一般是指海上运输干线。

海上运输干线的设置，各干线上挂靠港数目及船型、班期的确定，一般由各公司根据集装箱货物的流量和流向，港口的地理位置、泊位能力和使用船型，腹地与周边的集疏运（支线等）条件，以及自己公司运输组织的合理性、经济性和本公司在该线路上能占有的市场份额等因素来综合确定。

目前，各公司在自己的海上运输干线上使用的运输工具基本上为大型全集装箱船（第三代以上），在个别航线上使用大型滚装船（已越来越少），一般都以固定的船型和班期投入营运。这些船舶载箱量较大、航速较快、营运成本较低、经济性能较好。随着国际贸易的不断增长，各公司出于竞争的需要，在运输干线上配备的船舶均有向大型化发展的趋势。世界上各大公司均以大型集装箱船为主，配合以中小型集装箱船，构成了覆盖世界各主要贸易区的干支线运输网。

（四）集装箱运输的港口与码头子系统

在干支线分工日益明确的情况下，从事集装箱运输的港口一般可分枢纽港（干线港）和地方港（支线港）两类。枢纽港的集装箱半数以上为干支线之间的中转箱；地方港的吞吐量较小，吞吐的集装箱货物一般为腹地货物。

集装箱运输系统中的枢纽港与地方港的集装箱码头一般为高效率、专业化的码头。其基本功能是集装箱的装卸、堆存与分拨，承担集装箱货物的海陆或海海换装作业任务。

在集装箱运输中，随着干支线分工的进一步明确，以及干线船舶大型化和国际多式联运的不断发展，各枢纽港在集装箱运输系统中的枢纽地位越来越明确，各海上运输干线航线和周边的集疏运线路越来越明显地出现了向这些枢纽港集中的趋势，形成了以这些枢纽港为中心向外（海外）和向内（周边地区）辐射的运输格局。

（五）内陆集疏运（包括沿海支线）子系统

在集装箱运输系统中，内陆集疏运（包括沿海支线）子系统是由众多的运输线路（包括铁路、公路、内河航线、沿海支线等）、运输工具（包括铁路车辆、公路车辆、内河运输船舶、沿海近洋运输船舶等）和若干集装箱货物集散点（包括码头堆场、货运站、内陆货站、铁路办理站、公路中转站、内河码头、支线港、货主工厂仓库等）组成的覆盖枢纽港及其周边地区的网络系统，一般具有多级结构。其主要功能是完成集装箱货物在起运地（或目的地）与枢纽港码头堆场之间的集疏运任务。

围绕各枢纽港建立的集疏运网络系统是集装箱运输系统的重要组成部分，其覆盖面和规模都十分庞大。建立、改造和完善内陆集疏运系统需要投入大量的资金、设备和其他资源。从目前集装箱运输的发展来看，该系统是集装箱运输能否发挥出高效率、高质量特点的关键，发展中国家与发达国家的集装箱运输系统的最大差距也在于此。集疏运系统的基本构成情况如图1-1所示。

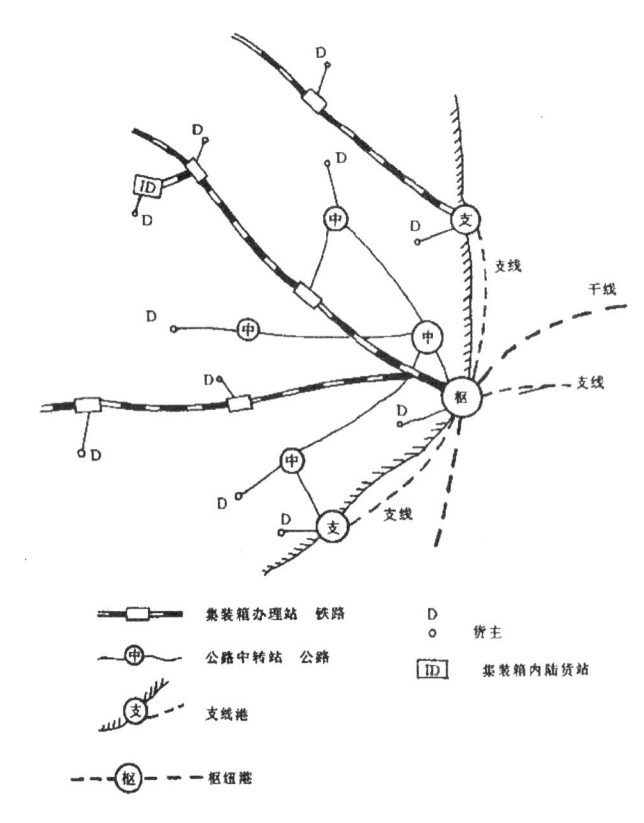

图1-1 集疏运系统的基本构成情况

（六）集装箱运输管理系统

集装箱运输系统的基础设施和设备是集装箱运输系统的"硬件"组成部分。要充分发挥这些正规化、现代化的"硬件"的优越性与效率，必须有相应的正规化、现代化的"软件"（管理系统）与之相适应。集装箱运输管理系统一般包括以下几个方面。

1. 集装箱运输管理机构

这类机构一般是指国家和地区对集装箱运输进行行业管理的机构。这类机构利用行政管理的手段，对集装箱运输活动进行宏观政策调控，对集装箱运输企业进行监督管理，并通过制定相应的政策、规定、规划等对集装箱运输行业进行指导、协调和管理，从而实现政府对集装箱运输企业及企事业单位的管理。在我国，交通运输部、各省（市）交通厅、各市（县）交通局及三大水系的航务管理部门、各口岸管理部门都属于这类机构。

2. 集装箱运输法规及标准体系

为保证集装箱运输不断发展，其优越性得以充分发挥，目前在集装箱运输中已经形成了较为完善的法规及标准体系。这些法规及标准根据其适用的地域和范围可分成国际与国内（地区）法规及标准两大类。这些法规及标准是从事集装箱运输必须遵守的工作准则，由于篇幅过大，这里不再进行详细介绍。

3. 集装箱运输经营人、代理人子系统

该子系统主要包括从事集装箱运输的企业（水路、公路、铁路企业和无船承运人，多式联运经营人等）及机构和接受他们（或货主）委托、从事集装箱运输业务的代理人及机构。这些经营人和代理人是对集装箱运输企业和运营进行管理的人，集装箱运输中涉及的各项活动和业务是由他们完成或组织完成的，他们是集装箱运输的具体管理者。

4. 集装箱运输技术与工艺子系统

集装箱运输技术与工艺是指有关设计、建造、装卸、运输、维护及组织的技术与工艺。集装箱运输系统是一个标准化的系统，其技术与工艺越来越标准化、规范化，已形成了一整套专用的技术与工艺，具体可参阅有关文献和教材，这里不再一一说明。

5. 集装箱运输管理信息系统

在集装箱运输过程中，运输量大、流动频繁、环节众多，伴随集装箱的流动而产生的信息及信息流比传统件杂货运输产生的信息及信息流要复杂得多。这种现代化的运输组织与管理，很自然地要与高效、准确、及时的信息管理结合在一起。集装箱运输管理信息系统是一种人机结合的，为集装箱运输管理机构、运输企业等的行业管理、运营与作业管理提供必要信息的计算机信息系统。

不同的管理机构、运输企业承担不同的管理业务，对各自的管理信息系统有不同的要求。但一般来讲，集装箱运输管理信息系统应具备以下功能：集装箱动态跟踪；运量、流向统计与分析，报表生成；单证信息处理、制作，通过数据通信网传递单证；获取各部门信息与向其他企业、部门传递信息等。目前，集装箱运输管理信息系统正在与贸易方面的信息系统联网，通过电子数据交换（EDI）网络，把运输企业同生产企业、贸易伙伴、各流通环节乃至金融、保险、海关等机构有机地联系在一起，并已在世界范围内取得了明显效果。

（七）集装箱运输支持子系统

以上6个组成要素是集装箱运输系统的核心部分，是针对集装箱运输现代化和专业化的实际需要而建立的。除此之外，还有一些要素虽不是专门为集装箱运输系统而建立的，但却对系统的运行、管理有重大影响，对集装箱运输的正常运行起到了支持和保障作用，以至一旦缺少这些部分，系统将无法运行。我们把这些对系统有重大影响的部分归于一个子系统——集装箱运输支持子系统，该子系统主要包括以下内容。

（1）相关工业。包括集装箱运输所涉及的集装箱、设备、工具和固定设施的制造、建设和修理业。

（2）金融业。银行是集装箱运输系统建设资金的主要提供者，并承担资金流动、结算等业务，特别是在涉及信用证贸易的集装箱运输中，银行要承担集装箱运输单证的传递工作。

（3）运输市场。运输参与各方在交易中所产生的经济活动和经济关系的总和，即运输市场不仅包括运输劳务交换的场所，而且包括运输活动参与者之间、运输部门与其他部门之间的经济关系。

（4）保险业。其为集装箱、运输工具和系统中的其他设备及货物提供运输所需要的保险，以减少运输经营人和货主的风险。

（5）有关国家机构。例如，海关、进出口商品检验、理货等国家机构及一些公证机构。

（6）通信业与计算机通信网络。承担集装箱运输中的信息交换、单证传递等工作。

以上对集装箱运输系统的基本组成要素进行了较为全面的介绍。集装箱运输系统是一个规模庞大的、范围遍及世界各主要地区的、涉及众多方面的系统，这个系统的规划、设计、建造、运行和管理必须根据系统工程的思想和方法来进行。在我国目前的情况下，集装箱运输系统的建设、完善必须有一个整体的规划和逐步实施的过程。

四、集装箱运输与现代物流

现代物流业的兴起不仅是传统运输企业的服务延伸，还是对运输行业的服务内容、服务理念、管理模式及与之相关的市场环境的巨大冲击和挑战，是对传统运输业的一场革命。

集装箱运输是现代物流业的一个重要组成部分。所谓集装箱运输现代物流化，是指在集装箱运输各环节中自觉运用现代物流理念，将集装箱运输"点点滴滴"地融入现代物流。当现代物流的理念融会贯通于集装箱运输全过程并加以实践和运用时，现代物流的形态也就自然具备了。集装箱运输源于托运人"门到门"的运输要求。集装箱"门到门"运输的优势能在20世纪80年代后得到长足发展，得益于运输技术、内陆集疏运、相关信息处理等的发展和不同运输工具的结合。集装箱运输的产生和发展体现了现代物流的理念：运输的合理化、包装的标准化、装卸的机械化及信息管理的网络化，具体表现为以下几点。

（1）集装箱化。集装箱化就是用托盘和集装箱，使货物呈规则形状，进行全程式运输。对船方来说，集装箱化节约了装卸和岸上处理费用，缩短了在港时间，提高了船舶利用率，减少了因货损造成的赔偿；对货方来说，集装箱化简化了海关手续，降低了各项运输成本，有效地避免了货损。

（2）集中运输。集中运输就是将几个托运人从同一发运地发往同一目的地的几个收货人的、单独托运的小件货物集中起来运输。这种积少成多的规模效应可以节约运输成本和总物流成本，使多方多赢。

（3）EDI。电子数据交换（Electronic Data Interchange,EDI），采用标准化的格式，利用计算机网络进行业务数据的传输和处理。

科技作为第一生产力在航运业发挥的作用越来越重要。目前，EDI、全球卫星定位系统（GPS）、智能运输系统（ITS）等先进技术已渗透到水运领域，促进了集装箱运输的自动化和高效化。例如，电子订舱系统是一种海运出口单证管理系统，即使在异地，也能通过电子订舱系统，方便地利用计算机进行电子数据通信，并通过数据交换完成从订舱、报关到货物装箱、进港直至装船出运的全过程。它基本实现了无纸化操作，缩短了单证流转的时间，提高了流转速度，确保了单证缮制的正确性，从而为货物的安全出运提供了有力的保障。

集装箱运输也可应客户要求提供综合电子商务产品，其中包括货物追踪、船期配合、订舱、远程提单送达和特殊状况的自动报告系统。例如，集装箱运输中多节点的流程，通过电子化网上作业可为客户提供 Internet 跟踪管理服务（甚至可以在运输中查询箱内货物）；无论是客户的工厂还是拼装箱的仓库，都能提供条形码扫描服务，这样就保证了货物单证的"纯洁"，以便于跟踪查询。

集装箱化最具深远意义的影响是引导了多种运输方式的集成——多式联运，从而为"门到门"运输提供了可能。集装箱运输从传统的"港到港"运输服务开始，利用集装箱和不同运输工具的结合，向两端延伸出了一个深广的服务网络。

多式联运以其合理运输、安全准确、高效简便、节省包装、提早收汇等显著优势成为比较理想的运输方式。从物流的衡量标准，即物流时间、物流成本和物流效率来看，多式联运能提高运输的质量水平。最优运输线路的选择、各种运输方式的合理搭配、运输的一体化等，都有利于缩短物流时间、降低物流成本、提高物流效率。

找到一个好的物流切入点是很关键的。运用集装箱运输现代物流化的规律，可以帮助相关企业实现向现代物流企业的转变。例如，国际航运企业在多式联运方面积累了大量的经验，可以选择多式联运为切入点，充分发挥其自身优势，在物流服务的基础阶段有所作为，为物流供应链管理的实现创造条件。

集装箱运输与现代物流的关系　集装箱运输竞争

Mission 任务 2　集装箱认知

任务导读

要从事集装箱运输管理工作，要先认识集装箱。集装箱是一种大型、标准化的货物运输设备，具有便于机械装卸、有足够的强度、可长期反复使用等特点。集装箱在我国台湾和香港地区也被称为"货柜"或"货箱"。有关集装箱，不同国家、不同组织对其有不同的定义。通过本任务的学习，我们将掌握集装箱的定义及其标准化，熟悉集装箱的标记及其类别，了解集装箱的基本结构。

任务：你作为一名货代公司的新职员，在从事具体的集装箱运输业务前你对集装箱了解了多少？完成一份现场介绍集装箱设施的微视频。

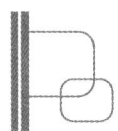

一、集装箱的定义及其标准化

(一) 集装箱的定义

集装箱是一种运输设备,其具有以下特点:

(1) 具有足够的强度,可长期反复使用;

(2) 为便于商品运送而专门设计的运输设备,在一种或多种运输方式中运输时,无须中途换装;

(3) 设有便于装卸和搬运的装置,特别是从一种运输方式转移到另一种运输方式时;

(4) 设计时注意到便于货物装满或卸空;

(5) 具有 $1m^3$ 或 $1m^3$ 以上的内容积。

任何一种容器只要满足了上述特点,就可称为集装箱。集装箱一般不包括车辆和一般包装。

国家标准《物流术语》(GB/T18354—2021) 定义集装箱是具有足够的强度,可长期反复使用的适于多种运输工具而且容积在 1m3(含 1m3)的集装单元器具。

(二) 集装箱的标准化

集装箱标准化是指为了使作为共同运输单元的集装箱,在海、陆、空运输中具有通用性和互换性,提高集装箱运输的经济性及安全性,为集装箱的运输工具、装卸设备的选型、设计和制造提供依据,使集装箱运输成为专业化、高效率的运输系统,而为集装箱的各种基本技术条件(即尺寸、结构、试验方法等)建立标准并执行的状态。

国际标准集装箱系列(国际标准化组织 104 技术委员会制定)按外部尺寸可分 13 种(其中 IAAA 和 IBBB 两种高型箱是 1991 年 5 月 ISO/TC 104 第 16 次会议上新增加的)。国际标准化组织集装箱规格尺寸和总重量如表 1-1 所示。

表 1-1 国际标准化组织集装箱规格尺寸和总重量

箱 型		长		宽		高		最大总重量	
		公制 mm	英制 ft in	公制 mm	英制 ft in	公制 mm	英制 ft in	kg	Lb
40ft	IAAA	12 192	40′	2438	8′	2896	9′6″	30 480	67 200
	IAA					2591	8′6″		
	IA					2438	8′		
	IAX					<2438	<8′		
30ft	IBBB	9125	29′11.25″	2438	8′	2896	9′6″	25 400	56 000
	IBB					2591	8′6″		
	IB					2438	8′		
	IBX					<2438	<8′		
20ft	ICC	6058	19′10.5″	2438	8′	2591	8′6″	24 000	52 900
	IC					2438	8′		
	ICX					<2438	<8′		
10ft	ID	2991	9′9.75″	2438	8′	2438	8′	10 160	22 400
	IDX					<2438	<8′		

注:表中 1ft=304.8mm,1in=25.4mm,1ft=12in(1′=12″),取整数。

1. 40ft 集装箱

这类集装箱的长度均为 40ft（12 192mm），宽度均为 8ft（2438mm），由于高度不同可以分为 4 种：IAAA，高度为 9ft6in；IAA，高度为 8ft6in；IA，高度为 8ft；IAX，高度小于 8ft。

2. 30ft 集装箱

这类集装箱的长度均为 30ft（9125mm），宽度均为 8ft（2438mm），由于高度不同可以分为 4 种：IBBB，高度为 9ft6in；IBB，高度为 8ft6in；IB，高度为 8ft；IBX，高度小于 8ft。

3. 20ft 集装箱

这类集装箱的长度均为 20ft（6058mm），宽度均为 8ft（2438mm），由于高度不同可以分为 3 种：ICC，高度为 8ft6in；IC，高度为 8ft；ICX，高度小于 8ft。

4. 10ft 集装箱

这类集装箱的长度均为 10ft（2991mm），宽度均为 8ft（2438mm），由于高度不同可以分为两种：ID，高度为 8ft；IDX，高度小于 8ft。

二、集装箱的结构

（一）集装箱的方位性术语

图 1-2 为集装箱的结构图。

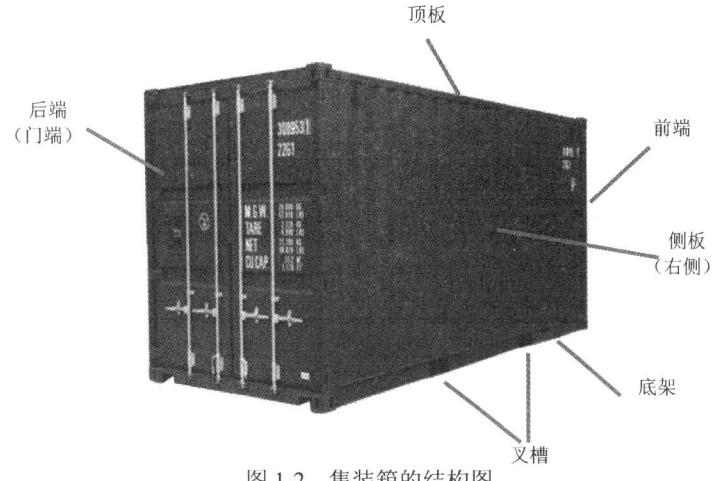

图 1-2 集装箱的结构图

这里的方位性术语主要是指区分集装箱的前、后、左、右及纵、横的方向和位置的定义。占集装箱总数 85% 以上的通用集装箱，均一端设门，另一端是盲端。这类集装箱的方位性术语如下。

前端（Front）：指没有箱门的一端。

后端（Rear）：指有箱门的一端。

如集装箱两端结构相同，则应避免使用前端和后端这两个术语。必须使用时，应依据标记、铭牌等特征加以区别。

左侧（Left）：从集装箱后端向前看，左边的一侧。

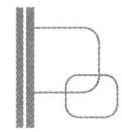

右侧（Right）：从集装箱后端向前看，右边的一侧。

因为集装箱在公路上行驶时，有箱门的后端都必须装在拖车的后方，所以有的标准把左侧称为公路侧，右侧称为路缘侧。

公路侧（Roadside）：当集装箱底盘车在公路上沿右侧向前行驶时，靠近马路中央的一侧。

路缘侧（Gurbside）：当集装箱底盘车在公路上沿右侧向前行驶时，靠近路缘的一侧。

纵向（Longitudinal）：指集装箱的前后方向。

横向（Transverse）：指集装箱的左右、与纵向垂直的方向。

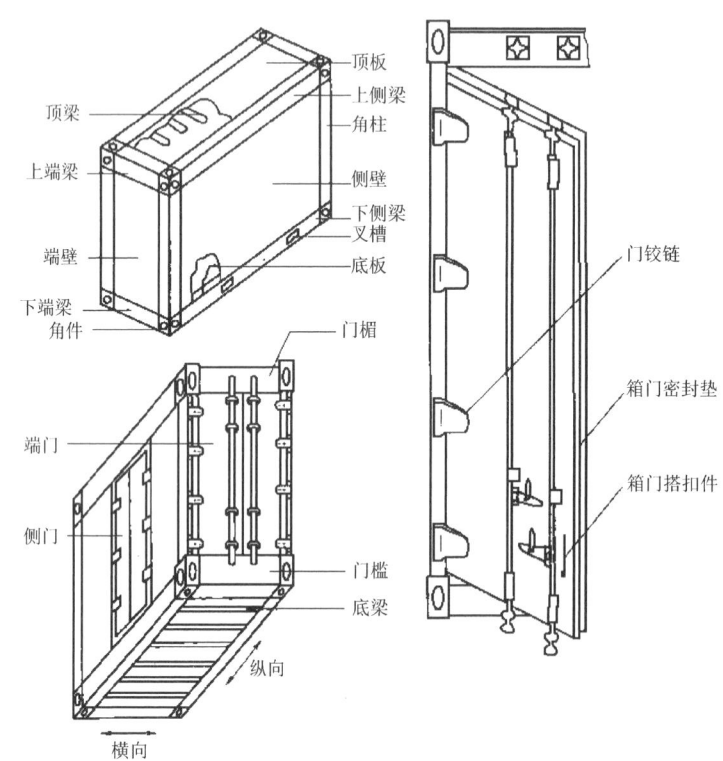

（二）集装箱的主要部件

集装箱的主要部件如图1-3所示。

图1-3 集装箱的主要部件

1. 角件

集装箱箱体的8个角上都设有角件（Corner fitting）。角件用于支承、堆码、装卸和栓固集装箱。集装箱上部的角件称为顶角件，下部的角件称为底角件，它们左右对称。

2. 角柱

角柱（Corner post）指连接顶角件与底角件的大柱，是集装箱的主要承重部件。

3. 角结构

角结构（Corner structures）指由顶角件、角柱和底角件组成的构件，是承受集装箱堆码载荷的强力构件。角件和角柱均为铸钢件，用焊接的方法连接在一起。集装箱的重量通过角结构传递。所以，在集装箱堆码时，上下层集装箱的角件应对准，最底层的集装箱必须堆置在堆场画线规定的范围内，否则会压坏场地。

4. 上端梁

上端梁（Top end transverse member）指箱体端部与左、右顶角件连接的横向构件。

5. 下端梁

下端梁（Bottom end transverse member）指箱体端部与左、右底角件连接的横向构件。

6. 门楣

门楣（Door header）指箱门上方的梁。

7. 门槛

门槛（Door sill）指箱门下方的梁。

8. 上侧梁

上侧梁（Top side rail）指侧壁上部与前、后顶角件连接的纵向构件。左面的称左上侧梁，右面的称右上侧梁。

9. 下侧梁

下侧梁（Bottom side rail）指侧壁下部与前、后底角件连接的纵向构件。左面的称左下侧梁，右面的称右下侧梁。

10. 顶板

顶板（Roof sheet）指箱体顶部的板。顶板要求用一张整板制成，不得用铆接或焊接成的板，以防因铆钉松动或焊缝开裂而造成漏水。

11. 顶梁

顶梁（Roof bows）指在顶板下连接上侧梁，用于支撑箱顶的横向构件。

12. 箱顶

箱顶（Roof）指在端框架上和上侧梁范围内，由顶板和顶梁组合而成的组合件，使集装箱封顶。箱顶应具有标准规定的强度。

13. 底板

底板（Floor）指铺在底梁上承托载荷的板。一般由底梁和下端梁支承，是集装箱的主要承载构件。箱内装货的载荷由底板承受后，通过底梁传导给下侧梁，因此底板必须有足够的强度，通常用硬木板或胶合板制成。木板应为搭接或榫接，也可采用开槽结构。

14. 底梁

底梁（Floor bears or cross member）指在底板下连接下侧梁，用于支承底板的横向构件。底梁从箱门起一直排列到端板为止。底梁一般用"C"、"Z"或"T"形型钢或其他断面的型钢制作。

15. 底结构和底框架

底结构和底框架（Base structures and Base frame）由集装箱底部的四个角件、左方两根下侧梁、下端梁、门槛、底板和底梁组成。在IC和ICC型集装箱的底结构上还设有叉槽，

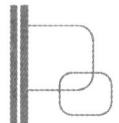

在 IA 和 IAA 型集装箱的底结构上设有鹅颈槽。而底框架是由下侧梁和底梁组成的框架（见图 1-4）。

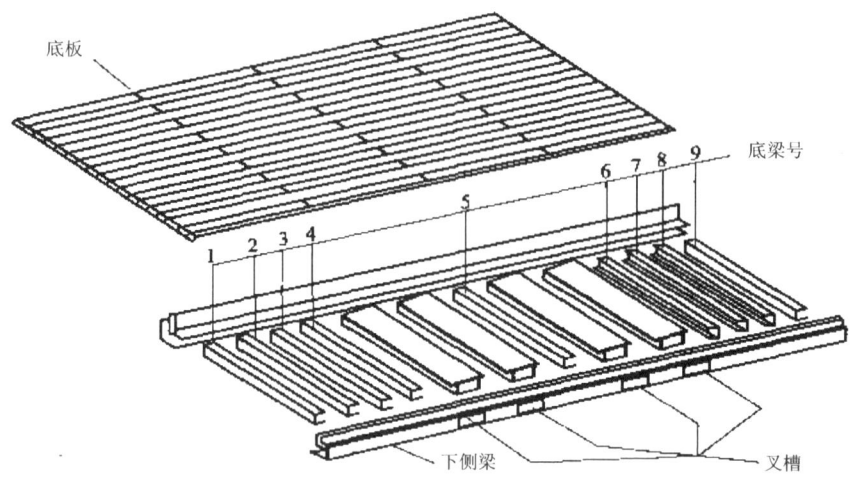

图 1-4　箱底板、底梁、下侧梁分解图

16．叉槽

叉槽（Fork/Lift pockets）指横向贯穿箱底结构、供叉车的叉齿插入的槽。20ft 集装箱上一般设一对叉槽，必要时也可以设两对叉槽；40ft 集装箱上一般不设叉槽。一般不能叉实箱，只能叉空箱。

17．鹅颈槽

鹅颈槽（Gooseneck tunnel）指设在集装箱箱底前部，用以配合鹅颈式底盘车上的凹槽（见图 1-5）。

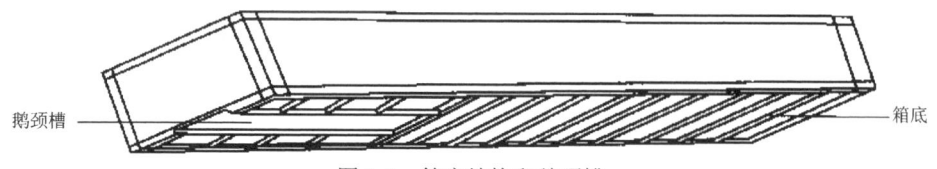

图 1-5　箱底结构和鹅颈槽

18．端框架

端框架（End frame）指集装箱前端的框架，由前面的两组角结构、上端梁和下端梁组成。后端的框架实际为门框架，由后面的两组角结构、门相和门槛组成。

19．端壁

端壁（End wall）指在端框架平面内与端框架相连接形成封闭的板壁（不包括端框架在内）。在端壁的里面一般设有端柱，以加强端壁的强度。

20．侧壁

侧壁（Side panel）与上侧梁、下侧梁和角结构相连接，形成封闭的板壁（不包括上侧梁、下侧梁和角结构在内）。在侧壁的里面一般有侧柱，以加强侧壁的强度。

21. 端板

端板（End panel）指覆盖在集装箱端部外表面的板。

22. 侧板

侧板（Side panel）指覆盖在集装箱侧部外表面的板。

23. 箱门

箱门（Door）通常为两扇后端开启的门，用铰链安装在角柱上，并用门锁装置进行关闭。

24. 端门

端门（End door）指设在箱端的门，一般通用集装箱前端设端壁，后端设箱门。

25. 门铰链

门铰链（Door hinge）指靠短插销（一般用不锈钢制）使箱门与角柱连接起来，保证箱门能自由转动的零件。

26. 箱门密封垫

箱门密封垫（Door seal gasket）指箱门周边为保证密封而设的零件。密封垫的材料一般采用氯丁橡胶。

27. 箱门搭扣件

箱门搭扣件（Door holder）指进行装卸货物作业时，保证箱门开启状态的零件。它设在箱门下方和相对应的侧壁上，有的采用钩环，也有的采用钩链或绳索。

28. 箱门锁杆

箱门锁杆（Door locking bar or Door locking rod）指设在箱门上垂直的轴或杆。锁杆两端有凸轮，锁杆转动后凸轮即嵌入锁杆凸轮座内，把箱门锁住。锁杆还起着加强箱门承托力的作用。

29. 锁杆托架

锁杆托架（Door lock rod bracket）指把锁杆固定在箱门上并使之能转动的承托件。

30. 锁杆凸轮

锁杆凸轮（Locking bar cams）指设于锁杆端部的门锁件，通过锁件的转动，把凸轮嵌入凸轮座内，将门锁住。

31. 锁杆凸轮座

锁杆凸轮座（Locking bar cam retainer or keeper）指保持凸轮呈闭锁状态的内撑装置，又称卡铁。

32. 门锁把手

门锁把手（Door locking handle）指装在箱门锁杆上，在开关箱门时用来转动锁杆的零件。

33. 把手锁件

把手锁件（Door locking handle retainer or handle lock）指用来保持箱门把手使之处于关闭状态的零件。

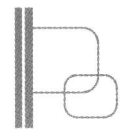

34. 海关铅封件

海关铅封件（Custom seal retainer）通常设在箱门的把手锁件上，是海关用于施加铅封的设置，一般采用铅封锁的形式。

35. 海关铅封保护罩

海关铅封保护罩（Customs seal protection cover）设在把手锁件上方，是用于保护海关铅封而加装的防雨罩，一般用帆布制作（见图1-6）。

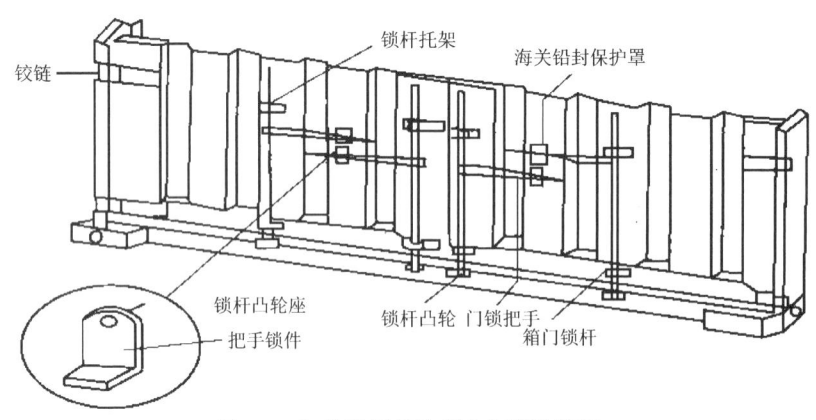

图1-6 海关铅封保护罩和门锁装置图

三、集装箱的标记

为了便于识别集装箱，方便集装箱的流通和使用，也为了集装箱运输管理的需要，国际标准化组织对集装箱标记进行了标准化规定。每一个集装箱均要在适当的位置涂刷若干永久性标记。集装箱的标记应字迹工整、牢固耐久、清晰易见，且不同于箱体本身的颜色。集装箱的标记如图1-7所示。

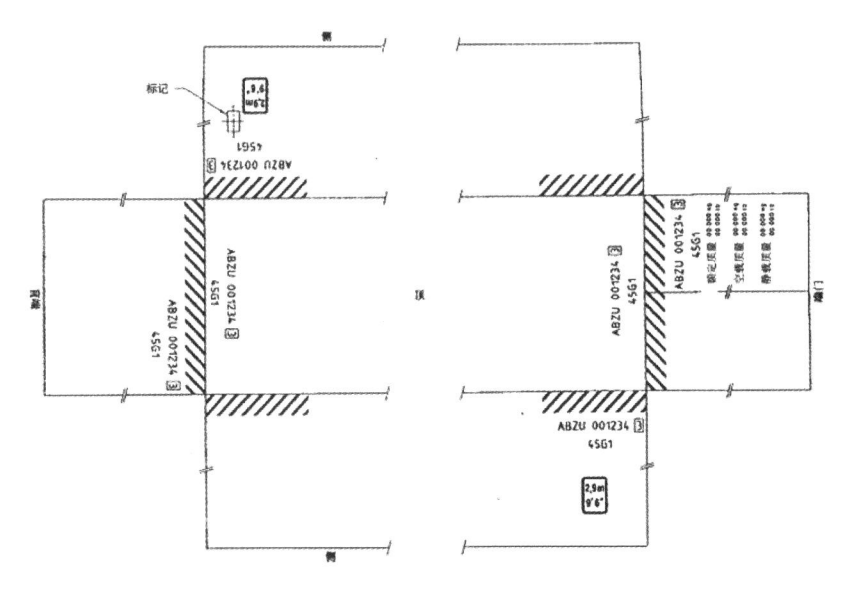

图1-7 集装箱的标记

集装箱的标记分为必备标记、自选标记和通行标记。必备标记和自选标记又包括识别标记和作业标记。

（一）必备标记

1. 识别标记

识别标记即集装箱箱号，由箱主代号、顺序号和核对号组成。

（1）箱主代号：是集装箱所有人的代号，箱主代号用 4 个拉丁字母表示（国内使用的集装箱用汉语拼音表示），前三个字母由箱主自己规定，第四个字母（即最后一个字母）规定用 U（U 为国际标准中海运集装箱的代号）。国际流通中使用的集装箱，箱主代号应向国际集装箱局登记，登记时不得与登记在先的箱主代号重复，如"COSU"表示该集装箱为中国远洋运输公司所有。

（2）顺序号：为集装箱编号，用于区别同一箱主的不同集装箱。其用 6 位阿拉伯数字表示，如数字不足 6 位时，在数字前加"0"补足 6 位，如"001234"就是一种顺序号。各公司可根据自己的需要，以类型、尺寸、制造批号及其他参数进行编号，以便于识别。

（3）核对号：核对号是由箱主代号的 4 位字母与顺序号的 6 位数字通过一定方式换算得出的。核对号一般位于顺序号之后，用 1 位阿拉伯数字表示，并加方框以醒目，如"COSU 001234 ②"的核对号是 2。

核对号是由箱主代号的 4 位字母与顺序号的 6 位数字通过以下方式换算得出的。

① 将表示箱主代号的 4 位字母转化成相应的数字。箱主代号字母与数字的对应关系如表 1-2 所示。

表 1-2　箱主代号字母与数字的对应关系

字母	A	B	C	D	E	F	G	H	I	J	K	L	M
数字	10	12	13	14	15	16	17	18	19	20	21	23	24
字母	N	O	P	Q	R	S	T	U	V	W	X	Y	Z
数字	25	26	27	28	29	30	31	32	34	35	36	37	38

从表 1-2 可以看出，表中去掉了 11 及其倍数，这是因为后面的计算将把 11 作为模数。

② 将前 4 位字母对应的数字加上后面顺序号的数字，共计 10 位。以中国远洋运输公司的某箱为例，其箱主代号与顺序号为：COSU 800121，对应的数字是 13-26-30-32-8-0-0-1-2-1。

③ 采用加权系数法进行计算，计算公式为

$$N=\sum 2^i \cdot X_i (i=0,1,2,\cdots,9)$$

式中，X_i 为 10 个数字中第 i 个数字。

④ 将 N 除以模数 11，其余数即为核对号。

仍以 COSU 800121 箱为例：

$N=13\times2^0+26\times2^1+30\times2^2+32\times2^3+8\times2^4+0\times2^5+0\times2^6+1\times2^7+2\times2^8+1\times2^9=1721$

1721/11 的余数为 5，所以核对号为 5。

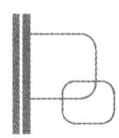

再以 COSU 001234 箱为例：

$N=\sum 2^i \cdot X_i$
$= 2^0 \times 13 + 2^1 \times 26 + 2^2 \times 30 + 2^3 \times 32 + 2^4 \times 0 + 2^5 \times 0 + 2^6 \times 1 + 2^7 \times 2 + 2^8 \times 3 + 2^9 \times 4$
$= 3577$

3577/11 的余数为 2，即 2 为 "COSU 001234" 所对应的核对号。

2．作业标记

（1）最大总重、自重。最大总重用 "MAX GROSS ××××kg" 表示，是集装箱的自重与最大载货重量之和，又称为额定重量。对于各种型号的集装箱的最大总重，国际标准化组织都有具体数字的规定，它是一个常数，任何类型的集装箱装载货物后，都不能超过这一重量（见表 1-3），如 "MAX GROSS 24 000kg"。

表 1-3 各种箱型集装箱最大总重表

箱　　型	40ft IAAA、IAA、IA、IAX	30ft IBB、IB、IBX	20ft ICC、IC、ICX	10ft ID、IDX
最大总重（kg）	30 480	25 400	24 000	10 160

自重用 "TARE ×××kg" 表示，是指集装箱的空箱重量，如 "TARE 2200kg"。

（2）空陆水联运集装箱标记。由于该类集装箱的强度仅能堆码两层，国际标准化组织对该类集装箱规定了特殊的标记，如图 1-8 所示。该标记为黑色，应置于侧壁和端壁的左上角，标记的最小尺寸为高 127mm、长 255mm，字母标记的字体高度至少为 76mm。

（3）登箱顶触电警告标记。该标记一般设在罐式集装箱上和位于邻近登箱顶的扶梯处，以警告登梯者有触电危险。该标记如图 1-9 所示。

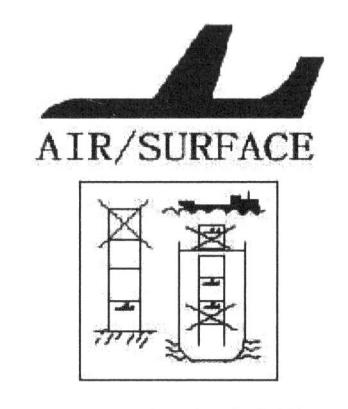

图 1-8　空陆水联运集装箱标记　　　　图 1-9　登箱顶触电警告标记

（二）自选标记

1．识别标记

它包括国籍代号、尺寸代号和类型代号。

（1）国籍代号：用 3 位拉丁字母表示，用以说明集装箱的登记国，如 "RCX" 表示登记国为 "中华人民共和国"。国籍代号可以扫右侧二维码查得。1995 年

国籍代号

国籍代号被取消。

（2）尺寸代号：由 2 位阿拉伯数字（字符）组成，用于表示集装箱的尺寸大小。第一个字符表示箱长，10ft 代号为"1"，20ft 代号为"2"，30ft 代号为"3"，40ft 代号为"4"，5～9 代号为"未定号"。另外，A～P 为特殊箱长的集装箱代号。第二个字符表示箱宽与箱高。其中，箱高 8ft 代号为"0"，箱高 8ft6in 代号为"2"，箱高 9ft 代号为"4"，箱高 9ft6in 代号为"5"，高于 9ft6in 代号为"6"，半高箱（箱高 4ft3in）代号为"8"，低于 4ft 代号为"9"。一般用英文字母反映箱宽不是 8ft 的特殊宽度的集装箱。尺寸代号可以查表 1-4 而得。

表 1-4 集装箱尺寸代号表

集装箱尺寸代号表（A）

箱　长		代　号	箱　长		代　号
mm	ft　in		mm	ft　in	
2991	10	1	7450	—	D
6058	20	2	7820	—	E
9125	30	3	8100	—	F
12 192	40	4	12 500	41	G
未定号		5	13 106	43	H
未定号		6	13 600	—	K
未定号		7	13 716	45	L
未定号		8	14 630	48	M
未定号		9	14 935	49	N
7150		A	16 154	—	P
7315	24	B	未定号		R
7430	24　6	C			

集装箱尺寸代号表（B）

		代号字符		
箱　高		箱　宽		
mm	ft　in	2438mm(8ft)	>2438mm 和 2500mm	>2500mm
2438	8	0	C	L
2591	8　6	2	D	M
2743	9	4	E	N
2895	9　6	5	F	P
>2895	>9　6	6	—	
1295	4　3	8		
≤1219	≤4	9		

（3）类型代号：用 2 位拉丁字母表示，用以说明集装箱的类型，如"30"表示"冷冻集装箱"。类型代号可以扫右侧二维码查得。

类型代号

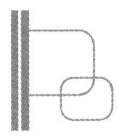

2. 作业标记

这类标记主要有以下几种。

（1）超高标记。该标记是在黄色底上标出黑色数字和边框（见图 1-10）。此标记贴在集装箱每侧的左下角距箱底约 0.6m 处，同时还应贴在集装箱主要标记的下方。凡高度超过 2.6m 的集装箱都应贴上此标记。

（2）国际铁路联盟标记。凡符合国际铁路联盟规定的技术条件的集装箱都可以获得此标记。"ic"表示国际铁路联盟。该标记是在欧洲铁路上运输集装箱的必要通行标记。标记方框下部的数字表示各铁路公司代号（33 是中华人民共和国铁路公司的代号）（见图 1-11）。

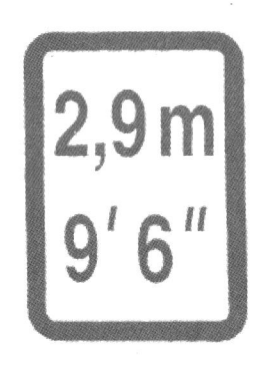

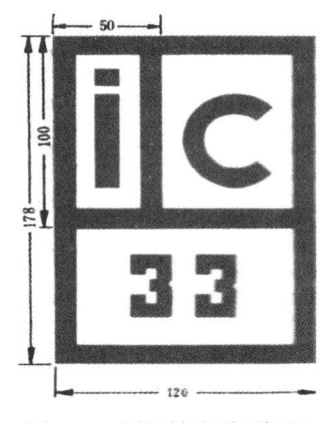

图 1-10　超高标记　　　　图 1-11　国际铁路联盟标记

（三）通行标记

集装箱在运输过程中想要顺利地通过并进入他国国境，箱上必须贴有规定要求的各种标记，否则必须办理烦琐的证明手续，这就延长了集装箱的周转时间。

集装箱上主要的通行标记有海关加封运输批准牌照、安全合格牌照、防虫处理板、检验合格徽等。

1. 海关加封运输批准牌照

按下列格式制备的海关加封运输批准牌照应采用永久、耐腐蚀的长方形牌子，其尺寸不得小于 100mm（高）×200mm（宽）。"APPROVED FOR TRANSPORT UNDER CUSTOMS SEAL"（在海关加封下运输的批准）和 "CHN/CCS×× ××/××××"（CCC 批准号）的字母及数字的高度不得小于 10mm，其他字母和数字的高度不得小于 8mm，并应在牌照面板上以刻印或凹凸形或用其他永久和清晰的方式标识出来。

2. 安全合格牌照

按下列格式制备的安全合格牌照应采用永久、耐腐蚀、防火的长方形牌子，其尺寸不得小于 100mm（高）×200mm（宽）。"CSC SAFETY APPROVAL"（CSC 安全合格）的字母高度不得小于 8mm，其他字母和数字的高度不得小于 5mm，并应在牌照面板上以刻印或凹凸形或用其他永久和清晰的方式标识出来，如图 1-12 所示。

图 1-12　CSC 安全合格牌照

3. 防虫处理板

有些国家对于进入本国的集装箱有一些特殊的要求,其他国家在选用集装箱时,必须加以注意。例如,凡进入澳大利亚和新西兰的集装箱,必须有"防虫处理板"通行标记,否则会被拒之门外。另外,附有熏蒸设施,能在箱内使用规定的药品进行熏蒸的集装箱,应在箱门贴上"农林徽"。防虫处理板如图 1-13 所示。

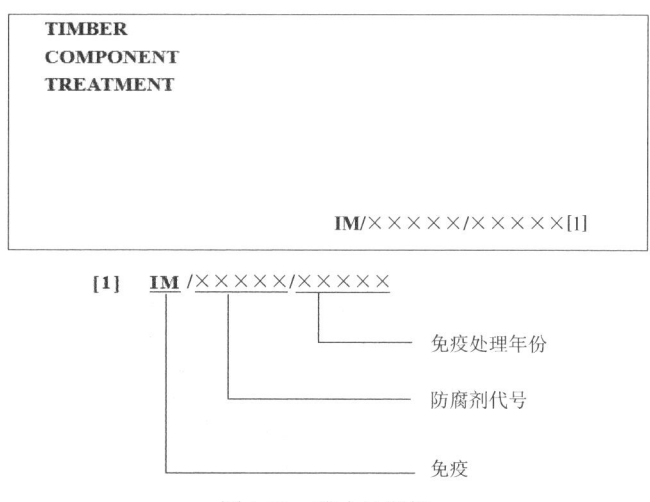

图 1-13　防虫处理板

4. 检验合格徽

集装箱上的安全合格牌照主要用于确保集装箱不对人的生命安全造成威胁,而检验合格徽则是确保集装箱在运输过程中不对运输工具(如船舶、货车、拖车等)的安全造成威胁。所以,国际标准化组织要求各检验机关必须对集装箱进行各种相应检验,并在检验后在集装箱箱门上贴上代表该检验机关的合格徽。中国船级社的合格徽如图 1-14 所示。

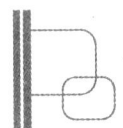

图 1-14　中国船级社的合格徽

四、集装箱的类型

随着集装箱运输的发展，为适应不同种类货物的装载需要，出现了不同种类的集装箱。这些集装箱因为用途的不同、制造材料的不同、结构的不同和尺寸的不同而有所不同，这里就不同的分类方法对集装箱的种类进行介绍。

（一）按用途分类

目前，集装箱运输中出现了许多用途不同的集装箱，一般可分为以下几种。

1. 干货集装箱

干货集装箱（Dry Cargo Container）也称杂货箱或通用集装箱（GP-General Purpose），这种集装箱主要用于装运杂货，如日用百货、棉纺织品、医药及医疗器械、文化用品、五金交电、电子产品等。在现在使用的集装箱中，这种集装箱占有绝对优势。常用的有 20ft 和 40ft 两种，其常为封闭式，一般在一端或侧面设有箱门。

这种集装箱一般要求干燥、水密性好等。对装入这种集装箱的货物，要求其有适当的包装，以便充分利用集装箱的箱容。在货物积载时要密切注意装载容积和装载负荷之间的协调，也就是说，一方面要充分利用箱容，另一方面不要超负荷。

2. 开顶集装箱

开顶集装箱（Open Top Container）也称敞顶集装箱，是指集装箱的箱顶可以方便地装上、取下。箱顶有硬顶和软顶两种。硬顶是用薄钢板制成的，利用起重机或叉车进行装上、取下作业。软顶一般是用帆布制成的，开顶时只要向一端卷起就可以了。开顶集装箱主要用于装载玻璃板、钢制品、仪器设备等重货，这样可以利用起重机从箱顶装卸，克服了小型叉车起重量小的弱点。

3. 框架式集装箱

框架式集装箱（Flat Rack Container）是没有箱顶和侧壁，甚至有的连端壁也去掉而只有底板和 4 个角柱的集装箱。框架式集装箱有很多类型，它们的主要特点如下：为了保持其纵向强度，箱底较厚；箱底的强度比普通集装箱大，而其内部高度则比普通集装箱低；

在下侧梁和角柱上设有系环,可把装载的货物系紧。

框架式集装箱主要用来装运像重型机械、钢材、木材、机床和整件设备等长大件、超重件。货物的拆箱和装箱作业可以从上面进行,也可以从侧面进行。货物通过设在箱底两侧的绑牵环、尼龙带等加以固定。框架式集装箱没有水密性,不能装运怕水湿的货物,其适合装载形状不一的货物。

4. 散货集装箱

散货集装箱(Bulk Container)是针对固体散货的特点而设计制造的。它主要用来装运大豆、大米、麦芽、小麦粉、各种饲料及水泥、硼酸、化学制品等各种散装的粉粒状货物。用集装箱装运散货,一方面大大提高了装卸效率;另一方面节省了大量的包装材料和包装费用,提高了货运质量,减轻了粉尘对人体和环境的侵害。散货集装箱主要有铝制和钢制两种,这两种集装箱的内底板都采用玻璃钢制作,便于清扫和洗涤。散货集装箱的箱顶一般都设有2~3个装货口(有圆口和方口两种),并且箱门的下部设有卸货口。为了提高卸货效率,有的散货集装箱的箱底被制成漏斗形,散货可自动地从漏斗门流出。为了方便熏蒸作业,散货集装箱还专门设有药品投入口和气体排出口。

5. 平台集装箱

平台集装箱(Platform Container)是仅有底板而无上部结构的一种集装箱。该类集装箱装卸作业方便,适于装载长大件、超重件。

6. 通风集装箱

通风集装箱(Ventilated Container)一般在其侧壁或端壁设有若干供通风用的窗口,其他结构与干货集装箱相差不多,箱体呈密闭式,如将通风孔关闭,可作为干货集装箱使用。这种集装箱主要用来装运有一定通风和防汗湿要求的杂货,如原皮、球根类和食品等,对一些新鲜货物也有一定的防腐作用。

7. 冷藏集装箱

冷藏集装箱(Reefer Container)是专为运输要求保持一定温度的冷冻货或低温货而设计的集装箱。冷藏集装箱主要用来装运新鲜水果、鱼、肉、蔬菜等易腐食品。除此之外,也可用来装运某些有特殊要求的毛皮、丝绸等,利用集装箱的低温来防虫。对于一些药品,为了防止发生危险和变质也需要采用冷藏集装箱运输。冷藏集装箱分为带有冷冻机的内藏式机械冷藏集装箱和没有冷冻机的外置式机械冷藏集装箱。冷藏集装箱造价较高,运营费用较高,使用时应注意冷冻装置的技术状态及箱内货物所需的温度。

8. 罐式集装箱

罐式集装箱(Tank Container)是专门用来装运液体散货的集装箱,如酒类、油类、液体食品、液体药品等都可以用这种集装箱来装运。

罐式集装箱由框架和液罐两部分组成。框架是用来支承和固定液罐的,而液罐则用于装货。框架结构按照国际标准设计和制造(尺度和强度)。液罐的外壁采用保温材料,以使罐体隔热;内壁一般要研磨抛光,以避免液体残留于壁面。液罐下部还设有加热器,罐内温度可以通过安装在其上部的温度计观察到,罐顶设有装货口,罐底设有排出阀。罐上的安全阀和铁梯等也是必备的,常利用蒸汽或化学药品对罐体进行清洗。

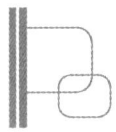

对这种集装箱的搬运、装货、贮藏均需有专门的场所和设备，还要配以专门的消防安全设备。

9. 服装集装箱

服装集装箱（Dress Hanger Container）的箱内上侧梁上装有许多根横杆，每根横杆上垂下若干条皮带扣、尼龙带扣或绳索。成衣利用衣架上的钩，直接挂在带扣或绳索上。

这种服装装载法属于无包装运输，它不仅节约了包装材料和包装费用，而且减少了人工劳动，提高了服装的运输质量，目前已被广泛采用。

服装集装箱实际上是干货集装箱的一种特殊结构，它的主要参数与干货集装箱相同，但由于上侧梁上承受了相当大的负荷，因此上侧梁略需加强。这种集装箱不装载服装时，只需把横杆上的带扣或绳索收起，即可作为干货集装箱使用，灵活方便，颇受箱主的欢迎。

10. 动物集装箱

动物集装箱（Pen Container）是专门用来装运鸡、鸭、鹅、牛、马、羊等家禽和牲畜的一类集装箱。为了运输途中的饲养，箱体一侧开有若干窗口，窗下外侧配有放置饲料的饵槽，在另一侧下部则设有专门的清扫口和排水口。

动物集装箱在船上一般应装在甲板上，这是因为甲板上空气流通，便于清扫和照顾。为了保证箱内有较新鲜的空气，避免家禽和牲畜在运输途中发病和死亡，箱体的两端壁采用钢制框架，装有钢丝网。这种集装箱装载的家禽和牲畜重量有限，而且不允许堆装，因此一般情况下强度比较低。

11. 汽车集装箱

汽车集装箱（Car Container），顾名思义就是指专门用来装运小型汽车的集装箱。这种集装箱的箱底较为简单，没有侧壁，甚至没有端壁，外部负荷主要由各部分框架来承担。汽车集装箱的外部尺寸可以不符合国际标准规格。为了充分利用箱容，许多汽车集装箱被设计成上下两部分，都可以装载汽车。一般汽车集装箱的结构简单、自重较轻，造价也较低。为了防止汽车在箱内滑动，箱底专门设有绑扎设备和防滑钢板。

上述集装箱的图片可扫描右侧二维码浏览。除上述各种类型的集装箱外，还有其他一些特种和专用的集装箱，如专运生皮等的兽皮集装箱（Hide Container），专门用于航空运输的集装箱、集装袋等。各类集装箱都是根据不同货物的运输、装卸需要而设计的，针对不同的货物选用合适的集装箱是集装箱运输中非常重要的一项工作。有关集装箱的类别及其适用货物如表 1-5 所示。

集装箱类型

表 1-5 集装箱类别及适用货物表

箱 型	英文简称	特 点	适合货物
干货集装箱	GP	一端开门、两端开门或侧壁设有侧门，均有水密性，箱门可 270° 开启	一般货物
开顶集装箱	OT	箱顶（硬顶和软顶）可以拆下	超高、超重货物
框架式集装箱	FR	没有箱顶和侧壁	超高、超重货物

续表

箱 型	英文简称	特 点	适合货物
散货集装箱	BK	一端有箱门，箱顶有2~3个装货口，箱门的下方还设有卸货口	散装货
平台集装箱	PF	无上部结构，只有底部结构	超长、超宽货物
通风集装箱	VH	侧壁或端壁上设有4~6个通风口	易腐货物
冷藏集装箱	RF	具有制冷或保温功能	冷藏货
罐式集装箱	TK	由框架和液罐两部分构成，顶部设有装货口（入孔），罐底有排出阀	液体、气体
服装集装箱	HT	内侧梁上装有许多横杆，每根横杆垂下若干带扣或绳索	服装
动物集装箱	—	侧面和端面都有钢网制的窗，以便通风；侧壁的下方设有清扫口和排水口，便于清洁	动物
汽车集装箱	—	一般没有端壁和侧壁，箱底设有绑扎设备和防滑钢板	汽车

（二）按制造材料分类

集装箱是一种用来装载各种货物的容器，是一种较理想的成组工具。为了充分发挥装卸机械的能力，最大限度地利用集装箱的装货能力，一般在选择其制造材料时应满足以下几点要求。

第一，材料质量轻、强度高，能承受一定的拉力和压力。

第二，材料应坚固耐用，使用年限要长，并要满足集装箱反复使用的要求。

第三，材料应容易取得，便于加工成型，制造和维修保养的费用低，以降低集装箱运输的费用。

以上3点只是一般的要求，对各种不同用途的集装箱在选择制造材料时，还应有一些特殊要求。

从目前采用的集装箱材料来看，一个集装箱往往不是由单一材料制成的，而是以某种材料为主，并在集装箱的不同结构处采用不同的材料。因此，按制造材料来分类，实际上是按集装箱的主要结构（侧壁、端壁、箱顶等）采用的材料来分类的，如箱子的侧壁、端壁、箱顶等用铝合金材料制成，则该集装箱就被称为铝合金集装箱。

现有的国际标准集装箱按制造材料，可分为4类：钢质集装箱、铝合金集装箱、玻璃钢集装箱和不锈钢集装箱。

1. 钢质集装箱

该类集装箱的优点是强度大、结构稳、焊接性和水密性好，且价格低廉。其缺点是自重大，易腐蚀、生锈，故维修次数多、维修费用高、使用年限较短，一般为11~12年。

2. 铝合金集装箱

铝合金集装箱一般采用铝镁合金。该类集装箱的优点是自重轻，比钢质集装箱轻20%~25%，且不生锈，外表美观，铝镁合金还可以在大气中自然形成氧化膜，防止腐蚀；同时它的弹性好，变形后易恢复；加工方便，加工费用低；维修费用也比钢质集装箱低；使用年限长，一般为15~16年。该类集装箱的缺点是造价高、焊接性能差，其价格比钢质集装箱高30%左右。

3. 玻璃钢集装箱

这类集装箱是在钢制的集装箱框架上镶装上玻璃钢复合板制成的。玻璃钢复合板主要用于制作侧壁、端壁、箱顶板和箱底板。

玻璃钢复合板是在胶合板的两表面涂敷玻璃钢制成的,实际上是由胶合板、树脂和玻璃纤维组成的板。

该类集装箱的优点是强度大、刚性好。由于玻璃钢复合板具有一定的厚度,能承受较大的外力,故箱壁上一般不需要再加防挠材料,从而可以增加7%～10%的内容积。玻璃钢的隔热性、防腐性、耐化学性都比较好,能防止箱内产生结露现象,有利于保护箱内货物不遭受湿损。玻璃钢板可以整块制造,防水性能好,且容易清洗。

此外,玻璃钢集装箱还具有不生锈、容易着色的优点,故外表美观,且维修简便,维修费用也较为低廉。

该类集装箱的缺点是自重较大,与普通钢质集装箱的自重相近,且关于塑料老化和拧螺栓处的强度降低等问题还需进一步研究解决。根据英国、日本和美国的市场情况看,其价格比相同规格的钢质集装箱高44%～50%。

4. 不锈钢集装箱

不锈钢集装箱是一种新型集装箱,其优点如下:强度大,不生锈,外表美观;在整个使用期限内,无须进行维修保养,故使用率高;耐腐蚀性能好。其缺点如下:价格高,初始投资很大;材料少,大批量制造有一定困难。

(三) 按结构分类

1. 内柱式集装箱和外柱式集装箱

侧柱和端柱设在箱壁内部的为内柱式集装箱,反之为外柱式集装箱。二者各有优缺点。一般内柱式集装箱外表平滑,受斜向外力不易损伤,涂刷标志不方便,加内衬板后隔热效果好;外柱式集装箱外板不易损坏,可省去内衬板。

2. 折叠式集装箱和固定式集装箱

主要部件能简单地折叠或分解,使用时可展开或再次组合起来的集装箱称为折叠式集装箱;反之,各部件永久组合在一起的称为固定式集装箱。目前,集装箱运输主要使用的是固定式集装箱。

3. 预制骨架式集装箱和薄壳式集装箱

外板用铆接或焊接的方法与预制骨架连成一体的集装箱是预制骨架式集装箱;而薄壳式集装箱则把所有构件连成一个刚体,其优点是可减轻重量,共同承受扭力而不产生永久变形。目前,集装箱多按薄壳结构理论设计。

(四) 按尺寸分类

对于集装箱的尺寸,各国和各商界有各种不同的分类,其中具有代表性的是国际标准化组织的国际标准分类。

国际标准集装箱系列共分13种,其中IAAA和IBBB两种高型箱是1991年5月在汉城(首尔)召开的ISO/TC104第16次会议上新增加的。

Project 1 集装箱运输认识 项目

项目拓展

项目小结

本项目主要涉及集装箱运输及集装箱的基础知识，重点对集装箱运输的发展、特点和优越性、集装箱运输系统的组成、集装箱运输与现代物流的关系等进行了详细阐述，并对集装箱的定义及其标准化、集装箱的结构、集装箱的标记和集装箱的类别等进行了介绍。通过本项目的学习，学生可以对集装箱及集装箱运输的基本知识有一定的认识和了解，为以后的学习打下坚实的基础。

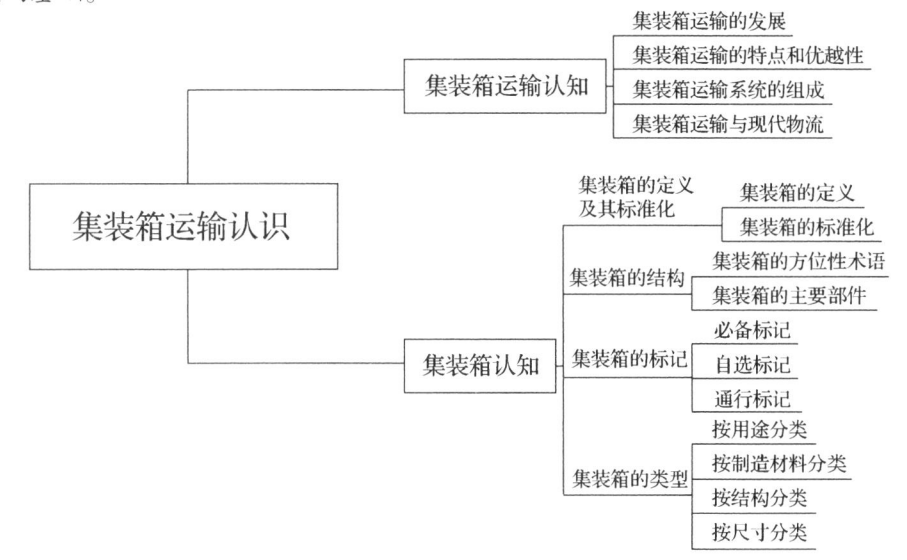

```
集装箱运输认识
├── 集装箱运输认知
│   ├── 集装箱运输的发展
│   ├── 集装箱运输的特点和优越性
│   ├── 集装箱运输系统的组成
│   └── 集装箱运输与现代物流
└── 集装箱认知
    ├── 集装箱的定义及其标准化
    │   ├── 集装箱的定义
    │   └── 集装箱的标准化
    ├── 集装箱的结构
    │   ├── 集装箱的方位性术语
    │   └── 集装箱的主要部件
    ├── 集装箱的标记
    │   ├── 必备标记
    │   ├── 自选标记
    │   └── 通行标记
    └── 集装箱的类型
        ├── 按用途分类
        ├── 按制造材料分类
        ├── 按结构分类
        └── 按尺寸分类
```

注：根据章节重点程度及要求读者掌握的情况不同，项目小结的知识思维导图设置的知识点详略程度不同，故不与书中内容一一对应，特此说明。

思政园地

【新闻资讯】包起帆：改革开放中的中国工人创新先锋

20 世纪 90 年代，国有大中型企业遇到了前所未有的困难，港口也是如此。这时的包起帆在上海龙吴港务公司当经理。

创新是唯一的出路。包起帆把目光投向内贸标准集装箱运输。1996 年以前，我国内贸件杂货水上运输依赖散装形式，内贸标准集装箱运输仍是空白。包起帆创造性地提出了中国港口内贸标准集装箱水运工艺系统，在 1996 年 12 月 15 日开辟了中国水运史上第一条内贸标准集装箱航线。内贸标准集装箱运输不仅搞活了龙吴码头，还带动了产业的大发展。

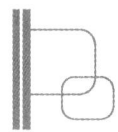

我国是世界集装箱吞吐量第一大国，但在集装箱国际标准的制定中却鲜有中国的声音，更难有拥有自主知识产权的中国发明进入国际标准。将自主创新的集装箱电子标签监控系统推向世界，并制定相关的国际标准，成了包起帆创新的又一目标。

经过不懈努力，中国集装箱电子标签相关国际标准——ISO 18186（2011）终于正式发布。这成为我国自1978年开始参与ISO（国际标准化组织）活动以来，在物流、物联网领域首个由我国发起、起草和主导的国际标准。

40多年来，包起帆与同事们共同完成了130多项技术创新项目，其中3项获得国家发明奖，3项获得国家科技进步奖，36项获得巴黎、日内瓦、匹兹堡、布鲁塞尔、纽伦堡等国际发明展览会金奖。另外授权国家和国际专利50项。

（资料来源：中国新闻网）

讨论思考：党二十大报告中提出"深入实施科教兴国战略、人才强国战略、创新驱动发展战略"，面对日益激烈的国际竞争，我们必须把创新摆在国家发展全局的核心位置，不断推进理论创新、制度创新、科技创新、文化创新等各方面创新。为此，该如何做到工匠精神？

项目测试与训练

一、讨论分析题

1．集装箱运输有哪些特点和优越性？
2．简述集装箱运输系统的组成。
3．简述国际标准化组织对集装箱的定义。
4．集装箱标记有哪些？
5．按用途，集装箱可以分成哪些不同的类别？

二、技能训练

1．训练目的：
（1）通过训练使学生了解集装箱的基本结构。
（2）通过训练使学生能够正确识别各类集装箱标记。
（3）通过训练使学生能够正常判断集装箱的类别，能够根据货物信息正确选择集装箱。

2．训练要求与操作准备：
（1）熟悉课本知识，利用网络资源，进一步了解集装箱的基本结构、标记、类别。
（2）组织学生到集装箱班轮公司或集装箱租赁公司进行训练学习，了解集装箱的基本结构、标记、类别。

3．训练资料与设备准备：
（1）集装箱的基本结构、标记、类别等图片、视频资料。
（2）网络资源。
（3）多媒体教室。

三、自我训练

（一）单选题

1. TEU 表示（　　），是指标准集装箱。
   A. 20ft 集装箱　　B. 20t 集装箱　　C. 40ft 集装箱　　D. 10t 集装箱
2. 为装运不需冷冻的水果、蔬菜等货物而设计的集装箱被称为（　　）集装箱。
   A. 冷藏　　　　　B. 散货　　　　　C. 通风　　　　　D. 开顶
3. 凡是高度超过（　　）的集装箱，应贴上超高标记。
   A. 2.2m　　　　　B. 2.4m　　　　　C. 2.6m　　　　　D. 2.8m
4. （　　）是一种专为运输需要保持一定温度的冷冻货或低温货而设计的集装箱。
   A. 通风集装箱　　B. 冷藏集装箱　　C. 开顶集装箱　　D. 散货集装箱
5. 1956 年，（　　）将一艘油轮改装成第一艘集装箱专用船。
   A. 美国　　　　　B. 英国　　　　　C. 法国　　　　　D. 中国

（二）多选题

1. 集装箱根据制造材料分为（　　）。
   A. 钢制集装箱　　B. 铝制集装箱　　C. 铜制集装箱　　D. 不锈钢制集装箱
   E. 玻璃钢制集装箱
2. 国际集装箱运输的形式和发展过程可以分为（　　）。
   A. 萌芽期　　　　B. 开创期　　　　C. 成长期　　　　D. 扩展期
   E. 成熟期
3. 集装箱运输通常涉及的运输方式有（　　）。
   A. 水路运输　　　B. 公路运输　　　C. 铁路运输　　　D. 管道运输
   E. 航空运输
4. 集装箱的重量分为（　　）。
   A. 自重　　　　　B. 载重　　　　　C. 额定自重　　　D. 额定重量
5. 集装箱的识别标记包括（　　）。
   A. 箱主代号　　　B. 额定重量　　　C. 顺序号　　　　D. 核对号

参考答案

Project 2 项目 2 集装箱码头及经营管理

▌知识目标▐

1. 掌握集装箱码头的特点和要求、设施配置、机械设备及集装箱码头装卸工艺系统。
2. 熟悉集装箱码头堆场箱区划分及箱位编码方式、堆场堆存管理。
3. 了解集装箱码头堆场进箱与提箱管理、堆场清场管理及装卸作业流程。

▌能力目标▐

1. 能描述集装箱码头的布局、设施配置及装卸工艺系统。
2. 能初步进行集装箱码头堆场管理。

▌思政目标▐

1. 加强科学技术作为先进生产力与现代港口企业管理制度相融合的思想政治工作管理体系认知。
2. 解放思想、实事求是、与时俱进、求真务实。

引导案例及分析

洋山深水港发展的启示

洋山深水港区位于杭州湾口外的浙江省嵊泗崎岖列岛,由大洋山、小洋山等数十个岛屿组成,是中国首个在微小岛上建设的港口,也是中国发展上海自贸区、建设海洋强国的依仗。2005年12月10日,洋山深水港区(一期工程)顺利开港,成为中国最大的集装箱深水港。国际港口协会会长皮特斯特·鲁伊斯先后三次来洋山港,感叹:"我走过世界上所有大港,也见过一些建在海岛的港口,但像依托洋山这样的孤岛,在离大陆如此远的地方,建规模如此大的现代化港口,实为罕见。"由于洋山深水港的加入,2010年,上海港完成集装箱吞吐量2907万标准箱,首次超越新加坡成为全球最"繁忙"的港口。2014年12月23日,上海国际航运中心洋山深水港区四期工程正式开工建设,这是国内首个全自动化集装箱码头,工程总投资约139亿元,于2017年建成。建成后,上海港的年吞吐量突破了4000万标准箱。

优势一:具备建设深水港区和航道的优越条件。洋山海域潮流强劲,泥沙不易落淤,海域海床近百年来基本稳定。

项目 2 集装箱码头及经营管理

优势二：能确保船舶航行及靠离泊安全。港区工程方案经过模型试验反复论证，表明工程实施后，对自然条件基本无影响，能维持原有水深，而且大小洋山岛链形成天然屏障，泊稳条件良好。

优势三：工程技术经济可行，工程水域地质条件良好，具备建港条件。

优势四：符合世界港口向外海发展的规律。

上海国际航运中心洋山深水港区是上海国际航运中心的集装箱深水枢纽港区，也是上海港参与国际竞争的核心港区，其能够满足大型集装箱船舶的进出需要，按规划将成为国际远洋班轮的主靠港，另外港口兼有液化天然气、油气品运输等功能。

党的二十大报告中提出，"一些关键核心技术实现突破，战略性新兴产业发展壮大，载人航天、探月探火、深海深地探测、超级计算机、卫星导航、量子信息、核电技术、大飞机制造、生物医药等取得重大成果，进入创新型国家行列。""建设现代化产业体系。坚持把发展经济的着力点放在实体经济上，推进新型工业化，加快建设制造强国、质量强国、航天强国、交通强国、网络强国、数字中国。通过观看洋山港建设视频，讨论思考：国家强大背后的力量。

洋山深水港

Mission 任务 1　集装箱码头认知

任务导读

集装箱码头是集装箱运输的枢纽，它向外连接国际的远洋运输航线，向内连接国内的铁路、公路、水路等运输线路。因此，集装箱码头是各种运输方式衔接的换装点和集散点。集装箱码头在整个集装箱运输过程中具有重要的地位，做好集装箱码头的建设和管理工作对加速集装箱及其运载工具的周转、降低运输成本、提高经济效益和社会效益具有极其重要的意义。本任务着重介绍集装箱码头的特点和要求、集装箱码头设施配置等内容。

任务： 你作为一名货代公司的新职员，到某集装箱码头业务受理大厅办理提取集装箱业务，公司领导只给你相关办理业务资料，为了更好的完成任务，去办理业务之前需要更充分的准备，请问去集装箱码头要做哪些准备呢？

一、集装箱码头的特点和要求

（一）集装箱码头的职能及特点

集装箱码头主要有以下职能。

（1）其是集装箱运输系统中的集散站。

（2）其是转换集装箱运输方式的缓冲地。

（3）其是水路集装箱运输和陆路集装箱运输的连接点和枢纽。

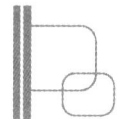

集装箱码头与普通件杂货码头相比具有如下特点。

（1）码头作业的机械化、高效化、自动化。

现代集装箱专用码头一般都配备了专门化、高效化、自动化的装卸搬运机械。国际先进的集装箱码头装卸桥的作业效率已达 60TEU/h。

（2）码头生产管理的计算机化、信息化、现代化。

随着计算机技术和通信技术的快速发展，集装箱码头在生产作业管理中采用先进的计算机生产管理系统，对集装箱码头各项生产作业进行有效的组织、计划、指挥、控制，大大提高了作业效率，避免了复杂和重复的人工作业。借助互联网，EDI 等技术广泛应用于集装箱码头，即在集装箱码头的计算机生产管理系统中，集装箱码头通过 EDI 等技术与货主、货代、船公司、船代及海关、检验检疫局等口岸管理机构实现快速而高效的信息沟通与信息交换，另外一些重要的运输单证，如舱单、船图、装箱单等已实现无纸化。

（3）码头的大型化、深水化。

随着集装箱运输的发展，件杂货集装箱化的比例不断提高。根据规模经济的原理，船舶越大，单位成本越低。因此，为了降低集装箱船舶的运输成本，各个集装箱船舶运输公司新投入的集装箱船舶越来越大，而与此相对应的码头也越来越大。集装箱码头大型化的主要标志是码头前沿水深增加，岸线泊位长度延长，堆场及整个港区扩大。

为了满足集装箱运输对集装箱码头的要求，世界各国港口快速发展集装箱专用码头，设置了现代化的硬件及软件系统。

（二）集装箱码头的要求

随着集装箱运输的迅速发展，集装箱运量不断上升，集装箱船舶日趋大型化和高速化。因此，集装箱码头要实现装卸作业高效化、自动化，管理工作现代化、规范化，以加速车、船、箱的周转，降低运输成本，提高整个集装箱运输系统的运营效益和社会综合效益。集装箱码头应满足以下要求。

（1）具备设计船型所需的泊位、岸线及前沿水深足够的水域，保证船舶安全靠离。

（2）具备码头前沿所必需的宽度、码头纵深及堆场所必需的面积，具有可供目前及发展所需的广阔的陆域，保证集装箱堆存和堆场作业及车辆通道的需要。

（3）具备适应集装箱装卸船作业、水平运输作业及堆场作业所必需的各种装卸机械及设施，以实现各项作业的高效化。

（4）具有足够的集疏运能力及多渠道的集疏运系统，以保证集装箱及时集中和疏散，防止港口堵塞，满足快速装卸船舶的需要。

（5）具有维修保养的设施及相应的人员，以保证正常作业的需要。

（6）集装箱码头高科技及现代化的装卸作业和管理工作要求具有较高素质的管理人员和机械司机。

（7）为满足作业及管理的需要，应具有现代化管理和作业的必需手段，采用电子计算机及数据交换系统。

二、集装箱码头的布局及设施配置

集装箱码头的整个装卸作业是采用机械化、大规模生产方式进行的，要求各项作业密切配合实现装卸工艺系统的高效化。这就要求集装箱码头布局合理，码头上各项设施合理配置，并有机地联系起来，形成一个各项作业协调一致、相互配合的有机整体，形成高效率的、完善的流水作业线，以缩短车、船、箱在港口码头的停泊时间，加速车、船、箱的周转，降低装卸成本和运输成本，实现最佳的经济效益。

（一）集装箱码头的布局

图 2-1 为厦门海沧新海达集装箱码头平面布局图。对于集装箱专用码头，其布局主要有以下要求：集装箱泊位岸线长度为 330m 以上；集装箱码头陆域纵深一般为 350m 以上，有的集装箱码头陆域纵深已高达 500m；码头前沿宽度一般为 40m 左右；每一集装箱专用泊位，配置 2~3 台岸壁集装箱起重机；集装箱堆场面积达 105 000m²，甚至更大；集装箱货运站可布置在集装箱码头大门与堆场之间，也可布置在集装箱码头以外；所有通道的布置应根据装卸工艺与机械要求而定。

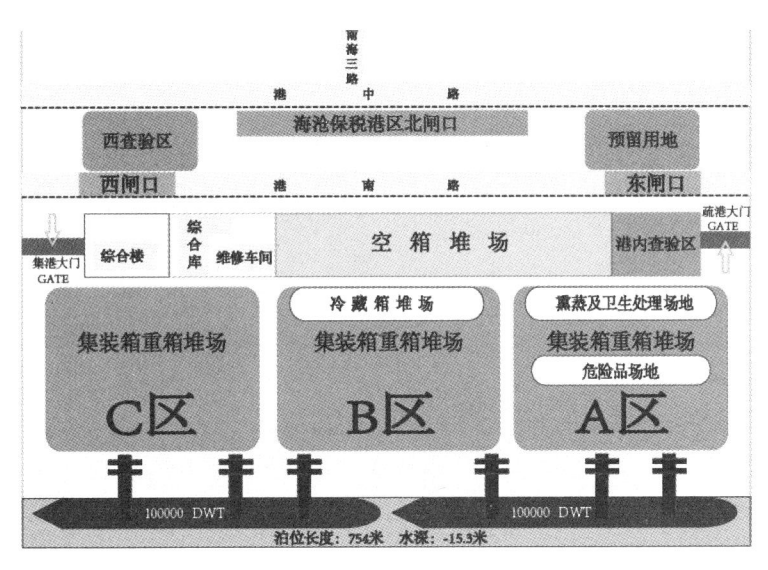

图 2-1 厦门海沧新海达集装箱码头平面布局图

（二）集装箱码头的设施配置

集装箱码头通常应具备的必要设施：泊位、码头前沿、堆场、货运站、控制室、检查口、维修车间等。

1. 泊位

泊位（Berth）是指为了在港内进行装卸，给船舶停泊靠岸，并有一定长度岸壁线的地方。泊位的长度和水深根据停泊船舶的大小而有所不同。目前，世界上集装箱码头泊位的长度一般为 300m 左右，泊位水深在 11m 以上。船舶停靠时所需的系船设施构成了泊位的岸壁（Quay）。这些设施一般包括系缆桩和碰垫木（橡胶）。船舶靠/离泊时，所需的岸壁线的有效长度一般为船舶长度的 1.2 倍，如中远集团所属的 5250TEU 全集装箱船"鲁河"轮，其总长为 280m，该船靠/离泊时所需岸壁线长度约为 350m。

泊位通常有 3 种形式：顺岸式、突堤式和栈桥式。

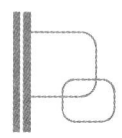

2. 码头前沿

码头前沿（Wharf Surface，Quay Surface，Wharf Front Line，Frontier）是指沿码头岸壁线，从码头岸壁到堆场前（防汛墙）这一部分的码头面积。码头前沿装有集装箱桥吊，且其又是进出口集装箱进行换装的主要地点，因此其宽度根据集装箱起重机的跨距和装卸机械的种类而定。码头前沿一般由下列3部分构成。

（1）从岸壁线到集装箱桥吊第一条轨道（海测）的距离一般为2～3m。

（2）桥吊的轨道（海测到陆侧）间的距离一般为15～30m。

（3）从桥吊第二条轨道（陆侧）到堆场前（防汛墙）的距离一般为10～25m。

由此可知集装箱码头前沿宽度一般为30～60m。

集装箱码头前沿除安装了集装箱桥吊和铺有桥吊轨道外，一般还备有高压和低压电箱、船用电话接口、桥吊电缆沟、灯塔等设施（见图2-2）。码头前沿应始终保持畅通，以确保集装箱桥吊的效率。

图2-2 集装箱码头前沿图

3. 堆场

堆场（Yard）是指集装箱码头内所有堆存集装箱的场地。堆场由两部分组成：前方堆场和后方堆场。

（1）前方堆场（Marshalling Yard），又被称为"集装箱编组场""调度场""停转场""排列场""调配场"，其位于码头前沿和后方堆场之间，是为提高船舶装卸作业效率，用以堆放集装箱的场地。它的主要作用如下：船舶到港前，预先堆放要装船出口的集装箱；卸船时，临时堆存卸船进口的集装箱。其面积占堆场总面积的比例较大，其大小根据集装箱码头所采用的装卸工艺系统而定，同时也因堆放的层数不同而不同。

（2）后方堆场（Back-up Yard），又被称为集装箱堆场（Container Yard），是指储存和保管空箱、重箱的场地，是码头堆场中除前方堆场以外的部分，包括中转箱堆场、进口重箱堆场、空箱堆场、冷藏箱堆场、危险品箱堆场等。

事实上，后方堆场同前方堆场并没有严格、明显的分界线，仅仅是地理位置上的相对概念。在实际业务中，人们通常将出口箱放在码头堆场的前方，中间放中转箱，而将进口箱、冷藏箱、危险品箱、空箱放在码头堆场的后方。

奥克兰港集装箱码头鸟瞰图

上述两种堆场的场地上都画有存放集装箱的长方形格子，称为"场箱位（Slot）"，并编有号码，称为"场箱位号（Slots Number）"。集装箱在堆场上的场箱位号（又称"箱位号"）是由行号、列号、层号 6 位数字组成的，用以对堆存的集装箱进行位置标识。

堆场上要求具有照明设备、道路交通标牌、排水明沟、冷藏箱电源插座等设施，并要求不能有妨碍码头作业或降低码头作业效率的任何建筑物。

4．货运站

货运站（Container Freight Station，CFS；Terminal Depot）俗称仓库，是指把货物装进集装箱内或从集装箱内取出，并对这些货物进行储存、防护和收发交接的作业场所。它同传统的仓库不同。集装箱货运站是一个主要用于装/拆箱作业的场所，而不是主要用于保管货物的场所。

集装箱货运站一般建于码头堆场后方，侧面靠近码头外公路或铁路的区域，尽可能保证陆运车辆不必进入码头堆场内，而直接进出货运站。随着集装箱码头装卸量的增加，为了充分利用码头的堆场面积，也可将码头内的货运站移至码头外。

5．控制室

控制室（Control Tower）又称控制中心、中心控制室、控制塔、指挥塔（室），是集装箱码头各项作业的指挥调度中心。它的作用是监督、调整和指挥集装箱码头作业计划的执行。其地理位置应设置在可看到整个码头上各作业现场的地方，一般设置在码头操作或办公楼的最高层。控制室内装有电子计算机系统、测风仪及气象预报系统，并配有用于指挥码头现场作业的无线对讲机，用于监控码头作业现场的闭路电视、望远镜，以及用于对内、对外联系的电话、传真机等设备。控制室是码头的中枢机构。

6．检查口

检查口（Gate House）俗称道口，又称检查桥、闸口、大门等，是集装箱码头的出入口，是集装箱和集装箱货物的交接点，也是区分码头内外责任的分界点。道口是集装箱进出码头的必经之口，因此在道口处不但要检查集装箱的有关单证，而且要对集装箱的有关箱号、铅封号和集装箱的外表状况等进行检查。道口一般设置在集装箱码头的后方，出于保证码头机械和船舶积载的安全性，道口处还设有地磅，另外还配有计算机、IC 卡机等设备。

7．维修车间

维修车间（Maintenance Shop）又称修理车间（Repair Shop），是集装箱装卸机械进行检查、修理和保养的地方。维修车间对于确保装卸机械的维修质量、使各种机械处于完好的备用状态、提高集装箱码头装卸效率和充分发挥集装箱运输的优越性都起着十分重要的作用。一般设置在不影响集装箱码头作业的码头后方或保养区附近。

以上是集装箱码头的必要设施。除此以外，还有掌管上述各种设施的码头行政楼（Administration Office）及其他电力、给/排水、照明、道路等辅助设施。

集装箱码头概况　　鹿特丹集装箱码头　　新加坡集装箱码头

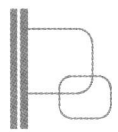

三、集装箱码头的机械设备

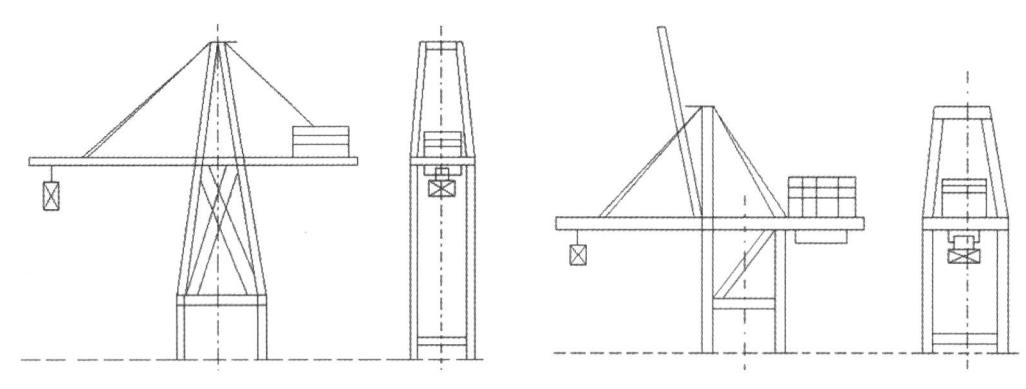

(一)岸边集装箱装卸桥

岸边集装箱装卸桥(又称岸壁集装箱装卸桥)(Quayside Container Crane)是集装箱码头前沿装卸集装箱的作业机械。现代化集装箱码头普遍采用岸边集装箱装卸桥来进行装卸作业。岸边集装箱装卸桥从外表框架形式上看有 A 形和 H 形两种,如图 2-3 所示。

图 2-3 岸边集装箱装卸桥

1. 结构

岸边集装箱装卸桥主要由金属结构、起升机构、小车行走机构、大车行走机构、俯仰机构、机房、司机室等组成。

岸边集装箱装卸桥的金属结构主要有带行走机构的门架、臂架、拉杆等。臂架又可分为海侧臂架、陆侧臂架及中间臂架三部分。臂架的主要作用是承受装卸桥小车的重量,小车带有升降机构,而升降机构的主要作用是承受集装箱吊具和集装箱的重量。

2. 岸边集装箱装卸桥主要技术参数

(1)起重量:是岸边集装箱装卸桥装卸集装箱能力的标志,也是表示岸边集装箱装卸桥负载能力的指标,是根据集装箱额定起重量和集装箱吊具重量来确定的(是二者之和)。国际上集装箱装卸桥的起重量多为 40.5(30.5+10)t。额定起重量是指集装箱吊具所能吊起的重量。

(2)起升高度:由轨顶面以上的高度和轨顶面以下的高度两部分组成。它取决于集装箱船舶型深、吃水、潮差、甲板面上装载集装箱层数及码头标高等因素。一般集装箱装卸桥轨顶面以上高度约为 25m,轨顶面以下高度约为 12m,故集装箱装卸总起升高度约为 37m。

(3)外伸距:指集装箱装卸桥海侧轨道中心线向外至集装箱吊具铅垂中心线之间的最大水平距离。它主要取决于到港集装箱船舶最大宽度及装卸时允许向外横倾 3°等因素。外伸距一般约为 35m。

(4)内伸距:指集装箱装卸桥陆侧轨道中心线向外至集装箱吊具铅垂中心线之间的最大水平距离。一般内伸距约为 35m。

(5)轨距:指装卸桥两条行走轨道中心线之间的水平距离。轨距的大小会影响装卸桥的稳定性。一般考虑要在轨距内布置 3 条跨运车的作业线，故轨距一般约为 6m。

（6）横梁下面的净空高度：指集装箱装卸桥横梁的下部到轨顶面之间的垂直距离。一般取决于最大搬运集装箱机械的最大高度，目前约为 10m。

（7）基距：指同一轨道两个主支承中心线之间的距离。考虑到门框内要能安全地通过 12.2m（40ft）集装箱，一般基距约为 16.8m。

（8）生产率：取决于起重机的起升、下降及行走速度等因素，一般集装箱装卸桥的生产率为 20～30 箱/时。

（二）集装箱跨运车

集装箱跨运车（Straddle Carrier）是一种专门用于集装箱码头短途搬运和堆码的机械，如图 2-4 所示。它以门形车架跨在集装箱上，由装有集装箱吊具的液压升降系统吊起集装箱进行搬运，其可将集装箱堆码 2～3 层高。

图 2-4 集装箱跨运车

集装箱跨运车具有机动灵活、效率高、稳定性好、轮压低等优点，因此可一机多用，既可用于码头前沿至堆场的水平运输，又可用于堆场的堆码、搬运和装卸作业。其主要缺点是价格昂贵，维修费用较高，驾驶员的视野受局限。

集装箱跨运车从 20 世纪 60 年代问世以来，经过几十年的发展，已经成为集装箱码头和堆场的关键设备。

（三）集装箱叉车

集装箱叉车（Fork-lift Truck for Freight Containers）是一种集装箱码头和堆场常用的搬运、装卸集装箱的专用叉车，如图 2-5 所示。集装箱叉车分成两种：升降门架在车体前方的正面集装箱叉车和升降门架在车体侧面的侧面集装箱叉车。集装箱叉车既可用门架顶部吊具起吊搬运集装箱，也可用货叉插入集装箱底部叉槽举升搬运集装箱；即可用于堆垛空集装箱等辅助性作业，也可在集装箱吞吐量不大（低于 3 万标准箱/年）的综合性码头和堆场进行集装箱装卸，或者短距离搬运。

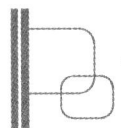

图 2-5　集装箱叉车

集装箱叉车的优点是机动灵活，作业范围大；相对于其他集装箱机械，其设备购置费用低廉；通过更换属具，可用来装卸搬运其他件杂货，达到一机多用的效果。缺点是常用的正面集装箱叉车横向尺寸大，所需通道较宽（约 14m），且堆码层数较少，使堆场面积和高度的利用率低；满载时前轮压大，对码头前沿和堆场通道路面的承载能力要求较高；行走时视野被集装箱阻挡，堆箱作业有一定难度。相对于集装箱龙门起重机等设备来说，集装箱叉车的作业效率较低，因此不适用于吞吐量大的集装箱码头，一般用于集装箱吞吐量不大的综合性码头，或者作为专业集装箱码头、堆场的辅助性机械。

（四）集装箱正面吊运机

集装箱正面吊运机（Front-handling Mobile Crane）是一种用以完成集装箱装卸、堆码和水平运输作业的集装箱装卸搬运机械，如图 2-6 所示。它具有机动性强、作业效率高、安全可靠、操作简便、舒适等优点，是一种比较理想的集装箱装卸搬运机械。

图 2-6　集装箱正面吊运机

集装箱正面吊运机具有以下特点。

（1）配有多功能伸缩式吊具，适用于 20～40ft 集装箱装卸，能够左右回转、横移、倾斜，便于堆箱和通过较狭窄的通道。

（2）带载俯仰的伸缩式臂架，可以实现整车行驶和臂架伸缩的联合动作。

（3）在臂架和吊具间设置减摇装置，减少吊运机起动、制动和行驶时集装箱的摆动。

(4)能堆码多层集装箱及跨箱作业。
(5)有多种保护装置，以保证安全作业。
(6)吊具上架装吊爪后，可以连集装箱半挂车一起吊起，实现铁路、公路联运。
(7)换装吊钩，可吊装其他重大件货物。

集装箱正面吊运机主要应用在：集装箱堆场，包括堆场与前沿装卸机械之间集装箱的水平运输；集装箱货场、中转站；铁路场站的集装箱集散点。换装吊钩后，可作为轮胎式龙门起重机使用；个别场合，也可换装木材抓斗，作为木材装卸机械使用。

（五）龙门起重机

龙门起重机简称龙门吊，是一种在集装箱堆场上进行集装箱堆码和车辆装卸的机械。龙门起重机有轮胎式和轨道式两种形式。

1. 轮胎式龙门起重机

轮胎式龙门起重机是常见的集装箱堆场作业机械。它主要用于集装箱堆场的堆码及装卸底盘车作业。它由前后两片门框和底梁组成门架，支承在充气轮胎上，可在堆场上行走，并可通过装有集装箱吊具的行走小车沿着门框横梁上的轨道行走，可在底盘车上装卸集装箱和进行堆码作业，如图2-7所示。

该机的主要优点是机动灵活，可从一个堆场转移到另一个堆场作业；可堆3～4层集装箱，提高了堆场面积利用率，并易于实现自动化作业。其主要缺点是自重大、轮压大、轮胎易磨损、造价也较高。轮胎式龙门起重机适用于吞吐量较大的集装箱码头。

2. 轨道式龙门起重机

该机是集装箱堆场进行堆码和装卸集装箱的专用机械。它由两片双悬臂的门架组成，两侧门腿用下横梁连接，支承其可在行走轮台上行走，也可在轨道上行走，如图2-8所示。该机的主要优点是可堆4～5层集装箱，可跨多列集装箱及跨一个车道，因而堆存能力高、堆场面积利用率高；结构简单、操作容易，便于维修保养，易于实现自动化。其主要缺点是要沿轨道运行，灵活性较差；由于跨距大，对底层箱提取困难。常用于陆域不足且吞吐量较大的集装箱码头。

图2-7 轮胎式龙门起重机　　　　图2-8 轨道式龙门起重机

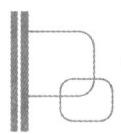

（六）空箱堆高机

空箱堆高机是集装箱堆场常用的专门机械，可用于空箱堆场的空箱堆码及搬运作业，如图 2-9 所示。空箱堆高机的操作方式类似集装箱叉车，但其起吊集装箱采用抓夹方式，一般可抓取 8t 重的空箱，可堆 8 层空箱。

图 2-9　空箱堆高机

空箱堆高机设置宽视野门架，堆高作业具有较高的灵活机动性。

（七）集装箱牵引车、底盘车

集装箱牵引车（Semi-Trailer Tractor）是专门用于牵引集装箱底盘车的运输车辆。其本身没有装货平台，不能装载集装箱。其是通过连接器与底盘车连接，牵引底盘车运输的，从而达到托运作业的目的。

底盘车是一种骨架式拖车，是装有轮胎的车架，前面有支架，后面有单轴一组轮胎或双轴两组轮胎，车上装有扭锁插头，能与集装箱的角件相互锁紧。

集装箱牵引车、底盘车如图 2-10 所示。它们的优点是运行速度快、托运量大、设备价格较低、营运成本较低，因此在我国集装箱码头比较常见。

图 2-10　集装箱牵引车、底盘车

（八）集装箱吊具

集装箱吊具（Container Spreader）是用于起吊集装箱的属具，主要有 3 种类型：固定式集装箱吊具、伸缩式集装箱吊具和组合式集装箱吊具。

（1）固定式集装箱吊具：分 6.1m（20ft）和 12.2m（40ft）集装箱专用两种，如图 2-11 所示。其只能起吊一种集装箱，特点是结构简单、自重轻、价格便宜，但是对箱体类型的适应性较差，更换吊具往往要占用较多时间。

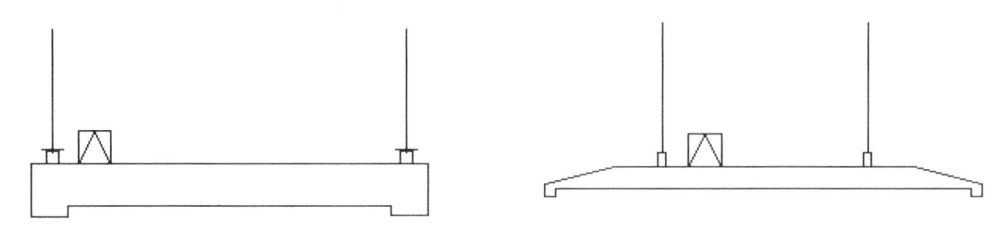

图 2-11　6.1m（20ft）、12.2m（40ft）固定式集装箱吊具

（2）伸缩式集装箱吊具：它是专门为集装箱装卸桥而设计的，利用油压操作使杠架能自行伸缩，可用于装卸各种不同尺寸的集装箱，如图 2-12 所示。其特点是变换起吊不同集装箱所需时间较少，使用灵活性较强，但是自重较大，一般可达 9～10t。这是目前在集装箱装卸桥上使用较为普遍的一种集装箱专用吊具。

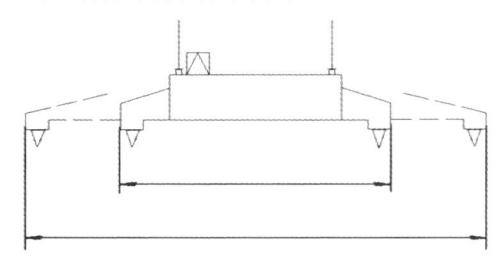

图 2-12　伸缩式集装箱吊具

（3）组合式集装箱吊具：它由装卸 6.1m（20ft）集装箱用的基本吊具和摘挂方便的 12.2m（40ft）集装箱用的辅助吊具组合而成，如图 2-13 所示。其特点是结构简单，自重较小，一般为 4～7t，多用于跨运车和正面吊运机上。

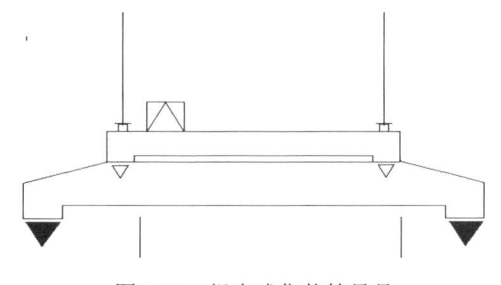

图 2-13　组合式集装箱吊具

（九）拆装箱机械

集装箱码头的拆装箱作业一般采用 1.5～3.0t 低门架叉车、手推搬运车等机械。

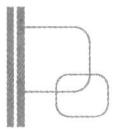

Mission 任务 2　集装箱码头堆场管理

任务导读

集装箱码头堆场管理是集装箱码头生产管理的中心环节之一，涉及码头堆场箱区的划分，箱位的安排，堆垛规则及集装箱的堆存、保管、发放、交接、装卸、中转、装箱、拆箱等诸多生产业务。无论是发货人的待装集装箱，还是卸船后待发给收货人的集装箱，都必须经过集装箱码头堆场进行交接。集装箱码头堆场不仅起到集装箱装卸场地的作用，同时还起着集装箱储存、保管、交接和集疏运作用。

集装箱码头堆场是集装箱在码头的暂存区域，具有对到港集装箱进行集散和暂存的作用。码头要保证船舶如期开船，就必须提高码头装卸速度，而装卸速度的提高很大程度上取决于码头堆场箱区划分、箱位安排的合理性。合理划分箱区和安排箱位，不仅能减少翻箱率，减少桥吊等箱的时间，提高装卸速度，而且能最大限度地提高码头堆场利用率，降低码头生产成本。集装箱码头堆场的主要功能如下。

（1）以进出口作业为主的码头。进口箱可在集装箱码头堆场短时间暂存；出口箱须按规定的提前期进场，在集装箱码头堆场预进场待装。

（2）以中转作业为主的码头。集装箱在一程船卸下后，可在集装箱码头堆场暂存，等待装上二程船。

本任务重点介绍集装箱码头堆场的各项管理。

任务：你作为一名货代公司的新职员，到某集装箱码头业务受理大厅办理提取集装箱业务，提取的集装箱号：COSU8001215，业务大厅受理后打印出堆场号为 B030543，你如何找到集装箱所在的堆场位置，又如何进行提箱业务操作？利用集装箱运输平台软件完成集装箱码头业务操作。

一、堆场箱区划分及箱位编码方式

（一）堆场箱区的划分

集装箱码头堆场按不同的划分方法可分为不同的箱区，在实际工作中这些划分方法往往是并存的。

（1）按进出口业务可分为进口箱区和出口箱区，其中含有查验箱区。
（2）按集装箱货种可分为普通箱区、冷藏箱区、危险品箱区和特种箱区。
（3）按集装箱货物流向可分为外贸箱区、内贸箱区和中转箱区。
（4）按集装箱空箱、重箱可分为空箱区和重箱区。

因为冷藏箱区、危险品箱区有特殊设备，如冷藏箱区有电源插座，危险品箱区有喷淋装置、排污设施及隔离栏等，所以它们是相对固定的。中转箱区虽无特殊设备，但因海关部门有特殊要求，所以该箱区也是固定的。

码头箱务管理人员在安排箱区时，原则上各箱区应相对固定地堆放某一类集装箱，但也可以根据进出口箱的具体情况、码头实际堆存情况、船舶到港情况，以及船公司用箱情况，适当调整各箱区的比例。例如，当在某一期间内进口箱量大于出口箱量时，码头箱务管理人员可将部分出口箱区调整为进口箱区；而当在船舶集中到码头，出口箱量又大大增加时，码头箱务管理人员可将部分进口箱区或部分空箱箱区调整为出口箱区。码头箱务管理人员应灵活使用该方法，特别是在船舶集中到港，进、出口箱量有较大的不平衡时，该方法可以在原有条件下最大限度地提高码头堆场的使用率和码头堆场的通过能力。

（二）堆场箱区的箱位编码方式

现代的集装箱码头堆场总面积都较大。各码头一般都根据对应的泊位分为不同的箱区，每个箱区又根据龙门起重机的实际情况分为若干个小箱区，每个小箱区内再按集装箱的箱型、尺寸划出一个个称为箱位的标准区域。其中，箱位与箱位之间留出适当的距离，作为装卸机械和运输车辆的通道。为了便于区分，一般采用一组代码来表示集装箱在堆场内的物理位置。集装箱码头的各种示意图如图 2-14 至图 2-16 所示。

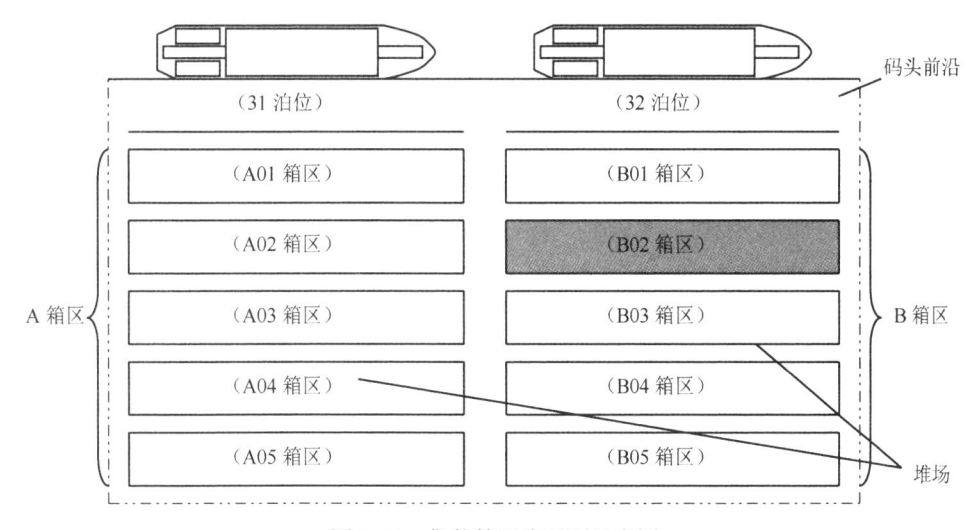

图 2-14　集装箱码头平面示意图

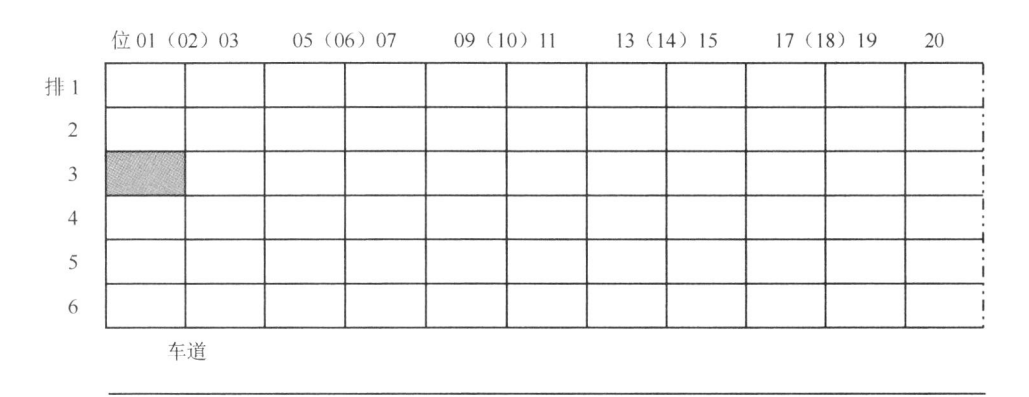

图 2-15　集装箱码头箱区位、排示意图

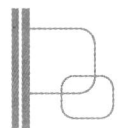

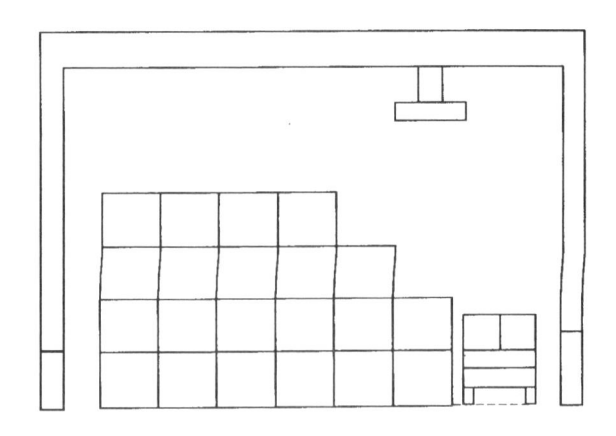

图 2-16 集装箱码头箱区位、排、层示意图

1. 箱区

箱区的编码一般用一个英文字母表示，也有的码头采用与泊位代号相同的字母或数字表示。图 2-14 中的 31 泊位对应的是 A 箱区，32 泊位对应的是 B 箱区。每个箱区中分出的若干个小箱区一般用一个英文字母和一位或两位阿拉伯数字表示。其中，第一个英文字母就是与泊位对应的箱区代号（同样也有用泊位代号来表示的），阿拉伯数字表示堆场从海侧方到陆侧方堆场的顺序号。

2. 箱坐标

每个箱区内箱坐标的表示与集装箱船舶上的箱位表示相似。位对应集装箱船舶上箱位的行，排对应列，层对应层。

（1）位。一个箱区由若干个位组成，位的编码一般用两位阿拉伯数字表示，用奇数 01、03、05……表示 20ft 集装箱的位，用偶数 02、04、06……表示 40ft 集装箱或 45ft 集装箱的位。其中，位的多少与箱区的长度有关，即与泊位的长度有关。

（2）排。排的编码一般用一位阿拉伯数字表示，这是因为箱区中排的多少与箱区的宽度有关，而箱区的宽度是根据堆场选用龙门起重机的跨度而定的。现在常用的轮胎式龙门起重机一般跨度都是六箱一车道，因而排数的编码只要一位阿拉伯数字，从 1 至 6 即可。轨道式龙门起重机虽然跨度内排数有达到两位数的，但目前较为少见。

（3）层。层的编码也用一位阿拉伯数字表示，这一点与集装箱船舶的箱位用两位数表示不同。无论是轮胎式龙门起重机还是轨道式龙门起重机，目前的起升高度都在 16m 左右，最高能堆 6 层，因而层的编码只要一位，即从 1 至 6 即可。

因此，集装箱的箱位一般由 6 位或 7 位编码表示，如"B020133"就是用 7 位编码表示 B02 箱区 01 位 3 排 3 层的箱位。

上述一般是重箱的位置表示方法。对于空箱来说，通常只规定箱区和大致的位，没有排与层，这主要是因为使用空箱时很少有指定箱号的，提空箱时只要是该船公司的空箱，不必按号领箱，只需提箱记号即可。这样可以省略提箱时的查找工作，大大提高提空箱的效率。

（三）堆场堆垛规则

堆场堆垛的基本规则就是保证集装箱堆放安全，降低翻箱率。工艺不同，集装箱的尺寸不同，集装箱装载的货物不同，导致堆垛方式也不相同。

1. 基本原则

（1）重箱、空箱分开堆放。
（2）20ft、40ft 和 45ft 集装箱分开堆放。
（3）冷藏箱、危险品箱、特种重箱成堆放在相应的专用箱区。
（4）进口箱和出口箱分开堆放。
（5）中转箱在海关指定的中转箱区内堆放。
（6）出口重箱按装船要求分港、分吨堆放。
（7）空箱按不同的持箱人、不同的尺码、不同的箱型分开堆放，污箱、坏箱分开堆放。
（8）重箱按堆场载荷要求堆放。

2. 出口箱进场安排

出口箱进码头堆场堆放时，必须遵循一定的原则，使出口箱在配载装船时能降低翻箱率，提高装船效率。一般有以下几个原则。

（1）按排堆放：同一排内，堆放同一港口、同一吨级的箱；但同一位内不同的排，可以堆放不同港口、不同吨级的箱。
（2）按位堆放：同一位内，堆放同一港口、同一吨级的箱。
（3）按位、排堆放：同一位内，堆放同一港口、同一吨级的箱；而该位的同一排内，堆放同一港口、同一吨级的箱。
（4）同一位内，较重的箱堆放在靠近车道的第二排，较轻的箱堆放在最里面的两排，中间等级的箱堆放在较中间的排，且重吨级的箱可以压较轻吨级的箱。
（5）在多条路进箱时，有两种方式可以选择：① 根据集卡的车号判别交替进箱，如第一辆车进 A 区，则第二辆车进 B 区，依此类推；② 先进完 A 区，然后再进 B 区。

3. 进口箱进场安排

（1）同一位内，堆放同一港口、同一吨级的箱，进同一排。
（2）一个位进完后，再进另一个位。

4. 空箱进场安排

根据持箱人、箱型不同，选择不同的进场位置。

5. 其他

（1）轮胎吊作业区域，若是堆三过四的轮胎吊箱区，第六排应比其他排少堆一层；若是堆四过五的轮胎吊箱区，则第六排应堆 2 层，第五排应堆 3 层。
（2）集装箱进场选位时，应充分考虑堆放的安全系数。相邻排的层高之差不得大于 3。因提箱导致出现该种现象应及时调整。
（3）各箱区之间要留有合适的通道，使集卡、铲车等能在堆场内安全行驶。
（4）危险品箱堆码一般不超过两层；冷藏箱堆码一般不超过 3~4 层。

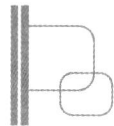

二、集装箱码头堆场进箱与提箱管理

集装箱码头堆场的进箱与提箱管理是码头堆场的主要业务和生产活动。

（一）码头堆场进箱管理

码头堆场进箱业务一般是指出口重箱集港进场交接；码头货运站装箱后重箱返场交接；重箱卸船进场；受船公司委托返空箱的交接。重箱卸船进场在码头内进行，在此不进行介绍。前两种重箱交接在堆场出口区域内进行，而返空箱的交接则在堆场专门设置的空箱堆存区内进行。重箱的进箱业务流程具体如下。

（1）公路承运人凭设备交接单和其他相应的业务单证，在码头闸口进场通道与工作人员办理集装箱进场交接手续。

（2）公路承运人将集卡车开到闸口地磅上称重，由闸口工作人员在计算机上输入箱号、箱型、车号，并打印出过磅计量单。

（3）闸口工作人员核对设备交接单，检查箱体、箱号、铅封、船名、航次、车队、车号后双方签字，留下两联存底，第三联交运箱人。

（4）闸口工作人员在出口入场单上加盖箱检章、过磅章。

（5）运箱人将集卡车开到堆场指定场位卸箱。

（6）堆场箱控部门根据堆场积载计划安排，指挥场地机械将重箱卸到指定场位、箱位。

（7）堆场工作人员编制堆场箱位图并输入计算机，供调度部门编制出口装船计划。

货运站装箱出口的重箱返场作业流程大致与上述程序一致，所不同的是其为码头内部交接，交接双方是码头堆场工作人员与货运站工作人员。

空箱返场有两种方式：空箱卸船进场和空箱通过检查口进场。

空箱卸船进场前，码头堆场计划员必须安排空箱堆存专区。该计划安排的原则是根据空箱的尺码、箱型，按不同的持箱人分开堆存。码头与船公司必须在空箱卸船时办理集装箱设备交接单的交接手续。

通过检查口进场的空箱主要有两种：一种为船公司指定的用于出口装船的空箱；另一种为进口重箱拆箱后返回码头。在空箱进场前，码头堆场计划员必须安排空箱堆存计划。如果为船公司指定用箱，则根据空箱的尺码、箱型，按出口船名、航次堆放；如果为进口重箱拆箱后返回码头堆场的，则按持箱人的不同分开堆放。空箱进检查口时，码头检查口与承运人必须办理集装箱设备交接单的交接手续。

（二）码头堆场提箱管理

码头堆场提箱业务涉及以下几个方面：一是进口重箱出场交接；二是货运站交货重箱出场交接；三是进出口超期箱转栈出场交接及调运空箱出场交接。提箱作业在码头堆场进口区域内进行，考虑到货主提箱的方便与快捷，该区域一般设置在码头堆场靠近公路一侧。进口重箱提箱业务流程具体如下。

（1）运箱人凭集装箱提货单、设备交接单、交货记录，在闸口出场通道与闸口工作人员办理出场交接手续。

（2）闸口工作人员核对运箱人所持集装箱提货单、设备交接单、交货记录、费用结算单证、有效放行单证，并经双方检查箱体、铅封后在设备交接单上签字、交接。

（3）运箱人凭闸口工作人员开具的出门证，通过闸口出场通道运箱出场。

（4）堆场工作人员将提箱信息及时输入计算机，及时变更堆场箱位图。

货运站交货自堆场提重箱，需向调度部门提出申请和计划，由货运站与堆场办理重箱提离手续并进行交接后，运至货运站拆箱作业场地，进行拆箱作业。

码头空箱出场主要有两种方式：空箱装船出场和空箱通过闸口出场。

（1）装船出场的空箱主要有两种：一种是船公司指定的用于出口装船的空箱；另一种是装驳船的空箱。码头箱务管理人员应根据代理出具的工作联系单、空箱装船清单或船公司提供的出口装船用箱指令安排装船空箱的用箱计划。码头配载计划员根据箱务管理人员的用箱计划及代理提供的场站收据，结合该航次的配载情况，选择全部计划空箱或部分计划空箱配船。凡该航次未能装船的空箱，箱务管理人员应做好记录，以备下一航次装船之用。

（2）空箱通过检查口出场主要有两种："门到门"提空箱和单提空箱。

所谓"门到门"提空箱，主要是出口载货用空箱的提运。该空箱提运至集装箱装箱点进行装箱后，重箱即回运至本码头用以装船出口。空箱提离港区时，货主或内陆承运人应向集装箱代理人提出书面申请。集装箱代理人根据出口集装箱预配清单向货主或内陆承运人签发出场集装箱设备交接单和进场集装箱设备交接单。货主或内陆承运人凭出场集装箱设备交接单向码头堆场提取空箱。

所谓单提空箱，是指将空箱提运至码头外的集装箱堆场。单提空箱有多种情况，如船公司提空箱至港外堆场，提退租箱等。码头箱务管理人员应根据船公司或其代理出具的空箱提运联系单发箱，联系单上一般应写明持箱人、承运车队、流向堆场等，并注明费用的结算方法。

另外，因检验、修理、清洗、熏蒸、转运等原因需向码头提空箱的，货主或内陆承运人应向集装箱代理人提出书面申请。集装箱代理人根据委托关系或有关协议向货主或内陆承运人签发出场集装箱设备交接单和进场集装箱设备交接单。货主或内陆承运人凭出场集装箱设备交接单向码头堆场提取空箱，码头凭代理出具的工作联系单发箱。

空箱出场时，码头应与货主或内陆承运人办理集装箱设备交接单的交接手续。

三、集装箱码头堆场堆存与清场管理

（一）码头堆场堆存管理

集装箱货物在进出码头堆场进行换装的过程中，需在码头堆场停留一段时间，因此就产生了码头堆场的堆存管理业务。码头堆场的堆存管理业务是码头堆场部门的主要职能，也是码头堆场生产管理的重要内容。码头堆场堆存管理主要包括以下业务。

1. 堆场配载室业务

根据船公司或其代理人提供的出口集装箱装货清单或预配清单、集装箱预配图，结合码头进箱堆存的实际情况，编制出口集装箱实配图。

2. 堆场调度室业务

码头堆场调度室是堆场管理的重要部门，其主要职责如下。

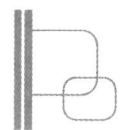

（1）根据船舶靠离泊计划和堆场实际堆存能力，规划重箱、空箱进出口箱区。

（2）根据闸口工作人员整理的小票，为接收的集装箱指定堆场箱位，并编制堆场箱位图和堆场作业计划图。

（3）根据靠泊船舶的积载图，编制装卸计划，在装卸顺序单上应注明卸船时的顺序号、装船港、集装箱箱号、堆场箱位、集卡车号等，也应注明装船时的堆场箱位、集装箱箱号、目的港、船上箱位等。

3. 堆场箱控室业务

箱控室的主要业务是执行装卸作业计划和堆场作业计划，具体操作包括进出场作业、验关移箱作业和装卸船作业。

进场作业包括如下内容。

（1）箱控室根据出口备箱堆场计划，结合堆场作业动态，设定出口重箱进场应卸场区。

（2）集装箱进场后，箱控室根据计算机显示的箱号及相关资料，通知相关机械司机到位。

（3）机械到位，由机械司机报箱号，箱控室根据箱号查看船名、卸港、箱型等，找出合理卸箱位置报给机械司机。

（4）机械司机完成卸箱操作。

（5）获机械司机确认后，箱控室将正确的箱号、卸箱位置等输入计算机，完成进场作业。

出场作业包括如下内容。

（1）箱控室根据计算机显示的申请内容，指示机械司机做好提箱作业准备，通知相关机械司机到位。

（2）由机械司机报车号，箱控室将具体场位、箱号报给机械司机。

（3）机械司机核对箱号，完成装车操作，并将必要的移箱情况报箱控室。

（4）获机械司机确认后，箱控室将相关移箱情况输入计算机，完成出场作业。

验关移箱作业包括如下内容。

（1）箱控室根据移箱作业计划的时间、场位、质量要求，结合堆场作业动态，确定各项移箱计划合理的作业顺序，以保证按时完成。

（2）箱控室根据计算机显示的验关移箱内容，通知相关机械司机到位。

（3）机械司机到位后，箱控室将要移出验关的场位、集装箱箱号报给机械司机。

（4）机械司机核实后，直接移出或吊给移箱集卡车，并将必要的移箱情况报给箱控室。

（5）获机械司机确认后，箱控室将相应的移箱情况输入计算机。

（6）集卡车将待移箱拖往计划场区，箱控室同时通知计划场区机械司机到位。

（7）移到验关场区后，由机械司机报箱号，箱控室告知计划卸箱场位。

（8）机械司机核对箱号，明确计划场位后，完成卸箱作业。

（9）获机械司机确认后，箱控室将新场位输入计算机，完成移箱作业。

装船作业包括如下内容。

（1）箱控室接到配载总图、装船顺序单。

（2）箱控室查看各舱所配卸港，计算箱量。

（3）接到调度室的装船通知，箱控室联系船边交接员和工班指导员，明确作业意图、发箱顺序、场区和注意事项。

（4）箱控室通知相应机械司机到位，同时船边交接员通知装船集卡车到场。

（5）箱控室将计算机显示待装的箱号、场位报给机械司机。

（6）机械司机完成装车操作。

（7）获机械司机确认后，箱控室将已装船的箱号及机械司机代码输入计算机，完成装船发箱作业。

卸船作业包括如下内容。

（1）根据卸船堆场计划的场区安排，箱控室联系船边交接员，确定卸船作业顺序，通知各接箱场区机械司机做好卸船接箱准备，同时注意各卸船接箱场区机械作业的协调进行。

（2）箱控室接到卸船清单。

（3）船边交接员通知卸船作业，箱控室接到船边交接员通知后，通知相应机械司机到位。

（4）集卡车根据船边交接员的批示将卸船箱拖往相应的卸箱区后，机械司机将箱号报箱控室，箱控室确认计算机给出的计划卸箱场位符合计划要求后，指导机械司机卸箱。

（5）机械司机完成卸箱操作。

（6）获机械司机确认后，箱控室将箱号、实际卸箱场位、司机代码等输入计算机，完成卸船作业。

4. 堆场内的归位、并位、转位

归位是指码头堆场内集装箱状态发生变化后，从变化前的箱区归入状态改变后的指定箱区的作业过程，如出口重箱退关后，集装箱的状态由"出口重箱"变成"退关箱"，就需将该集装箱从出口重箱箱区归入退关箱区。

并位一般指在同一堆场箱区同一箱位内，将零星分散的集装箱整理合并在一起的作业过程。一般由一台场内作业机械就可完成。

转位一般指同一堆场不同箱区间或同箱区不同箱位间集装箱整理转移的作业过程。一般需两台场内作业机械及水平运输机械配合才可完成。

集装箱码头堆场内的归位、并位、转位，主要目的是提高堆场利用率和提高箱区的作业效率，减少码头作业出差错的可能性，减少翻箱。

减少翻箱的主要措施具体如下。

（1）在装船结束后，应及时将退关的集装箱转入指定区域。

（2）箱区内进行提箱作业后，对零星的集装箱进行归并。

（3）根据客户申请的提箱计划，可将此类要作业的集装箱转入一个箱区。这样可以在客户提箱时减少轮胎式龙门起重机频繁跨箱区移动，加快客户的提箱速度，合理使用轮胎式龙门起重机。轮胎式龙门起重机较少的码头应采取该办法。

（4）对完成拆箱提货作业后的空箱进行归并。

（5）在装船前，提前进场的出口重箱或中转箱按不同的卸货港进行归转作业。

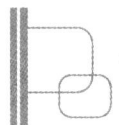

（二）码头堆场清场管理

随着装船、卸船作业不间断地进行，集装箱在堆场上的位置随时都在发生变化。特别是当堆场比较紧张，而进口或出口核心班轮集中到达之时，堆场的合理运用就成为至关重要的问题。为保证核心班轮进出口作业正常进行，保证核心班轮班期，根据船期预报，提前做好场地安排计划，是堆场管理中不可缺少的作业。而清场作业又是堆场计划中的主要内容之一。清场作业的程序如下。

（1）堆场箱控部门根据调度室下达的清场单中明确的箱位、箱量，通知调度员对需要清理的进口场地组织作业。

（2）调度员根据清场作业的倒箱量、配备场地及水平搬运机械，按照清场单进行倒箱作业。

（3）清场作业后，堆场理货员将发生移运的集装箱箱号、场位号重新输入计算机并通知相关部门可以卸箱的场位。

Mission 任务 3　集装箱码头装卸管理

任务导读

> 集装箱码头装卸工艺是指将集装箱从船上卸到码头上，再水平搬运至堆场，在堆场进行正确堆放后，再疏运出去，或者将集装箱从内陆集运至码头堆场正确堆放，然后水平搬运至码头前沿再装到船上的全部过程中的机械组合和流程。集装箱码头装卸工艺决定码头装卸机械设备、码头装卸生产作业组织、劳动定额和劳动生产率，也影响码头装卸作业的综合经济效益。
>
> 目前，集装箱码头装卸工艺系统主要包括底盘车装卸工艺、跨运车装卸工艺、龙门起重机装卸工艺、正面吊运机装卸工艺等工艺系统，其中以龙门起重机工艺系统应用最为广泛。
>
> 本任务重点介绍集装箱码头各种装卸工艺系统。

任务：你作为一名货代公司的新职员，到某集装箱码头业务受理大厅办理提取集装箱业务，提取的集装箱号：COSU8001215，业务大厅受理后打印出堆场号为 B030543，已完成了集装箱提箱业务操作，你了解该集装箱码头的具体装卸管理有哪些？

一、集装箱码头装卸工艺系统

选择集装箱码头装卸工艺系统的原则：有效地利用区域；加快集装箱船舶的周转速度；合理布置堆场和通道；合理选择装卸机械机型；使堆场作业方式合理、有效；具有快速的信息处理能力；能体现工艺系统的有效性（应以减少作业环节、减少倒载次数、减少人力操作、降低强度为前提）。

（一）底盘车装卸工艺系统

该系统由美国海陆航运公司首先采用，故又称为"海陆"方式。

该系统是码头前沿采用装卸桥，水平搬运及堆场作业均采用底盘车的工艺系统。

（1）工艺流程：卸船时，集装箱装卸桥将船上卸下的集装箱直接装在底盘车上，然后由牵引车拉至堆场按顺序存放，存放期间，集装箱与底盘车不脱离；装船的过程相反，用牵引车将堆场上装有集装箱的底盘车拖至码头前沿，再由集装箱装卸桥将集装箱装到集装箱船舶上。

（2）优点：减少了操作次数，提高了装卸效率，集装箱破损率也较低；底盘车可用于陆运，机动性较好，适用于运距较长的作业条件，特别适合开展"门到门"运输。

（3）缺点：投资较大，需要堆场面积大，堆场面积利用率较低，既不经济又增加了装卸成本；从操作角度来看，集装箱装卸桥把集装箱装到底盘车上时的对位操作比较困难，从而影响了装卸效率。

（二）跨运车装卸工艺系统

该系统由美国麦克逊公司首先采用，故又称为"麦克逊"方式。

该系统是码头前沿采用装卸桥，水平搬运及堆场作业均采用跨运车（跨车）的工艺系统。跨运车是一种集搬运、堆码、换装等功能于一体的集装箱专用机械。

（1）工艺流程：在集装箱码头，集装箱装卸桥将船上的集装箱卸到岸上以后，从前方堆场到后方堆场、货运站及对底盘车进行换装等作业均由跨运车来完成。跨运车装卸工艺系统在世界集装箱码头装卸工艺系统中约占40%。

（2）优点：跨运车具有机动灵活、对位快、装卸效率高等优点；既可用作水平搬运，又可用作堆拆垛作业，一般可堆2～3层集装箱；比较适用于年通过量在5万标准箱的集装箱码头。

（3）缺点：跨运车造价比较昂贵，且由于液压元件较多，容易损坏，故障率比较高，一般达30%～40%，维修费用高；对司机的操作熟练程度要求较高；轮压较大，要求堆场运行通道和码头前沿有较高的承载能力；占用通道面积较大，土建工程投资大；不能用于装卸铁路车辆。

（三）龙门起重机装卸工艺系统

1. 装卸桥、轮胎式龙门起重机装卸工艺系统

该系统是美国的集装箱海运公司在荷兰的阿姆斯特丹港的集装箱码头最先采用的工艺系统。其码头前沿采用装卸桥，水平搬运采用底盘车，堆场作用采用轮胎式龙门起重机。

（1）工艺流程：卸船时，集装箱装卸桥将船上卸下的集装箱装在底盘车上，运至堆场，再用轮胎式龙门起重机进行卸车和堆码作业；装船时，在堆场由轮胎式龙门起重机将集装箱装在底盘车，运往码头前沿，等待装卸桥装船。

（2）优点：堆场面积利用率高、装卸效率高，可进行大面积连续堆码作业；机械利用率高；机械维修量少、维修费用低，可节省投资和定员；跨距大、堆垛高，堆场空间利用率高；灵活性比较大，能适应铁路、公路车辆的运输；易于实现自动控制和堆场装卸作业自动化。

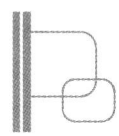

（3）缺点：由于搬运需要与集装箱底盘车联合作业，使用的机械数量多，初次投资较大；码头的土建工程投资较大；堆场翻箱作业量大，会严重影响堆场的装卸效率。

2. 轨道式龙门起重机装卸工艺系统

该系统是采用轨道式龙门起重机作为堆场主要机械的一种工艺系统。

（1）工艺流程：卸船时，集装箱装卸桥将集装箱从船上卸到码头前沿的集装箱底盘车上，然后拖到堆场，采用轨道式龙门起重机进行堆码；装船时则相反，在堆场上用轨道式龙门起重机将集装箱装到集装箱底盘车上，然后拖到码头前沿，用集装箱装卸桥把集装箱装船。

（2）优点：机械沿轨道运行，能实现自动化控制；堆场堆存能力大，堆场面积利用率高；结构简单，维修方便，易于实现装卸作业自动化。

（3）缺点：机动性差，作业范围受到限制；初始投资大；集装箱翻箱作业困难。适用于年吞吐量10万标准箱以上或有两个以上连续泊位的集装箱码头。

（四）集装箱叉车装卸工艺系统

该系统是由美国赫斯公司最先推出的。该工艺系统以集装箱专用叉车为堆场主要机械。

（1）工艺流程：卸船时，装卸桥将集装箱从船上卸到码头前沿，然后由集装箱叉车将其搬运到堆场堆码或装车，等待疏运；装船过程则与此相反。

（2）优点：操作灵活，适应性较强，机动性大，设备投资小，使用范围广；在卸船作业时，桥吊作业无须对位，集装箱直接落地，因而提高了卸船效率。

（3）缺点：单机利用率低；对场地要求高，需要的作业场地较大。适用于吞吐量不大（约3万标准箱）的集装箱码头或普通综合性码头。

（五）集装箱正面吊运机装卸工艺系统

与集装箱叉车相比较，集装箱正面吊运机具有机动性强、稳性好、轮压低、堆码层数高、堆场利用率高等优点，是目前集装箱码头堆场较为理想的一种搬运机械。

集装箱正面吊运机的特点如下：吊具可以伸缩和旋转，能带载变幅和行走，能堆码多层集装箱及跨箱作业，可以采用吊爪作业，有点动对位功能，可以进行其他货物的装卸作业等。

工艺流程：码头前沿至堆场堆箱作业，用正面吊运机从码头前沿吊起重箱，运至堆场堆箱，空载返回码头前沿进行第二次循环作业；堆场至半挂车的装箱作业，从堆场吊起重箱，运至半挂车上放下，由半挂车运走，然后空载返回堆场准备第二次循环作业；操作循环作业，从码头前沿吊运重箱至堆场堆箱，然后在堆场吊运空箱回码头前沿放下，再吊运重箱进行第二次循环作业。一般用于吞吐量不大的综合性码头和多式联运。

（六）集装箱滚装装卸工艺系统

该系统是采用滚装船运输的港口装卸工艺系统。海上滚装运输于1959年10月首次应用于澳大利亚的墨尔本—塔斯马尼亚航线。滚装运输可以运输各种车辆、载货（集装箱或其他货物）底盘车，以及可以用叉车和底盘车进入船舱进行集装箱和托盘货物的装卸。对于近距离航线，采用滚装运输可以大幅度缩短船舶在港停留时间，提高装卸效率。另外，单航程在一星期以内的航线更适宜采用滚装运输。

在集装箱滚装装卸工艺系统中，集装箱底盘车或其他用于搬运集装箱的搬运机、装载了货物的卡车及其他车辆通过滚装船船侧或船尾的舷门直接驶入滚装船舱内，停在舱内预定的位置，这种作业方式称为滚装方式，也称为滚上滚下方式或开上开下方式。

优点：装卸速度较快，并且码头设施简单，基建投资少，装卸费用低，操作技术水平较低，有利于组织"门到门"运输，减少作业环节，降低集装箱的破损率。

缺点：滚装船的造价要比普通集装箱船舶的造价高出 10% 左右，并且滚装船的载重利用率仅为普通集装箱船舶的 50%，其每一载重吨的运费要比普通集装箱船舶的高；滚装装卸工艺系统所需的堆场面积比吊装式装卸工艺系统的堆场面积大。

集装箱码头及装卸设备

集装箱码头装卸工艺

二、集装箱码头装卸作业流程

集装箱码头装卸作业流程可扫描右侧二维码观看学习，此处不再赘述。

集装箱码头装卸作业流程

三、集装箱码头各生产环节所需机械数及能力确定

集装箱码头各生产环节所需机械数及能力确定。

集装箱码头各生产环节所需机械数及能力确定

项目拓展

项目小结

集装箱码头是物流系统的重要节点，众多物流功能可在此节点开展。本项目介绍了集装箱码头的特点和要求，对集装箱码头的布局及设施配置和机械设备进行了描述，重点对集装箱码头堆场的管理进行了详细阐述，并对集装箱码头装卸工艺系统和具体作业流程进行了介绍。

```
集装箱码头及经营管理
├── 集装箱码头认知
│   ├── 集装箱码头的特点和要求
│   │   ├── 集装箱码头的职能及特点
│   │   └── 集装箱码头的要求
│   ├── 集装箱码头的布局及设施配置
│   │   ├── 集装箱码头的布局
│   │   └── 集装箱码头的设施配置
│   └── 集装箱码头的机械设备
│       ├── 岸边集装箱装卸桥
│       ├── 集装箱跨运车
│       ├── 集装箱叉车
│       ├── 集装箱正面吊运机
│       ├── 龙门起重机
│       ├── 空箱堆高机
│       ├── 集装箱牵引车、底盘车
│       └── 集装箱吊具
├── 集装箱码头堆场管理
│   ├── 堆场箱区划分及箱位编码方式
│   │   ├── 堆场箱区的划分
│   │   ├── 堆场箱区的箱位编码方式
│   │   └── 堆场堆垛规则
│   ├── 集装箱码头堆场进箱与提箱管理
│   │   ├── 码头堆场进箱管理
│   │   └── 码头堆场提箱管理
│   └── 集装箱码头堆场堆存与清场管理
│       ├── 码头堆场堆存管理
│       └── 码头堆场清场管理
└── 集装箱码头装卸管理
    ├── 集装箱码头装卸工艺系统
    │   ├── 底盘车装卸工艺系统
    │   ├── 跨运车装卸工艺系统
    │   ├── 龙门起重机装卸工艺系统
    │   ├── 集装箱叉车装卸工艺系统
    │   ├── 集装箱正面吊运机装卸工艺系统
    │   └── 集装箱滚装装卸工艺系统
    ├── 集装箱码头装卸作业流程
    └── 集装箱码头各生产环节所需机械数及能力确定
```

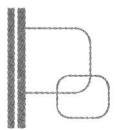

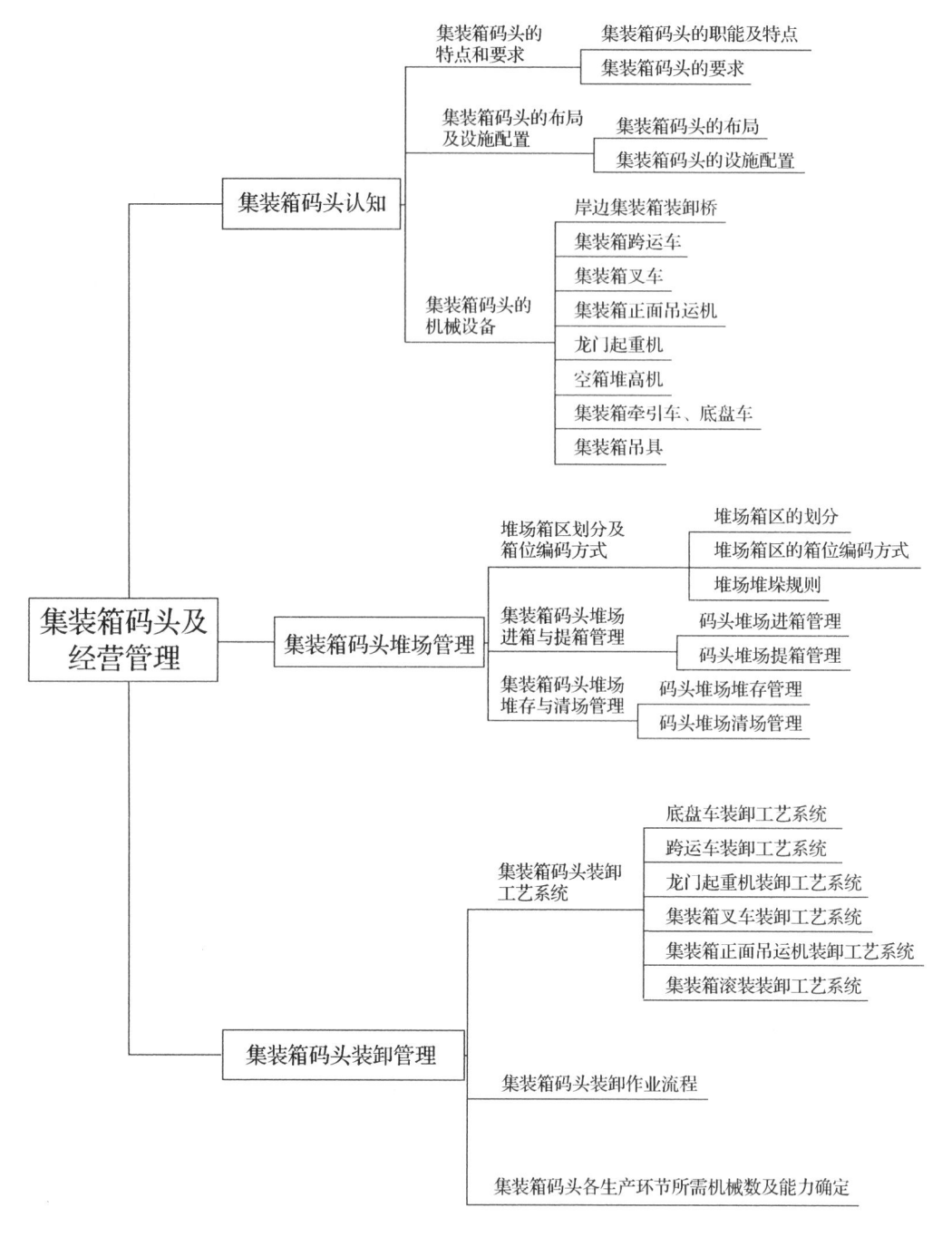

思政园地

上海国际航运中心洋山深水港四期码头（见图2-17）试运行已满一年，这座"无人码头"通过了上海市交通委组织的竣工验收。在交通运输部水运局的指导和监督下，经核定，码头靠泊能力为15万吨级。

图 2-17 洋山深水港四期码头

洋山深水港四期码头于 2017 年 12 月 10 日开港试生产，面对 2018 年夏秋季多个台风的密集影响，通过严格落实各项防台防汛和综合管理措施，洋山深水港四期码头的各类设施、设备经受住了恶劣天气的严峻考验。

上港集团副总裁方怀瑾介绍，洋山深水港四期码头由上海国际航运中心建设，为长三角一体化高质量的发展提供了非常重要的基础设施和条件。试运行验收通过后，将进一步提升运行能力，2019 年集装箱年吞吐量达到 300 万箱。目前，洋山深水港四期码头的作业效率以一台起重机为例，一昼夜的作业量可达 1000 箱，每百米的集装箱通过量接近 30 万箱，每台起重机的年作业量为 25 万箱，这个效率指标在每年还会进一步提升。经过试运行，洋山深水港四期码头已经充分证明，其无论是自动化码头的系统、设备，还是运营管理都是世界一流的。

洋山深水港四期码头于 2014 年 12 月开工建设，总占地面积 223 万平方米，共建设 7 个集装箱泊位，集装箱码头岸线总长 2350 米，是目前全球一次性建成规模最大的自动化集装箱码头。洋山深水港四期码头竣工验收，标志着码头步入正式生产阶段。

洋山深水港四期码头成为智慧港口、绿色港口、科技港口、效率港口的典范，其为上海国际航运中心的建设提供了助力，为全面扩大开放、推动长江经济带建设发挥了巨大作用。

思考讨论：党二十大报告中提出"建设现代化产业体系。坚持把发展经济的着力点放在实体经济上，推进新型工业化，加快建设制造强国、质量强国、航天强国、交通强国、网络强国、数字中国"。国家竞争力的具体体现。

洋山港四期自动化码头

项目测试与训练

一、讨论分析题

1. 集装箱码头应具备哪些基本要求？
2. 集装箱码头应配备哪些机械设备？
3. 集装箱码头堆场管理主要有哪些业务？

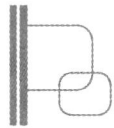

4. 简述龙门起重机装卸工艺系统的作业流程。该工艺系统有何特点？

5. 港口集装箱残损案例分析。

案例一： 船舶靠泊南方某大型港口卸进口箱，其中一只40ft集装箱表面凹陷破损，本属于原残或船残，不属于工残，但装卸工人未发现该残损，集装箱进入堆场后也未及时采取相应措施。在堆场堆放期间，阴雨连绵，集装箱内部进水，导致价值近百万元的精密电子元件受损。货主向港方提出高额索赔，并要求办理退关手续。由于无法提供原残或船残证据，货物残损单和作业报告中也没有相应记录，港方被迫承担事故责任，赔偿近百万元。此案中，码头装卸人员、机械司机、堆场作业人员等均未对集装箱进行仔细检查核对，导致港方承担不应承担的责任。

案例二： 某集卡车办理提箱手续后，至北方某港口提取特殊大件货物，货物在装车过程中发生滚落并损坏。经分析，事故原因是绑扎不牢及附件存在锈蚀变形，导致作业时受力不均，绑扎断裂，发生脱落。由于港方事先并未发现货物残损单，最终被迫向货主赔付100万元。

问题：

（1）试分析两个案例中港口集装箱残损的原因。

（2）港口集装箱残损的预防措施有哪些？

二、技能训练

1. 训练目的：通过训练使学生熟悉集装箱码头布局及设施配置和各种机械设备，掌握集装箱码头管理业务及操作程序。

2. 训练要求与操作准备：

（1）建议学生登录中国航贸网、中国航运网及国内外集装箱码头网站，了解集装箱码头的基本情况。

（2）组织学生到集装箱码头实地参观，熟悉集装箱码头布局及设施配置和各种机械设备。

（3）有条件的可利用集装箱码头业务管理及堆场操作软件系统供学生熟悉集装箱码头管理业务及操作程序。

3. 训练资料与设备准备：授课尽量安排在能使用互联网的多媒体教室，进行理实一体化教学；教师平时要多搜集集装箱码头布局及设施配置和各种机械设备等资料；引进集装箱码头业务管理系统软件供学生在实验室局域网进行模拟实践。

三、自我训练

（一）单选题

1. （   ）称为"麦克逊"方式。

　　A. 底盘车装卸工艺系统

　　B. 跨运车装卸工艺系统

　　C. 轮胎式龙门起重机装卸工艺系统

　　D. 集装箱叉车装卸工艺系统

2．M/R 换 B/L 的运作程序是（　　）。
① 货物装船　② 发货人凭 M/R 换取 B/L　③ 发货人凭 B/L 结汇　④ 货进港区　⑤ 船方签 M/R
　　A．①-④-⑤-②-③　　　　　　　　B．④-⑤-②-③-①
　　C．④-①-⑤-②-③　　　　　　　　D．④-⑤-②-①-③

3．把货物装进集装箱内或从集装箱内取出，并对这些货物进行储存、防护和收发交接的作业场所称为（　　）。
　　A．调度场　　　B．排列场　　　C．控制室　　　D．货运站

4．岸边集装箱装卸桥的外伸距一般约为（　　）。
　　A．25m　　　B．35m　　　C．45m　　　D．55m

5．集装箱装卸工艺系统中称为"海陆"方式的是由（　　）组合而成的。
　　A．装卸桥、跨运车　　　　　　　B．装卸桥、底盘车
　　C．装卸桥、轮胎式龙门起重机　　D．装卸桥、集装箱叉车

6．在轮胎式龙门起重机装卸工艺系统中，水平搬运采用（　　）。
　　A．装卸桥　　　　　　　　B．跨运车
　　C．底盘车　　　　　　　　D．轮胎式龙门起重机

（二）多选题

1．装卸准备就绪通知书，只有具备以下条件才能生效（　　）。
　　A．船舶已抵达指定的港口或指定的泊位
　　B．船舶已在各方面做好装货或卸货的准备
　　C．船长已经宣载
　　D．装卸准备就绪通知书已递交并被接受

2．集装箱码头各生产环节所需机械数与下列哪些因素有关？（　　）
　　A．采用的装卸工艺系统　　　　B．机械作业台时效率、机械利用情况
　　C．营运期内机械所能完成的操作量　　D．营运期的长短及机械工作不平衡性

3．集装箱码头堆场内的归位、并位、转位操作的主要目的是（　　）。
　　A．为了提高堆场利用率　　　　B．提高箱区的作业效率
　　C．减少码头作业出差错的可能性　　D．减少翻箱

参考答案

Project 3 项目3 集装箱船舶及运行组织

▌知识目标▐

1. 掌握集装箱船舶箱位的编号方法，熟悉集装箱船舶配积载图的种类。
2. 掌握集装箱船舶配积载图的编制过程。
3. 了解集装箱船舶运行组织的基本内容。

▌能力目标▐

1. 能识读集装箱船舶的各类配积载图。
2. 能根据航线订舱情况进行集装箱船舶配积载。
3. 能进行集装箱船舶运行组织中航线配船、确定基本港和编制船期表等工作。

▌思政目标▐

1. 提高质量意识、安全意识、服务意识和环保意识，具有强烈的责任心和公益心。
2. 懂得量变质变规律。中国船业在量积累到一定的程度时会发生质的变化，使中国现代船业处于并保持世界领先地位。
3. 科技是第一生产力，中国科技发展促进了集装箱运输的发展，提高了集装箱的装配利用率。

引导案例及分析

> **中国远洋海运集团的快速发展之路**
>
> 中国远洋海运集团有限公司由中国远洋运输（集团）总公司与中国海运（集团）总公司重组而成，总部设在上海，是中央直接管理的特大型国有企业。
>
> 截至 2019 年 9 月 30 日，中国远洋海运集团经营船队综合运力为 10 544 万载重吨/1307 艘，居世界第一。其中，集装箱船队运力为 309 万载重吨/503 艘，居世界第三；干散货船队运力为 4094 万载重吨/431 艘，油轮船队运力为 2532 万载重吨/199 艘，杂货特种船队运力为 427 万载重吨/159 艘，均居世界第一。
>
> 中国远洋海运集团完善的全球化服务筑就了网络服务优势与品牌优势。码头、物流、航运金融、修造船等上下游产业链形成了较为完整的产业结构体系。集团在全球投资码头 56 个，集装箱码头超 52 个，集装箱码头年吞吐能力达 12 552 万 TEU，

居世界第一。全球船舶燃料销量超过 2900 万吨，居世界第一。集装箱租赁业务保有量规模达 380 万 TEU，居世界第二。海洋工程装备制造接单规模及船舶代理业务也稳居世界前列。

中国远洋海运集团的发展愿景是，承载中国经济全球化使命，整合优势资源，打造以航运、综合物流及相关金融服务为支柱，多产业集群、全球领先的综合性物流供应链服务集团。围绕"规模增长、盈利能力、抗周期性和全球公司"4 个战略维度，中国远洋海运集团着力布局航运、物流、金融、装备制造、航运服务、社会化产业和基于商业模式创新的"互联网+"相关业务的"6+1"产业集群，进一步促进航运要素的整合，全力打造全球领先的综合物流供应链服务商。

问题：
（1）中国远洋海运集团的发展对你有何启示？
（2）在网上搜索相关资料，阐述中国远洋海运集团是如何组织集装箱船舶运行组织的。

Mission 任务 1 集装箱船舶认知

任务导读

集装箱船舶是随着集装箱运输的发展而产生的一种特殊船型。集装箱运输航线的货源情况变化、国际集装箱海运量的不断增加及船舶运营的需要，促使集装箱的装载方式发生了很大的变化，集装箱船舶也因此得到了快速发展。

任务：利用集装箱船舶配积载软件，完成该船舶某航次的集装箱配载，要求配载结果满足船舶航行安全的运输要求，满足集装箱码头作业要求。（详见集装箱船舶配积载实训指导书）

一、集装箱船舶的种类

集装箱船舶根据装卸方式可分为吊装式和滚装式两种。此外，有人把载驳货船作为浮装式集装箱船，也归入集装箱船舶中，而载驳货船上的驳船则被称为浮动集装箱。应该指出，通常所称的"集装箱船舶"一般是指吊装式集装箱船中的全集装箱船（或叫集装箱专用船），它是较为典型的一种集装箱船舶。考虑到使用的广泛性及本书的适用性，下面仅列举几种常见的集装箱船舶。

1. 全集装箱船

这是一种专门用于装载集装箱的船舶，又称集装箱专用船。这类船的船舱和甲板均可用于装载集装箱，它能在海上运输时安全、有效地大量运载集装箱。船上没有装卸设备，必须依靠码头的装卸桥进行装卸，所以全集装箱船不能靠泊没有装卸桥的码头。

集装箱船舶历程

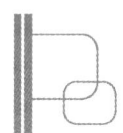

2. 半集装箱船

半集装箱船是指可同时装载集装箱和普通杂货的船舶。船的船首和船尾部分因形状不规则，若用于装载集装箱，则舱容过于浪费，故在船首和船尾装载普通杂货。一般来说，半集装箱船适用于货源不足而有大量重件货（如钢材、木材等）的航线或港口装卸设施不足（无装卸桥等设备）的航线。

3. 滚装式集装箱船

这是由汽车轮渡发展起来的一种专用船舶，主要用来运送集装箱拖挂车。这种船本身无须装卸设备，一般在船侧或船的首、尾处有开口斜坡连接码头，在装卸货物时，拖挂车可以直接开进或开出船舱。优点：滚装式集装箱船对码头设备要求较低，可减少码头基建投资；由于带轮滚装，车辆从船上直接开上开下，比吊装式集装箱船的装卸效率高；适应各种货物运输，通用性较强等。缺点：舱容利用率低、造价高、运输成本比全集装箱船高等。滚装式集装箱船适用于沿海或近洋短途航线。

4. 载驳船（子母船）

载驳船是20世纪50年代初期发展起来的一种船舶，是专门用于载运货驳的一种运输船舶，又称子母船。载驳船本身为母船，它所载的驳船为子船，其装卸过程是将货物或集装箱先装载在规格统一的驳船上，再把驳船装上载驳船。运抵目的港后，卸下驳船由推船或拖轮把它们分送内河各地，载驳船再装上等候在锚地的满载驳船驶向新的目的港，从而实现江海联运，减少中转，提高运输效率。优点：载驳船装卸作业一般不需要依靠码头，可以在锚地进行装卸，故不受港口限制，机动灵活；有利于江海联运，内地货物可直接装上驳船，托运到锚地后，由载驳船横渡大洋运往国外；由于驳船内可装载各种货物，故对货种具有很强的适应性；载驳船的装卸效率高、运价低。缺点：初始投资大、造价高、经济效益较差。

"拉西"式载驳船：单层甲板、无双层底的尾机船。船内为分格结构，设有驳船格栅和导柱，驳船顺着垂直导轨装入并固定在舱底，舱内最多可堆装4层驳船，甲板上可堆装两层。

"西比"式载驳船：双舷、双底、多层甲板船。驳船通过尾部升降平台进、出母船，将驳船提升至甲板同一水平面后，用小车将驳船滚动运到指定位置停放。

"巴可"式载驳船：驳船进出母船是将载驳船沉入一定水深，用浮船坞方式将驳船浮进、浮出，从而进行装卸和运输。

二、全集装箱船的结构特点

全集装箱船一般采用大舱口，其舱内采用箱格结构，可使集装箱不致因船舶在航行中摇摆而发生移动，并且舱内的集装箱不需要绑扎，提高了装卸效率。全集装箱船一般吨位较大，又是大舱口，故舱盖的重量很大。为了减少每块舱盖的重量，大型全集装箱船大多采用多列舱口，有的采用两列舱口。此外，甲板上要装载集装箱，舱盖上也要堆放数层集装箱，这就要求舱盖上有集装箱旋锁锁紧装置，且舱盖应有较大的强度，因此通常采用箱型舱盖。

为了减少舱内的绑扎作业，同时使舱内的上下层集装箱之间堆码整齐，一般在集装箱舱内均设有箱格导柱。箱格导柱设在集装箱四角的位置上，并从货舱底部到舱口围板垂直设置小角钢导柱，这样就可沿着导柱对集装箱进行装卸和定位，省去舱内为固定集装箱用的装置。

集装箱船舶　　海中集装箱船舶

Mission 任务 2　集装箱船舶配积载

任务导读

由于集装箱船舶海上运输航线长，受气候、风浪等自然条件影响大，为了在错综复杂的情况下能安全、快速、经济地完成货运任务，相关工作人员必须在装载前根据装货清单所列的船舶航次任务和船舶技术性能制订一个周密合理的集装箱配置计划，即船舶的配积载。

集装箱船舶配积载是整个码头作业系统中的重要一环，配积载工作质量的高低直接关系到码头装船作业的质量和效率，关系到集装箱班轮的船期，同时也会影响码头的声誉。因此，现代集装箱码头十分重视船舶配积载的工作质量，设置了专门的配积载岗位，采用专人专职的管理制度，加强集装箱船舶的配积载工作。

一、集装箱船舶配积载概述

（一）集装箱船舶配积载的概念与作用

1. 集装箱船舶配积载的概念

集装箱船舶的配载和积载是两个不同的概念。通常的理解是，船公司根据订舱单进行分类整理以后，编制一张计划配载图（又称预配图或配载计划），而码头上的实际装箱情况与配载图将会有出入，根据实际装箱情况而编制的船图为积载图，又被称为最终积载图或主积载图。

配积载必须满足船舶的运输要求。现代集装箱船舶载箱量很大，尤其是甲板载有大量集装箱，这使集装箱船舶的航行安全要求更高；同时，集装箱货物通常以中高价货物为主，货物的运输安全显得十分重要。配积载就是要按照船舶既定的技术规范，科学合理地分配每一个集装箱在船舶上的具体位置，以保证船舶的航行安全和货物的运输安全。配积载还应兼顾码头的作业要求。现代集装箱码头配置了大量的集装箱专用机械设备，设定了专门的集装箱装卸工艺，具有连续、高效、大规模的生产特点，因此配积载还要按照码头的作业要求，使码头能合理、有序、有效地组织生产作业。

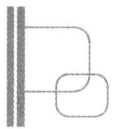

2. 集装箱船舶配积载的作用

船舶配积载图是集装箱船舶货运的指导文件,经船长审批的配积载图是码头指导货物装运的主要依据,双方都要按照配积载图的要求组织好货物装运工作,不经船方同意,任何人不得擅自更改。

配积载图也是发生货运事故时据以查证原因和划分责任的原始资料,具有一定的法律效力。

集装箱船舶配积载是一项技术性很强的工作,其具体作用有以下几点。

(1)可以满足船舶稳性、吃水差、负荷强度、剪切强度等技术规范,保证船舶的安全航行。

(2)可以满足不同货物的装运要求,保证货物运输的安全。

(3)可以充分利用船舶的运输能力,提高船舶的箱位利用率。

(4)有利于合理安排堆场进箱计划,减少翻箱、倒箱,提高堆场的利用率。

(5)可以有效组织码头装船作业,提高生产作业效率。

(6)是码头装船作业签证的原始依据和吞吐量的统计资料。

(二)集装箱船舶配积载所需的资料

为了科学合理地做好配积载工作,首先应掌握详尽的配积载所需的资料,这些资料主要有以下几类。

1. 集装箱船舶资料

(1)集装箱船舶箱位容量和箱位分布。集装箱船舶箱位容量是指船舶的最大载箱数量,通常用 TEU 表示,因此集装箱船舶的大小通常也是以 TEU 来表示的。集装箱船舶的箱位容量是配积载必须掌握的极限数据,一般配积载是不能超过这个数值的。在掌握箱位容量的同时,还应了解 20ft 集装箱和 40ft 集装箱的最大容量,这是因为一些箱位不能兼容 20ft 集装箱与 40ft 集装箱。此外,还应了解船舶冷藏箱箱位的多少及其分布、船舶对危险货物装载的限制,以保证冷藏箱和危险品箱的安全装运。

(2)船舶堆积负荷强度。船舶堆积负荷强度包括舱底和甲板所设集装箱底座所允许堆积的集装箱的最大重量,它又分为 20ft 集装箱和 40ft 集装箱两种。配积载时必须做到无论是舱内还是舱面,每一列集装箱的总重量都不能超过船舶规定的堆积负荷强度,尤其是在一列内配有较多重箱或配有超重箱时更应注意,以免损伤船体结构。

(3)船舶的长度、宽度和吃水要求。船舶长度一般包括总长和两柱间长。船舶的总长是指船舶的最前端至最末端的水平距离,该参数不仅是船舶靠泊的依据,也是配积载人员考虑装卸作业路数的依据。船舶的两柱间长是指从船舶艏柱前缘至艉柱后缘的水平距离,该参数是配积载后计算船舶吃水差必需的数据。

船舶宽度通常是指型宽,即船舶两舷之间的最大水平距离。它是配积载人员考虑安排不同外伸距集装箱装卸桥的依据,也是计算船舶摇摆周期和确定船舶初稳性高度的必需数据。

船舶吃水通常是指船舶满载吃水,它是配积载人员必须掌握的极限吃水。此外,由于现代集装箱船舶的大型化,配积载人员还应考虑码头及其航道的水深状况,必要时应减少配箱,以保证船舶顺利出港。

（4）冷藏箱位和对危险品箱的装载限制。集装箱船舶通常设有一定数量的冷藏箱位，以供冷藏箱装运。这是配积载冷藏箱的最大数值，不能超过。同时，每艘集装箱船舶对危险品箱都有一定的装载限制，因此在配积载危险货物集装箱时应严格按照船方的要求，以保证船舶和货物的安全。

（5）空船重量和常数。空船重量是指新船出厂或上坞修理后的船舶重量，不包括装运在船上的货物、燃油、水、船员、粮食等的重量；常数是指油舱内的油垢、水舱内的水垢、集装箱绑扎工具等的重量，这些重量既不计入载货重量，又不计入空船重量，且在一定时期内较稳定，故将其称为常数。这两个参数是配积载后计算船舶稳性和吃水差的必需数据。

（6）稳性和吃水差计算书。集装箱船舶建成出厂后，其尺寸、形状、结构已定。为了减少每次配积载后的繁杂计算，配积载人员可根据船舶既定的特点，事先计算出船舶在不同排水量情况下的各项数据，并以表格形式编制成稳性和吃水差计算书。配积载完成后，配积载人员可根据船舶排水量直接查取所需的各项数据，从而大大简化稳性和吃水差的计算，提高计算的准确性。

2. 堆场集装箱资料

（1）集装箱装箱单。集装箱装箱单是详细记载箱内货物情况的单证，包括货名、重量、包装、件数等；同时集装箱装箱单还提供了配积载必需的信息，包括箱号、铅封号、提单号、箱尺寸、箱型、箱总重量及船名、航次、装船港、卸船港等。集装箱装箱单是配积载人员安排集装箱船舶箱位的必需单证。

（2）装货单。装货单是场站收据的第五联，是出口报关的必需单证，配积载人员应验明装货单。只有加盖海关放行章的装货单，才能配积载装运出口。

（3）特种箱清单。冷藏箱、开顶箱、框架箱、平台箱、罐式箱等特种集装箱对配积载有特殊的要求，配积载人员可通过特种箱清单事先了解有哪些特种箱及每种特种箱的数量，为配积载做好充分准备。

（4）危险品箱清单和危险品船申报。危险品箱清单和危险品船申报向配积载人员提供了危险品箱的数量、箱型、尺寸，以及箱内货物的名称、重量、国际危规类别等资料，配积载人员可据此掌握这些危险品箱的配积载要求或直装要求。如果要在码头进行危险品箱装船作业，船公司必须递交危险品船申报或危险品船电子申报信息，否则不予装船。

（5）预配船图。预配船图是船公司根据订舱资料并综合考虑航线挂靠港情况而编制的船图，它是集装箱码头配积载人员在进行配积载作业时应考虑的重要内容。

（6）集装箱的堆场位置。出口集装箱进入集装箱码头堆场后，每个集装箱都有一个相应的堆场箱位。掌握集装箱在堆场的具体位置，可以方便配积载人员根据码头作业的特点进行配积载，减少翻箱、倒箱，提高装船作业效率。

二、集装箱船舶配积载图

（一）集装箱船舶的箱位号

每个集装箱在全集装箱船上都有一个用 6 位阿拉伯数字表示的箱位号。它以"行""列""层"三维空间来表示集装箱在船上的位置。第 1、2 位数字表示集装箱的行号（BAY No.）；第 3、4 位数字表示集装箱的列号（SLOT No.或 ROW No.）；第 5、6 位数字表示集装箱的

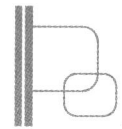

层号（TIER No.）。

1. 行号

"行"是指集装箱在船舶纵向的排列次序号，由船首向船尾顺次排列。规定单数行位表示 20ft 集装箱，双数行位表示 40ft 集装箱。但 04、08、12 等箱位间由大舱舱壁隔开，无法装 40ft 集装箱。全集装箱船舶行位如图 3-1 所示。

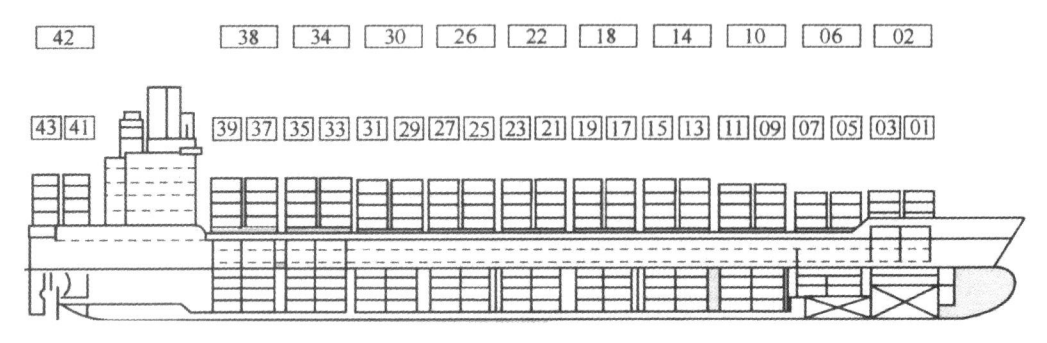

图 3-1　全集装箱船舶行位图

2. 列号

"列"是指集装箱在船舶横向（左右方向）的排列次序号，有两种表示方法。

（1）从右舷起向左舷顺次编号，01,02,03,04,…，依此类推。

（2）从中间列算起，向左舷为双数编号，向右舷为单数编号，如左舷为 02,04,06,…，右舷为 01,03,05,…，中间列为"00"号。如果列数为偶数，则"00"号空。这种表示法目前较为常用。

全集装箱船舶列号如图 3-2 所示。

(a) 从右舷起向左舷顺次编号　　　　(b) 从中间列算起

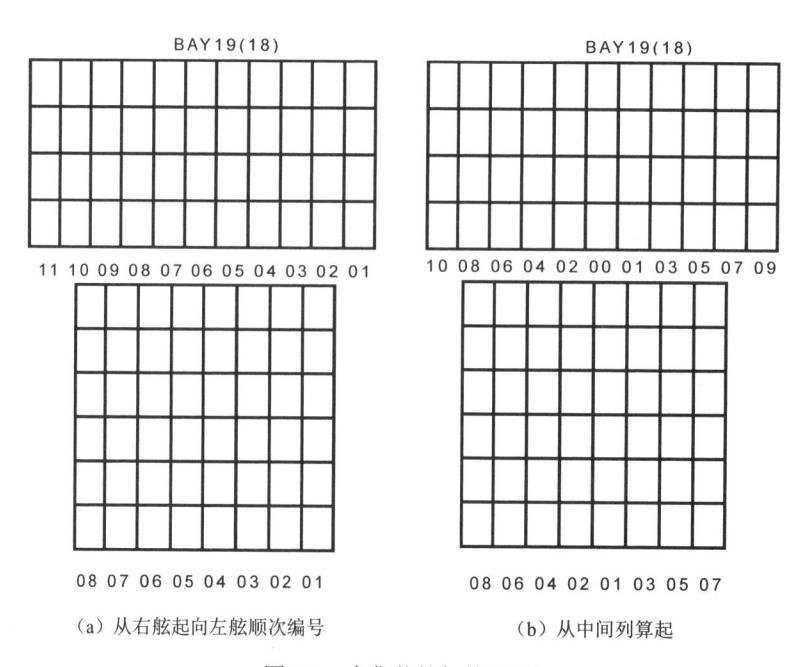

图 3-2　全集装箱船舶列号

3. 层号

"层"是指集装箱在船舶竖向（上下方向）的排列次序号，具体有三种编号方法。

（1）从舱内底层算起，一直往上推到甲板顶层，如舱底第 1 层为 01，向上为 02,03,04,…。

（2）舱内和甲板分开编号，舱内层号数字前加"H"字头，从舱内底层算起为 H1、H2、H3……；甲板上层号数字前加"D"字头，从甲板底层算起为 D1、D2、D3……。

（3）舱内和舱面分开编号，从舱内底层算起用双数，即 02,04,06,08,10,12,…；舱面上从甲板底层算起，层号数字前加"8"，即 82,84,86,…。目前常用这种编号方法，如图 3-3 所示。

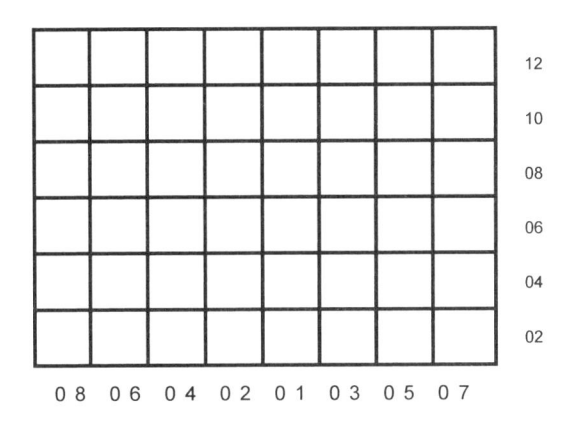

（a）从舱内底层算起

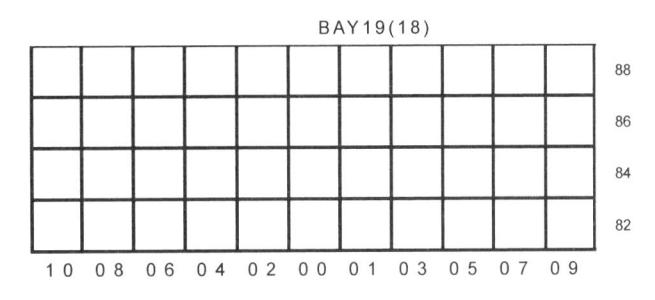

BAY 19(18)

（b）舱面上从甲板底层算起

图 3-3　全集装箱船舶舱内与舱面分开编号

（二）船图的表示方法

1. 封面图的标注

封面图的上方应标明船名、航次、装船港和日期。在封面图每一行位的 BAY 位图的小方格内，通常只标注所配集装箱的卸船港、特种箱和危险品箱代码。

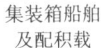

（1）卸船港代码。通常填写卸船港 3 个大写字母代码的第一个字母，也可用不同颜色表示不同卸货港。但无论采用哪一种方法，都应在封面图空白处加以示意。例如，S：SHANGHAI；T：TOKYO；H：HONGKONG；L：LONG BEACH。

（2）特种箱、危险品箱代码。特种箱和危险品箱在装运方面有特殊的要求。为保证装

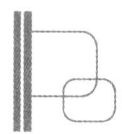

运质量和货物安全，应在封面图上进行标注，以便在装船、运输、保管、卸船等过程中引起特别注意。

特种箱常用代码如下：

危险品箱——用代码"D"表示；

冷藏箱——用代码"RF"表示；

开顶箱——用代码"OT"表示；

框架箱——用代码"FR"表示；

平台箱——用代码"PR"表示；

罐式箱——用代码"TK"表示。

2. BAY 位图的标注

封面图通常设为一页，而 BAY 位图则是每一个 BAY 单独设为一页，故在 BAY 位图上可标注更多的集装箱信息，具体如下。

（1）装船港和卸船港代码。装船港和卸船港均用 3 个大写字母表示，一般卸船港在前，装船港在后，中间用"/"分隔，如 SHA/LGB。

（2）箱号。箱号用 4 个大写字母、6 位阿拉伯数字和 1 个核对数表示，共 11 个字符，如 COSU 8010515。

（3）集装箱总重量。集装箱总重量用阿拉伯数字表示，并保留 1～2 位小数，单位"吨"通常省略，如 19.61。

（4）危险品箱。危险品箱除标明危险品箱代码外，还应该标明货物的国际危规类别，如 D4.1。

（5）冷藏箱。冷藏箱除标明冷藏箱的代码外，还应该标明冷藏的温度，如 RF-18。

（6）超高箱和超宽箱。超高箱和超宽箱均应标明超高或超宽的符号及其尺寸。超高（O/H）箱应在箱位上方用"∧"符号表示，并标出其超高的高度；超宽（O/W）箱要在箱位的左向或右向用">"或"<"符号表示，并标出其超宽的宽度。超高、超宽的表示方法如图 3-4 所示。

（a）超高的表示方法　　（b）左超宽的表示方法　　（c）右超宽的表示方法

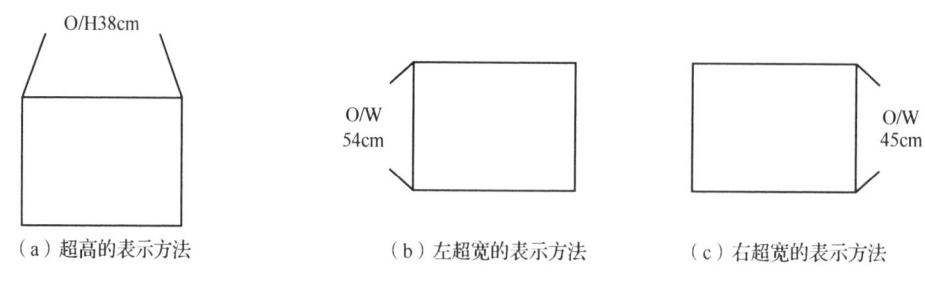

图 3-4　超高、超宽的表示方法

（7）40ft 集装箱。由于 40ft 集装箱占两个 20ft 集装箱的位置，通常只在前一个 20ft BAY 的箱位上标注集装箱有关信息，在后一个 20ft BAY 的箱位上标注"×"。

（8）空箱。空箱可用代码"E"表示。

（三）集装箱船舶配积载图的种类

集装箱船舶配积载图通常有 3 种表示形式，即由船公司制作的预配图、由码头公司制作的配载图（又称实配图）和由外理公司制作的积载图（又称最终积载图或主积载图）。这三种图的表示方法基本相同，其中配载图与积载图通常由封面图和 BAY 位图两部分组成。

对于集装箱船舶来说，其大小、形状及舱位布置是不同的，船上所载货物的情况也不一样，这使它们各自的船舶配积载图也互不相同。在实际操作中，讲到船舶配积载图，一定要指明是哪艘船的船舶配积载图。但由于船舶配积载图是按照一定规则绘制出来的，其图样形式、图示内容、符号特征等均有共同之处，只要掌握了某一艘集装箱船舶的配积载图，就可触类旁通，掌握其他集装箱船舶的配积载图。

1. 预配图

集装箱船舶的预配图（Pre-stowage Bay Plan）是集装箱船舶配积载中的关键环节，它是制作集装箱船舶配载图的基础。只有正确、合理地制作好预配图，才能制作好配载图，从而保证集装箱船舶的装卸作业效率，保证班期和营运的经济性，并使集装箱船舶积载良好，保证船舶的航行安全。

集装箱船舶预配图的组成如下。

（1）字母图。预配图中的字母图表示在本港装船的集装箱的目的港，图上待装箱的箱位内均用一个英文字母（通常为目的港英文名称的首字母）表示该箱的目的港，如 K 代表神户港（KOBE）、L 代表长滩港（LONG BEACH）、N 代表纽约港（NEW YORK）、C 代表查尔斯顿港（CHARLESTON）、H 代表休斯敦港（HOUSTON）等，一般在字母图上有注明，如图 3-5 所示。

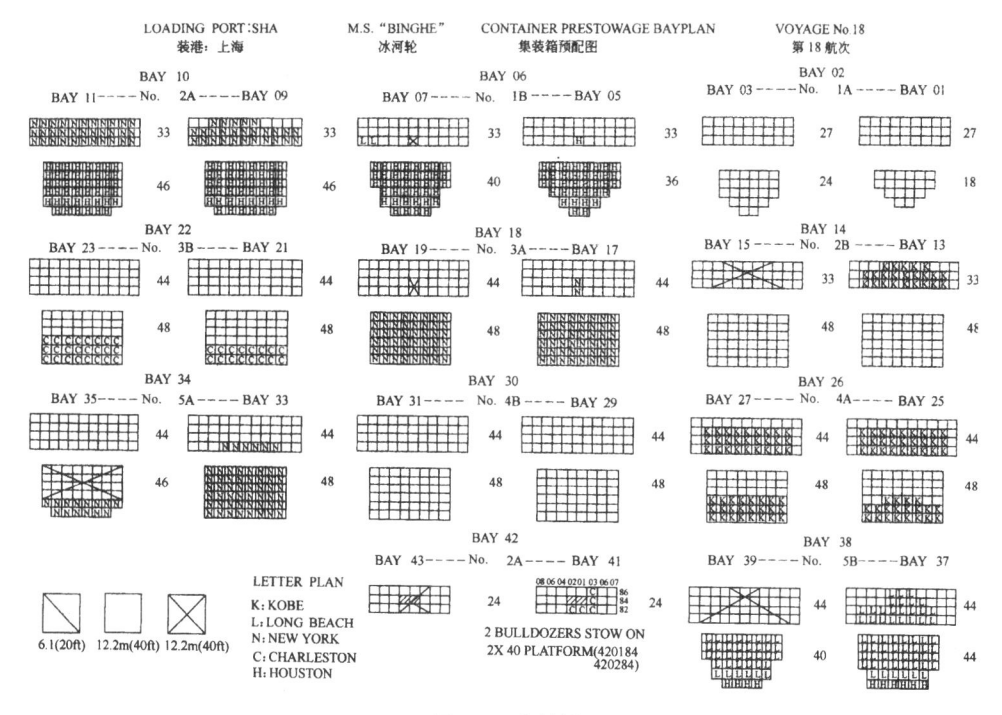

图 3-5 字母图

（2）重量图。重量图用来表示每个集装箱的重量，在图上每个箱位内用阿拉伯数字表示，单位为吨（t），如图 3-6 所示。

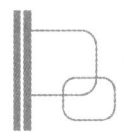

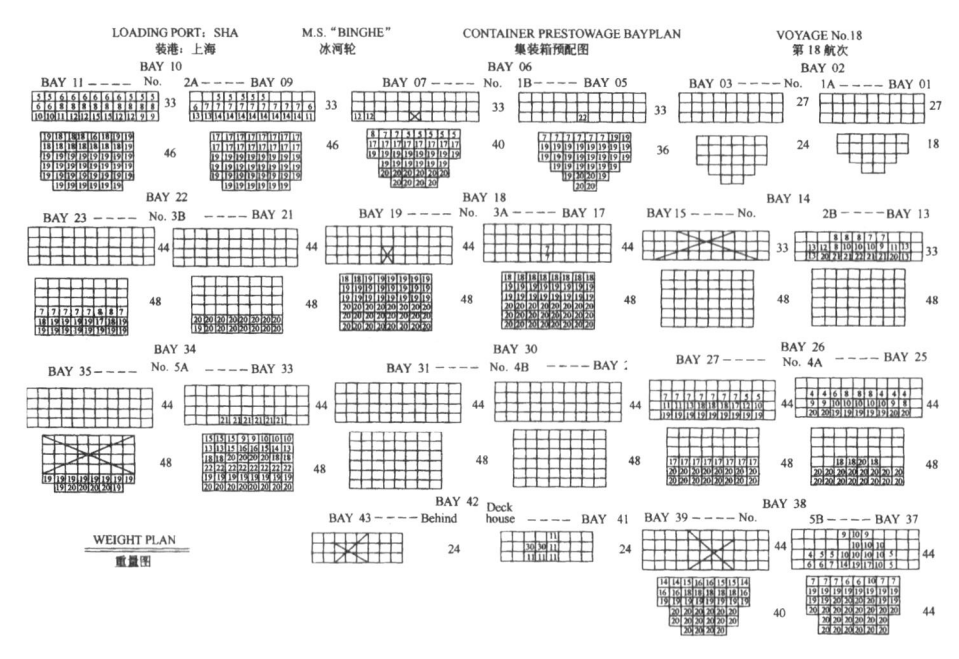

图 3-6 重量图

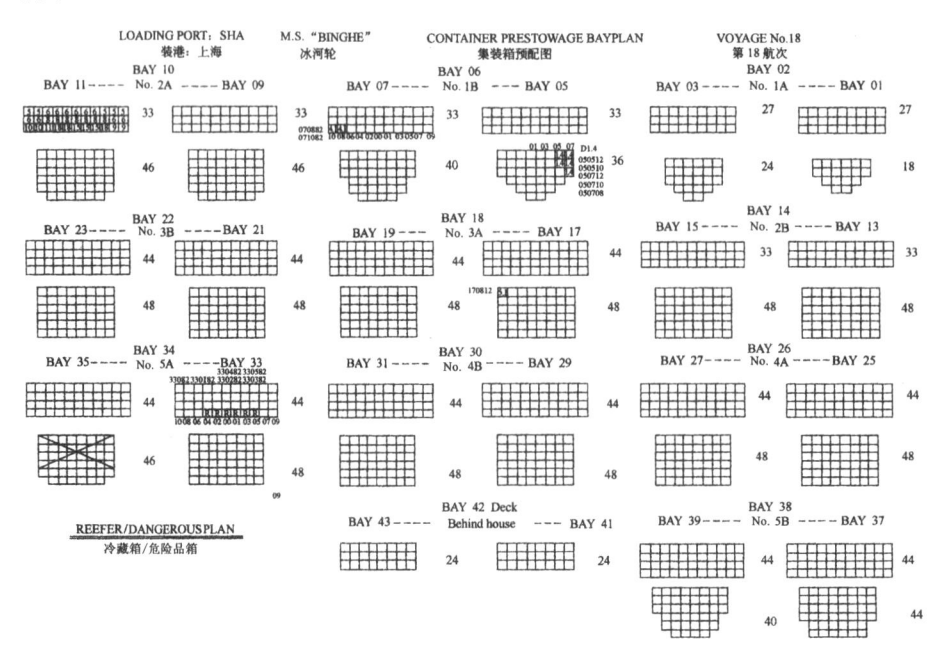

（3）冷藏箱和危险品箱图。冷藏箱和危险品箱图也称为特殊箱图，用于反映特殊集装箱的情况。冷藏箱在图上的箱位内用英文"R"表示，危险品箱在图上的箱位内用阿拉伯数字表示，并注明国际危规危险等级，敞顶箱用"O/T"表示，板架箱用"F/R"表示，如图 3-7 所示。

图 3-7 冷藏箱和危险品箱图

2. 配载图

配载图不仅规定了不同卸船港的集装箱的装载位置，而且对到同一卸货港的各个集装箱的具体装载位置（箱位）也有明确规定。所以，配载图是码头现场操作的指导性文件，是码头装卸作业的依据。

集装箱的配载图由两种图组成，一种是封面图，另一种是每一行位的 BAY 位图，如图 3-8 和图 3-9 所示。

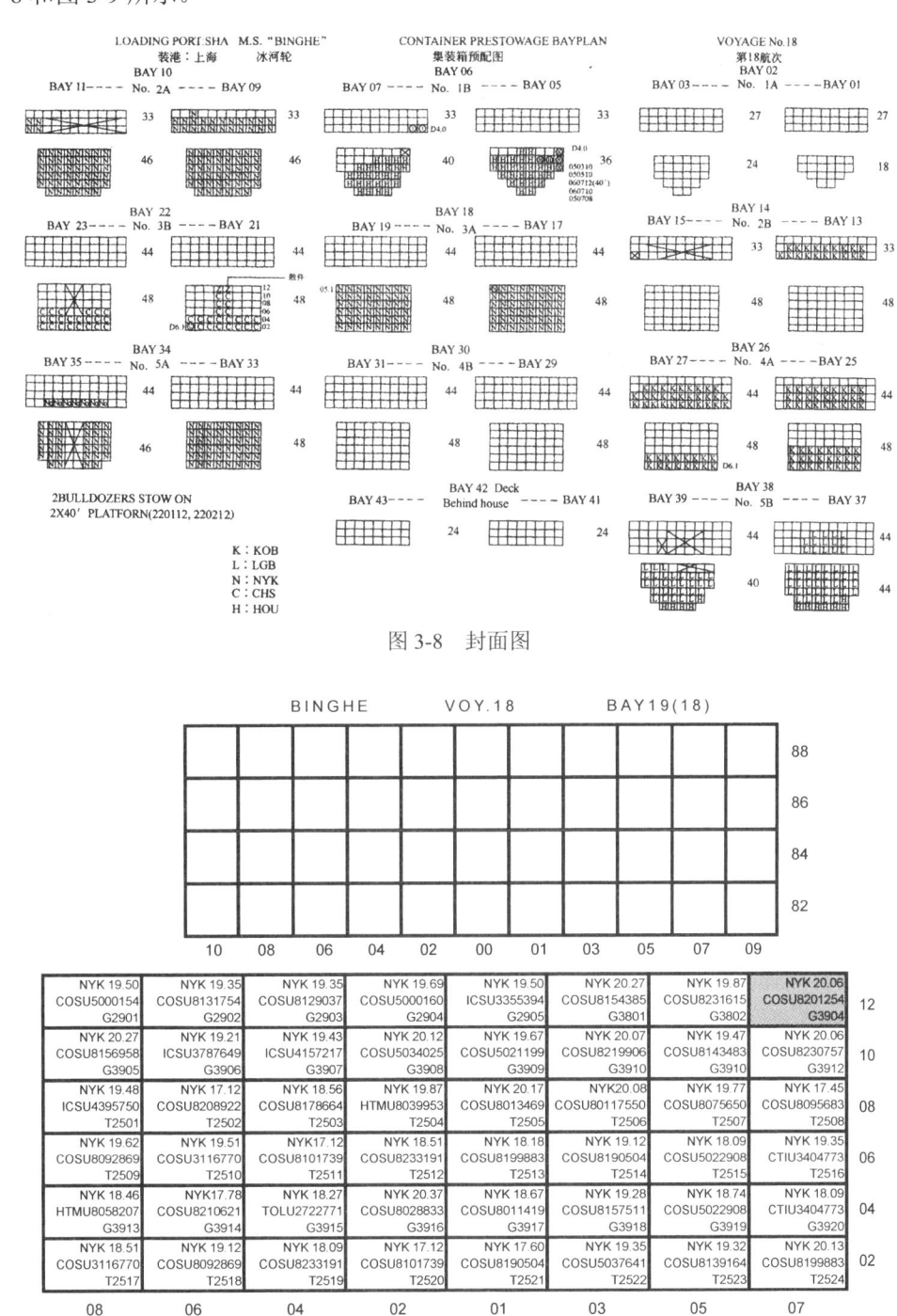

图 3-8 封面图

图 3-9 每一行位的 BAY 位图

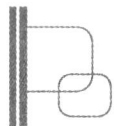

(1) 封面图。

封面图是一份反映集装箱船舶整体装卸计划的图样。一份完整的封面图至少应反映以下内容。

① 装卸所用的装卸桥数量,即对该船的装卸需用几个班组。

② 对于每一个作业班组,封面图标明了其负责作业的行位、作业顺序及作业量。

③ 反映各集装箱货物的种类、卸货港及装载位置。

在实际操作中,为方便作业、增强可操作性,各个集装箱码头在编制配载图时,大都会加上一些自己的规定,这些规定只在码头内部适用。因为集装箱船舶身长分为许多行位,为保证船期和快速装卸,必须用几部装卸桥同时对其进行装卸作业。通常在制订船舶计划时,会将总的集装箱装卸数量(即总的作业量)平均分配给每部装卸桥,每部装卸桥各负责几个行位的装卸作业,于是配载图上会使用一些符号进行区分,以免实际操作时出现混乱。

(2) BAY 位图。

配载图的封面图只是集装箱船舶装卸作业的总体安排,而没有具体到每一个行位的装卸怎样进行。具体箱位装卸哪一个集装箱,该集装箱的种类、重量及该集装箱在码头堆场的位置等,需要专门绘制 BAY 位图来加以说明。BAY 位图就是一份反映该行位的具体装箱情况的图样,是码头现场作业的指导文件。BAY 位图为每个行位一张。在 BAY 位图上应标有如下内容。

① 集装箱的卸箱港和装箱港。表示方法一般是卸箱港在前,装箱港在后,中间用"×"符号隔开,也有的只标注卸箱港而不标注装箱港。

② 集装箱的总重。

③ 集装箱的箱主代号、箱号和核对号。

④ 该集装箱在堆场上的箱位号。堆场箱位号表示该集装箱在堆场上的位置,在实际装船时,理货员按照 BAY 位图的指示,告诉拖车驾驶员到什么位置去取箱。

3. 最终积载图

最终积载图(Final Bay Plan)反映集装箱船舶实际装卸情况的最终结果,它是计算集装箱船舶的稳性、吃水差和强度的依据。最终积载图由最终封面图、最终 BAY 位图及装船统计表三部分组成。

(1) 最终封面图。

由图 3-10 可知,最终封面图实际上是把预配图中的字母图与特殊箱(冷藏箱和危险品箱)图合并在一起,按照实际装箱情况来表示的。而各个箱的重量则体现在最终 BAY 位图中。

(2) 最终 BAY 位图。

图 3-11 和图 3-12 是冰河轮第 14 航次离开神户港时第 33(34)行和第 35 行的最终 BAY 位图。

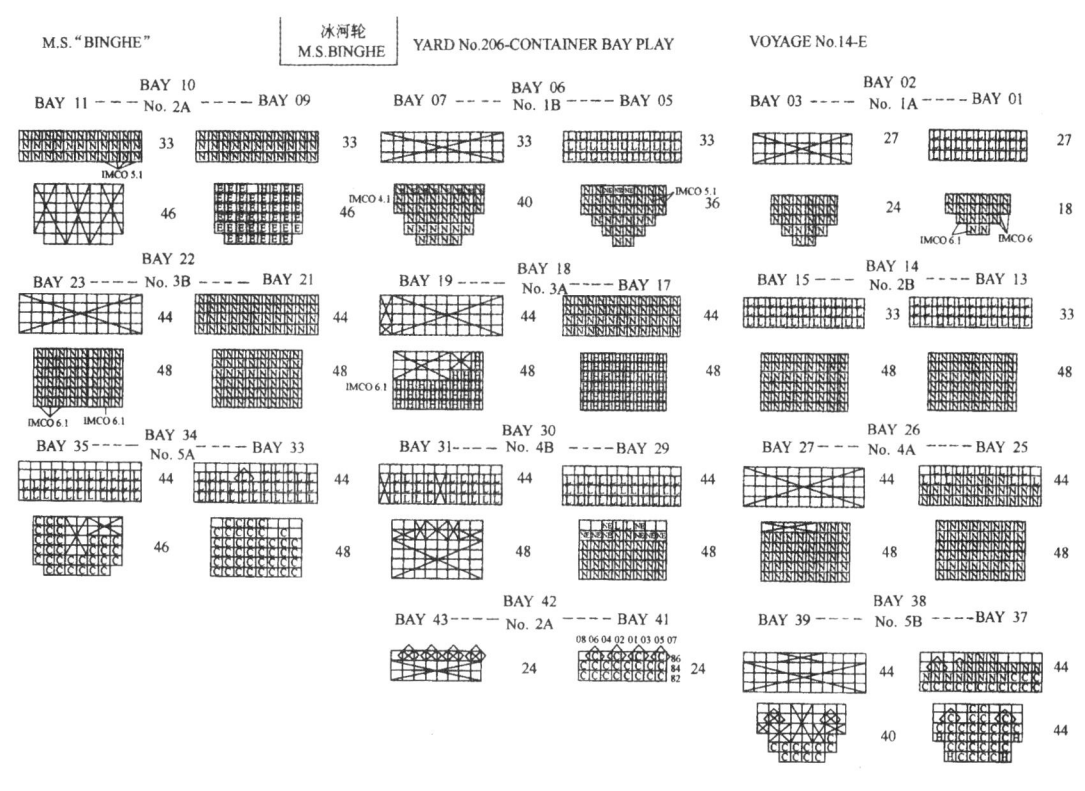

图 3-10　最终封面图

图 3-11　第 33（34）行的最终 BAY 位图

图 3-12 第 35 行的最终 BAY 位图

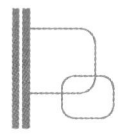

以"331082"箱位为例进行说明。

① CHS×KOB：卸箱港查尔斯顿，装箱港神户。

② COSU8218031：箱主代号、顺序号及核对号。

③ IMCO5.1：危险货物 5.1 级。

④ 20.1：总重 20.1t。

⑤ D/C：杂货集装箱。

⑥ 331082：本箱在船上的箱位。

以"350106""350108"箱位为例进行说明：表示此两箱位被 40ft 集装箱所占用，就是说由图 3-12 中可知"350106""350108"箱位中的 SCXU 4311160 和 COSU 4122775 这两个集装箱均为 40ft 集装箱。

以"330510"箱位为例进行说明：由图 3-11 可知，"330510"表示是一个既超长又超宽的板架集装箱（F/R）。O/H100cm：超高 100cm；O/W35cm：左侧超宽 35cm；O/W35cm：右侧超宽 35cm。

（3）装船统计表。

装船统计表表示装船完毕后集装箱的统计数字。

统计表中包括下列内容：

① 装箱港、卸箱港和选箱港；

② 集装箱状态，分重箱、冷藏箱、危险品箱、空箱及其他特种箱；

③ 箱型，分 20ft 和 40ft；

④ 数量和重量的小计与总计。

以冰河轮第 14 航次装船统计表为例进行说明，如表 3-1 所示。

表 3-1 冰河轮第 14 航次装船统计表

冰河轮　　　　　　　　　　　　航次：14-E　　　　　　　　日期：2019 年 2 月 7 日

装货港		长滩		纽约		查尔斯顿		休斯敦		总计		选港
		20ft	40ft	20ft	40ft	20ft	40ft	20ft	40ft	20ft	40ft	40ft
上海	重箱	33 582.1	5 86.4	111 2041.5	32 526.7	28 419.3	5 92.3	38 584.8	1 7.7	210 3627.7	43 713.1	
	冷藏箱	2 42.1								2 42.1		
	危险货物箱			8 148.0		1 19.6				9 167.6		
	空箱			12 27.6	8 28.8					12 27.6	8 28.8	44 158.4
神户	重箱	148 2323.1	80 1173.5	323 5409.3	138 1964.3	58 1017.3	57 725.9	21 382.9	19 221.4	550 9132.6	294 4085.1	
	冷藏箱											
	危险货物箱	1 20.4		11 215.5	1 20.2	1 20.1		2 30.9		15 286.9	1 20.2	
	空箱											
	重箱											
	冷藏箱											
	危险货物箱											
	空箱											
总计	集装箱	184	85	465	179	88	62	61	20	798	346	44
	重量	2967.7	1259.9	7841.9	2540.0	1476.2	818.2	998.6	229.1	13284.5	4847.2	158.4
	总重	4227.6		10381.9		2294.5		1227.7		18138.7		158.4

三、集装箱船舶配积载图的编制

（一）集装箱船舶配积载的作业流程

1. 收齐、核对配积载单证资料

配积载的单证资料包括船舶资料和集装箱资料两大部分，这是配积载作业的原始依据，应尽量收集齐全。在收齐配积载资料后，还要认真校对这些单证资料，以免造成配积载不当或失误。校对的主要内容有以下几点。

（1）装箱单与装货单是否相符。

装箱单是随出口重箱一起送入码头的，集装箱还必须通过报关才能装运出口，因此在未通过报关前，堆场上的出口箱还不能配积载。校对装箱单和装货单的主要目的就是验看装箱单是否加盖海关放行章，配积载人员应切记，只有海关放行的集装箱才能配积载装运。此外，配积载人员还要校对装箱单上的关单号，其必须与装货单上的关单号一致。

集装箱船舶预配图的编制过程与方法

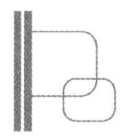

(2) 进场集装箱资料的汇总和校对。

对已经进场并通过报关的集装箱,配积载人员应进行汇总和校对,包括出口箱的总箱量、20ft 集装箱和 40ft 集装箱的数量、特种箱的数量及其类型、危险品箱的数量及其国际危规类别、沿线各卸港箱及其数量等,通常可根据卸箱港进行分类、校对和汇总。

(3) 掌握出口集装箱在堆场的实际位置。

为方便装船作业,集装箱码头在进箱时通常按"四分开"的原则堆放,即不同卸箱港分开、不同尺寸分开、不同箱型分开和不同重量分开。由于堆场面积的限制和进箱次序的随机性,"四分开"不可能很彻底,这就要求配积载人员掌握出口集装箱在堆场的实际位置,避免配载不当造成频繁翻箱、倒箱,影响装船作业的次序和效率。

2. 编制配载图

在掌握齐全的配载资料后,根据配载的基本要求,就可着手进行集装箱船舶的配载了。配载的主要作业就是编制封面图,在船舶运输要求和码头作业要求之间统筹兼顾,求得最佳平衡。通常可先考虑危险品箱和特种箱的配置,然后再考虑普通箱的配置,因为普通箱在箱位上有较大的适应性。封面图配置完成后,还可将所配集装箱按卸箱港次序编列一张统计表,以便核对配载是否准确。BAY 位图是封面图的"放大",在编制完封面图后,可按封面图的配置及集装箱的箱号、总重量等信息填制在每一张 BAY 位图上。为方便堆场发箱,集装箱码头还可在 BAY 位图上标注集装箱的堆场箱位。

3. 计算稳性和吃水差

根据所编制的配载图,按照一定的计算方法进行稳性和吃水差的计算,以确保船舶既定的规范和安全航行。

(1) 稳性的计算。

船舶稳性的计算公式:$GM=KM-KG$。

式中,GM——船舶初稳性高度(m);

　　　KM——船舶稳心高度(m);

　　　KG——船舶重心高度(m)。

公式中的 KM 可根据配载后船舶的排水量在稳性计算书中直接查取,而 KG 则需要根据配载的实际情况计算。集装箱船舶的重量包括空船重量、常数、燃油重量、压载水与淡水重量、船员粮食重量及所装运的集装箱重量。前面几项重量通常由船方给出,而集装箱重量由于每次配载装运的不同需要计算。在计算出上述各项重量后,可根据船舶资料计算出全船总的垂向力矩,继而计算全船的重心高度,即 KG,最后按稳性计算公式求出 GM。

(2) 吃水差的计算。

船舶的吃水通常计算 3 个数据,即吃水差(TRIM)、艏吃水(F.DRAFT)和艉吃水(A.DRAFT)。

① 吃水差(TRIM)的计算公式。

$$TRIM=(DISP\times LCB-LMT)\div MTC$$

式中,DISP——船舶排水量(t),即船方给出的各项重量与所配载的集装箱重量之和,由
　　　　　　　配载人员计算;

LCB——船舶浮心距艉柱的水平位置（m），根据排水量查取；

LMT——船舶总的纵向力矩（t·m），根据船舶各项重量包括集装箱重量在船舶的前后分布，由配载人员计算；

MTC——船舶每米纵倾力矩（t·m/m），根据排水量查取。

② 艏吃水（F.DRAFT）的计算公式。

$$F.DRAFT = DRAFT + TRIM \times LCF \div LBP - TRIM$$

式中，DRAFT——船舶平均吃水（m），根据排水量查取；

LCF——船舶漂心距艉柱的水平距离（m），根据排水量查取；

LBP——船舶两柱间长（m），由船舶资料给出。

③ 艉吃水（A.DRAFT）的计算公式。

$$A.DRAFT = DRAFT + TRIM \times LCF \div LBP$$

稳性和吃水差计算范例

4. 审核配载图

配载完成后还应对配载图进行认真审核，检查配载是否有不当或失误之处，以免装船作业出现问题或产生不应有的损失。审核的主要内容有以下几点。

（1）全船集装箱的数量、箱型、尺寸、卸港是否与配载图一致。

（2）危险品箱和特种箱配位是否满足货物装运要求。

（3）每一列集装箱的总重及全船集装箱的重量分布是否满足船舶规范。

（4）各卸箱港的箱位安排是否满足装卸要求。

（5）稳性和吃水差是否满足船舶要求。

配载图审核完成后，如发现配载不当或错误，应及时加以修正，以确保配载质量。码头配载人员完成全部配载作业后，在装船前还应将配载图交大副审核，经大副签字后作为装船作业的正式文件。如果大副有修改意见，应以大副修改并签字的配载图为准。

（二）配积载图的编制过程

（1）由船公司的集装箱配载中心或船舶大副，根据分类整理的订舱清单，编制航次集装箱预配图。

（2）航次集装箱预配图由船公司或船舶代理以传真（或电传）形式直接传给港口装卸公司。

（3）港口装卸公司收到预配图后，由船长或配载人员，根据预配图和码头实际进箱情况，编制集装箱配载图。

（4）待集装箱船舶靠泊后，码头配载人员持配载图上船，交由船舶大副审查，经船方同意后签字认可。

（5）码头按船舶大副签字认可的配载图装船。

（6）集装箱装船完毕后，由理货公司的理货员按船舶实际装箱情况，并由船位策划组职员编制最终积载图，同时送交一份给船舶大副。

（三）集装箱船舶预配图的编制方法

集装箱的预配图是编制好集装箱船舶积载图的关键。编制预配图可以按照如下 3 步进行。

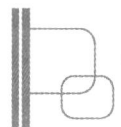

（1）由船舶代理将该航次的订舱单进行分类整理，分类时按不同卸箱港、不同重量、不同箱型来分类，特种箱应另行归类。

（2）船舶代理或船舶调度用传真（或电传）把资料传送给船公司的集装箱配载中心，或由船舶调度把资料直接送交船舶大副。

（3）集装箱配载中心或船舶大副根据分类整理后的订舱单进行预配。订舱单是编制配载图的重要原始资料，其主要包括如下内容：装箱港和卸箱港；每箱的总重量；集装箱的种类、箱型和数量。备注中应注明特种箱的特性和运输要求。

四、集装箱船舶配积载的基本原则

（一）满足船舶的运输要求

1. 要保证船舶的稳性

集装箱船舶航行于汪洋大海之中，运距长、时间长、危险性大，保证船舶安全航行是第一位的，而船舶的稳性是衡量其航行是否安全的重要指标。所谓稳性是指船舶受外力作用而发生倾斜，当外力消失后船舶自行回复到原来平衡位置的能力。因为集装箱船舶舱面装运大量集装箱，受风面积大，船舶重心高，这对船舶的稳性很不利，所以每艘集装箱船舶根据其结构、大小的不同规范了不同的稳性要求，配积载时应据此合理搭配集装箱在上下层的轻重，保证船舶的稳性。

集装箱船舶的 GM 至少要达到 0.7m 以上，一般为 1.2～1.5m。对于小型集装箱船（甲板上装 8 列），GM 要求为 1.2m，横摇周期以 15s 为宜；对于大型集装箱船（甲板上装 11 列以上），GM 要求为 1.5m，横摇周期以 18s 为宜。

2. 保持适当的吃水差，以保证船舶具有良好的操纵性

吃水差是指船首与船尾吃水的差值。对船舶来讲，适当的吃水差不仅可使船舶具有良好的操纵性，还可节省燃油。在配积载时应注意集装箱在船舶的前后位置，以满足船舶的吃水差要求。

3. 充分利用船舶的箱位

集装箱船舶一般艏部箱位较少，故在配载时极易产生过大的艉吃水。艉吃水过大就需要压载水来调整，这样会增加压载重量，减少集装箱的装载量。

4. 不超过船舶的强度规范

集装箱船舶在强度上有一定的规范，在配积载时要注意不能超过这些强度规范，尤其要做到每一列集装箱的重量不能超过规定的最大堆积负荷，以免影响到船舶安全。同时，配积载时还应保持船舶良好的纵向强度，特别要防止船舶中部配箱太少而引起中拱。

5. 避免配积载不当造成沿线挂靠港作业困难

集装箱班轮的航线上通常设有数量不等的挂靠港，配积载时应考虑沿线挂靠港的装卸作业需要，力求避免配积载不当造成沿线挂靠港作业困难。一般来说，要尽量注意以下情况。

（1）避免在中途港翻箱、倒箱。配积载时要有全航线整体观点，按集装箱卸港顺序合理配箱，特别要力戒后港箱压前港箱，以免在中途港翻箱、倒箱，降低装卸速度，增加不必要的费用。

（2）避免同港卸箱过分集中。对于箱量特别多的港口的集装箱，应分舱装载，不要集中装在一个舱内，以免形成重点舱，延长船舶在港装卸时间。集装箱装卸桥的体积很大，两台装卸桥必须相隔4个BAY位才能正常作业，所以在分配时要注意到几台装卸桥同时作业的可能性，应至少相隔4个BAY位进行配积载，保证装卸效率和船期。

（3）避免一边倒配箱。一边倒配箱是指将某港或数港的箱子同时配于船舶的左侧或右侧。这种配法对船舶的装卸影响很大，特别是在中途港卸船时会造成船舶在短时间内出现横倾，尽管船舶有调平舱可调平，但调平跟不上时会造成装卸困难甚至停顿，影响装卸速度。因此，配积载时应将一港或数港的集装箱对称地配于船舶左右两侧。

6. 满足危险品箱和特种箱的装运要求

危险品箱和特种箱对装运都有一定的特殊要求，配积载人员应掌握这些特殊要求。

特种箱在配积载时存在一些特殊要求，如危险品箱必须满足船舶的限制规定和分隔要求，冷藏箱必须配置于冷藏箱内，框架箱、平台箱、超高箱必须配置在舱内或舱面的最上层等。配载不当，会造成作业困难。

（二）符合码头的作业要求

现代集装箱码头围绕船舶装卸作业的需要，将船舶与码头组成一个系统，制订科学合理的配积载计划。因此，配积载要在满足船舶运输要求的同时兼顾码头的作业特点和要求，只有这样，才能使港航系统既能充分地发挥码头机械化、高效化的作用，又能保证船舶的运输要求和船期。

1. 符合堆场取箱规则

集装箱码头的装卸工艺系统不同，堆场的取箱规则也不同，对配积载的要求也不同。目前，我国大多数集装箱码头采用龙门起重机工艺系统。这种装卸工艺系统在堆场的取箱规则是从外（通道侧）向里、从上向下；而船舶的装船规则是从舯向艏、从外（海侧）向里、从下向上。配积载人员应使堆场的取箱规则与船舶的装船规则相吻合，不可只顾装船规则而忽视堆场取箱规则，以免造成堆场的大量翻箱、倒箱，降低作业效率，甚至延误船舶船期。

2. 符合船舶作业计划要求

船舶作业计划是围绕船舶装卸而制订的一份详细作业任务书，包括船舶靠离泊时间、开工完工时间、作业总箱量、作业路数、机械设备与每一工班的任务及其进度要求等，配积载时必须仔细考虑船舶作业计划的总体要求。

在编制配积载计划时，码头应根据船舶停靠的泊位和出口箱在堆场的分布，合理安排不同卸港箱的BAY位，避免出现各条作业线道路拥挤、堆场排队争箱、龙门起重机作业任务忙闲不均等情况，在保证重点舱的前提下使各条作业线有条不紊地连续进行。

3. 保证机械合理有序地移动

集装箱码头大型专用机械主要是龙门起重机和装卸桥。对堆场作业的龙门起重机来讲，配积载时要尽量使龙门起重机的小车和大车行走路线最短，从而提高堆场作业效率和装船

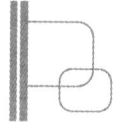

作业效率。另外，在配积载中要特别注意避免龙门起重机大车频繁来回移动，而应使其从箱区的一端向另一端移动。对船边作业的装卸桥来说，配积载时要保证各条作业线能同时作业，即根据桥机制造工艺的不同，保持合理的作业间距。此外，分配给每台装卸桥的作业量和作业难度应尽量均衡，以便各台装卸桥能从船首向船尾方向移动和顺次作业，力戒装卸桥大车来回移动和重点舱的形成。

Mission 任务 3 集装箱船舶运行组织

任务导读

由于集装箱运输投资大、固定成本高、市场竞争激烈、投资风险大，船公司应做好集装箱船舶运行组织工作，进行投资风险分析，做好市场预测，科学调配船舶，以提高船舶的运输效率和企业的经济效益。

集装箱船舶运行组织的主要内容包括航线配船、确定基本港和编制船期表等。

任务：中远海运集团计划于 2022 年 3 月份开辟一条航线（任务详情请扫二维码）。你作为集装箱船舶配载主管，对公司进行航线配船，编制船期表。

具体任务内容

一、航线配船

（一）集装箱船舶运输航线的类型

目前，集装箱船舶运输航线大致可分为多港挂靠的直达运输航线和干线支线中转运输航线两种类型。

（1）多港挂靠的直达运输航线是传统班轮营运中较为普通的一种航线结构。船舶每一往返航次通常要挂靠 5~10 个港口。

这种航线结构的优点：能够将货物直接运送到目的港，可减少运输环节，具有较快的送达速度和较高的货运质量。但如果货源并不充足，为了有限数量的货物，挂靠过多港口，无论是在船期上还是在费用上都会产生浪费。限于港口的自然条件和货源条件，这种航线往往不能采用大型集装箱船舶，不能发挥集装箱运输的优势。因此，近年来这种多港挂靠的直达运输航线已逐步被干线支线中转运输航线所取代。

（2）干线支线中转运输航线通过支线运输将货物集中到少数中转港，再通过干线运输将货物运往目的港。

在这种航线结构中，选择的中转港一般都具有各方面的优越条件。在干线上可配大型的集装箱船舶，支线运输则采用小型灵活的喂给船。

这种航线结构可以充分发挥集装箱运输的规模经济效益，克服传统多港挂靠的直达运输航线的缺点。但是，由于采用了中转运输的方法，实际的货物装卸费用将增加，并且还要支付二程船的费用。同时，由于环节增加，货物实际运达时间可能延长。

选择船舶运输航线的类型，应考虑以下因素。
① 大型港口干线集装箱船舶的箱位数。
② 支线集装箱船舶的箱位数。
③ 大型港口与中小型港口的距离。
④ 中转港的集装箱装卸箱数。

一般来说，干线上的集装箱船舶容量越大，支线运输的运距越长，中转港的装卸量越小，用支线运输则越有利。

（二）集装箱船舶运输航线配船

航线配船就是在集装箱运输航线上合理地配置船型、船舶规模及其数量，使其不仅满足每条航线的技术、营运方面的要求，还能使船公司获得良好的经济效益。因此，所配船舶的技术性能和营运性能应与航线上的货物种类、流向及船舶挂靠港口的状况相适应。

航线配船应考虑的因素如下。

（1）在考虑航线配船时，应注意船舶的航行性能要适应航线的航运条件，船舶的尺度要适应航道水深、泊位水深，船舶的结构性能、装卸性能及船舶设备等应满足航线货源及港口装卸条件的要求。

（2）必须遵循"大线配大船"的原则。在适箱货源充足、港口现代化水平高的集装箱航线上，应配置大吨位集装箱船舶；而在集装箱化程度不高、货源较少，或处于集装箱运输发展初期的航线上，则宜使用中小型半集装箱船或多用途船。

（3）在航行条件允许的情况下，船舶规模的大小与适箱货源的多少及航行班次有关。在货运量一定的情况下，发船间隔时间越长，航行班次越少，船舶数越少，船舶规模则越大。在发船间隔时间或航行班次一定的情况下，船舶规模与货运量成正比，即货运量越大，船舶规模也越大。在货运量和发船间隔时间一定的情况下，船舶规模与往返航次的时间和船舶数有关，即船舶规模与往返航次的时间成正比，与船舶数成反比。当船舶数和挂靠港数目不变时，航线上船舶航速越快，往返航次的时间就越短，船舶规模则越小。

（4）在我国广阔的内河水系进行内支线集装箱运输时，应考虑河道航运条件、沿河港口装卸条件，配用集装箱拖驳船队等，可采用带独杆吊的集装箱驳船，这样即使在没有集装箱起重机的港口，也可进行集装箱装卸。

二、确定基本港

集装箱船舶运输航线基本港的选择和确定是集装箱船舶运行组织的重要问题。基本港，也称为基本港口或挂靠港，是指国际大型班轮公司定期挂靠、进出口贸易量及海运需求较大、具有相当规模的港口。基本港因进出口货物运输需求量大、班轮直接挂靠，因此成本相对较低。

确定航线上基本港的数量就是确定航线挂靠港的数量，这关系到承揽航线港口货运量的多少及船舶往返航次时间的长短。对于货源充足的航线，船舶规模越大，基本港数目应越少；当货源不是很充足时，为了提高船舶的利用率，也可适当增加基本港，以提高船公司的经济效益。在确定基本港时，应考虑以下因素。

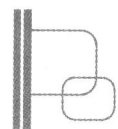

（1）地理位置。基本港的位置应在航线之上，或离航线不远。基本港应与铁路集装箱办理站和公路集装箱中转站靠近，便于开展集装箱多式联运。基本港应具备相对有利的开辟沿海支线运输与内支线运输的条件。

（2）货源与腹地经济条件是选择基本港的重要因素。基本港所在地区经济应较发达，本地进出的适箱货源较多，其经济腹地消化的适箱货源量也应较集中。要达到以上条件，基本港（尤其是集装箱干线航线的基本港）通常应依托经济发达、人口稠密的大城市，并优先考虑沿海大城市。

（3）港口自身条件。港口自身条件具体指港口的水深、航道水深、港口泊位数量、泊位长度、装卸机械配备情况、港口管理的现代化程度等。国际集装箱干线航线所使用的船舶一般都较大、吃水深，因此航道与码头前沿的水位都应比较深。因为有些船很宽，像超巴拿马型船，船体宽度超过32m，所以码头应拥有相应跨度的集装箱桥吊。同时，港口还应有足够大的堆场，有良好的集疏运条件，这样能确保港口不堵塞，不会出现船舶等泊的情况。另外，干线航线的基本港应尽可能设施齐备，如拥有堆放冷藏箱的相应电源、设备等。

（4）其他相应条件。作为一个条件良好的基本港，还应有发达的金融、保险及各类中介服务企业和设施，以便于开展集装箱运输的相关业务。

三、编制船期表

编制船期表是集装箱船舶运行组织工作的一项重要内容。船公司编制和公布船期表，一是为了招揽航线途经港口的货载；二是有利于船舶、港口和货物及时衔接，使船舶在基本港的短暂停泊中达到尽可能高的工作效率；三是有利于提高船公司航线经营的计划质量。

船期表的内容通常包括航线、船名、航次编号、始发港名、中途港名、终点港名，到达和驶离各港的时间及其他相关事项等，如表3-2所示。

表3-2 船期表

CEN/美国周班线					联系人：		电话：			
船名	航次 VOY	大连 DAL	新港 XIN	青岛 QIN	神户 KOB	温哥华 VCR	长滩 LGB	大连 DAL	新港 XIN	青岛 QIN
秀河	0070E/0071E	23~23/05	24~27/05	26~27/05	29~29/05	10~11/06	14~15/06	04~04/07	05~06/07	07~08/07
茶河	0079E/0080E	30~30/05	31~01/06	03~03/06	05~05/06	17~18/06	21~22/06	11~11/07	12~13/07	14~15/07
雅河	0067E/0068E	06~06/06	07~08/06	09~10/06	12~12/06	24~25/06	28~29/06	18~18/07	19~20/07	21~22/07

1. 编制船期表的基本要求

（1）船舶的往返航次时间（班期）应是发船间隔时间的整数倍。

船舶的往返航次时间与发船间隔时间之比应等于航线配船数。因为航线上投入的船舶数必须是整数，所以船舶往返航次时间应是发船间隔时间的整数倍。在实际操作中，按航线参数及船舶技术参数计算得到的往返航次时间往往不能达到这一要求，多数情况下采取延长实际往返航次时间的办法，人为地使其成为整数倍关系。

（2）船舶到达和驶离港口的时间要恰当。

船舶应尽可能避免在双休日、节假日、夜间到达港口，最好在工作日的早晨 6:00 到达港口，这样可减少船舶在港口的非工作时间停泊，到达后就可开工，加速船舶周转。当有几个船公司的船舶同时到达某一港口时，装卸公司一般会具体安排每艘船舶的停泊时间。在这种情况下编制船期表，还必须考虑这方面的时间限制。

（3）船期表要有一定弹性。

船期表在确定船舶运行的各项时间时，均应留有余地。因为海上航行的影响因素多，条件变化复杂。在港口停泊中，装卸效率的变化、航道潮水的影响等，也会对船期产生复杂的影响。对于这些问题，在编制船期表时应根据统计资料和以往经验，留有余地，保持足够的弹性。

2. 集装箱船期表的往返航次时间、航线配船数和发船间隔时间的计算

（1）往返航次时间计算公式。

$$t_{往返}=t_{航}+t_{港装}+t_{港其他}$$

式中，$t_{往返}$——往返航次时间（天）；

$t_{航}$——往返航行时间（天）；

$t_{港装}$——往返航次各港总装卸停泊时间（天）；

$t_{港其他}$——往返航次船舶在各港的其他停泊时间（天）。

$$t_{航}=\frac{L_{往返}}{V}（天）$$

式中，$L_{往返}$——往返航次总运距（n mile）；

V——平均航速（n mile/h）。

$$t_{港装}=\frac{Q}{M}（天）$$

式中，Q——往返航次各港总装卸量（TEU）；

M——往返航次各港装卸总效率（TEU/h）。

（2）配船数计算公式。

$$N=\frac{t_{往返} \cdot Q_{max}}{f \cdot D_{定} \cdot T_{营}}$$

式中，N——航线配船数（艘）；

$t_{往返}$——往返航次时间（天）；

Q_{max}——航线两端点港之间运量较大之年最大运箱量（TEU）；

f——船舶载箱量利用率（%）；

$D_{定}$——船舶定额载箱量（TEU）；

$T_{营}$——船舶年营运时间（天）。

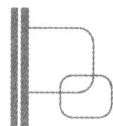

(3) 发船间隔时间计算公式。

$$t_{间}=\frac{f \cdot D_{定} \cdot T_{营}}{Q_{\max}}$$

四、集装箱船舶运行组织的一般程序

1. 订舱

订舱又称暂定订舱,是指发货人根据贸易合同或信用证的有关规定,向船公司或其代理人申请订舱,填制订舱清单。如果发货人已与货运代理人签订运输合同,则由货运代理人代替发货人向船公司或其代理人申请订舱。订舱单的内容主要包含以下几项:

(1) 起运港和目的港;
(2) 每箱的总重量;
(3) 集装箱的种类、箱型和数量;
(4) 在备注中注明特种箱的特性和运输要求。

2. 接受托运申请

接受托运申请又称确定订舱。接受托运申请前,船公司或其代理人应考虑航线、港口、运输条件等能否满足托运人的具体要求;接受托运申请后,船公司或其代理人应着手编制订舱清单分送码头堆场和货运站,据以安排空箱调运和办理货运交接手续。

3. 发放空箱

发放空箱时,应区别是整箱托运还是拼箱托运。

(1) 整箱货(FCL)空箱由发货人或其货运代理人到码头堆场领取。
(2) 拼箱货(LCL)空箱由集装箱货运站负责领取。

4. 拼箱货装箱

由发货人将货物送到集装箱货运站,由集装箱货运站根据订舱清单核对场站收据后装箱。

5. 整箱货交接

由发货人或其货运代理人自行负责装箱,并加海关封志,然后将整箱货送至码头堆场。码头堆场根据订舱清单,核对场站收据及装箱单后,验收货物。

6. 集装箱交接签证

码头堆场验收货物和集装箱后,应在场站收据上签字,并将已签署的场站收据交还给收货人或其货运代理人,据以换取提单。

7. 换取提单

发货人或其货运代理人凭已签署的场站收据,向船公司或其代理人换取提单,作为向银行结汇的凭证。

8. 装船

码头堆场根据待装船的货箱情况,制订装船计划,待船舶靠泊后,即安排装船。

9. 海上运输

装船完毕后,船舶按照离港时间和预定的班轮航线,从装箱港出发,行驶至下一个挂靠港口。

10. 卸船

船舶抵达卸货港前,卸货港码头堆场根据发货人或其货运代理人寄送的有关货运单证,制订卸船计划,待船舶靠泊后,即安排卸船。

11. 整箱货交付

如果内陆运输由收货人或其货运代理人自行安排,则由码头堆场根据收货人或其货运代理人出具的提货单,将整箱货交付;否则,将由承运人或其代理人安排内陆运输,将整箱货运至指定地点交付。

12. 拼箱货交付

拼箱货一般先在指定的集装箱货运站掏箱,然后由集装箱货运站根据提货单将拼箱货交给收货人或其货运代理人。

13. 空箱回运

收货人或集装箱货运站在掏箱完毕后,应及时将空箱运回到指定的码头堆场。

项目拓展

项目小结

本项目简要介绍了集装箱船舶的种类、集装箱船舶的箱位表示方法、集装箱船舶运输航线的类型;重点介绍了集装箱船舶箱位编号方法、集装箱船舶配积载的基本原则、集装箱船舶配积载图类型及集装箱船舶配积载图的编制过程,还对集装箱船舶运行组织的基本内容进行了阐述。

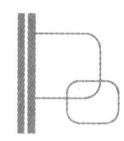

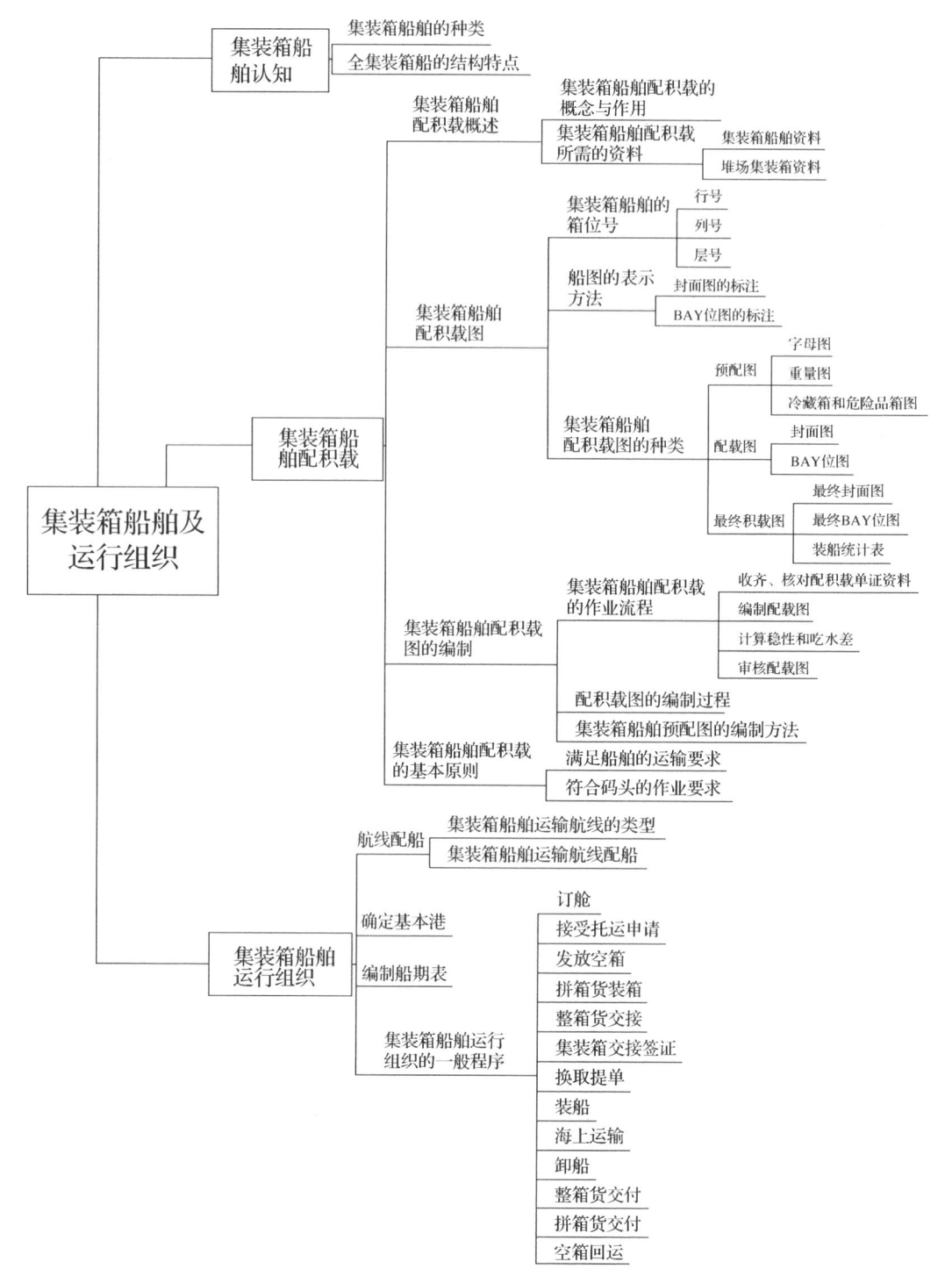

```
集装箱船舶及运行组织
├── 集装箱船舶认知
│   ├── 集装箱船舶的种类
│   └── 全集装箱船的结构特点
├── 集装箱船舶配积载
│   ├── 集装箱船舶配积载概述
│   │   ├── 集装箱船舶配积载的概念与作用
│   │   └── 集装箱船舶配积载所需的资料
│   │       ├── 集装箱船舶资料
│   │       └── 堆场集装箱资料
│   ├── 集装箱船舶配积载图
│   │   ├── 集装箱船舶的箱位号
│   │   │   ├── 行号
│   │   │   ├── 列号
│   │   │   └── 层号
│   │   ├── 船图的表示方法
│   │   │   ├── 封面图的标注
│   │   │   └── BAY位图的标注
│   │   └── 集装箱船舶配积载图的种类
│   │       ├── 预配图
│   │       │   ├── 字母图
│   │       │   ├── 重量图
│   │       │   └── 冷藏箱和危险品箱图
│   │       ├── 配载图
│   │       │   ├── 封面图
│   │       │   └── BAY位图
│   │       └── 最终积载图
│   │           ├── 最终封面图
│   │           ├── 最终BAY位图
│   │           └── 装船统计表
│   ├── 集装箱船舶配积载图的编制
│   │   ├── 集装箱船舶配积载的作业流程
│   │   │   ├── 收齐、核对配积载单证资料
│   │   │   ├── 编制配载图
│   │   │   ├── 计算稳性和吃水差
│   │   │   └── 审核配载图
│   │   ├── 配积载图的编制过程
│   │   └── 集装箱船舶预配图的编制方法
│   └── 集装箱船舶配积载的基本原则
│       ├── 满足船舶的运输要求
│       └── 符合码头的作业要求
└── 集装箱船舶运行组织
    ├── 航线配船
    │   ├── 集装箱船舶运输航线的类型
    │   └── 集装箱船舶运输航线配船
    ├── 确定基本港
    ├── 编制船期表
    └── 集装箱船舶运行组织的一般程序
        ├── 订舱
        ├── 接受托运申请
        ├── 发放空箱
        ├── 拼箱货装箱
        ├── 整箱货交接
        ├── 集装箱交接签证
        ├── 换取提单
        ├── 装船
        ├── 海上运输
        ├── 卸船
        ├── 整箱货交付
        ├── 拼箱货交付
        └── 空箱回运
```

项目 3 集装箱船舶及运行组织

思政园地

中国造出世界最大箱位集装箱船 多重意义值得关注

2018年6月12日,由中国中船集团江南造船厂自主研制的世界最大箱位集装箱船——中远海运"宇宙"轮(见图3-13)在上海交付。"宇宙"轮长400m、宽58.6m、吃水16m,总高72m,相当于24层楼,最大载重量19.8万吨,设计时速每小时约42km,最多可装载21 237个标准集装箱。此外,"宇宙"轮还是具有目前世界先进技术的智能型船舶,集合了先进的航行控制系统、全船局域网系统及船岸卫星通信系统,可以确保船舶在全球海域的安全航行和船岸信息交流。

图3-13 "宇宙"轮

"宇宙"轮是中船集团为中远海运承揽的6艘超大型集装箱船的首制船,其余5艘同级别船在2019年交付完毕。

根据中华人民共和国工业和信息化部2018年1月发布的统计数字,2017年中国造船完工量、新接订单量、手持订单量分别占全球总量的41.9%、45.5%和44.6%,三大指标全部位居世界第一,成为名副其实的造船大国。但是,在亮眼的总量数字背后,是中国造船工业与韩国、日本与欧洲在技术水平上的差距。目前,世界造船工业呈现中国、韩国、日本与欧洲并立的格局。中国造船总量从吨位上看位居世界第一,但在高技术船舶方面与韩国、日本与欧洲仍有差距。所谓高技术船舶,包括重型起重船、深海超大型钻井平台、超大型集装箱船、超大型油轮、半潜船、液化天然气船、豪华游轮等。这些船舶由于技术密集,造价不菲,属于船舶工业领域的高利润船型。此外,在船用发动机等一些核心技术方面,中国与先进国家也有不小的差距。

目前,在造船工业领域与中国展开激烈竞争的韩国,其造船订单总量从吨位上看虽少于中国,但并没有很大差距。而由于韩国、日本与欧洲在高技术、高附加值船舶建造方面各有看家本领,如果换一种比较方式,如从造船总价值上来衡量,世界造船业的排名很有可能会不同。

为了实现从造船大国向造船强国的转变,中国造船工业近年来在高技术、高附加值船舶研制方面不断发力,攻克了一个个原本被韩国、日本与欧洲造船厂垄断的关键技术。这一次交付的世界最大箱位集装箱船——"宇宙"轮,便是中国进军高附加值船舶领域的一

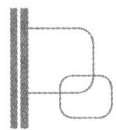

次成功实践。相信不久的将来,中国船舶也能像中国高铁一样,成为中国的闪亮名片,被全世界所接受。

目前,中国海运船队规模已经位列世界第三,集装箱吞吐量更是位列世界第一。但是,与造船工业相类似的是,中国海运业仍然是大而不强。这是因为英美在全球海运业拥有很强的话语权,而这种话语权最终体现在利益分配上。

目前,中国正在积极推行"一带一路"倡议,这离不开全球自由贸易。而无论是能源、原材料的进口还是货物的出口,都需要依赖海运。

近年来,西方国家虽然在海运总量上逐渐被中国赶超,但凭借其在海事仲裁、海事保险、船级注册等方面的优势,这些国家仍然坐拥全球海运市场的大部分红利。

为了实现构建人类命运共同体的目标,推动全球均衡发展,中国海运业要争取更多的话语权。此次交付的"宇宙"轮,便是中国海运行业与造船工业携手争取国际航运话语权的一个具体实践。

讨论思考:党的二十大报告提出,"建设现代化产业体系。坚持把发展经济的着力点放在实体经济上,推进新型工业化,加快建设制造强国、质量强国、航天强国、交通强国、网络强国、数字中国。"用科学发展观回答"实现什么样的发展,怎样发展?"这个问题。

(资料来源:国际在线)

项目测试与训练

一、讨论分析题

1. 集装箱船舶配积载的含义与作用是什么?
2. 集装箱船舶配积载需要哪些资料?
3. 集装箱船舶配积载的基本原则是什么?
4. 为什么在集装箱船舶配积载过程中使用不同的配积载图?它们之间有何区别与关联?
5. 集装箱船舶运行组织包括哪些主要内容?

二、技能训练

1. 训练目的:通过训练使学生熟悉集装箱船舶的种类及其结构特点,看懂各类集装箱船舶配积载图,能进行集装箱船舶模拟配积载操作,熟悉船公司的航线类型。

2. 训练要求与操作准备:

(1) 建议学生登录中国远洋海运集团有限公司了解其基本情况、组织架构、企业文化,特别是船队和航线、业务的情况。

(2) 组织学生到集装箱码头实地参观,使其熟悉集装箱船舶的结构和集装箱船舶配积载图。

(3) 利用集装箱船舶配积载模拟系统软件,对学生进行模拟配积载训练,使其熟悉集装箱船舶配积载过程及注意事项。

3. 训练资料与设备准备：授课尽量安排在能使用互联网的多媒体教室；教师平时要多搜集集装箱船舶的图片和码头、船舶所使用的各类配积载图等资料；购置集装箱船舶配积载模拟系统软件供学生在实训室进行模拟实践。

三、自我训练

（一）单选题

1. 船公司编制和公布船期表，其目的是（   ）。
   A. 为了招揽航线途经港口的货载
   B. 有利于船舶、港口和货物及时衔接，使船舶在挂靠港口的短暂停泊过程中达到尽可能高的工作效率
   C. 有利于提高船公司航线经营的计划质量
   D. 以上都是

2. 在集装箱的配积载位置表示方法中，用6位阿拉伯数字表示箱位号（   ）。
   A. 第1、2位数字表示列号；第3、4位数字表示行号；第5、6位数字表示层号
   B. 第1、2位数字表示行号；第3、4位数字表示列号；第5、6位数字表示层号
   C. 第1、2位数字表示列号；第3、4位数字表示层号；第5、6位数字表示行号
   D. 第1、2位数字表示行号；第3、4位数字表示层号；第5、6位数字表示列号

3. 在集装箱的配积载位置表示方法中，行号的表示法是（   ）。
   A. 从船首向船尾按序排列，以单数顺序编号表示20ft集装箱的行位
   B. 从船首向船尾按序排列，以双数顺序编号表示20ft集装箱的行位
   C. 从船尾向船首按序排列，以单数顺序编号表示20ft集装箱的行位
   D. 从船尾向船首按序排列，以双数顺序编号表示20ft集装箱的行位

4. 集装箱船舶的预配图是集装箱船舶配积载中的关键环节，它由哪几幅图组成？（   ）
   ① 字母图 ② BAY位图 ③ 重量图 ④ 封面图 ⑤ 特种箱图 ⑥ 装船统计表
   A. ①②⑤   B. ④②⑥   C. ①②③   D. ①③⑤

5. 班轮船期表的主要内容不包括（   ）。
   A. 航线、船名、航次编号
   B. 始发港名、中途港名、终点港名
   C. 到达和驶离各港口的时间
   D. 其他有关的注意事项
   E. 各港口的装卸时间

（二）多选题

1. 世界三大国际集装箱海运干线有（   ）。
   A. 亚洲东部地区—北美航线   B. 北美—欧洲、地中海航线
   C. 中东海湾—欧洲、北美   D. 欧洲、地中海—亚洲东部地区航线

2. 按照航线的区域位置可以将航线划分为下列几组航线组（　　）。
   A．太平洋航线组　　　　　　　　B．大西洋航线组
   C．印度洋航线组　　　　　　　　D．北冰洋航线组
3. 全集装箱船按照其方式可分为（　　）。
   A．半集装箱船　　　　　　　　　B．吊装式全集装箱船
   C．载驳船　　　　　　　　　　　D．滚装式集装箱船
4. 吊装式全集装箱船的结构特点有（　　）。
   A．尾机型　　　　　　　　　　　B．船体瘦长
   C．多层甲板　　　　　　　　　　D．单甲板大开口
5. 集装箱船表示所装货物的卸港、装港、重量、性质、状态及装载位置等，一般包括（　　）。
   A．预配图　　　　　　　　　　　B．配载图
   C．最终积载图　　　　　　　　　D．BAY 位图

（三）计算题

1. 某集装箱船舶航线航次集装箱装卸总量为 3240TEU，港口装卸效率 30TEU/h，往返航次总航行距离为 11 520n mile，平均航速为 20kn/h，船舶在港其他停泊时间为 1.5 天。航线端点港 A 年集装箱发运量为 78 000TEU，另一端点港 B 年集装箱发运量为 70 000TEU，航线配置集装箱船箱位容量为 2500TEU。假设箱位利用率为 92%，年运营时间为 345 天。试求船公司在该航线上需配备的集装箱船舶数量和航线发船间隔时间。

2. 假设集装箱内陆周转情况：在端点港（始发港）A，60%的集装箱在 10 天之内返抵港口待装船，30%的集装箱在 10~20 天内返抵港口待装船，10%的集装箱在 20~30 天内返抵港口待装船；在中途港卸（装）箱量为 2000TEU，中途港箱量系数为 1.2；在端点港（终点港）B，平均周转时间仅为 8 天。如果全程周转期内港口内陆修箱总量为 400TEU，不考虑特种箱量不平衡所要增加的集装箱数量，富裕系统取 1.05。试求集装箱船公司在该航线上需配备的集装箱数量。

参考答案

Project 4 项目4 集装箱箱务管理

知识目标

1. 掌握集装箱配备与调运管理，根据集装箱船舶运输航线的情况，计算实际航线的集装箱配备量，并进行合理调运。
2. 熟悉集装箱重箱与空箱的交接标准与交接业务，灭失、损坏及逾期还箱的处理。
3. 掌握集装箱租赁方式和集装箱租箱量的计算及调整。

能力目标

1. 能计算船公司的航线集装箱配备量，能进行合理调运。
2. 能操作集装箱租赁业务，计算并调整集装箱租箱量。
3. 能协助办理集装箱箱务管理的各项业务。

思政目标

1. 培养面对单调、繁杂的工作时所必须具备的认真、细致的工作作风及吃苦耐劳的品质。
2. 养成认真处理问题的习惯，培养发现问题、分析问题、解决问题的能力。
3. 树立客户至上的服务意识。

引导案例及分析

国际集装箱运输箱务管理面临的问题

目前，世界各主要集装箱船公司大多经营着覆盖全球的航线，其服务网点也遍布全球的主要港口。各家船公司的核心产品——航线服务就是通过集装箱船舶将装卸货物的集装箱及时送达目的地而实现的。但是，由于不同地区进出口数量不同、货物流向不一、同一地区货源结构不断变化、地区不确定因素影响进出口贸易等，各港口或地区间的集装箱数量并不平衡，出现了部分地区集装箱积压、另一些地区集装箱短缺的现象。即便是同一地区，随着时间的推移，也会出现某一段时间内集装箱积压、另一段时间内集装箱短缺的现象。进入运输服务过程后，从发货人提箱、装箱、内陆运输、重箱进码头、装船、海上运输、卸船、重箱离码头、收货人拆箱、再返回至码头或堆场，集装箱经历的每一次移动，都需要使用特殊的搬运工具，并

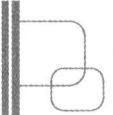

产生一定的费用。

（1）如何在现有条件下，在合理控制集装箱总量的前提下，解决港口间集装箱数量的不平衡问题，是我们需要研究的问题之一。

（2）如何在资金成本较高的情况下，选择适当的方式获取足够数量的集装箱投入使用，减少购置集装箱所需的资金，使集装箱船公司能够用最低的投入实现利润最大化，是我们需要研究的问题之二。

（3）如何在保障集装箱数量需求的前提下，利用各种资源来降低集装箱的使用成本，从而有效地控制集装箱的管理成本，以增强集装箱船公司的核心竞争力，是我们需要研究的问题之三。

同时，集装箱管理也是一项非常复杂的系统工程，它包括集装箱配备总量的确定，自购箱及租箱数量的拟定，全球各区域集装箱箱量的盘存分析与研究，区域间集装箱调运的决策与实施，全部集装箱动态的跟踪，集装箱的维修与保养，集装箱管理总成本的分析、研究与控制等内容。集装箱管理作为集装箱船公司经营活动中的一个重要方面，既独立又与其他部门密切联系。因为它要解决的问题是船公司中其他部门无法解决的，有相对独立的管理理论和方法。

问题：集装箱管理对决策人员有何要求？

Mission 任务 1 集装箱箱务管理业务

任务导读

集装箱箱务管理是集装箱运输的一项十分重要的工作，其主要业务有集装箱的配备、租赁、调运、堆存、保管、发放、交接、装箱、拆箱、运输、中转、检验、修理、清洗、熏蒸、跟踪等；同时箱务管理中又涉及港、航、路、站、场等诸多部门。因此，集装箱箱务管理是一项十分复杂的系统工程，将直接影响集装箱运输业的发展。

本任务重点介绍集装箱配备与调运管理，讲述集装箱调运、发放与交接、堆存与保管等箱务管理业务工作。

任务：你作为一名货代公司的新职员，在从事具体的集装箱运输业务前你对集装箱箱务管理了解多少？登陆中远海运集装箱运输有限公司网站，了解班轮公司箱务管理的基本情况并形成一份 PPT 报告。

一、集装箱配备与调运管理

为了保证集装箱运输的正常开展，集装箱船公司必须付出巨额投资配备一定数量的集装箱，以供运输需要。航线集装箱配备量的多少及采用什么方式配备，直接关系到船公司的运输成本和经济效益。

航线集装箱配备量不仅与航线配置的集装箱船舶数量及其载箱量有关，与集装箱船舶的往返航次时间及发船间隔时间有关，还与集装箱在港口的堆存期及其在内陆的平均周转天数有很大的关系。

（一）航线集装箱配备量的计算方法

1. 典型条件下航线集装箱配备量的计算方法

（1）假设前提。

为了简化问题，假设：

① 该航线为简单直达航线，即仅挂靠两个端点港（A 港和 B 港）；

② 船公司在两个端点港既无调剂箱又无周转机动箱，且不考虑集装箱修理与积压延误、特种箱使用不平衡等问题。

（2）相关因素。在以上假设的前提下，船公司的航线集装箱配备量 Q 与航线集装箱配备套数 S、每套集装箱配备数量 N 有关。

$$Q = S \cdot N$$

式中，Q——航线集装箱配备量（TEU）；

S——航线集装箱配备套数；

N——每套集装箱配备数量（TEU），如果船舶满载则用船舶载箱量表示。

① 航线集装箱配备套数 S 取决于航线集装箱平均总周转天数（T）和航线发船间隔时间（I），其计算公式

$$S = \frac{T}{I}$$

式中，T——航线集装箱平均总周转天数（天），为集装箱船舶往返航次时间（T_R）与集装箱在 A、B 两个端点港平均港口堆存时间（T_A）和内陆周转时间（T_B）之和，即

$$T = T_R + T_A + T_B$$

I——航线发船间隔时间（天），取决于集装箱船舶往返航次时间（T_R）及航线配置的船舶艘数（C），即

$$I = \frac{T_R}{C}$$

② 每套集装箱配备数量 N 的确定，通常与集装箱船舶的载箱量（D）及其利用率（f）有关，其计算公式

$$N = D \cdot f$$

2. 实际情况下航线集装箱配备量的计算方法

在实际进行集装箱箱务管理的过程中，航线集装箱配备量不仅与上述因素有关，而且与集装箱在内陆周转过程中可能发生的修理、积压和延误（如货主提箱后长期占用不能返空、海关扣押、集装箱严重毁坏）等情况密切相关。此外，还要考虑由于各种集装箱箱型在往返航线上的使用量不平衡适当增加集装箱，以及在挂靠两个以上港口时需在中途港配置一定的周转箱等。所以，实际情况下航线集装箱配备量还应结合具体航线上的实际情况，在这里引入"该航线特种箱往返航次不平衡所需箱数"与"全程周转期内

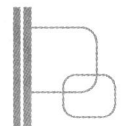

港口内陆修箱量"两个指标。

该航线特种箱往返航次不平衡所需箱数是指航线上可能需要使用的一些特种箱，如冷藏箱、罐状箱、开顶箱等。这类集装箱所载货种在航线上的往返运量通常难以平衡，由 A 港运往 B 港的特种箱，一般不可能按同样数量由 B 港返回 A 港，所以通常需要多配备一些集装箱。

全程周转期内港口内陆修箱量是指集装箱在运输途中总会有一定的损坏概率，需进行修理，这些进行修理的集装箱应予以增加配备。

综合上述因素，航线配备集装箱总量可用以下计算公式求得

$$Q=(S\cdot N\cdot f+\sum C_i L_i +S_N+R_N)\lambda$$

式中：C_i——中途港箱系数（如中途港集装箱在内陆周转时间小于发船间隔时间，则系数为 1；如内陆周转时间大于发船间隔时间，则系数大于 1）。

L_i——中途港卸箱量（设中途卸箱后再装同样数量的集装箱），$i=1,2,\cdots,m$，为中途港编号。

S_N——特种箱往返船次不平衡所需增加箱数。

R_N——全程周转期内港口内陆修理、积压和延误总箱量。

λ——富裕系数，一般取 1.05～1.10。

应该指出，在往返航次时间不变的情况下，如缩短发船间隔时间，配置的集装箱船舶数量增加，集装箱装船的机会增多，集装箱返回港口等待装船的时间就会减少，集装箱在端点港内陆平均周转的时间也会减少，因而平均每艘船需配备的集装箱套数会随着航线配备的船舶数量的增加而减少。但是，当航线船舶数量增加到一定数目时，由于码头堆存能力不足，集装箱的管理水平未跟上，加上内陆集疏运能力的制约，集装箱内陆周转时间及港口堆存期可能会增加。

在发船间隔时间不变的情况下，集装箱配备总套数与其航线平均总周转时间成正比，中途挂靠港的多少及箱型的不平衡等也直接影响航线集装箱的配备量。在满足航线货源需求的情况下，船公司应想方设法缩短集装箱的港口堆存期和内陆周转时间，加速船舶的周转，以减少航线集装箱的配备量，从而节省船公司的置箱巨额投资或租金。

（二）船公司的置箱策略

船公司考虑自身的投资能力、管理能力和经济效益，通常不全数配备所需的集装箱，一般的置箱策略有以下 3 种。

1. 需配备的集装箱全部由船公司自备

采取这种策略的船公司数量不是很多。原因是一艘船需配备的集装箱数量通常是其满载箱量的 3 倍左右，船公司用于购船已花费巨额投资，为置箱又花费巨额投资，既难以负担，又增加了投资风险；巨大的置箱量，将给船公司带来烦琐、沉重的箱务管理工作，很大程度上会分散船公司的管理精力。

2. 需配备的集装箱部分由船公司自备，部分向集装箱租赁公司租入

这是一种灵活而合理的策略，多数船公司会采用这种策略。根据船公司的规模、航线特点，各船公司的自备箱量与租箱量的比例各有不同，采用的具体租赁方法也有所区别。

3. 需配备的集装箱全部向集装箱租赁公司租入

这种策略的好处是船公司可大大节约初始投资,降低投资风险;同时船公司可省去箱务管理工作,专心从事航线运营。这种策略的缺点是船公司的自主经营经常会受到集装箱租赁公司的制约,由于自己完全没有自备箱,在租箱条件的谈判中有时会处于不利地位。

(三)集装箱空箱调运及管理

相对于对重箱的调运,箱管部门(集装箱代理人)更多的工作是对空箱的调运。因为货源不平衡及各条航线货物流向不平衡等会造成各个港口的空箱数量不平衡,所以必须将某个港口的剩余空箱调运到空箱不足的港口以供使用。

1. 空箱调运的原因

(1)管理原因产生空箱调运。例如,由于单证交接不全、流通不畅,影响集装箱的调运与周转;有时集装箱损失或灭失的责任不清,无法追回或未及时追回,只能调运空箱补充;货主提箱超期,造成港口重箱积压,影响到集装箱在内陆的周转,为保证船期,不得不从附近港口调运空箱。

(2)进出口货源不平衡,造成进出口集装箱比例失调,产生空箱调运。

(3)贸易逆差导致集装箱航线货流不平衡,产生空箱调运。

(4)由于进出口货物种类和性质不同,需要使用不同规格的集装箱,产生航线不同规格集装箱短缺的现象,不得不调运与其同一规格的集装箱,以满足不同货物的需要。

(5)其他原因。例如,出于对修箱费用和修箱质量的考虑,船公司将空箱调运至维修费低、修箱质量高的地区去修理。

2. 减少空箱调运的措施

(1)组建联营体,实现船公司之间的集装箱共享。联营体通过互相调节使用空箱,可减少空箱调运量和航线集装箱配备量,节省昂贵的空箱调运费和租箱费。

(2)强化集装箱集疏运系统,缩短集装箱周转时间。通过做好集装箱内陆运输各环节的工作,保证集装箱运输各环节紧密配合,缩短集装箱周转时间和在港时间,以提供足够箱源,不致因缺少空箱而进行空箱调运。

(3)强化集装箱跟踪管理系统,实现箱务管理现代化。通过优化计算机集装箱跟踪管理系统,以快速、准确的方式掌握集装箱信息,科学而合理地进行空箱调运。

(4)进行科学论证与选择,以租箱代替空箱调运。当某港集装箱空箱紧缺时,可以采用两种方案予以解决:一是从其他港调运本公司的空箱;二是租用集装箱租赁公司的空箱。这时就应比较二者的成本,采用成本低的方案。例如,某集装箱租赁公司正好箱流不平衡,需将空箱调回,这时采用"单程租赁"的方式租用,可能享受较低的租箱费用。

3. 空箱调运管理

空箱的调运有下面几种方式。

(1)港到港的调运。

① 国际间调运。箱管部门应与船公司货运部门配合,尽快掌握各港的空箱数量及各港的空箱需求量,及时做好调运计划,通过在各港的集装箱代理做好报关、装运等工作,及时将根据调运计划安排的空箱按其类型、数量调运到指定的港口。

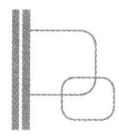

一般情况下尽可能安排本公司的船舶运载空箱，特殊情况下可委托其他船公司的船舶运输，但此时需支付大量的空箱运输费用。

② 国内调运。国内调运不需要办理海关报关手续，所以在国内调运时箱管部门做好调运计划后即可安排船舶将空箱运至目的港。

箱管部门一方面要与货运部门配合，掌握空箱的需求情况；另一方面要与航运部门配合，了解船舶的配载情况，充分利用船舶的剩余舱位进行空箱调运，尽量不影响重箱的运输，以降低调运成本。

（2）港到堆场、货运站的调运。

为了避免港口的空箱大量积压，箱管部门必须及时将空箱调运到各堆场、货运站等地。箱管部门必须尽早掌握空箱的到达时间、数量，提前为各堆场、货运站签发集装箱设备交接单，联系运输单位，尽早将空箱调运到使用空箱的地点。

此外，港场间调运空箱经常是将各堆场的闲置集装箱调运至港口，所以箱管部门必须及时与集装箱代理人及各堆场进行联系，及时将空箱运至港口。

（3）堆场与货运站之间的调运。

空箱除少部分在港口堆存外，大部分是在堆场和货运站堆存的。因此，各堆场和货运站之间由于需求不平衡，箱管部门应根据各堆场和货运站的空箱需求量，进行堆场与货运站之间的空箱调运。

在堆场与货运站之间调运时，箱管部门应制订调运计划，联系运输单位，签发集装箱设备交接单，将空箱从指定的提箱地点运至指定的收箱地点。

（4）临时租用箱的调运。

在集装箱运输过程中，船公司某些地区的空箱储备量不足时，可以采用前述方法进行调运。但由于调运需要时间，不能满足目前的需要，此时该公司箱管部门可以向集装箱租赁公司或其他船公司临时租用集装箱。箱管部门应向集装箱租赁公司或其他船公司提出租用申请，经其同意并取得集装箱设备交接单后，联系运输公司，到集装箱租赁公司或其他船公司指定的场地，将空箱运至该公司的协议堆场或货运站等地，并办理设备交接手续。用毕后将空箱运至集装箱租赁公司或其他船公司指定的场地。

（5）还箱调运。

集装箱的租赁成本是集装箱运输成本中的重要组成部分，所以船公司租用集装箱一般同时采用长期、短期和临时租箱等方式。在运输市场不景气或货源不足的情况下，及时返还部分租用的集装箱是降低租赁成本的重要手段。

箱管部门应与集装箱租赁公司确定还箱的手续，将空箱运还至集装箱租赁公司指定的地点并办理交接手续。

（6）其他调运。

拆空的集装箱一般由货方（或其代理）、内陆承运人负责还箱运输。箱管部门应及时掌握该集装箱的动态，使空箱及时回收使用。

在对集装箱进行修理、清洗、改装、熏蒸、检验后，箱管部门应做好调运计划，联系运输公司将集装箱运至指定地点，以使集装箱满足载货要求，加快集装箱的周转速度。

二、集装箱发放与交接

（一）集装箱发放与交接的依据

集装箱的发放与交接，应依据进口提货单、出口场站收据、出口订舱单及这些文件内列明的集装箱交付条款，实行集装箱设备交接单制度。用箱人及其相关业务方必须凭箱管部门或其代理人签发的集装箱设备交接单办理集装箱提箱（发箱）、交箱（还箱）、进场（港）、出场（港）等手续。

（二）交接责任的划分

参加海上国际集装箱运输的企业，应对各自掌管期限内的集装箱和集装箱货物负责，加强各环节的管理，明确交接责任。承运人、港口方应按下列规定办理集装箱交接手续。

（1）海上承运人与港口的交接由外轮理货公司代表海上承运人与港口方在船边交接。

（2）经水路集疏运的集装箱，水路承运人与港口方在船边交接；在驳船直取作业时，由外轮理货公司代表海上承运人与水路承运人办理交接手续；在国内中转的集装箱，由外轮理货公司代表水路承运人与港口方在船边交接。

（3）经公路集疏运的集装箱，港口方、内陆中转站、货运站与公路承运人在集装箱码头大门交接。

（4）经铁路集疏运的集装箱，铁路承运人与托运人、收货人或受委托的港口方、内陆中转站、货运站在集装箱装卸现场或双方商定的地点交接。

（三）交接规定

（1）集装箱交接时，交接双方应当检查箱号、箱体和封志。重箱凭封志和箱体状况交接；空箱凭箱体状况交接。交接双方检查箱号、箱体和封志后，应进行记录，并共同签字确认。

（2）集装箱的发放、交接实行集装箱设备交接单制度，从事海上国际集装箱运输业务的各有关单位必须凭集装箱设备交接单办理集装箱的发放、交接手续。托运人、收货人、内陆承运人或从事集装箱业务的有关单位，不得将集装箱用于集装箱设备交接单规定外的用途，必须按规定的时间和地点交箱、还箱。

（3）集装箱提离场站后，严禁随意套箱、换箱。凡需要套箱、换箱的，必须事先征得集装箱所有人的同意，否则套箱、换箱者应承担由此造成的损失。

（四）重箱交接

（1）交接标准。

箱体完好，箱号清晰，封志完整无误，特种集装箱的机械、电气装置运转正常并符合进出口文件的记载要求。

（2）出口重箱进场的交接。

出口重箱进入港口，托运人、内陆承运人凭出口场站收据或集装箱装箱单、进场集装箱设备交接单到指定港口交付重箱，并办理进场集装箱交接手续。

指定的港口凭出口场站收据或集装箱装箱单、进场集装箱设备交接单收取重箱，并办理进场集装箱交接手续。

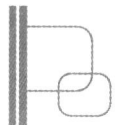

出口重箱凡有残损或船名、航次、提单号、目的港、箱号、封志号与出口场站收据或集装箱装箱单、进场集装箱设备交接单所列明内容不符的，港口应拒绝收箱，因拒绝收箱而产生的费用由责任方承担。

（3）进口重箱提箱出场的交接。

进口重箱提离港区、堆场、中转站时，货方或其代理人、内陆（水路、公路、铁路）承运人应持海关放行的进口提货单到箱管部门或其代理人指定的现场办理处办理集装箱交接手续。

集装箱代理人依据进口提货单、集装箱交付条款和集装箱运输经营人有关集装箱及设备使用或租用的规定，向货方或其代理人、内陆承运人签发出场集装箱设备交接单和进场集装箱设备交接单。

货方或其代理人、内陆承运人凭出场集装箱设备交接单到指定地点提取重箱，并办理出场集装箱设备交接手续；凭进场集装箱设备交接单将拆空后的集装箱及时交到集装箱代理人指定的地点，并办理进场集装箱设备交接手续。

（五）空箱交接

（1）交接标准。

箱体完好，水密、不漏光，清洁、干燥、无味；箱号清晰；特种集装箱的机械、电气装置无异常。如果有异常情况，应在进（出）场集装箱设备交接单上注明。

（2）空箱的进场和出场交接。

空箱提离港口、堆场、中转站时，提箱人（货方或其代理人、内陆承运人）应向箱管部门或其代理人提出书面申请。集装箱代理人依据出口订舱单或出口集装箱预配清单向提箱人签发出场集装箱设备交接单或进场集装箱设备交接单。

提箱人凭出口集装箱预配清单到指定地点提取空箱，办理出场集装箱设备交接手续；凭进场集装箱设备交接单到指定地点交付集装箱，并办理进场集装箱设备交接手续。

因检验、修理、清洗、熏蒸、退租、转租、堆存、回运、转运需要，空箱提离堆场、中转站，由托运人、收货人、内陆承运人或从事集装箱业务的有关单位向箱管部门或其代理提出书面申请。箱管部门或其代理人依据有关协议，向托运人、收货人、内陆承运人或从事集装箱业务的有关单位签发集装箱设备交接单。

三、集装箱堆存与保管

集装箱进入堆场、中转站后，堆场、中转站应按双方协议规定，按照不同的海上承运人将空箱和重箱分别堆放。空箱按完好箱和破损箱、污箱，自有箱、租箱分别堆放。

堆场、中转站应对掌管期限内的集装箱和集装箱内的货物负责，如有损坏或灭失则要承担责任。未经海上承运人同意，堆场、中转站不得以任何理由将其堆存的集装箱占用、改装或出租，否则应承担经济责任。

堆场、中转站应根据中转发送的不同目的地，按船、按票集中堆放，并严格按海上承运人的中转计划安排中转。

1. 重箱堆存与保管

港口为了避免集装箱在港内大量积压，规定各航班装运的重箱（或出口空箱）应在指定的入港时间或截止时间内运至港口内指定的场地堆存。船公司应与港口箱管部门密切配合，通知货方、内陆承运人将重箱按时运至港内，并做好集装箱设备交接工作。

2. 空箱堆存与保管

集装箱所有人或其箱管部门所支配的空箱一般在堆场、货运站等地堆存和保管。集装箱所有人一般委托箱管部门或其代理人或各堆场经营人作为自己的代理人进行实际管理，并向有关堆场支付堆存、保管费用。这些费用是集装箱运输成本的重要组成部分，因此加强对空箱的堆存与保管的管理具有重要的意义。

箱管部门或其代理人在正确掌握各堆场的空箱类型、数量的前提下，应充分利用各堆场入场初期的免费条款，将堆存期较长的集装箱调运出该堆场做出口载箱用箱或调运至需要空箱的地方。

各堆场经营人在安排空箱堆存的过程中，应将各船公司的集装箱分别堆放，同公司的集装箱应按不同箱型分别堆放，便于提箱。在搬运过程中应注意安全，勿使本场地堆存的集装箱出现工残；在收箱时做好检查工作，出现集装箱损坏等现象时，及时通知箱主，安排修理等事宜。

我国的一些集装箱堆场和货运站采用堆存费包干的形式，船公司可以充分利用这一条件将空箱运至该类场站堆存。

四、集装箱灭失、损坏与逾期还箱

1. 集装箱灭失、损坏的处理

各区段承运人、港口、内陆中转站、货运站对其所管辖的集装箱和集装箱货物的灭失、损坏负责，并按照交接前由交方承担、交接后由接方承担划分责任。但如果在交接后 180 天内，接方能提供证据证明交接后的集装箱、集装箱货物的灭失、损坏是由交方造成的，交方应按有关规定承担责任。

（1）由承运人负责装箱、拆箱的货物，从承运人收到货物后至将货物运达目的地交付收货人之前，集装箱及箱内货物的灭失、损坏由承运人负责。

（2）由托运人负责装箱的货物，从装箱托运交付后至交付收货人之前，如箱体完好，封志完整无误，箱内货物的灭失、损坏由托运人负责；如箱体损坏或封志破损，箱内货物的灭失、损坏由承运人负责。

（3）由于搬运人对集装箱货物申报不实或集装箱货物包装不当致使人员伤亡并且使运输工具、货物自身或其他集装箱损坏的，由托运人负责。

（4）由于装箱人或拆箱人的过失致使人员伤亡并使运输工具、集装箱、箱内货物损坏的，由装箱人或拆箱人负责。

2. 逾期还箱的处理

船公司必须加强对超期箱的管理，定期清理超期箱。通过集装箱跟踪系统，船公司可以查出目前本公司所有集装箱的动态，从而可以查出超期箱的详细情况。通常船公司须每周清理一次超期箱，核查集装箱超期的原因，然后同有关方联系，督促其将超期箱尽快出运。此外，船公司应制定超期使用费收取标准，采取措施，限令客户尽快归还超期箱。

收货人在超过免费使用期后归还空箱或船公司指定的货运站逾期拆箱及发货人提取空

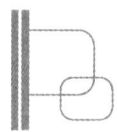

箱后超过免费使用期限将重箱运至堆场的，均按《国际集装箱超期使用费计收办法》向船公司支付集装箱超期使用费，如表4-1所示。

表4-1 集装箱超期使用费标准

国内单位按日历日人民币计价；国外单位按日历日美元计价					
货型	尺寸	1~4天	5~10天（元/美元）	11~40天（元/美元）	41天以上（元/美元）
干货箱	6.1m（20ft）	免费	免费	10.00/3.00	40.00/12.00
	12.2m（40ft）			20.00/5.00	80.00/20.00
开顶箱 框架箱	6.1m（20ft）	免费	免费	15.00/4.50	60.00/18.00
	12.2m（40ft）			30.00/9.00	120.00/36.00
冷藏箱、罐式箱 等特殊用途箱	6.1m（20ft）	免费	60.00/18.00	80.00/24.00	240.00/72.00
	12.2m（40ft）		100.00/30.00	140.00/42.00	400.00/120.00

超过41天不归还集装箱者，可推定集装箱及其设备灭失，集装箱代理人有权要求责任方赔偿。集装箱灭失和推定全损的赔偿标准如表4-2所示。

表4-2 集装箱灭失和推定全损的赔偿标准

货箱种类	尺寸	集装箱价格（美元）	年折旧率（%）	最低赔偿额（美元）
干货箱	6.1m（20ft）	3200.00	5	1280.00
	12.2m（40ft）	4300.00		1720.00
超高箱2.9m（9ft6in）以上	12.2m（40ft）	5000.00	5	2000.00
开顶箱	6.1m（20ft）	4000.00	5	1600.00
	12.2m（40ft）	5000.00		2000.00
框架箱	6.1m（20ft）	5500.00	5	2000.00
	12.2m（40ft）	7500.00		3000.00
冷藏箱、罐式箱等特殊用途箱	6.1m（20ft）	250 000.00	5	12 500.00
	12.2m（40ft）	33 000.00		16 500.00

集装箱箱务管理（一）　集装箱箱务管理（二）

Mission 任务 2 集装箱租赁业务

任务导读

在国际贸易运输中开始使用集装箱时，装载货物的集装箱一般是由各种类型的承运人所拥有并提供给各方使用的。随着集装箱运输的发展，集装箱租赁业也开始发展起来。初期集装箱租赁业的规模较小，多是一些船公司或其他行业的兼顾性业务。从1968年开始，集装箱租赁业进入了发展阶段。目前，供出租使用的集装箱数量已占世界集装箱总量的40%以上，而且还有继续增长的趋势。世界上具有相当规模的集装箱租赁公司有100多家，它们在世界范围内开展租赁业务，在国际集装箱运输中发挥着重要作用。

本任务重点讲述集装箱租赁方式及集装箱租箱量的计算与调整。

任务：你作为一名货代公司的新职员，在从事具体的集装箱运输业务前你对集装箱租赁业务了解了多少？上网查找目前世界十大集装箱租赁公司的情况，以PPT形式简要介绍其中两家。

一、集装箱租赁及其优点

（一）集装箱租赁

集装箱租赁是指集装箱租赁公司与租箱人（一般为海运班轮公司，铁路、公路运输公司等）签订协议，以长期或短期的形式把集装箱租赁给租箱人的一种方式。

（二）集装箱租赁的优点

集装箱租赁的优点可从出租方和租箱方两方面加以分析。

（1）集装箱租赁的出租方。

① 投资风险相对较小。投资集装箱船舶，开展航线运营，与投资集装箱，从事集装箱租赁相比，后者的风险明显小于前者。因为水路运输市场对租箱量的需求相对稳定，而对特定航线的需求相对波动较大。而且投资船舶的单位资金需求量比投资集装箱的单位资金需求量要大得多。

② 加强了集装箱运输的专业化分工。集装箱租赁意味着集装箱运输本身专业分工的进一步细划，将箱务管理业务独立了出来，有利于提高箱务管理的合理程度，有利于更有效地调配集装箱、提高集装箱的利用率，从而降低费用，提高整个集装箱运输的经济效益，使集装箱运输方式的优越性充分发挥出来。

③ 提高了集装箱的利用率。班轮公司自备的集装箱一般只供某一特定班轮公司的船舶与航线使用，其利用率总是受到一定的限制，必定会存在空箱调运的情况。对于规模较小的班轮公司，集装箱利用率不高、空箱调运占用大量运力的现象更是难以避免。而集装箱租赁公司的集装箱可供各个班轮公司租用，所以集装箱的利用率高，空箱调运次数通常明

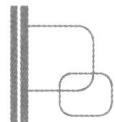

显低于班轮公司自备集装箱的调运次数。

（2）集装箱租赁的租箱方。

① 可有效降低初始投资，避免资金被过多占用。班轮公司贷款购箱，初始投资巨大，且要背负巨额的利息；而出资租箱则只用少量资金就可获得集装箱的使用权，投资风险较小。

② 节省空箱调用费用，提高集装箱利用率。班轮公司自备集装箱，由于航线运量不平衡，必定要花费大量的空箱调运费，而且集装箱的利用率不会提高；而租赁集装箱，则可避免这些费用。

③ 避免置箱结构的风险。班轮公司自备集装箱的尺寸、型号必须形成一定的比例，这就带来了置箱结构上的风险。因为航线所运货物的结构发生变化，虽然班轮公司总箱量没有减少，但由于对特定箱型需求的变化，班轮公司仍会面临无法满足所需箱量的问题。而租赁集装箱就可对所需特种箱型随时予以调整，规避由此带来的风险。

二、集装箱租赁方式及其特点

（一）期租

集装箱期租是指租箱人在一定时间内租用集装箱的租赁方式。在租期内，租箱人可以像自己拥有集装箱一样自由调配使用。根据租期的长短，期租可分为长期租赁和短期租赁两种方式。

（1）长期租赁：一般有较长的期限（一年及以上）。根据租期届满后对集装箱的处理方式，又可分为融资租赁和实际使用期租赁两种。

① 融资租赁（金融租赁）：指租期届满后，租箱人支付预先约定的转让费（通常为象征性的较低的金额），将集装箱所有权买下的租赁方式。这种租赁方式的实质是通过"融物"进行融资。租箱人表面上是租用集装箱，而实际上是购入集装箱。

② 实际使用期租赁：租箱人在租赁合同期满后，即将集装箱退还给集装箱租赁公司，是一种纯粹的"融物"，不带任何融资的因素。

长期租赁的特点：租箱人只需按时支付租金，即可如同使用自备箱一样使用集装箱；租金较低，租期越长，租金越低。因此，对于货源稳定的班轮航线，采用这种方式租用一定数量的集装箱，既可满足航线集装箱配备量的要求，又可减少置箱费、利息及折旧费，是一种比较经济的方式，因此目前有很多租箱人采用长期租赁的方式。在租期未满前，租箱人不得提前退租，但可在合同中附有提前归还集装箱的选择条款。对于集装箱租赁公司而言，采用这种方式可在较长的租期内获得稳定的租金收入，降低风险，也可减少大量的提箱或还箱等管理工作。

（2）短期租赁：一般指以租箱人实际需要的使用期限租用集装箱，时间一般较短（几个月）。这种租赁对班轮公司而言风险较小，较为灵活；而对集装箱租赁公司而言风险较大。所以，对于期租来说，一般租期越短，单位租金越高。

（二）程租

集装箱的程租是指根据一定的班轮航次进行租箱的租赁方式。对于班轮公司来讲，这种方式较为灵活，但对集装箱租赁公司则相对不利。所以，根据不同的实际情况，集装箱的单位租金会有很大的区别。程租包括单程租赁和来回程租赁两种方式。

（1）单程租赁。租箱人仅在发货地租箱，到目的地还箱。采取从起运港至目的港的单程租用，一般适用于货源往返不平衡的航线。从缺箱地区单程租赁到集装箱积压地区，租箱人需要支付较高的租金；从集装箱积压地区租赁到缺箱地区，可享受租金优惠，可较少支付、甚至免除提箱费和还箱费，有时还可能在一定时间内免费租箱。

（2）来回程租赁。来回程租赁指提箱、还箱同在一个地区的租赁方式，一般适用于往返货源较平衡的航线，原则上是在租箱点还箱。租期可以是一个往返航次，也可以是连续几个往返航次。由于不存在空箱回运的问题，其租金通常低于单程租赁的租金。

（三）灵活租赁

灵活租赁是指在租箱合同有效期内，租箱人可在集装箱租赁公司指定地点灵活地进行提箱与还箱。它兼有期租和程租的特点，一般租期为一年。在集装箱货源较多且班轮公司经营航线较多、往返航次货源不平衡的情况下，采用这种租赁方式能比较容易地适应变化，因此它是一种很有价值的租赁方式。

在灵活租赁合同中，除明确租期外，还要规定租箱人每月提箱与还箱的数量和地点。在这种租赁方式下，租箱人在租期内至少保证租用一定数量的集装箱（一般可以多租），类似于长期租赁；但在具体使用过程中这些集装箱并不是固定不变的，租箱人可根据自己的实际需要，按照合同规定的时间、地点、数量随租随还，这又类似于短期租赁或程租。因为提箱与还箱灵活，会给集装箱租赁公司带来一定的风险，所以集装箱租赁公司在合同中会有一些附加约束条件。

三、集装箱租赁合同及主要条款

集装箱租赁合同（Container Lease Agreement，CLA）（以下简称租箱合同）是规定租箱人与集装箱租赁公司双方权利、义务和费用的协议与合同文本。

（一）租箱合同的主要内容

租箱合同作为一种法律文件，其内容通常涉及以下方面：租金；租箱方式；租箱数量与箱型；交箱期与还箱期；租箱与退箱费用；提箱与还箱地点；损害修理责任；保险。

（二）交箱条款

交箱条款是制约集装箱租赁公司的条款，指集装箱租赁公司应在合同规定的时间、地点，将符合合同条款的集装箱交给租箱人。其主要内容如下。

（1）交箱期，是指集装箱租赁公司将集装箱交给租箱人的时间。为了给双方都提供一些方便，交箱期通常是一个期限，一般为7～30天。

（2）交箱量。为了适应市场上集装箱、货物供求关系的变化，合同中对交箱量一般有两种规定方法：一种是规定的交箱数量（或最低交箱量）；另一种是实际交箱量（可高于或低于前者）。在可能的情况下，集装箱租赁公司都希望租箱人超规定量租箱。

（3）交箱时的集装箱状况。集装箱租赁公司交给租箱人的集装箱应符合有关国际公约与标准的规定。为了保证这一点，双方在提箱时应共同检验集装箱的状况。租箱人提箱时，集装箱的状况是通过双方签署的设备交接单来体现的。在具体操作中，规定租箱人雇用的司机和集装箱所在堆场的箱管员或门卫可作为双方代表签署设备交接单。

(三）还箱条款

还箱条款是制约租箱人的条款，指租箱人在租期届满后，按租箱合同规定的时间、地点，将状况良好的集装箱退还给集装箱租赁公司。其主要内容如下。

（1）还箱时间：指规定的还箱日期。在实际操作中，经常会发生租箱人提前还箱或延期还箱的情况，这被称为不适当还箱。当提前还箱时，如租箱合同中订有提前终止条款，则可相应少付租金；否则，则应补付追加租金。

（2）还箱地点：租箱人应在合同规定的或集装箱租赁公司另用书面形式确认的具体地点还箱。在订立合同时，租箱人应尽量使还箱地点与集装箱最终使用地点一致或接近，这样可以减少空箱运输费用。

（3）还箱时的集装箱状况：指租箱人应在集装箱外表状况良好的情况下，将集装箱退还给集装箱租赁公司。如还箱时集装箱外表有损坏，集装箱租赁公司或其代理人应通知租箱人，并做出修理估价单。如租箱合同中已订立损害修理责任条款（Damage Protection Plan，DPP），则其费用由集装箱租赁公司承担。如到租箱合同规定的还箱期30天后，租箱人仍没有还箱，集装箱租赁公司可自动认为集装箱全损，租箱人应按合同规定的赔偿条款支付赔偿金。而且在集装箱租赁公司收到赔偿金之前，租箱人应仍按天支付租金。

（四）损害修理责任条款

租箱人在租箱合同中订立损害修理责任条款并按规定付费，则租箱人对集装箱在租箱期内的损坏在一定程度上不负修理责任，可将未修理的集装箱退还给集装箱租赁公司，避免集装箱损坏后所引起的有关修理安排、查核、检验、应付修理费等繁杂事务，并可节省将受损的集装箱运至修理厂的额外费用。但应注意，合同中一旦订有损害修理责任条款，无论集装箱在租赁期间是否发生损坏，租箱人除支付租金外，都要支付损害修理责任费用，而且该费用一律不予退还。

损害修理责任条款从某种意义上讲，相当于租箱人对租箱期内的集装箱进行了保险（但不是向保险公司）。但租箱人必须了解，损害修理责任费用一般只保集装箱的部分损坏，不承担全损和共同海损等责任。习惯上只负责比集装箱当时价值低一些的一个固定限额（如80%），损害修理实际费用在这个限额之内，由集装箱租赁公司承担；如果超过此限额，则超出部分仍需要租箱人承担。

（五）租金及费用支付条款

租箱人应按时支付租箱合同中规定的各种费用及租金，这是自由使用集装箱和具有某些权利及减少责任的前提。如果租箱人不按时支付费用和租金，就会构成违约，集装箱租赁公司有权采取适当的行动直至收回集装箱。租箱合同的租金与费用支付条款主要包括下列内容。

（1）租期。租期一般理解为从交箱之日起到还箱之日止的一段时间。

（2）租金计算方式。租金按每箱每天计收。租用天数计算一般从交箱当日起算到集装箱租赁公司接受还箱之日为止。在超期还箱的情况下，超期天数按租箱合同规定的租金另行支付（通常比正常租金高一倍）。如租箱合同中订有提前终止的条款，租箱人支付提前终止费用（一般相当于5~7天的租金），租期到集装箱进入还箱堆场日为止。

（3）租金支付方式。一般租金支付方式有两种：按月支付和按季支付。租箱人应在收到租金支付通知单后，在规定时间内（一般为30天）支付。如延误则需按合同规定的费率加付利息。

（4）交箱与还箱手续费。租箱人应按租箱合同的规定支付交箱与还箱手续费，该费用主要用来抵偿因在堆场交箱与还箱所产生的费用（装卸车费、单证费等）。其数额由租箱合同规定，或按交箱与还箱所在堆场的费用确定。

（六）设备标志更改条款

租箱人可以在租赁的集装箱箱体外表贴上自己的标志。但未经集装箱租赁公司同意，不得更改原来的标志。在长期租赁情况下，集装箱租赁公司一般接受租箱人更改原有标志并加上自己标志的要求，但还箱时租箱人必须除去加上的标志，恢复原来的标志或承担恢复费用。

租箱合同中除上述条款外，一般还有其他租箱责任、义务、保险和转租等条款，这里不再一一说明。

对于各班轮公司及其他集装箱运输经营人来讲，租箱业务是较常见的业务。在租箱业务中，租箱人除应根据自己的需要租用合适类型的集装箱外，还应根据自己的实际情况，考虑各集装箱租赁公司的业务范围、信誉、费率和其他限制规定等，并根据各集装箱租赁公司的特点选择合适的公司订立租箱合同。

四、集装箱租箱量的计算与调整

（一）集装箱租箱量的计算

采用最大期望利润方法计算年度最低自备箱量、年长期租箱量和年短期租箱量。

（1）求年度用箱总量 U_t。

$$U_t = \sum_{i=1}^{12} M_i$$

式中，M_i——资料年月用箱量数据（TEU），$i=1,2,3,\cdots,12$。

（2）求年度最低自备箱量 U_S。

$$U_S = 12 M_{i(\min)}$$

式中，$M_{i(\min)}$——资料年最低月用箱量数据（TEU）。

（3）求年度租箱量 U_{YC}。

$$U_{YC} = U_t - U_S$$

（4）求年长期租箱量 U_{LC}。

先计算出航线实际配箱量，再将其折算成平均月应备箱量，然后根据下式求得 U_{LC}。

$$U_{LC} = \frac{1}{2}[U_{YC} + 12m - U_S - \sum_{i=1}^{12}|m - M_i|]$$

式中，m——平均月应备箱量（TEU），$m = U_t \div 12$。

（5）求年短期租箱量 U_{SC}。

$$U_{SC} = U_{YC} - U_{LC}$$

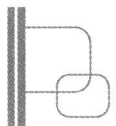

(6) 求集装箱船公司实际配箱量 U。

$$\sum U = [\sum_{i}^{m} S_i U \alpha_{发箱} + \sum_{R}^{N} U_{R\max} + \sum_{R}^{N} U_R P_{ep} + \sum_{R}^{N} U_R A_{cu}] \cdot \lambda \text{ (TEU)}$$

式中，$S_i U$——第 i 艘船的标准箱位数（TEU），$i=1,2,\cdots,m$，为船舶编号；

$\alpha_{发箱}$——航线上船舶的平均发航箱位利用率（%），一般取值 0.7；

$U_{R\max}$——第 R 挂靠港出口箱在一个班期所出口的最大标准箱数（TEU），$R=1,2,\cdots,N$，为挂靠港口编号；

$U_R R_{ep}$——第 R 挂靠港的平均修箱量（TEU）；

$U_R A_{cu}$——第 R 挂靠港的平均积压箱量（TEU）。

λ——富裕系数，一般取值 1.05～1.10。

① $\sum_{R}^{N} U_R R_{ep}$ 值的计算。

$$\sum_{R}^{N} U_R R_{ep} = \sum_{R}^{N-} U_R \cdot \beta R_{ep} \text{ (TEU)}$$

式中，$\sum_{R}^{N-} U_R$——各挂靠港平均出口标准箱量之和（TEU）；

βR_{ep}——在港修箱率（%），$\beta R_{ep} = \dfrac{\text{港口平均修箱量（TEU）}}{\text{港口平均存箱量（TEU）}} \times 100\%$。

② （$\sum_{R}^{N} U_{R\max} + \sum_{R}^{N} U_R A_{cu}$）值的计算。

$$\sum_{R}^{N} U_{R\max} + \sum_{R}^{N} U_R A_{cu} = \sum_{R}^{N} U_{R\max} \cdot \pi \text{ (TEU)}$$

式中，π——集装箱周转率（%），$\pi = \dfrac{\overline{t_{周箱}}}{\overline{t_{间}}} \times 100\%$ [$\overline{t_{周箱}}$ 表示箱子从进口卸箱、拆箱、装箱至再装船出口这个过程中所需要的时间；$\overline{t_{间}}$ 表示集装箱船舶平均抵港间隔时间（天）]。

（二）集装箱租箱量的调整

由于集装箱班轮航线上的货源一直在发生变化，集装箱班轮公司随时需要根据实际用箱量的增减来调整租箱量，以降低用箱成本，提高集装箱的利用率。

租箱量的调整可以通过航线集装箱平均总周转天数及月需求量的变化进行计算，方法如下。

（1）计算月需求量 M_U，航线上集装箱的月需求量可用下式求得

$$M_U = 30N / I$$

式中，M_U——航线集装箱月需求量（TEU）；

N——每套集装箱的数量（TEU），如船舶满载则为船舶载箱量；

I——发船间隔时间（天）。

将该公式进行变换，可得到发船间隔时间与月需求量之间的关系式如下

$$I = 30N / M_U$$

（2）确定航线实际配箱总量 Q 与航线集装箱平均总周转天数 T、月需求量 M_U 之间的函数关系。将上式代入航线集装箱配备量 Q 的计算公式可得

$$Q = S \cdot N = \frac{NT}{I} = \frac{NT}{30N} \cdot M_U = \frac{TM_U}{30}$$

（3）租箱量的调整方法。根据上式可归纳出租箱量的调整方法（见表 4-3）。其中第 5 种、第 6 种情况较为复杂一些，当集装箱周转率下降而需求量也下降时，集装箱班轮公司不必立即采取停租或退租集装箱的做法，而应针对不同的情况，分别以等待需求恢复及提高周转率的办法予以解决。

表 4-3 集装箱租箱量的调整方法

集装箱平均总周转情况	集装箱需求变化情况	航线集装箱需配备箱量	因果关系	调整办法
1. $T_1 = T$	$M_{U1} > M_U$	$Q_1 > Q$	需求上升，集装箱需备量增加	短期租箱
2. $T_2 = T$	$M_{U2} < M_U$	$Q_2 < Q$	需求下跌，集装箱需备量减少	退还租赁箱
3. $T_3 > T$	$M_{U3} = M_U$	$Q_3 > Q$	周转率下降，集装箱需备量增加	短期租箱
4. $T_4 < T$	$M_{U4} = M_U$	$Q_4 < Q$	周转率提高，集装箱需备量减少	退还租赁箱
5. $T_5 < T$	$M_{U5} < M_U$	$Q_5 < Q$	需求下跌，部分集装箱闲置	等待需求恢复
6. $T_6 < T$	$M_{U6} < M_U$	$Q_6 < Q$	周转率下降，月承运量也有所减少	提高周转率
7. $T_7 < T$	$M_{U7} > M_U$	$Q_7 = Q$	周转率提高，月承运量也有所提高	改善周转率或扩大货源

显而易见，在表 4-3 所列的各种租箱量的调整办法中，准确地预测航线集装箱月需求量至关重要。因此，集装箱班轮公司应积极开发利用先进的计算机技术，求助于科学的预测方法，为集装箱使用和管理效率的提高提供可靠的数据信息。

项目拓展

项目小结

本项目主要涉及集装箱箱务管理业务与集装箱租赁业务，重点对集装箱箱务管理业务——集装箱配备与调运、发放与交接、堆存与保管、租赁等进行了详细的阐述，并对集装箱配备量、集装箱租箱量等方面的计算及运用进行了说明。本项目的学习可以使学生利用项目知识办理集装箱箱务管理业务与集装箱的租赁业务。

```
集装箱箱务管理
├── 集装箱箱务管理业务
│   ├── 集装箱配备与调运管理
│   │   ├── 航线集装箱配备量的计算方法
│   │   ├── 船公司的置箱策略
│   │   └── 集装箱空箱调运及管理
│   │       ├── 空箱调运的原因
│   │       ├── 减少空箱调运的措施
│   │       └── 空箱调运管理
│   ├── 集装箱发放与交接
│   │   ├── 集装箱发放与交接的依据
│   │   ├── 交接责任的划分
│   │   ├── 交接规定
│   │   ├── 重箱交接
│   │   │   ├── 交接标准
│   │   │   ├── 出口重箱进场的交接
│   │   │   └── 进口重箱提箱出场的交接
│   │   └── 空箱交接
│   │       ├── 交接标准
│   │       └── 空箱的进场和出场交接
│   ├── 集装箱堆存与保管
│   │   ├── 重箱堆存与保管
│   │   └── 空箱堆存与保管
│   └── 集装箱灭失、损坏与逾期还箱
│       ├── 集装箱灭失、损坏的处理
│       └── 逾期还箱的处理
└── 集装箱租赁业务
    ├── 集装箱租赁及其优点
    │   ├── 集装箱租赁
    │   └── 集装箱租赁的优点
    ├── 集装箱租赁方式及其特点
    │   ├── 期租
    │   │   ├── 长期租赁
    │   │   └── 短期租赁
    │   ├── 程租
    │   │   ├── 单程租质
    │   │   └── 来回程租赁
    │   └── 灵活租赁
    ├── 集装箱租赁合同及主要条款
    └── 集装箱租箱量的计算与调整
        ├── 集装箱租箱量的计算
        └── 集装箱租箱量的调整
```

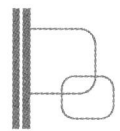

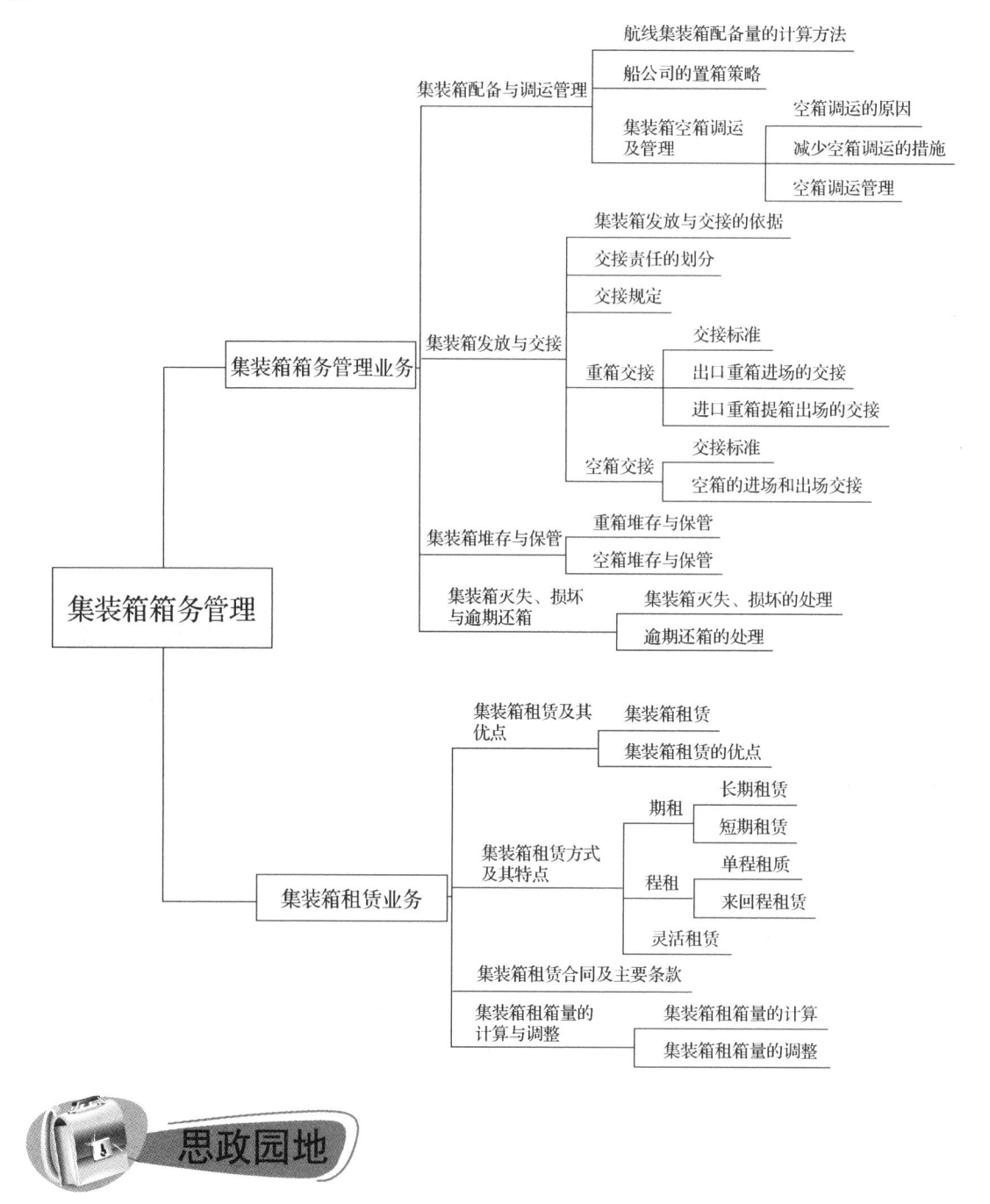

思政园地

中欧班列空箱状况明显改善，综合重箱率达 92%

2019 年 10 月 21 日，国家发展和改革委员会政策研究室主任、新闻发言人袁达指出，中欧班列开行 5 年多来，开行质量显著提升，空箱状况明显改善，综合重箱率达 92%。

在回答记者关于"中欧班列返程空箱"的提问时，袁达指出，中欧班列开行 5 年多来，国家发展和改革委员会不断加强统筹协调、强化顶层设计、谋划务实举措，积极推动中欧班列健康有序发展。在各方共同努力下，中欧班列已从初期培育走向成熟壮大、从纷争无

序走向竞争合作，成为沿线国家深化务实合作的重要载体。发展成效突出体现在以下3个方面。

一是开行规模持续扩大。共建"一带一路"倡议提出以来，中欧班列迅猛发展，开行规模年均增长达133%，累计开行1.82万列，运送货物近157万标准箱，连通亚欧大陆110多个城市，物流配送网络覆盖欧洲全境。其中，2018年，中欧班列开行6363列，提前实现2020年的规划目标。

二是开行质量显著提升。空箱状况明显改善，综合重箱率达92%。其中，去程班列基本都是重箱，回程班列从无到有，重箱率也超过了80%。运营环境显著好转，班列平均查验率降低了50%，通关时间也缩短了。

三是业务范围不断拓展。运输货物品类从原来的手机、电脑等IT产品，扩大到了服装、机电、粮食、酒类、木材等，整车进出口成为新的增长点。中欧班列运邮实现常态化。"门到门"运输、"班列超市"及特种运输等新型服务业态不断涌现，行业创新力显著增强。

袁达介绍，5年多来，中欧班列促进了沿线国家的互联互通和经济发展，为当地人民带来了实实在在的"获得感"，成为各国了解和参与共建"一带一路"倡议的直接路径和认同的明星品牌，被誉为"钢铁驼队"。

袁达指出，下一步，国家发展和改革委员会将会同各有关方面，按照推进"一带一路"倡议建设的总体部署，推动中欧班列提质增效工作向纵深发展，着力打造"方便快捷、安全高效、绿色环保"的国际运输通道。

一是构建高质量发展的长效机制，建立健全中欧班列高质量发展指标体系，进一步完善国际合作机制，加强政策沟通协调，强化安全、环保合作，不断提高通关便利化水平。

二是强化基础设施建设和运输调控，提高瓶颈环节的运输保障能力，推动通道能力与中欧班列快速增长的趋势相适应，保障运输顺畅，进一步提高运输效率。

三是提升数字化、信息化水平，推动运、贸、产结合，加强信息合作，创新服务模式，不断扩大服务市场，切实维护好、发展好中欧班列这个标志性品牌。

（资料来源：中国新闻网）

讨论思考：中欧班列运营如何构建良好长效机制？目前中欧班列运行的情况如何？

项目测试与训练

一、讨论分析题

1. 影响航线集装箱配备量的主要因素是什么？如何减少航线集装箱配备量？
2. 如何调运集装箱空箱？
3. 如何发放和交接集装箱？
4. 集装箱运输如何逾期还箱？
5. 租箱人在租箱业务中应注意哪些事项？

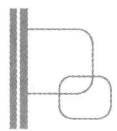

二、技能训练

1. 训练目的：通过训练使学生熟悉班轮公司的箱务管理业务。

2. 训练要求与操作准备：

（1）建议学生登录中海集装箱运输股份有限公司、中远集装箱运输公司等网站，了解班轮公司箱务管理的基本情况。

（2）组织学生到班轮公司实习，了解班轮公司箱务管理的程序。

（3）通过案例，让学生练习计算班轮公司在某航线上需配备的集装箱数量、年度租箱量、年长期租箱量和年短期租箱量。

（4）以小组为单位模拟某班轮公司箱务管理的业务操作，描述各环节的作业内容，以小组为单位提交成果报告。

3. 训练资料与设备准备：授课尽量安排在能使用互联网的多媒体教室；最好购置班轮公司箱务管理系统软件供学生在实验室局域网进行模拟实践。

（1）某集装箱班轮航线配置 3 艘载箱量为 3000TEU 的船舶。船舶往返航次时间为 30 天。集装箱内陆周转情况：在始发港 A，50%的集装箱在 10 天之内返抵港口待装船，30%的集装箱在 10～20 天内返抵港口待装船，20%的集装箱在 20～30 天内返抵港口待装船；在中途港卸（装）箱量为 4000TEU，中途港箱量系数为 1.2；在终点港 B，平均周转时间仅为 8 天。如船舶载箱量利用率为 85%，全程周转期内港口内陆修箱总量为 360TEU，不考虑特种箱量不平衡所需增加的集装箱数量，富裕系数取 1.05，试求该班轮公司在该航线上需配备的集装箱数量。

（2）某班轮公司预计下一年度每月用箱量如表 4-4 所示。

表 4-4 某班轮公司预计下一年度每月用箱量

月　份	1	2	3	4	5	6	7	8	9	10	11	12
月用箱量 （万 TEU）	7.2	8.1	8.5	6.0	6.6	7.7	8.3	8.0	7.6	7.3	7.8	8.1

试确定班轮公司年度租箱量、年长期租箱量和年短期租箱量。

三、自我训练

（一）单选题

1. 把货物装进集装箱内或从集装箱内取出，并对这些货物进行储存、防护和收发交接的作业场所称为（　　）。

　　A．调度场　　　　　　　　　　B．排列场
　　C．控制室　　　　　　　　　　D．货运站

2. 在租箱合同有效期内，租箱人可在集装箱租赁公司指定地点灵活地进行提箱与还箱的租赁方式为（　　）。

　　A．长期租赁　　　　　　　　　B．单程租赁
　　C．短期租赁　　　　　　　　　D．灵活租赁

3. 租期届满后，租箱人支付预先约定的转让费，将集装箱买下的租赁方式为（　　）。
   A．单程租赁　　　　　　　　　　B．实际使用期租赁
   C．长期租赁　　　　　　　　　　D．金融租赁
4. 用箱人及其相关业务方办理集装箱提箱（发箱）、交箱（还箱）、进场（港）、出场（港）等手续时必须凭箱管部门或其代理人签发的（　　）。
   A．订舱单　　　　　　　　　　　B．集装箱设备交接单
   C．场站收据　　　　　　　　　　D．装箱清单
5. 在集装箱租箱量调整中，当 $T_2=T$、$M_{U2}<M_U$、$Q_2<Q$ 时，需求下跌，集装箱需备量减少，则（　　）。
   A．等待需求恢复　　B．短期租箱　　C．退还租箱　　D．提高周转率

（二）多选题
1. 拼箱货是由集装箱货运站负责的工作，包括（　　）。
   A．配箱　　　　B．装箱　　　　C．掏箱　　　　D．卸货
2. 集装箱重箱交接的标准包括（　　）。
   A．箱体完好　　B．箱号清晰　　C．封志完整无误
   D．特种集装箱的机械、电气装置运转正常并符合进出口文件记载要求
3. 下列哪些交接方式由货主自行负责装箱？（　　）
   A．"门到门"交接　　　　　　　　B．"门到场"交接
   C．"场到门"交接　　　　　　　　D．"站到场"交接
4. 集装箱货运站的主要作业包括（　　）。
   A．装箱　　　　B．拆箱　　　　C．保管　　　　D．分类
5. 航线集装箱配备量与哪些因素有关？（　　）
   A．每套集装箱配备数量　　　　　B．航线集装箱平均总周转天数
   C．航线发船间隔时间　　　　　　D．特种箱往返航次不平衡所需增加箱数

参考答案

项目 5 集装箱货物装载及货运站业务管理

知识目标

1. 了解集装箱货物的分类、集装箱的选择及集装箱货物的交接方式。
2. 掌握集装箱货物的装箱要求。
3. 掌握集装箱货运站业务管理内容及操作流程。

能力目标

1. 能根据货物的种类选择集装箱。
2. 具有集装箱装箱或拆箱的基础操作能力,了解集装箱货运站的管理要求。

思政目标

1. 树立良好的职业道德,能够热爱本职工作,诚实守信。
2. 具有工匠精神,能够吃苦耐劳、恪尽职守、精益求精。
3. 熟练掌握专业技能,在货运站业务管理中发现问题、分析问题、解决问题,为企业降本增益。

引导案例及分析

茶叶串味案

2010 年,中国厦新进出口公司委托某对外贸易运输公司将 750 箱茶叶从大连港出口运往印度,该对外贸易运输公司又委托其下属 S 分公司代理出口。S 分公司接受委托后,向思捷达远洋运输公司申请舱位,思捷达远洋运输公司指派了箱号为 HTM-5005 等 3 个满载集装箱后签发了清洁提单,同时中国厦新进出口公司在中国人民保险公司处投保海上货物运输的战争险和一切险。货物运抵印度港口后,收货人拆箱发现部分茶叶串味变质,即向中国人民保险公司在印度的代理人申请查验,查验表明,250 箱茶叶被污染。查验货物时,船方的代表也在场。因此,中国人民保险公司在印度为代理人赔付了收货人的损失之后,向人民法院提起了诉讼。

引导思路

1. 请问在上述的茶叶串味事故中,责任人应该是谁?为什么?

2. 在集装箱装箱前要进行哪些准备工作?

分析借鉴

思捷达远洋运输公司应保持集装箱清洁、干燥、无残留物及前批货物留下的持久性气味;思捷达远洋运输公司应对茶叶的损失负责。S分公司作为装箱、铅封的收货人、代理人,应在装箱前检查箱体、保证集装箱适装。S分公司未尽到前述义务,主观上有过失,应承担货损责任。

Mission 任务 1 集装箱货物装载概述

任务导读

随着集装箱运输的发展及其优越性被人们所认识和承认,大量货物开始采用集装箱进行运输,这些货物种类繁多,在性质、包装形式、单件重量和体积等方面都有很大的差异。为了保证货运质量和运输安全,货物在集装箱内的堆装、系固、隔垫等工作是至关重要的。箱内积载、装箱不当常常造成货损和装卸机械、运输工具损坏,甚至造成人身伤亡。装箱技术与箱内装载货物的数量也会直接影响运输费用、运输质量和服务水平。

本任务介绍了集装箱货物,重点讲述了集装箱货物的装箱要求。

任务:你作为一名货代公司的新职员,在从事具体的集装箱运输业务前你对集装箱货物了解多少?查找相关资料,了解货物的特性并判断是否是适箱货物。

一、集装箱货物认知

集装箱运输的出现改变了传统件杂货运输的货运单位,从而有效地克服了传统方式所存在的各种不同的缺陷,但这并不意味着所有的货物都可以成为集装箱货物。这里所指的集装箱货物是指以集装箱为单元积载设备而投入运输的货物。通常适宜用集装箱装运的货物具有两个基本特点:一是能较好地利用集装箱载货重量和(或)载货容积;二是价格较高。

(一)集装箱货物的分类

对集装箱货物进行分类是为了反映和研究国民经济发展过程中各类货物使用运力情况,合理安排集装箱运输组织工作,合理使用各种不同的集装箱运输方式,消除和避免各种不合理运输,使运输能力得到有效、合理的利用,有计划、按比例地发展,充分满足国民经济各方面的运输需要,保证货物运输的安全和货物运输质量的提高。

1. 按货物性质分类

集装箱货物按货物性质可分为普通货物、典型货物、特殊货物。

普通货物也称为杂货,是指不需要特殊方法保管和装卸的货物。普通货物批量不大、品种较多。

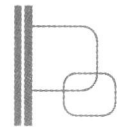

典型货物是指按货物性质和形态本身已包装的、需采用与该包装相适应的装载方法的货物。

特殊货物是指在货物形态上具有特殊性、运输时需要用特殊集装箱装载的货物。具体分类如图 5-1 所示。

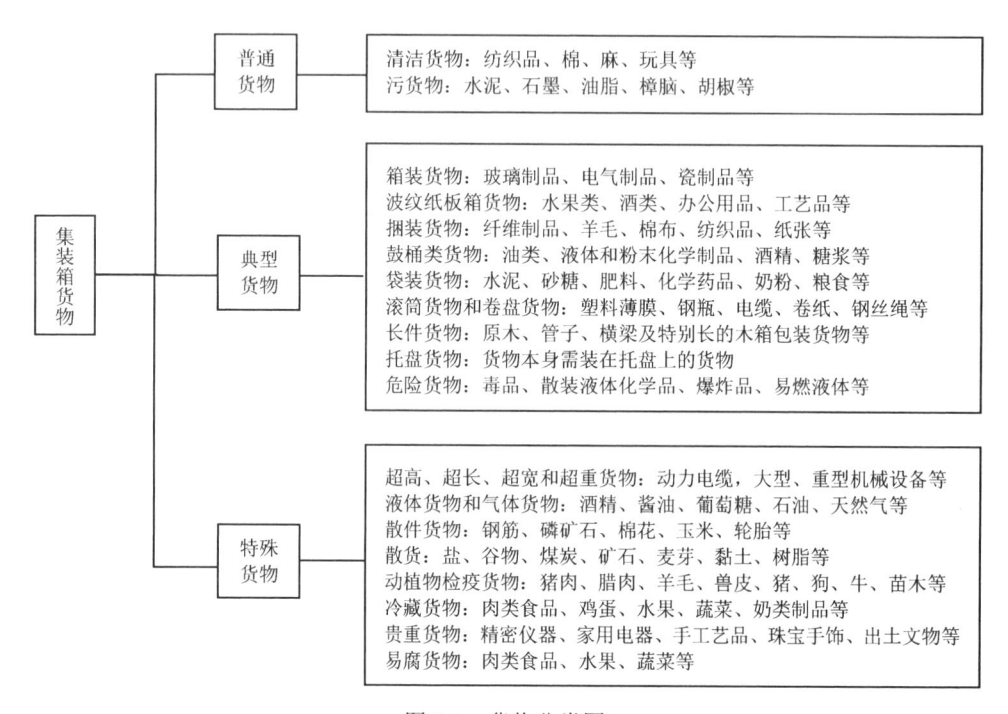

```
集装箱货物 ─┬─ 普通货物 ── 清洁货物：纺织品、棉、麻、玩具等
           │              污货物：水泥、石墨、油脂、樟脑、胡椒等
           │
           ├─ 典型货物 ── 箱装货物：玻璃制品、电气制品、瓷制品等
           │              波纹纸板箱货物：水果类、酒类、办公用品、工艺品等
           │              捆装货物：纤维制品、羊毛、棉布、纺织品、纸张等
           │              鼓桶类货物：油类、液体和粉末化学制品、酒类、糖浆等
           │              袋装货物：水泥、砂糖、肥料、化学药品、奶粉、粮食等
           │              滚筒货物和卷盘货物：塑料薄膜、钢瓶、电缆、卷纸、钢丝绳等
           │              长件货物：原木、管子、横梁及特别长的木箱包装货物等
           │              托盘货物：货物本身需装在托盘上的货物
           │              危险货物：毒品、散装液体化学品、爆炸品、易燃液体等
           │
           └─ 特殊货物 ── 超高、超长、超宽和超重货物：动力电缆、大型、重型机械设备等
                          液体货物和气体货物：酒精、酱油、葡萄糖、石油、天然气等
                          散件货物：钢筋、磷矿石、棉花、玉米、轮胎等
                          散货：盐、谷物、煤炭、矿石、麦芽、黏土、树脂等
                          动植物检疫货物：猪肉、腊肉、羊毛、兽皮、猪、狗、牛、苗木等
                          冷藏货物：肉类食品、鸡蛋、水果、蔬菜、奶类制品等
                          贵重货物：精密仪器、家用电器、手工艺品、珠宝首饰、出土文物等
                          易腐货物：肉类食品、水果、蔬菜等
```

图 5-1　货物分类图

2. 按货物是否适合装箱分类

（1）适合装箱货物：指这些货物的尺寸、容积与重量都适合装箱。这类货物通常具有装箱效率高、不易受损和被盗窃的特点。适宜装箱的货物有食品、医药品、纤维制品、家用电器、缝纫机、摩托车、机械、玩具、生皮、纸浆、木工制品、橡胶制品、电缆、金属制品等。

（2）不适合装箱货物：指从技术上看，这类货物的包装和装箱存在一定困难并且不经济，货物的性质、体积、重量、形状等使货物并不适合装箱。

（二）按货物种类选择集装箱

在选择集装箱时应按货物种类进行选择，具体如表 5-1 所示。

表 5-1　集装箱的选择

集装箱种类	货物种类
杂货集装箱	清洁货物、污货物、箱装货物、危险货物、滚筒货物、卷盘货物等
开顶集装箱	超高货物、超重货物、清洁货物、长件货物、易腐货物、污货物等
台架式集装箱	超高货物、超重货物、袋装货物、捆装货物、长件货物、箱装货物等
散货集装箱	散货、污货物、易腐货物等
平台集装箱	超重货物、超宽货物、长件货物、散件货物、托盘货物等

续表

集装箱种类	货物种类
通风集装箱	冷藏货物、动植物检疫货物、易腐货物、托盘货物等
动物集装箱	动植物检疫货物
罐式集装箱	液体货物、气体货物等
冷藏集装箱	冷藏货物、危险货物、污货物等

二、集装箱货流

采用集装箱运输货物时,一般先将分散的小批量货物预先在内陆集散点加以集中,组成大批量货物以后,通过内陆运输(铁路或公路运输)将其运到装船港,用船运到卸船港后,再通过内陆运输运到最终目的地(见图5-2)。

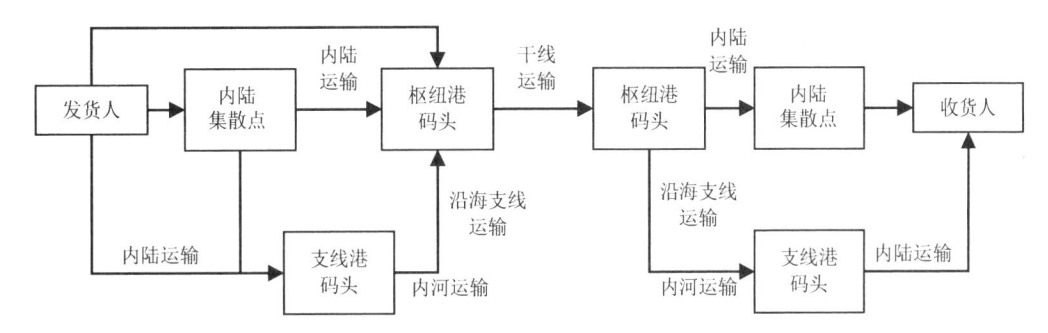

图 5-2 集装箱货流图

(一)集装箱货流的分类

集装箱货流按货物运量多少分为拼箱货流和整箱货流。

1. 拼箱货流

拼箱货是指装不满一整箱的小票货物。承运人分别揽收货物并将其集中在集装箱货运站或内陆站,而后将两票或两票以上的货物拼装在一个集装箱内,之后在目的地的集装箱货运站或内陆站拆箱分别交货。对于这种货物,承运人要负担装箱与拆箱作业,装箱与拆箱费用仍向货方收取。

(1)先用卡车或其他运载工具把货物从货主处装运到集装箱货运站进行拼箱,拼箱后,将集装箱运送到码头堆场交由集装箱船舶装船运输。集装箱船舶到达目的港后,卸下集装箱,并通过陆运工具或其他运载工具运送到货运站拆箱,再用卡车把货物运送给收货人。

拼箱货流的特点:货物批量小,而且货物来自不同起运地,待货物集中后,把不同票而到达同一目的地的货物拼装在同一个集装箱内,再通过各种运输方式把货物运送给收货人。

(2)拼箱货流转过程如下(见图5-3)。

① 发货人自己负责将货物运至集装箱货运站。
② 集装箱货运站负责配箱、装箱。
③ 集装箱货运站负责将装载货物的集装箱运送至集装箱码头堆场。
④ 根据堆场计划将集装箱暂存码头堆场,等待装船。
⑤ 根据装船计划将集装箱装船。

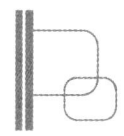

⑥ 通过水上运输将集装箱运到卸船港。
⑦ 根据卸船计划从船上卸下集装箱。
⑧ 根据堆场计划将集装箱暂存码头堆场。
⑨ 将集装箱运送至货运站。
⑩ 集装箱货运站掏箱交货并将空箱回运。

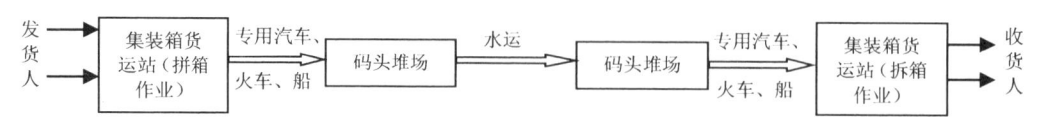

发货人 → 集装箱货运站（拼箱作业） —专用汽车、火车、船→ 码头堆场 —水运→ 码头堆场 —专用汽车、火车、船→ 集装箱货运站（拆箱作业） → 收货人

图 5-3 拼箱货流图

2. 整箱货流

整箱货是指由发货人负责装箱、计数、填写装箱单，并由海关加铅封的货。整箱货通常只有一个发货人和收货人。整箱货的拆箱一般由收货人办理，也可以委托承运人在货运站拆箱，但承运人不负责箱内的货损、货差。除非货方举证确属承运人责任事故的损坏，承运人才负责赔偿。整箱货以箱为交接单位。只要集装箱外表与收箱时相似且铅封完整，承运人就完成了承运责任。整箱货提运单上要加上"委托人装箱、计数并加铅封"的条款。

（1）整箱货物运输是指将货物直接从发货人处（如发货人的仓库）装箱、验关（出口），并在集装箱上加铅封后，经过各种运输方式，直接送达目的地的收货人处，再行开箱、验关（进口）。

整箱货流的特点：货物批量大，全部货物均属于一个收货人，目的地一致。货物从发货人处装箱后一直到收货人拆箱为止，一票到底。

（2）整箱货流转过程如下（见图 5-4）。
① 发货人在自己的工厂或仓库等装箱地点配置集装箱。
② 发货人在自己的工厂或仓库等装箱地点装箱。
③ 通过内陆或内河运输将集装箱运至集装箱码头堆场。
④ 在集装箱码头堆场办理交接，根据堆场计划在码头堆场内暂存集装箱，等待装船。
⑤ 根据装船计划将集装箱装船。
⑥ 通过水上运输将集装箱运到卸船港。
⑦ 根据卸船计划从船上卸下集装箱。
⑧ 根据堆场计划将集装箱暂存码头堆场。
⑨ 通过内陆运输或内河运输将集装箱运至收货人的工厂或仓库。
⑩ 收货人在自己的工厂或仓库等掏箱地点掏箱，并将空箱回运。

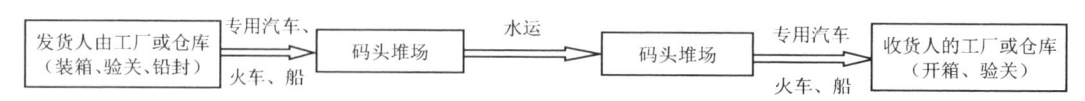

发货人由工厂或仓库（装箱、验关、铅封） —专用汽车、火车、船→ 码头堆场 —水运→ 码头堆场 —专用汽车、火车、船→ 收货人的工厂或仓库（开箱、验关）

图 5-4 整箱货流图

（二）集装箱货流对物流活动的影响

1. 货流重新整合，运输方式的分工更加明确

集装箱化运输可以使原有货流按照集装箱装载与运输的要求重新进行分解与整合。

在大规模实行集装箱运输之前，公路、铁路、水路等多种运输方式之间的联系并不密切，分工也不明确。在大规模实行集装箱运输后，各种运输方式之间互有分工且协作密切，发挥了各自的优势。

2. 各种运输方式的运输能力及运输效率有了显著提高

实行集装箱运输前，铁路运输在进行换装作业和调车作业时所需时间较长、费用高、工作效率低。实行集装箱运输后，内地仓库与集装箱码头间采用了固定编组的专用列车，免除了在枢纽站和铁路中间站内调车作业和换装作业的时间，明显提高了铁路车辆的周转率。

3. 公路与铁路运输合理运输距离的分界点有所改变

根据国外资料，英国的公路与铁路运输合理运输距离的分界点为 160km，日本为 400km，我国为 200km。公路集装箱运输具有较大优势，主要表现在可满足直达运送的要求，并且运输周期短。

随着集装箱运输的兴起与发展，集装箱货物的集散由物流中心来完成。在物流中心专门设置了集装箱综合转运站，从而实现了水运、铁运、汽运的双向转换，也可实现三者之间的转换，从而使物流节点进一步集约化。

4. 运输装卸效率及货物的安全性有了明显提高

因为集装箱运输是一种封闭式的运输，所以集装箱货流相对稳定、安全，货物不易损坏，可防止货损货差和中途被盗；集装箱货物装卸机械化效率高、手续简化；可以采用多种运输方式联运，运输速度快。

集装箱化运输前后的对比如图 5-5 所示。

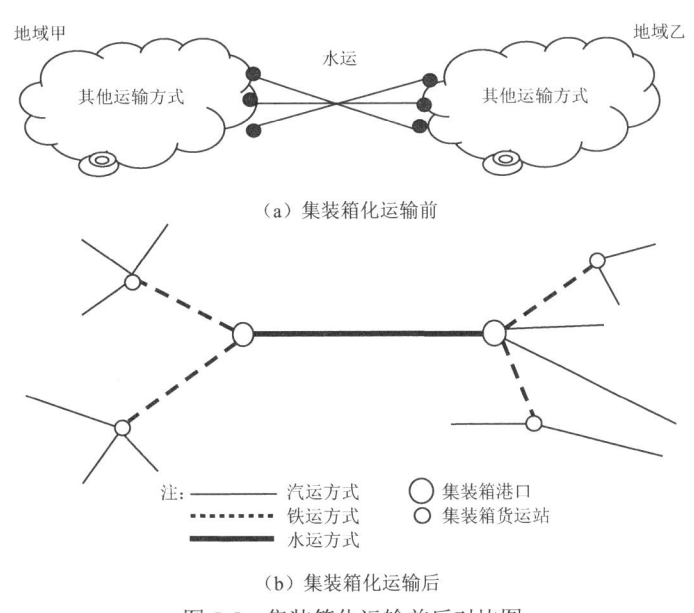

图 5-5 集装箱化运输前后对比图

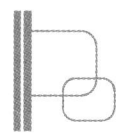

（三）集装箱货流的组织形式

根据拼箱货流和整箱货流两种货流形态，集装箱货流的组织形式有以下4种：

（1）拼箱货装，整箱货拆；

（2）拼箱货装，拼箱货拆；

（3）整箱货装，整箱货拆；

（4）整箱货装，拼箱货拆。

第一种是几个发货人发货给同一个收货人，即装货时是拼箱货集装箱，交货时是整箱货集装箱。第二种是不同的发货人发货给不同的收货人，即装货时是拼箱货集装箱，交货时也是拼箱货集装箱。第三种是一个发货人发货给一个收货人，即装货时是整箱货集装箱，交货时也是整箱货集装箱。第四种是一个发货人发货给几个收货人，即装货时是整箱货集装箱，交货时是拼箱货集装箱。

三、集装箱货物的交接

（一）交接地点

1. 集装箱码头堆场

交接的货物为整箱货。在发货港集装箱码头堆场交接意味着发货人自行负责装箱及集装箱到发货港集装箱码头堆场的运输。在卸货港集装箱码头堆场交接意味着收货人自行负责集装箱到最终目的地的运输和拆箱。

2. 集装箱货运站

交接的货物为拼箱货。在起运地集装箱货运站交接意味着发货人自行负责将货物运送到集装箱货运站。在到达地集装箱货运站交接意味着收货人自行到集装箱货运站提取货物，并负责提货后的事宜。

3. 发货人或收货人的工厂或仓库

在发货人或收货人的工厂或仓库交接的货物为整箱货。一般意味着发货人或收货人自行负责装箱或拆箱。

（二）交接方式

1. "门到门"交接方式（FCL-FCL）

发货人把空箱拉到自己的工厂或仓库装箱后，由海关在工厂或仓库内加封验收，运输经营人在发货人工厂或仓库整箱接货，然后把重箱运到集装箱码头堆场，等待装船；到达卸货港后，由运输经营人负责把重箱运到收货人的工厂或仓库整箱交货，收货人在其工厂或仓库整箱接货。在"门到门"交接方式下，运输经营人一般以整箱形态交接货物并负责全程运输。

2. "门到场"交接方式（FCL-FCL）

发货人负责装箱并在其工厂或仓库整箱交货，运输经营人在发货人工厂或仓库整箱接货，并负责运抵卸货港，在集装箱码头堆场整箱交货；收货人负责在卸货港集装箱码头堆场整箱提货。在这种交接方式下，运输经营人以整箱形态交接货物，且不负责交货后的内陆运输。

3. "门到站"交接方式（FCL-LCL）

发货人负责装箱并在其工厂或仓库整箱交货，运输经营人在发货人工厂或仓库整箱接货，并负责运抵卸货港集装箱货运站，经拆箱后按件向各收货人交付。在这种交接方式下，运输经营人一般以整箱形态接收货物，以拼箱形态交付货物。

4. "场到门"交接方式（FCL-FCL）

发货人负责装箱并运至装货港集装箱码头堆场整箱交货，运输经营人在装货港集装箱码头堆场整箱接货，并负责运抵收货人工厂或仓库整箱交货；收货人在其工厂或仓库整箱接货。在这种交接方式下，运输经营人一般以整箱形态交接货物。

5. "场到场"交接方式（FCL-FCL）

发货人负责装箱并运抵装货港集装箱码头堆场整箱交货，运输经营人在装货港集装箱码头堆场整箱接货，并负责运抵卸货港集装箱码头堆场整箱交货；收货人负责在卸货港集装箱码头堆场整箱接货。在这种交接方式下，运输经营人一般以整箱形态交接货物，且不负责内陆运输。

6. "场到站"交接方式（FCL-LCL）

发货人负责装箱并运抵装货港集装箱码头堆场整箱交货，运输经营人在装货港集装箱码头堆场整箱接货，并负责运抵卸货港集装箱货运站或内陆货运站拆箱按件交货；收货人负责在卸货港集装箱货运站按件接货。在这种交接方式下，运输经营人一般以整箱形态接收货物，以拼箱形态交付货物。

7. "站到站"交接方式（LCL-LCL）

发货人负责将货物运抵装货港集装箱货运站按件交货，运输经营人在装货港集装箱货运站按件接货并装箱，负责运抵卸货港集装箱货运站拆箱后按件交货；收货人负责在卸货港集装箱货运站按件接货。在这种交接方式下，运输经营人一般以拼箱形态交接货物。

8. "站到场"交接方式（LCL-FCL）

发货人负责将货物运抵装货港集装箱货运站按件交货，运输经营人在装货港集装箱货运站按件接货并装箱，负责运抵卸货港集装箱码头堆场整箱交货；收货人负责在卸货港集装箱码头堆场整箱接货。在这种交接方式下，运输经营人一般以拼箱形态接收货物，以整箱形态交付货物。

9. "站到门"交接方式（LCL-FCL）

发货人负责将货物运抵装货港集装箱货运站按件交货，运输经营人在装货港集装箱货运站按件接货并装箱，负责运抵收货人工厂或仓库整箱交货；收货人在其工厂或仓库整箱接货。在这种交接方式下，运输经营人一般以拼箱形态接收货物，以整箱形态交付货物。

集装箱的交接方式与责任

四、集装箱货物的装载

随着集装箱运输的发展及其优越性被人们所认识和承认，大量货物开始采用集装箱进行运输，这些货物种类繁多，在性质、包装形式、单件重量和体积等方面都有很大差异。

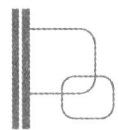

为了保证货运质量和运输安全,货物在集装箱内的堆装、系固、隔垫等工作至关重要。箱内积载、装箱不当常常造成货损和装卸机械、运输工具损坏,甚至造成人身伤亡。

(一)集装箱选择和检查

目前,投入国际运输使用的集装箱有很多种,各种集装箱又有多种规格尺度。在货物装箱前,针对所运货物的实际情况、运输要求、运输线路和港口、内陆场站条件及经济合理等因素选择合适的集装箱,对保证运输质量、提高运输效率、减少运输时间、降低运输成本具有重要意义。

1. 集装箱的选择

在选择集装箱时,应考虑下述因素。

(1)货物特性对集装箱有无特殊要求。

(2)装载量、运输线路及其通过能力。

选择装载量与货物相适应的箱型,目的在于使集装箱装载量得到充分利用。集装箱的最大装载量等于总重量减去自重。从装卸运输的安全性、集装箱本身及装载机械设备的负荷等方面考虑,集装箱实际装载量不能超过规定的总重量。

根据运输道路及其通过能力和有关规定选择相应的运输线路或选择与其相适应的箱型。要了解集装箱运输经过的道路、桥梁、隧道的通过规定,防止运输途中出现问题。

(3)货物密度与集装箱的容重应相适应。

货物密度是指货物单位容积的重量,其计算公式如下:

$$某货物的货物密度=该批货物的单位质量/该批货物的单位体积$$

集装箱的容重是指集装箱单位容积的重量,是集装箱的最大载货重量与集装箱的容积之比,其计算公式如下:

$$某集装箱的容重=该集装箱的最大载货重量/该集装箱的容积$$

在实际运输中,货物装入集装箱时,货物与货物之间、货物与集装箱内衬板之间、货物与集装箱箱顶板之间都会产生无法利用的空隙(称为弃位),为此在计算集装箱的容重时,应从其标定的容积中减去弃位空间。故此,在实际中,在比较集装箱的容重与货物密度时,上式集装箱的容重应修订如下:

$$某集装箱的容重=该集装箱的最大载货重量/该集装箱的容积-集装箱弃位$$
$$或=该集装箱的最大载货重量/该集装箱的容积×箱容利用率$$

其中,集装箱的最大载货重量是指集装箱的总重量减去集装箱的自重,集装箱的总重量绝对不能超过其标注的最大总重量[如国际标准化组织标准中规定6.1m(20ft)集装箱为24 000kg,12.2m(40ft)集装箱为30 480kg]。

为使集装箱的容积和载重量得到充分利用,在选择集装箱时应选择单位容重与货物密度相接近的集装箱。

2. 集装箱需用量的确定

集装箱需用量的确定要以充分利用其容积为原则,一般分两种情况来考虑。

(1)对于单位体积相同的货物,可先计算单位集装箱最大可能装载量,然后再推算集装箱的需用量。计算公式如下:

$$某货物的单位集装箱最大可能装载量 = \frac{所选用的集装箱容积 - 该箱弃位}{单位货物体积} \times 单位货物重量$$

$$= \frac{所选用的集装箱容积 \times 该箱箱容利用率}{单位货物体积} \times 单位货物重量$$

如果计算出的某货物的单位集装箱最大可能装载量大于该集装箱的最大载货重量，则按集装箱的最大载货重量来计算该货物的集装箱需用量，其计算公式如下：

某货物的集装箱需用量=该批货物总重量/单位集装箱最大载货重量

如果计算出的某货物的单位集装箱最大可能装载量小于该集装箱的最大载货重量，则按该货物的单位集装箱最大可能装载量来计算该货物的集装箱需用量，其计算公式如下：

某货物的集装箱需用量=该批货物总重量/某货物的单位集装箱最大可能装载量

上述对集装箱需用量的计算只是一种估算，在实际装载中，计算大宗货物的集装箱需用量时可能有出入。

（2）对于单位体积不同的货物及需要拼箱的货物，装箱前可先在装箱图上进行规划。规划时，应尽量使集装箱的装载量和容积都得到充分利用，并将轻、重货物进行合理搭配与堆放，以免发生货损。

3. 集装箱的检查

集装箱如果有缺陷轻则导致货损，重则在运输、装卸过程中发生箱毁人亡事故。因此，集装箱必须经过严格检查，包括外部、内部、箱门、清洁状况、附属件及设备等检查。对集装箱的检查是货物安全运输的基本条件之一。

通常货主或货运部门（用箱人）和承运人（供箱人）在空箱交接时，共同对集装箱进行必要检查，以确保该集装箱处于良好状态，并在设备交接单上明确集装箱交接时的状态。

对集装箱的检查包括以下内容。

（1）集装箱的外部检查。对集装箱外部的检查，主要是检查集装箱的4个角柱、6个壁、8个角外表有无损伤。发现有弯曲、凹痕、擦伤等痕迹时，应在其损伤周围进行仔细检查，同时对该损伤处的内侧也进行检查。板壁凹损应不大于30mm，任何部件凸损不得超过角配件外端面。对于修理过的地方也要进行检查。有时铆钉松动和断裂、箱顶部分有气孔等容易导致货物湿损。

（2）集装箱的内部检查。可将集装箱关闭后，在其内部察看有无漏光现象，以确认是否存在破孔。也可根据内衬板上有无水湿痕迹判断其有无破孔现象。对集装箱的内表面进行检查时，应注意检查其有无凸出物，以免对货物造成伤害。

（3）箱门与附件的检查。对箱门的检查，主要检查其门锁装置是否处于正常状态，以及箱门周围的风雨密是否完整。对集装箱附件的检查，主要检查固定货物用的环、眼的安装状态，开顶集装箱专用布篷有无破损，板架集装箱上的侧立柱、通风集装箱和冷藏集装箱的通风孔、闭锁装置和排水阀是否处于正常状态。

（4）清洁检查。在集装箱使用前，除检查其有无破损情况外，还应对集装箱进行必要的清洁检查，主要包括集装箱内有无残留物、污染物、锈蚀、污渍、异味、水湿等。若这些方面不符合要求，应对集装箱重新进行清扫、洗箱工作，甚至可以提出调换集装箱的要求。

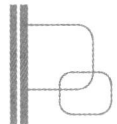

(二)集装箱货物装载的一般要求

可用集装箱装载的货物千差万别,装载的要求也各不相同,但一般应满足下述要求。

1. 重量的合理分配

根据货物的体积、重量、性质及外包装的强度进行分类,把外包装坚固、重量较重的货物装在下面,外包装较为脆弱、重量较轻的货物装在上面,装载时要使货物的重量在箱底均匀分布,否则有可能造成箱底脱落或底梁弯曲。如果整个集装箱的重心发生偏移,当用抓具起吊时,有可能使集装箱发生倾斜。此外,还会造成运输车辆前后轮重量分布不均。

2. 货物的必要衬垫

装载货物时,要根据外包装的强度来决定是否对其进行必要的衬垫。

对于外包装脆弱的货物、易碎货物应夹衬缓冲材料,防止货物相互碰撞挤压。为填补货物之间和货物与集装箱侧壁之间的空隙,有必要在货物之间插入垫板、覆盖物之类的隔货材料。

要注意对货物下端进行必要的衬垫,使重量均匀分布。

对于出口集装箱货物,若其衬垫材料属于植物检疫对象,则箱底应改用非植物检疫对象材料。

3. 货物的合理固定

货物在装箱后,一般会产生空隙,因此必须对箱内货物进行固定处理,以防止在运输途中,尤其是在海上运输途中由于船体摇摆而使货物倒塌与破损。货物的固定方法主要有以下几种。

(1)支撑,用方形木条等支柱使货物固定。

(2)塞紧,货物与集装箱侧壁之间用方形木条等支柱在水平方向加以固定,货物之间插入填塞物、缓冲垫、楔子等防止货物移动。

(3)系紧,用绳索、带子等索具或网具等捆绑货物。

由于集装箱的侧壁、端壁、门板处的强度较弱,在集装箱内对货物进行固定作业时要注意支撑和塞紧的方法,不要直接撑在这些地方,应设法使支柱撑在集装箱的主要构件上。此外,也可将衬垫材料、扁平木材等制成栅栏来固定货物。

此外,绑扎固定对缓冲运输途中产生的冲击和振动也具有明显效果。

随着新型缓冲衬垫材料的不断出现,货物的固定与衬垫方法也将发生明显变化。

4. 货物合理混装

货物混装时,要避免相互污染或引起事故。

(1)干湿货物的混装。液体货物或有水分的货物在与干燥货物混装时,如果货物出现泄漏渗出液汁或因结露产生水滴,就有可能引起干燥货物湿损、污染、腐败等事故,因此要尽可能避免干湿货物的混装。当然,如果液体货物或有水分的货物装在坚固的容器内,或装在下层,也可以考虑混装。

(2)尽可能不与恶(强)臭货物或气味强烈的货物混装,如肥料、鱼粉、兽皮等恶臭货物,以及胡椒、樟脑等强臭货物不得与茶叶、咖啡、烟草等香味品或具有吸臭性的食品混装。对于与这些恶（强）臭货物混装的其他货物也应采取必要措施，有效阻隔气味。

（3）尽可能不与粉末类货物混装。例如，水泥、肥料、石墨等粉末类的货物与清洁货物不得混装。

（4）危险货物之间不得混装。危险货物相互混装，容易引起火灾、爆炸等重大灾害。

（5）包装不同的货物要分别装载。木质包装的货物不要与纸质包装或袋包装的货物混装，防止包装破损。

（三）集装箱货物的装箱要求

1. 普通货物的装箱要求

（1）不同包装的件杂货混装在同一集装箱内时，应根据货物的性质、重量、外包装的强度等将货物区分开。将包装牢固的货物、重件货物装在集装箱底部，包装不牢的货物、轻件货物则装在集装箱上部。

（2）货物在集装箱内的重量分布应均匀稳定，做好绑扎、衬垫。如果集装箱某一部位装载的货物过重，货物在集装箱里的移动可能会使集装箱底部结构、侧板发生弯曲或破损。在进行装卸作业时，集装箱会发生倾斜，致使作业不能进行。此外，在海上或陆上运输时，货物的移动有可能造成安全事故。绑扎、衬垫的质量是货物安全运输的必要前提。

（3）在进行货物堆码时，应根据货物包装强度决定集装箱的堆码层数。另外，为使底层货物不致被压坏，应在集装箱堆垛之间垫入缓冲材料。

（4）货物与货物之间也应加隔板或隔垫材料，避免货物之间相互擦伤、沾湿或污损。

（5）货物的装载要严密整齐，货物之间不应留有空隙。这样不仅可充分利用箱内容积，还可防止货物相互碰撞造成损坏。

（6）装箱完毕，关箱前应采取系固措施，防止箱口附近货物的倒塌。如果没有对箱口附近的货物采取系固措施，那么在目的地拆箱时可能会发生货物倒塌，造成货物损坏或人员伤亡。

（7）使用清洁、干燥的衬垫材料（胶合板、草席、缓冲器材、隔垫板等）。

（8）根据货物的不同种类、性质、包装，选用不同规格的集装箱。选用的集装箱应符合国际标准，同时须经过严格的检查，并具有检查部门颁发的合格证书。

2. 超尺度货物的装箱要求

所谓超尺度货物是指装箱货物的尺度超出了国际标准集装箱的尺寸。能装载超尺度货物的集装箱一般指的是那些不全固定封闭的集装箱，如开顶箱、框架箱等。集装箱的箱格结构和装箱机械设备是根据集装箱标准来设计的，因此如果货物的尺度超过了这一标准规格，无论对于集装箱船舶的积载还是对于集装箱的装卸作业，都会造成一定的困难。超尺度货物一般包括超高货物和超长、超宽货物。

（1）超高货物。

通常 20ft 集装箱和 40ft 集装箱的内高为 2393mm 左右，如货物超过这一高度，则属于超高货物。超高货物的装载运输给内陆运输、车站、码头、装卸机械设备、船舶装载等带来许多问题，受影响较大的是集装箱船舶的积载和集装箱的装卸作业。因为集装箱码头堆场和车站使用的装卸机械设备，如桥吊、跨运车、龙门吊等都是按标准集装箱设计的，没

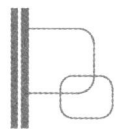

有考虑超高货物的特殊情况，所以装卸机械设备无法装卸超高较严重的集装箱。如果要对超高货物进行装卸，就必须在装卸机械设备上临时安装一定的附属工具才能进行。另外，超高货物还会影响集装箱船舶积载，如果货物高度超过顶侧梁最上端所在平面时，该箱上面不能再积载任何集装箱。如果重量较轻，且在舱内积载时超高尺度距舱盖有安全距离时，可以放在最上面一层；如果重量较重，且在舱内积载时超高尺度距舱盖不足安全距离时，必须放在较下层时，此时会造成亏舱。集装箱船舶的设计高度一般以 8ft6in 为标准，而 IC 型集装箱通常的高度为 8ft，因此在舱内装载 8ft 的集装箱时，舱内垂直方向将留有一定的空隙。

（2）超长、超宽货物。

集装箱运输不允许货物在横向、纵向有突出的距离。超长、超宽货物受集装箱船舶箱格结构和集装箱箱位之间距离的限制，不能在船舱内积载。在甲板上积载时，超长、超宽货物尽量积载在上层，减少占用的舱位，以降低海运费和减少亏舱，同时在超长、超宽的方向相邻的位置上不能再积载集装箱。在陆上运输时，关于超宽的限制不如超高那么严格。关于超宽的限制根据所使用的机械设备种类而定，如跨运车，一般每边超宽 10cm 以内的集装箱可从底盘车卸下；但如果超过了 10cm，跨运车就无法作业。

3. 液体货物的装箱要求

散装的液体货物可以利用罐式集装箱运输，这样可以节约大量的包装费用和装卸费用。采用罐式集装箱运输液体货物时应注意以下几点。

（1）罐式集装箱本身的机构、性能、箱内面的涂料是否满足货物的运输要求。

（2）查明集装箱的容量与所允许载重量的比例和货物比重是否接近一致，在货物比重较大且只装载半罐的情况下，装卸和运输过程中有损罐的风险。

（3）查明排罐地是否具有必要的设备，这些设备是否适用于集装箱的阀门等，并检查安全阀是否有效。

（4）了解液体货物的特性，在运输和装卸过程中是否需要加温，以及装卸地是否具有蒸汽源和电源。

4. 冷藏货物的装箱要求

冷藏集装箱所装载的货物可分为冷却货物和冷冻货物两种。前者是指一般选定不结冻的温度，或是货物表面有轻微结冻的温度，其温度为-10℃～1℃。冷却货物的目的是维持货物的呼吸和防止箱内"出汗"，如一些新鲜的蔬菜、水果。后者是指将货物冷冻起来运输，其温度通常为-20℃～-10℃，如肉类、鱼类等。

对冷藏货物在运输途中应保持的温度，在托运时办理的相关单证上都应注明，承运人在运输过程中应严格尽保管、照料之责，保证温度在所要求的范围之内。双方都应保管好有关该票货物所需要的文件，以便发生纠纷后就温度问题引起的争执有据可依。

在冷藏货物装箱前，应对集装箱和货物进行检查，需特别注意以下事项。

（1）检查冷冻装置的启动、运转、停止是否正常，同时做好装箱前的预冷工作。

（2）检查通风孔的开、关状态，冷冻机的排水管是否堵塞，集装箱本身的气密性，冷藏货物是否达到规定的温度等。

（3）装箱时，应注意货物不要堵塞冷气通道，天棚部分留有一定间隙。

（4）装卸期间，冷冻装置应停止运转。

5. 动植物货物的装箱要求

动植物货物一般指的是牛、马、羊、猪及其经过屠宰后的皮、毛、肉等。运输该类货物的集装箱有两种，一种是非密闭性的，另一种是密闭性的。装箱时应根据具体动植物的情况，注意集装箱的适货性，装箱时的环境，货物所需的备料，活动物的饲料、饲养槽、水槽，货物的装箱量等情况。

动植物的检疫应根据出口国的规定进行。同时，一些国家规定动植物的进口一定要经过检疫人员的检查，并得到许可才能进口；如果没有得到许可，则会强制处理，如杀死、烧毁等。

6. 散货的装箱要求

用集装箱运输散货可节省包装费用和装卸费用。散货集装箱主要用于装载运输小麦、麦芽、大米、树脂、铅粉、矿砂、矿石等货物。

装载散货集装箱的注意事项如下。

（1）运输散装的化学制品时，首先要判明其是否属于危险货物。

（2）在选定装载散货的集装箱时，必须考虑装货地点和卸货地点的装载和卸载的设备条件。

（3）对于单向的散货运输，其回程如果装载其他杂货，一般在箱内需衬垫塑料袋，使散货与箱体隔开。塑料袋的两端呈框架型，不用时可把中间的塑料薄膜折起来，使用时可方便地拉开。也有的像普通散货集装箱那样，把装货口设在箱顶上，出货口设在门端的衬袋。

（4）在运输谷物、饲料等散货时，应注意该货物是否有熏蒸要求。因此，在装货前应查阅进口国的动植物检疫规则，对需要进行熏蒸的货物应选用有熏蒸设备的集装箱装运。同时，为了防止水湿而损坏货物，应选用有箱顶内衬板的集装箱装运。

（5）在装载容易飞扬的粉状散货时，应采取措施进行围圈作业。

7. 危险货物的装箱要求

危险货物的物理特性、化学特性与普通货物不一样，在运输安全方面提出了更高的要求，所以危险货物的装箱要求也相对较高。

（1）不符合包装要求的危险货物，或已有破损、渗漏情况的不得装入箱内。

（2）危险货物的任何部分不得凸出集装箱，装箱后箱门应完全封闭。

（3）不应将危险货物与不相容的货物装在同一集装箱内，特殊情况必须由主管当局同意并根据《国际海运危险货物规则》的隔离要求进行隔离。

（4）危险货物只有按规定包装后才能装载集装箱运输；某些干燥的散装危险货物，可装在该种货物运输的特种集装箱内。

（5）液体货物和非冷藏压缩气体的装载应得到主管部门的批准。

（6）箱内货物和其他任何物质的包件必须固定。

（7）当一票危险货物只构成集装箱内所装货物的一部分时，最好将其装载在箱门附近。

（8）托运人应在货物托运单上或单独的申报单上保证所托运的货物已正确申报货名、加以包装、做出标志，并具有适运的条件。

（9）负责将危险货物装入集装箱内的工作人员，应提交集装箱装运危险货物装箱证明书，以证实危险货物已正确装箱并符合相关规定。

（10）装有危险货物的集装箱，应在箱体外表贴有规格不小于 2500mm×2500mm 的《国

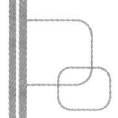

际海运危险货物规则》类别标牌，至少有 4 副这种标牌，并将其贴在箱体的前、后、左、右面醒目的位置。集装箱一经确认无危险性，所有危险标志应立即从箱体上除去。装载危险货物的集装箱卸空后，应采取措施保证集装箱没有污染，使集装箱不具有危险性。

Mission 任务 2　集装箱货运站业务管理概述

任务导读

集装箱货运站是指把货物装进集装箱内或从集装箱内取出，并对这些货物进行储存、防护、收发和交接的作业场所。各种类型的集装箱运输经营人经常委托集装箱货运站为自己交付货物。有些集装箱货运站除具备上述功能外，还具备集装箱修理、清扫等服务性功能。

本任务将介绍集装箱货运站的类型及其基本设施，重点讲述集装箱货运站业务管理内容。

任务： 你作为一名货代公司的新职员，在从事具体的集装箱运输业务前你对集装箱货运站业务了解了多少？完成一份集装箱货运站现场作业的视频。

一、集装箱货运站的类型及其基本设施

（一）集装箱货运站的类型

1. 根据设置地点分类

（1）码头货运站。码头货运站设在码头内或码头附近，它是集装箱码头的有机组成部分，其所处的位置、业务内容与隶属关系都与集装箱码头有着紧密的联系。

码头货运站除要有完整的仓库、配备拆装箱和堆码用的装卸及搬运设备外，还要有一定面积的拆箱区，以堆放所需拆箱的集装箱及方便提货车辆的进出。

在二十世纪七八十年代，集装箱货运站主要设在集装箱码头内，在堆场的一角或与堆场并排。多年实践发现这种设在码头内的集装箱货运站对集装箱码头堆场的整箱货的作业会产生一定的负面影响。从 20 世纪 80 年代后期开始，国内大多数集装箱码头均将货运站设置在集装箱码头之外、距集装箱码头较近的地方。从业务内容上看，它没有任何改变，但与之前相比，它避免了与集装箱堆场作业之间的相互干扰，从而促进了集装箱运输的发展。

（2）内陆货运站。内陆货运站设在内陆经济腹地的主要城市及外贸进出口货物较多的地方。在内陆货运站中，货物预先集中并进行装箱，装箱完毕后，再通过内陆运输将集装箱运至码头堆场；反之，由港口进口的集装箱货物卸船后通过内陆运输疏运到内陆货运站。它具有集装箱货运站和集装箱码头堆场的双重功能，既接受托运人交付托运的整箱货与拼箱货，又负责办理空箱的发放和回收。例如，托运人以整箱货托运出口，则可向内陆货运站提取空箱；整箱进口，收货人也可以在自己的工厂或仓库卸空集装箱后，随即将空箱送

回内陆货运站。另外，它还办理集装箱拆装箱业务及代办有关海关手续等业务。

内陆货运站作为集装箱货物的集散地，起到了与内陆联系的纽带和桥梁作用。同时，在空箱的发放、存储、回收、调运等箱务管理中，内陆货运站也发挥了重要作用。各集装箱运输经营人和集装箱租赁公司可以委托内陆货运站作为集装箱代理人，通过集装箱内陆货运站，对发往内陆地区的集装箱进行跟踪、查询，实行有效管理和调节，不仅可以解决空箱在内陆地区长期积压的问题，缩短集装箱在内陆的周转时间，还可以提高空箱利用率和运输经济效益，促进集装箱运输的发展，为国际多式联运创造条件。

2. 根据集装箱货运站的建造结构分类

（1）平地式货运站是指货运站存货的地面与集卡车行驶的路面在同一水平线上。其特点是建设费用低；当货运站内的作业形态发生变化时，其适应性强；货运站内用作货物分类、保管的场地与用作拆装箱作业的场地之间可以互相通用，便于适应各种不同运输形式的换装作业。此外，平地式货运站还能转用为维修车间。

（2）高台式货运站是指货运站存货的地面与集卡车的挂车底板在同一水平线上。其特点是拆装箱用的叉车可以通过站台直接开进箱内，使作业效率大大提高；但拉货的车辆必须经过坡道才能进出站内；建造费用相对较高。

（3）兼用式货运站是指货运站一侧的地面与集卡车的挂车底板在同一水平线上，另一侧的地面则与地面齐平。这类货运站一般是在有坡度的地方建造的。它兼顾了平地式货运站和高台式货运站二者的优点，既便于机械化的拆装箱作业，又便于货物的进出站，建造成本也相对较低。

（二）集装箱货运站的基本要求及设施

1. 集装箱货运站的基本要求

集装箱货运站要想有效开展拆装箱业务，一般需要满足以下几点要求。

（1）集装箱货运站应便于使货物进行装箱和拆箱作业。

（2）集装箱货运站应便于卡车进行非成组的散件杂货的装卸。

（3）为了便于货物集疏运和货物分类，集装箱货运站应有充分的操作面积。

（4）为了暂时保管进出口货物，集装箱货运站应有适当的堆货面积。

（5）如需进行海关结关和检疫等事务，集装箱货运站应具备进行此类事务的条件。

2. 集装箱货运站的基本设施

为了有效地开展工作，集装箱货运站需要有完成上述工作要求的机械和设施。

（1）办理集装箱货物交接和其他手续的门房及营业办公用房。

（2）接收、发放和堆存拼箱货物及进行装拆箱作业的场地、库房与相应的机械设备。

（3）集装箱堆存及堆场作业的机械设备。

（4）开展集装箱检验、修理、清洗等业务的车间和条件。

（5）拖挂车、汽车停车场及装卸汽车的场地和机械设备。

（6）铁路运输装卸车作业的装卸线及装卸车的机械设备。

（7）能与港口码头、铁路车站及业务所涉及的各货主、运输经营人等方便、快速、准确地进行信息、数据、单证传输和交换的条件与设备。

（8）为海关派员及办理海关手续所需的各种条件及设施等。

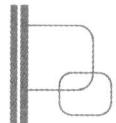

二、集装箱货运站的主要功能

（一）集装箱码头货运站的主要功能

（1）集装箱货物的承运验收、保管和交付，包括出口拼箱货的积载与装箱、进口拼箱集装箱的拆箱与保管。

（2）对库存的货物进行堆存、保管及有关统计管理。

（3）重箱和空箱的堆存和保管，整箱货的中转。

（4）货运单证的交接及签证处理。

（5）运费、堆存费的结算。

（6）其他服务，如为办理海关手续提供条件、代办海关业务等。

（二）集装箱内陆货运站的主要功能

集装箱内陆货运站除具备上述码头货运站的基本功能外，还负责接收托运人托运的整箱货及其暂存、装车并集中组织向码头堆场的运输或集中组织港口码头向该货运站的疏运、暂存及交付。另外，集装箱货运站受各类箱主的委托承担集装箱代理人业务，对集装箱及集装箱设备的使用、租用、调运、保管、回收、交接等行使管理权。

三、集装箱货运站的业务管理

集装箱货运站的业务一般包括拆箱提货（拆箱车提、落驳、装火车）业务、拆箱进库业务和仓库提货业务等。

（一）拆箱提货业务

拆箱提货业务按提货运输方式一般可分为拆箱车提（公路运输）、落驳（水上运输）、装火车（铁路运输）3 种。拆箱提货业务流程如图 5-6 所示。

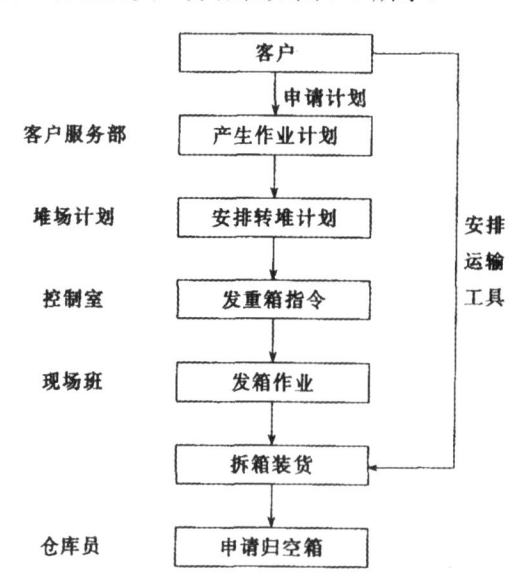

图 5-6　拆箱提货业务流程图

拆箱提货业务步骤如下。

（1）申请计划。客户凭办完一关三检等手续的提货单到码头客户服务部（联办进口受理台）申请拆箱车提、落驳、装火车的作业计划。码头客户服务部结清有关码头费用后，接受客户的申请，并制作拆箱车提、落驳、装火车作业申请单联，同交货记录联一起交给客户。

（2）发箱及机械、人员安排。码头根据作业申请单安排机械，将受理过的要拆箱的集装箱从进口重箱区发运至指定的拆箱区。码头货运站根据作业申请单的指令，安排拆箱所需机械、搬运工人和仓库员。

（3）提货前审单。客户凭作业申请单和交货记录到码头指定拆箱区提货。仓库员在提货前核查交货记录是否有效、有关费用是否已全部结清、交货记录上有无加盖印鉴等。如果发现交货记录无效、费用尚未支付、无交货记录等，一律不予发货。

（4）货物交接和单证处理。提货完毕后，仓库员根据外轮理货的理货清单填制出门证交给客户，并在提货单第三联（交货记录）上批注实际提货数量后，交客户服务部存档。如果一票货物当天不能全部提完，仓库员可在提货单第三联（交货记录）批注实际提货数量后交还给客户，以备客户第二天再来提货。

（5）填制报表。在当日作业结束后，仓库员应填制拆箱车提、落驳、装火车的拆箱提货日报表（拆箱车提提货日报表、拆箱落驳提货日报表、拆箱装火车提货日报表）。

（6）空箱归位。在当日作业结束后，仓库员应安排申请将拆箱区拆空后的空箱转运至码头专用的空箱箱区。

（二）拆箱进库业务

舱单上注明货物交货条款是 CFS 条款的，仓库员应根据仓库的库存情况，在集装箱卸船后两天内安排拆箱进库，并将拆箱信息及时通知客户服务部，以便客户服务部能及时接收客户的提货申请。拆箱进库业务流程如图 5-7 所示。

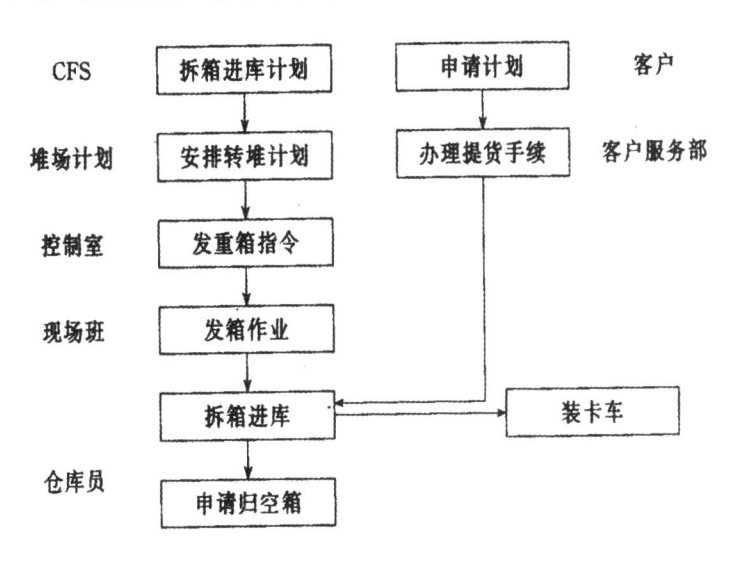

图 5-7　拆箱进库业务流程

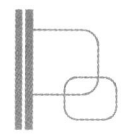

拆箱进库业务步骤如下。

（1）计划安排。业务员按要求安排需拆箱进库的进口重箱计划清单及相关机械、人员、仓库货位。码头控制室应根据计划清单安排机械和人员将有关集装箱转至货运站拆箱区。

（2）货物验收及进库。拆箱时，仓库员应根据舱单的货物信息会同外轮理货人员对拆箱的货物进行清点、检验，将货物安排放置到指定的货位，并按堆码标准进行堆码，堆码完毕后要在货垛上张贴桩脚牌。桩脚牌上应注明船名、航次、提单号、件数、重量、唛头等信息，以便识别。如果发现货损、货差、货单不符，仓库员应及时要求外轮理货员签发货物残损记录表，并妥善保管。

（3）填制报表。在当日作业结束后，仓库员应根据桩脚牌填制拆箱进库日报表。拆箱进库日报表是当日拆箱后进入仓库的货物的汇总表。它反映了货物动态，是定期盘点货物的依据。实物必须与报表一致，做到货账相符。桩脚牌是填制拆箱进库日报表的依据。

（4）空箱归位。在当日作业结束后，仓库员应申请将拆箱区的空箱转运至码头专用的空箱箱区。

（三）仓库提货业务

仓库提货业务的步骤如下。

（1）申请计划。客户凭办完一关三检等手续的提货单来码头客户服务部（联办进口受理台）申请仓库提货计划；码头客户服务部同客户结清有关码头费用后，接受申请，并制作提货作业申请单，同交货记录联一起交给客户。

（2）机械和人员的安排。码头货运站根据作业申请单的要求，安排发货机械、搬运工人。

（3）审单。客户凭作业申请单和提货单第二联（交货记录）到码头货运站仓库提货。仓库员应仔细审查交货记录是否有效、是否超过了规定的免费保管期限、有关费用是否已全部结清、交货记录上有无加盖印鉴。如果发现交货记录无效、费用尚未支付、无交货记录，仓库员应不予发货。

（4）发货前的检查。仓库员在发货前要仔细核对交货记录与货物上的桩脚牌，做到票货相符。一旦发现票货不符的情况，则应查清后再发货。在发货时，仓库员要清点数量，以免发生错发、多发、少发等货运事故。

（5）货物交接和单证处理。发货提货完毕后，仓库员根据实际发货情况填制出门证，交给客户，并在提货单第二联（交货记录）上批注实际提货数量，交客户服务部存档。如果一票货物当天不能全部提完，仓库员在提货单第二联（交货记录）批注实际提货数量后交还给客户，以备客户第二天再来提货，同时重新填制桩脚牌（要注明剩余数量）张贴在剩余货物上。货物短缺时，不能随便用同品种规格的货物抵补。发货完毕后，仓库员应检查仓库、道路，注意是否有漏发、错发和掉落物件。

（6）填制报表。在当日作业结束后，仓库员应填制仓库出仓日报表。仓库出仓日报表是当日货物提离仓库的汇总表，反映了当日货物提离码头的动态，由仓库员根据提货单填制。

集装箱货运站业务管理

四、集装箱货运站的操作流程

一般情况下，集装箱货运站接受船公司的委托，代船公司接收不足整箱的零星货物（拼箱货）进行拼箱，或将拼箱的整箱货拆箱，向收货人交付不足整箱的零星货物，并完成货物的临时保管等辅助业务。在实际工作中，集装箱货运站对拼箱货有相应的操作流程。下面就以某集装箱货运站为例，说明集装箱货运站出口拼箱货和进口拼箱货的操作流程。

1. 集装箱货运站出口拼箱货的操作流程
（1）货主委托货运代理人进行拼箱货的出口业务。
（2）货运代理人将预配清单、放箱单传真至货运站。
（3）货运站根据放箱单预订空箱。
（4）货主凭进仓通知单送货到货运站。
（5）货运站在货到后，安排人员和机械进行进仓作业。
（6）货运代理人在报关放行后通知货运站。
（7）货运站安排人员和机械进行出库作业及移场（从货运站移到码头堆场）。
（8）集装箱码头作业科收到指令后安排移场作业。
（9）货运代理人将配舱回单第七联、第八联送到货运站。
（10）货运站核对配舱回单，无误后送到集装箱码头计费科进行计费确认。
（11）集装箱码头计费科审核单证并计费。
（12）货运代理人将海关已放行的出口装货单交集装箱码头计划科，制作出口装船顺序单。

2. 集装箱货运站进口拼箱货的操作流程
（1）船舶代理将进口舱单发送给集装箱码头计划科。
（2）集装箱码头计划科审核舱单，将拼箱拆箱的舱单转发给货运站。
（3）货运站根据进口舱单，办理提箱、拆箱、入库等操作。
（4）货主持海关已放行的提货单到集装箱码头计费科请派。
（5）集装箱码头计划科审核提货单，并查阅海关放行信息后，办理计费手续。
（6）货主持已计费的交货记录联到货运站办理提货手续。
（7）货运站审核交货记录，并进行费用查询，无误后安排提货作业，并开具出站凭证。
（8）货主凭货运站开具的出站凭证将货物提离港区。

五、集装箱货运站的管理要求

为了加强集装箱货运站的管理，促进我国集装箱运输事业的发展，我国有关部门出台了一系列政策法规，如《中华人民共和国港口法》《中华人民共和国国际海运条例》《港口经营管理规定（交通部令 2004 年第 4 号）》《道路货物运输及站场管理规定（交通部令 2005 年第 6 号）》等，对集装箱货运站的经营管理做出了相应规定。集装箱货运站经营者应严格遵守国家的政策法规、条例条令，在集装箱货运站日常管理过程中，注意做到如下几点。

（1）内陆货运站经营者和码头货运站经营者都应当根据各自企业所经营的业务范围，

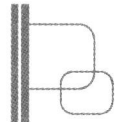

按照相关政策法规，向各自的主管部门申请，取得经营许可证。

（2）取得经营许可证的申请人，应持证到工商、税务部门办理营业执照、税务登记手续，向海关申请办理有关登记手续，然后才能开展经营业务。

（3）集装箱货运站应保证场站设施、装卸机械、车辆及工具处于良好、安全的技术状态，确保集装箱及其附属设备和集装箱货物的安全。

（4）集装箱货运站应与海上承运人和发货人或其代理人签订有关业务协议，及时接、发、拆、装、堆存指定的集装箱和集装箱货物。未经海上承运人和发货人或其代理人同意，集装箱货运站不得擅自将其堆存的集装箱占有、改装、出租或运出场站外。

（5）集装箱货运站进行集装箱作业，应严格遵守国家有关技术规范和规定。

（6）集装箱货运站应按有关规定堆放集装箱，应及时向海上承运人提供进出场站的集装箱拆箱、装箱和堆存情况。

（7）集装箱货运站应按海上承运人的要求及时向检验、检疫机关申请，备好出口货物集装箱，并认真做好集装箱的检查工作。装箱完毕后，必须编制集装箱装箱单，并按有关规定施加铅封，在有关单证上做好货物装载的记录。

（8）集装箱货运站应按国家规定或海上承运人的要求，清洗、修理指定的集装箱。其中，装载危险品货物的集装箱应在有专门设施的场站清洗。

（9）集装箱货运站与承运人或其代理人应凭双方共同签发的设备交接单交接集装箱。

（10）集装箱货运站应建立信息管理系统，进行箱务管理。

（11）集装箱货运站必须严格执行经物价管理部门核定的各项收费标准，各项收费应实行明码标价。结算费用必须使用集装箱货运站专用的结算发票，按规定的费用和费率结算。

（12）因集装箱货运站责任造成集装箱及其附属设备和集装箱内的货物损失或延误的，集装箱货运站应赔偿损失。

项目拓展

项目小结

本项目主要介绍了集装箱货物的概念、分类、交接地点、交接方式，集装箱选择和检查的方法，集装箱货物装载的基本要求，重点阐述了集装箱货运站的基本设施、功能，集装箱货运站的业务管理及操作流程等内容。本项目的内容为后续章节介绍集装箱进出口业务等奠定了理论基础。

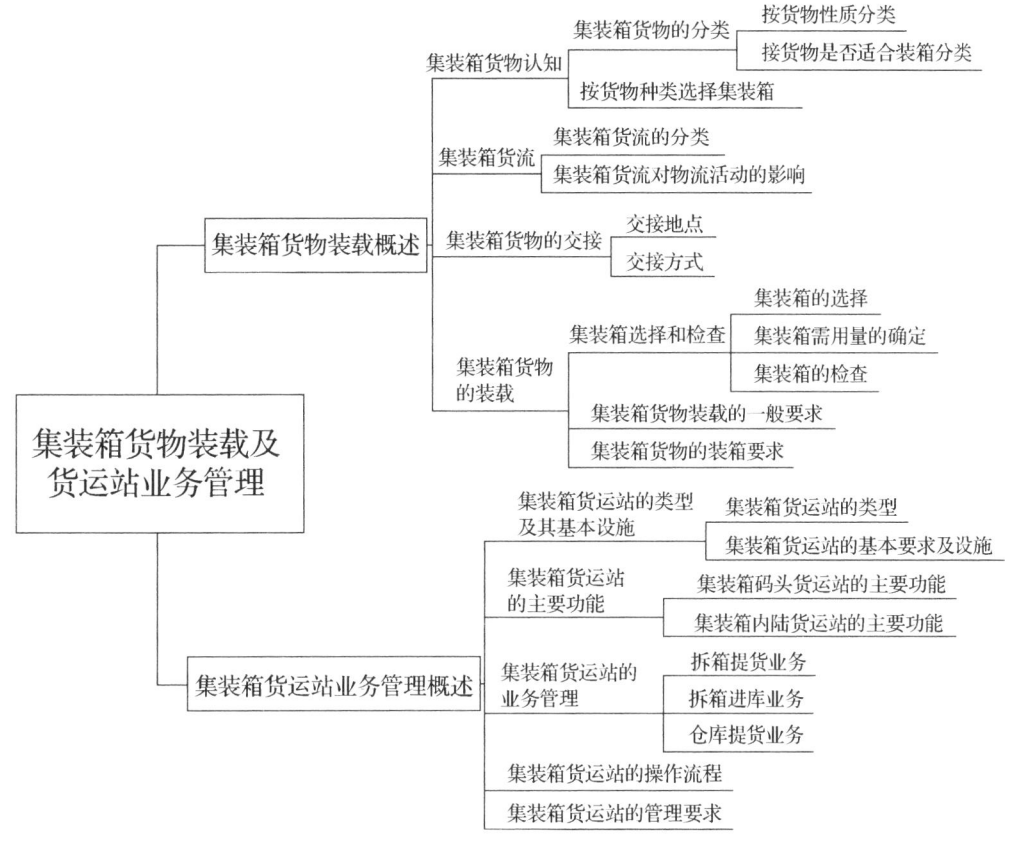

项目 5 集装箱货物装载及货运站业务管理

```
集装箱货物装载及货运站业务管理
├── 集装箱货物装载概述
│   ├── 集装箱货物认知
│   │   ├── 集装箱货物的分类
│   │   │   ├── 按货物性质分类
│   │   │   └── 按货物是否适合装箱分类
│   │   └── 按货物种类选择集装箱
│   ├── 集装箱货流
│   │   ├── 集装箱货流的分类
│   │   └── 集装箱货流对物流活动的影响
│   ├── 集装箱货物的交接
│   │   ├── 交接地点
│   │   └── 交接方式
│   └── 集装箱货物的装载
│       ├── 集装箱选择和检查
│       │   ├── 集装箱的选择
│       │   ├── 集装箱需用量的确定
│       │   └── 集装箱的检查
│       ├── 集装箱货物装载的一般要求
│       └── 集装箱货物的装箱要求
└── 集装箱货运站业务管理概述
    ├── 集装箱货运站的类型及其基本设施
    │   ├── 集装箱货运站的类型
    │   └── 集装箱货运站的基本要求及设施
    ├── 集装箱货运站的主要功能
    │   ├── 集装箱码头货运站的主要功能
    │   └── 集装箱内陆货运站的主要功能
    ├── 集装箱货运站的业务管理
    │   ├── 拆箱提货业务
    │   ├── 拆箱进库业务
    │   └── 仓库提货业务
    ├── 集装箱货运站的操作流程
    └── 集装箱货运站的管理要求
```

思政园地

集装箱无纸化交接按下"快进键"

"现在来码头提箱比以前方便多了,过去在车队拿单、码头打单至少要花上一个多小时。"2019 年 6 月 21 日,在宁波舟山港穿山港区集装箱码头卡口,刚刚办完快速提重箱业务的集卡司机王师傅对于眼下的便利感触颇深。

2019 年 4 月 15 日,宁波舟山港所有集装箱码头正式上线进口集装箱设备交接单无纸化业务,仅凭手机二维码就能一次性办完提重箱手续,实现了集装箱进口提重箱全程无纸化、费用结算实时电子支付。

随着集装箱设备交接单无纸化进程的加快,越来越多的港口完成了相关流程的再造与重构,并取得了良好的经济效益、社会效益和生态效益。

1. 交接单无纸化打通信息流

当前,为了进一步提升综合物流服务水平,国内很多港口紧跟"互联网+港口"的步伐,启动了集装箱设备交接单无纸化项目。

自 2018 年 6 月青岛港进口集装箱设备交接单无纸化业务上线运行以来,打通了港口、船东、场站、货代、车队等单位的数据通道,实现了数据互通共享。由此,青岛港陆续实现了司机进口提重箱、返空箱全程无纸化操作,解决了纸面单据流转环节多、过程长、交

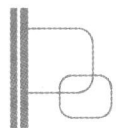

接复杂的痛点。该系统还与青岛港进口集装箱司机实名制提箱项目无缝融合，实现了进口提箱全程可追溯，为青岛港运输市场信用体系的建立提供了数据支撑。

2．无纸化推动降本增效

设备交接单就像集装箱在物流运输途中的身份证，无时无刻不在物流链上流转。设备交接单的无纸化不仅是集疏运体系突破瓶颈、实现降本增效的关键，还是集疏运体系信息化的基础。通过对高精度大数据的挖掘，设备交接单的无纸化可以从根本上规避一些人为造成的错误信息，全面提升物流流转时间，并大幅度降低因纸质设备交接单印刷、寄送等造成的物流成本与人工成本。

"目前，青岛港进口集装箱设备交接单无纸化覆盖率已达到60%，运行稳定，而且带来了可观的效益"，青岛港相关负责人说道，"以进口集装箱为例，随着集装箱进口提箱全程无纸化和全程可追溯的实现，每年可节约综合物流成本近1亿元，并且大大提高了办单和集卡司机提箱返空效率，大大提升了青岛港的综合服务能力"。

据介绍，宁波舟山港全面上线进口集装箱设备交接单无纸化业务后，按照目前宁波舟山港年进出口集装箱来测算，可减少集卡司机作业总时长约700万小时，节省燃油成本1.2亿元，减少二氧化碳排放4.4万吨，减少各类单证用纸6300万张，折算成经济成本可为物流业降本1.5亿元以上。

（资料来源：航运界）

讨论思考：集装箱设备交接单无纸化业务应用了哪些现代物流技术？给集卡司机王师傅带来了哪些影响？列举日常生活中类似事件。

项目测试与训练

一、讨论分析题

1．简述集装箱货物装载的基本要求。
2．简述集装箱冷藏货物的装箱要求。
3．简述集装箱危险货物的装箱要求。
4．简述集装箱码头货运站的主要功能。
5．集装箱货运站的主要业务是什么？简述各业务的步骤。

二、技能训练

某国际货运代理公司，接受客户委托，需将一批货物通过集装箱运输送往日本大阪（目的港信息，依据货运委托书）。作为该货运代理公司员工，现在收到了客户的货运委托书。根据委托书中客户的要求，对货物进行合理的再包装，并且完成配箱、订舱、模拟装箱等任务。

1．训练目的：了解集装箱适箱货、选择合适集装箱的原则、集装箱货物的装箱要求；熟悉集装箱代理人装箱操作的一般流程；了解一下单证及其主要作用，包括货运委托书、货物清单、装箱清单、设备交接单等。

2．训练要求与操作准备：

（1）准备好装箱软件平台和相关的出口贸易资料。

（2）教师指导点评。

（3）学生自己安排时间进行操作练习，完成情境实训报告，由教师统一评选。

3．训练资料与设备准备：

（1）关于适箱货准备：依据货运委托书备注中关于货物的包装要求进行准备，并且完成装箱清单。

（2）关于轻货与重货：在实际配箱操作中，一般依据单位体积货物的重量来决定是按照货物体积还是重量来决定配载数量的多少。对于轻货而言，以货物体积为计算依据。

（3）分别采用两种配载模型配载集装箱：整箱货配载、拼箱货配载。

（4）完成一个集装箱的模拟装箱，使用键盘上的"W、S、A、D、X、Space"键来调整货物的位置。

4．技能训练注意事项：

（1）参考任务背景，完成整个集装箱装箱相关流程作业。

（2）完成装箱清单的填写，并且将其记录在实习报告中。

（3）完成集装箱配载数据的记录，并记录在实习报告中，完成集装箱的装箱作业。

（4）记录以下关键数据：集装箱亏箱率、集装箱重心位置，并且将装箱结果保存在计算机中备查。

5．思考以下问题：

（1）在何种情况下，需要对货物进行再包装？举例哪些货物（至少3种）需要进行再包装。

（2）在集装箱配载中，涉及轻货与重货，其主要决定因素是什么？这个轻货与重货的界限值是如何得出的？

（3）在集装箱装箱过程中，需要考虑哪些因素（至少说出3个）？

（4）总结集装箱代理人的主要工作及其工作流程。

三、自我训练

（一）单选题

1．把货物装进集装箱内或从集装箱内取出，并对这些货物进行储存、防护、收发和交接的作业场所称为（　　）。

  A．调度场   B．排列场   C．控制室   D．货运站

2．交接的货物都是整箱交接的是（　　）。

  A．CY   B．CFS   C．DOOR   D．A+C

3．冷冻货是指货物在冻结状态下进行运输的货物，运输温度的范围一般为（　　）。

  A．0℃～-10℃   B．-10℃～-20℃

  C．-20℃～-30℃   D．-5℃～-10℃

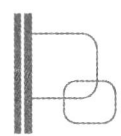

4. （　　）是详细记载装进集装箱内的货物资料情况的唯一单据，也是卸货港作为办理集装箱保税运输手续的依据。

　　A．设备交接单　　B．装箱单　　C．场站收据　　D．订舱单

5. 集装箱码头倒箱费应向（　　）收取。

　　A．代理　　B．NVOCC　　C．倒箱申请人　　D．托运人

（二）多选题

1. 常见的集装箱交接方式有（　　）。

　　A．整箱交，整箱收　　　　　　B．整箱交，拆箱收
　　C．拼箱交，空箱收　　　　　　D．拼箱交，拆箱收

2. FCL-LCL 交接，其运输条款有（　　）。

　　A．CY-CY　　B．CY-D　　C．D-CY　　D．CY-CFS
　　E．D-CFS

3. 特殊货物主要指（　　）。

　　A．危险货物　　B．冷藏货物　　C．贵重货物　　D．活的动植物
　　E．长大、笨重的货物

4. 办理集拼业务的货代必须具备（　　）。

　　A．具有装箱设施和装箱能力
　　B．与在国外卸货港有拆箱分运能力的航运公司或货代有代理关系
　　C．拥有海上支线运输工具
　　D．有权签发自己的提货单

5. 集装箱装箱单的主要作用除作为发货人、货运站与码头堆场之间的交接单证外，还是（　　）。

　　A．向船方通知箱内所装货物的明细表
　　B．计算船舶吃水差、稳定性的基本数据
　　C．在卸货地办理保税运输的单据之一
　　D．发生货损时处理索赔的原始单据之一
　　E．卸货港货运站安排拆箱、理货的单据之一

参考答案

项目 6 集装箱运输方式管理

知识目标

1. 了解世界主要集装箱运输航线，了解集装箱运输对公路的要求。
2. 熟悉水路、公路、铁路、航空集装箱运输组织。

能力目标

1. 能根据客户要求选择集装箱运输的方式、路线。
2. 能根据客户要求组织集装箱运输。

思政目标

1. 通过模拟不同任务情境中集装箱运输方式管理的技能训练，发现问题、解决问题，锻炼学生的辩证思维能力和逆向思维能力。
2. 培养学生的团队意识与合作能力。技能训练中分组合作讨论，在讨论中实现团队合作，共同解决问题。
3. 树立时代精神和新时代的爱国主义。我国集装箱运输的迅猛发展体现了以改革创新为核心的时代精神，我国集装箱运输的发展要坚持立足民族又要面向世界。

引导案例及分析

加拿大铁路集装箱运输组织及货场管理

加拿大铁路公司主要有太平洋铁路公司和国家铁路公司，这两大铁路公司构建了从太平洋口岸温哥华至大西洋口岸蒙特利尔的加拿大大陆桥，横穿北美洲大陆。加拿大除了在本国建设铁路，还将铁路延伸到了美国，与美国的肯塔基州、密苏里州及华盛顿州等铁路枢纽连接。加拿大包括温哥华、埃德蒙顿、卡尔加里、温尼伯、多伦多、蒙特利尔及魁北克等13个主要铁路枢纽。

加拿大铁路集装箱货场一般远离城市，距离城市 10～40km，大部分预留远期发展的条件。货场均位于铁路干线上，与枢纽编组站间有便捷的通路，有发达的公路运输网络，并与国道及高速公路相连。现有的距离城市较近的货场，受城市建设的限制，正在逐步外迁。加拿大的许多城市一般有 2～3 个铁路集装箱货场。

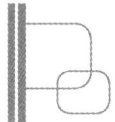

港口铁路集装箱货场一般是铁路货场与港口相邻布置，便于集装箱的装卸作业。铁路集装箱货场的到发线与货物装卸线一般呈横列式布置，长度在1000m以上，基本上为贯通式布置；为方便到达集装箱专列的到发作业，个别车站设有2~3列长度的组合列车到发线。

在港口铁路集装箱货场中，集装箱船舶上的集装箱到达港口后需由铁路运至内陆的作业流程：集装箱船舶上的集装箱→岸桥吊运集装箱→将需由铁路运至内陆的集装箱按铁路编组计划直接用轮胎式龙门起重机（或正面吊运机）装上铁路车辆（或运至龙门起重机范围内的堆场等待装车）→由港务局进行调车作业运至前方编组站与铁路公司进行交接→运至其他集装箱货场。由铁路到达港口需装船的集装箱的作业流程：内陆需出口装船的集装箱由铁路其他货场运至港口前方编组站进行交接→由港务局进行调车作业，由编组站送至本站装卸线或到发线→由轮胎式龙门起重机（或正面吊运机）装上场内拖挂车直接装船（或运至发送堆放场存放）→按计划由集装箱船舶送至其他港口。

内陆铁路集装箱货场的到发线与货物装卸线一般也呈横列式布置，货物线长度在1000m以上的，大部分为贯通式布置，使集装箱专列有直接到装卸线的条件，个别车站设有2~3列长度的组合列车到发线。集装箱货场内的地面为沥青混凝土硬化地面，钢轨为50kg/m，道床为碎石道砟，在木轨枕之上铺设沥青混凝土，与硬化地面形成统一的整体，既清洁又便于装卸作业。

内陆铁路集装箱货场作业相对来说比较简单。经铁路发出的集装箱由各物流企业用集装箱拖挂车经公路运至集装箱货场→在入场处检查集装箱的状态并将有关数据输入手持微机→汽车将集装箱送至场内指定车辆或发送区堆放场，由正面吊运机直接装车或卸至发送作业区，组织集装箱专列由装卸线（或到发线）经环线直接发车运至其他集装箱货场。由铁路到达的集装箱专列一般直接接入装卸线，由到达机车负责装卸线的取送作业，由正面吊运机直接装上拖挂车送达货主处。经铁路中转的集装箱由集装箱专列送达货场后，与货场集结的集装箱按编组计划重新组成集装箱专列送到站。

加拿大铁路集装箱货场多数采用正面吊运机装卸工艺系统，个别货场仍采用轮胎式龙门起重机装卸工艺系统，但即将被作业灵活、投资少、作业效率高的正面吊运机装卸工艺系统所取代。集装箱的掏装箱作业均由设在货场周围的物流企业进行。

加拿大太平洋铁路公司和国家铁路公司的集装箱货场与物流系统的关系具有一些共同点：第一，本身不具有物流功能，也没有物流系统的设备、人员和业务活动；第二，只办理集装箱的到发和中转业务，不办理掏、装箱业务；第三，物流由货主或货运代理公司、配送中心等铁路系统外的专门办理物流业务的部门进行；第四，周围建有物流企业的仓储设施，在集装箱货场开办集装箱运输业务后，逐渐吸引物流企业在周围预留的发展用地上建设其仓储设施或配送中心，并进行掏、装箱作业。国内集装箱的联运一般由铁路公司承运并组织多式联运，与货运公司订立合同使用汽车运输，提供"门到门"运输服务；或者由船运公司承运并组织多式联运，铁路公司只负责铁路运输及货场的装卸作业，货主在铁路集装箱货场取送集装箱须出示船运公司和海关的有关文件或单据。为了与公路的中短途运输展开竞争，多伦多的钢铁高速公路货场在距离 500km 范围内采用拖挂车，用拖头直接装上铁路专用平板车，运送到目的地后，拖头可以直接用平板车将集装箱拖挂运输出站，这种运输方式被称为钢铁高速公路运输。与公路运输相比，其优点是快速、可靠、成本低，有利于环保，在货场内不需要起吊设备。

各集装箱货场间开行集装箱专列，集装箱货场与各用户之间由汽车承担运输，汽车运输的吸引范围为 200km，集装箱专列一般不进入编组站，货场内一般设调车机 1~2 台。到达的集装箱班列直接接入贯通式装卸线，出发列车由贯通式装卸线直接发车，货场不设机车整备设施。

思考题：
1. 加拿大港口铁路集装箱货场设置特点是什么？这样设置有何好处？
2. 加拿大内陆铁路集装箱货场设置特点是什么？这样设置有何优点和缺点？

Mission 任务 1 水路集装箱运输

任务导读

水路集装箱运输主要以海上国际集装箱运输为主。海上国际集装箱运输是指集装箱船舶装载的国际集装箱货物经由海上从一个国家或地区运至另一个国家或地区。

本任务重点介绍世界主要集装箱运输航线及水路集装箱运输组织。

任务： 你作为一名货代公司的新职员，在着手进行业务操作前，需了解本公司对接的海运公司及业务，如公司是与中国远洋海运集团合作，请你查找并完成一份中国远洋海运集团在世界集装箱运输航线及运输组织业务的调研报告。

一、世界主要海上国际集装箱运输航线

海上国际集装箱运输一般为集装箱班轮运输，海上国际集装箱运输航线一般为集装箱班轮航线。

（一）集装箱班轮运输

集装箱班轮运输是集装箱船舶按照预先公布的船期表，在固定的航线上按照规定的挂靠中途港的顺序，往返航行于航线各港间的一种营运组织方式。其特点是对一定的集装箱船舶来讲，开航日期固定、开航时刻固定、挂靠港口固定、运价相对固定。

开展海上国际集装箱班轮运输必须进行科学的营运组织。为了提高我国集装箱运输船舶在国际航运市场上的竞争能力，我国交通部对国际班轮的班期和班次做出了明确的规定。

（二）国际集装箱班轮公司及班轮航线

1. 国际集装箱班轮公司

根据从事国际集装箱运输的班轮公司的集装箱船舶载箱能力及其经营航线的情况，具

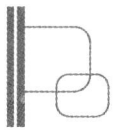

有世界规模的国际集装箱班轮公司主要有 20 多家，如中国远洋运输（集团）总公司（COSCO）、美国海陆联运公司、丹麦马士基轮船公司（Maersk）、中国香港东方海外货柜航运公司（OOCL）等。

2. 国际集装箱班轮航线

（1）亚洲东部地区—北美太平洋集装箱航线。

（2）亚洲东部地区—欧洲集装箱航线。

（3）欧洲—北美大西洋集装箱航线。

（4）环球集装箱航线。

（5）地区海域支线运输网络系统。

3. 各集装箱班轮航线的情况和挂靠的港口

（1）跨洋集装箱班轮航线：采用大型集装箱船队航行于跨越大西洋的国际集装箱班轮航线。

（2）环球集装箱班轮航线：采用大型集装箱船队，挂靠世界主要的国际集装箱枢纽港，环地球三大洋航行一周的国际集装箱班轮航线。

（3）环太平洋集装箱班轮航线：采用超大型集装箱船舶，挂靠太平洋沿岸主要港口，环太平洋航行的国际集装箱班轮航线。

（4）近洋国际集装箱班轮航线：采用集装箱船舶，挂靠邻近国家或地区港口的国际集装箱班轮航线，它只经过沿海或大洋的部分水域。

（5）国际海域集装箱班轮支线：采用支线运输船舶向挂靠在枢纽港的干线集装箱船舶运输的支线。

（6）沿海、内河集装箱班轮支线：采用支线运输船舶向停靠在境内枢纽港的干线集装箱船舶运输的支线。

二、水路集装箱运输组织

（一）海上国际集装箱运输组织

我国交通部颁布的《中华人民共和国海上国际集装箱运输管理规定实施细则》规定交通部对海上国际集装箱运输实行两级管理：各省、自治区、直辖市交通主管部门负责主管当地海上国际集装箱运输事业；国家经济贸易委员会作为全国综合运输管理部门，负责全国交通运输的组织、推动和协调工作，其中包括对全国集装箱运输的组织、推动和协调工作。

（二）海上国际集装箱运输企业

1. 海上国际集装箱运输企业的类别

凡是经营海上国际集装箱运输、装卸和货物运输业务的企业都是海上国际集装箱运输企业，主要包括以下几种。

（1）经营海上国际集装箱运输的航运企业及其代理企业。

（2）经营海上国际集装箱装卸业务的港口装卸企业。

（3）经营海上国际集装箱中转业务和拆、装箱业务等的内陆中转站、货运站。

2. 海上国际集装箱运输企业的设立与管理

交通部对设立经营海上国际集装箱运输的企业实行申请、审批和报备制度，以及实行经营许可证制度；对要求变更业务范围或停业的企业，实行申请和审批制度。

集装箱运输方式管理

Mission 任务 2　公路集装箱运输

任务导读

公路运输以其机动灵活、快速直达的优势，在多式联运中成为重要的运输方式。所以，公路集装箱运输在集装箱内陆运输系统和海陆联运中都占有重要的地位。开展公路集装箱运输，能够简化货物流通环节、提高运输效率、节约包装材料、减少货损货差、降低流通成本、改善运输质量，因而在运输业的各个领域已被广泛应用。

公路集装箱运输能促进多式联运的发展，实现"门到门"运输，可以打破行业界限，提高运输组织化水平，做到合理运输，为货主提供更加方便、快捷、安全、优质的服务。它是现代物流环节中不可缺少的运输方式，也是现代化运输发展的必然趋势。

本任务重点介绍公路集装箱运输的货源组织及其在国际多式联运中的作用。

任务：你作为一名货代公司的新职员，在着手进行业务操作前，需了解本公司对接的公路集装箱运输公司及业务，如公司是与宁波港集装箱运输有限公司合作，请你查找并完成一份宁波港集装箱运输有限公司的集装箱运输路线及运输组织业务的调研报告。

一、集装箱运输对公路的要求

（一）对公路技术规格的要求

一般来说，运输大型集装箱，最大轴负重为10t，双轴负重为16t。为了最大限度地利用轴负重，可使用不受高度限制的低拖车。因此，对公路基本建设的最低要求是公路网的载运能力至少必须等于轴和双轴的负重及车辆上载运一个按定额满载集装箱的总重量。例如，运输6.1m（20ft）、10.67m（35ft）、12.2m（40ft）的集装箱，公路必须满足下列要求。

（1）车道宽度3m。
（2）路面最小宽度30m。
（3）最大坡度10%。
（4）停车视线最短距离25m。
（5）最低通行高度4m。

有些国家因公路有关法规的限制，允许最大宽度、最大高度为3.8m。

（二）对运输车辆的要求

公路集装箱运输的车辆是根据集装箱的箱型、种类、规格尺寸和使用条件来确定的，

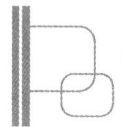

一般分为货运汽车和拖挂车两种。货运汽车一般适用于小型集装箱，进行短距离运送；拖挂车适用于大型集装箱，适合长途运输。与货运汽车相比，拖挂车的技术性能较好。

（三）配备必备的装卸设备

虽然公路集装箱运输的装卸作业主要在堆场、货运站或货主自己的仓库及堆场上进行，不像码头、铁路货场那样要进行大量的集装箱装卸工作，但为了适应某些货主及公路集装箱货场作业的要求，也需要配备一定数量的集装箱装卸设备。

（四）公路集装箱营运管理

公路集装箱的营运管理主要包括两方面：一是货运组织工作；二是车辆运行管理。

1. 货运组织工作

货运组织工作包括集装箱运输的货源组织，集装箱的业务管理和装卸作业，运费结算，集装箱的保管、交付及与其他部门的衔接配合工作等。

2. 车辆运行管理

车辆运行管理包括集装箱业务量的分配、车辆运行计划的制订、运输工作的日常管理、集装箱车辆在线路上的运行组织管理、集装箱的运输统计分析等。

二、公路集装箱运输货源组织

（一）公路集装箱货物运输的特点

由于货物的包装形态会发生变化，公路集装箱货物的运输、装卸流程也会发生变化。

就货物运输的流转程序来说，出口集装箱货物必须先将分散的小批量货物预先汇集到内陆地区有限的几个仓库或货运站内，然后组成大批量货物以集装箱形式运到码头堆场，或者由工厂、仓库将货物整箱托运到码头堆场。进口集装箱货物如果是整箱运输的，将直接送往工厂或仓库掏箱；如果是拼箱运输的，先将集装箱送到码头堆场或货运站拆箱后再分送。这种运输方式与传统的运输方式有着很大的不同。首先，它的运送路线简单、方便，一般都在固定的几个仓库或货运站、码头堆场，这为集装箱运输规模化、标准化创造了有利的条件；其次，它的作业方式将更容易实现机械化和程序化，为开展集装箱码头堆场、货运站直至仓库之间的拖挂车运输打下了良好的基础，这对提高公路集装箱运输的效率有重要意义。

就货物的装卸流程来说，集装箱货物分整箱货和拼箱货两种，整箱货由货主自行装箱，拼箱货由集装箱货运站负责装箱。这同传统的件杂货装卸也有很大的区别。首先，从装卸业务上来看，整箱货由货主自行装箱，拼箱货由货运站负责装箱，这就从根本上解决了以往由公路运输单位装卸而造成质量差的老大难问题；其次，从管理上来看，由货主或货运站装箱、拆箱也更容易实现专业化、熟练化。集装箱货物装卸流程的变化也使各环节中的责任划分更加明确。

（二）公路集装箱运输的货源组织

1. 公路集装箱运输货源组织的客观性

集装箱运输货源组织的客观性是指其受国家政策的影响很大，涉及国家对外贸易的发展和集装箱化的比例，同时还受货主、货运代理及船公司等各方的影响，因此从公路集装箱运输货源组织来说，其平衡性和稳定性只是相对的、暂时的。由于货源组织的不平衡性，其对运输的需求也经常处于不稳定的状态。另外，公路集装箱运输在时间上和方向上都存在着一定的不平衡性。例如，在货物的流量上，月度、季度间有很大差异，上行和下行间也存在很大差异。所以，公路集装箱运输的客观因素在一定程度上影响了公路集装箱运输的发展。

2. 公路集装箱运输货源组织的形式

公路集装箱运输货源组织的基本形式是计划调拨运输，就是由公路集装箱运输代理公司或配载中心统一受理由口岸进出口的集装箱货源，由代理公司或配载中心根据各集卡公司（车队）的车型、运力，以及基本的货源对口情况，统一计划调拨运输。计划调拨运输是保证公路集装箱运输正常发展的前提，也是保证企业效益的主要支柱。同时，计划调拨运输对公路集装箱运输的运力调整和结构调整起着指导作用。

合同运输是公路集装箱运输货源组织的第二种形式。在计划调拨运输以外或有特殊要求的情况下可采用合同运输形式，即由船公司、货运代理或货主直接与集卡公司（车队）签订合同，确定某一段时间的运箱量。这虽然是计划外的运输，但是长期的合同运输事实上也列入了计划调拨运输之列，这对稳定货源、保证计划的完成同样具有积极的意义。

第三种货源组织形式是临时托运。临时托运可视为小批量的、无特殊要求的运输，一般不影响计划调拨运输和合同运输的完成。其运输的主要是一些短期的、临时的客户托运的集装箱。

3. 公路集装箱运输货源组织的方式

（1）委托公路集装箱运输代理公司或配载中心组货。

这是主要的货源组织方式，因为公路集装箱运输代理公司或配载中心一旦成立并发挥作用，其货源组织的能量是不可低估的。专门的公路集装箱运输代理公司与集装箱运输有关单位有密切的联系，业务上熟悉，商务上也便于处理，为客户提供了方便。这将提高其知名度，反过来其业务量也将随之增大。

（2）建立营业受理点。

委托公路集装箱运输代理公司或配载中心受理集装箱托运业务，并不排斥各集卡公司（车队）在主要货主、码头、货运站处设立营业受理点。这样做有几个好处：一是能及时解决一些货主的急需或特殊需要；二是集卡公司（车队）在现场营业，能更快地了解、掌握集装箱运输市场的信息动态，从而为其运输经营提供依据；三是适度的竞争对搞活集装箱运输市场是必要的。但是，各集卡公司（车队）设立营业点必须行为规范，严格执行各项规定，并负责所产生的一切后果。

（3）参加集装箱联办会议和访问货主。

参加集装箱联办会议，及时了解货主的货源情况，也是组织货源的方式。要与货主保持密切的联系，随时掌握他们手中的货源，并争取运输；要经常走访主要货主单位，与他们建立正常的业务联系，这是直接了解客户产销情况和集装箱运输需求变化的有效方式；要主动帮助客户解决运输疑难问题，与其确立稳定的业务关系。

三、公路集装箱运输与多式联运

（一）公路集装箱运输在多式联运中的作用

在国际集装箱由海上向内陆延伸的运输系统中，公路中转站是一个重要的作业环节，也是箱货交接及划分风险责任的场所。它集"门到门"运输，中转换装，集装箱交接、堆存、拆装和货物仓储，以及集装箱的清洁、检验和修理等多种作业功能于一体，并可揽货、代办提箱、报关、报检等，与船公司、港口、国际货运代理等企业及"一关三检"、理货、保险等部门有着密切的业务联系和协作关系。正是它的多种作业功能，决定了其在国际集装箱运输系统中的重要地位和作用。

（1）公路中转站是国际集装箱运输在内陆集散和交接的重要场所。

随着外向型经济和国际贸易的发展，内陆地区外贸货物的进出口频率和数量显著增多。建立公路中转站，可预先在腹地集中出口货物，按流向将货物进行合理配积载拼装成箱，再根据运输要求及时向港口发运。如果具备中转站"一关三检"的功能，货物还可就地通关。这样的运输组织形式可以显著提高进出口货物的集装箱化程度，有效地减少货损货差，缩短集装箱周转时间，提高集装箱的利用率。

（2）公路中转站是港口向内陆腹地延伸的后方库场。

公路中转站集装箱堆存、货物仓储和中转等功能的发挥可使进口国际集装箱货物能够快速有效地从港口运往内地及时交付收货人；出口集装箱货物可根据货物的流量、流向、品类及船期安排，有计划、有准备地按期起运，进港上船。公路中转站的设立，等于将港口的后方库场延伸到了内陆腹地，大大缩短了船、箱、货在港停留时间。

（3）公路中转站是海上国际集装箱向内陆延伸运输系统的后勤保障作业基地。

因为集装箱在使用期间，为保证不危及人身安全并及时消灭其存在的缺陷，集装箱经营人要通过合同方式委托集装箱堆场经营人按照《国际集装箱安全公约》对集装箱定期进行检验和修理。而公路中转站一般均具备上述作业所需的软硬件条件。

（4）公路中转站既是内陆的一个口岸，又是国际集装箱承托运等各方进行交易和提供服务的中介场所。

公路中转站的设立是国际集装箱由港口向内陆腹地延伸运输系统中的一个重要"窗口"。它既是内地办理国际集装箱进出口业务的一个口岸，又是国际集装箱货主、货运代理人、船公司、集装箱管理部门、公路运输企业及与之有关的"一关三检"等各方进行交易和提供服务的中介场所。公路中转站完善的设施和规范有效的运作，能保证国际集装箱运输在内陆延伸系统中的顺利进行。

（5）公路中转站的设立可改善内陆地区的投资环境，从而促进外向型经济的快速发展，随之又带动集装箱运输在内陆的推广和应用。

随着外向型经济的快速发展，对国际集装箱运输的需求将更加迫切。这既是中国经济发展的需要，又是与国际贸易接轨的要求。而公路中转站的建立将促进内陆集装箱运输的发展。内陆集装箱运输的发展将进一步优化内陆的招商引资环境，提高国际贸易的管理水平，增强出口产品的竞争力，从而大大推动内陆外向型经济的发展。

（二）公路集装箱运输在多式联运中的货运形式及业务范围

公路集装箱运输在多式联运中有其独特的作用，因此有必要确定公路集装箱运输的货运形式及业务范围。在这里，我们所能讨论的也仅限于多式联运（国内段）的公路集装箱运输的货运形式和业务范围。

1. 货运形式

货运形式主要有以下几种。

（1）整箱的"港到门"直达运输。
（2）整箱的"港到站或堆场"运输。
（3）整箱的"门到港"直达运输。
（4）整箱的"门到场或站"运输。
（5）空箱的"场到门"或"站到门"运输。
（6）空箱的"站到场"或"场到站"运输。
（7）空箱的"站到站"或"场到场"运输。

2. 业务范围

（1）进口货运业务。

① 编制进口集装箱运量计划。集卡公司应根据港务局提供的船期动态表及船公司或货运代理人提供的进口船、载箱数，结合本公司运力编制进口集装箱运量计划。

② 接受汽车托运。货主或其代理人向集卡公司提出进口集装箱陆上运输申请，集卡公司在了解箱包货物和卸货地点情况以后，接受符合条件的集装箱的托运申请。

③ 申请整箱放行计划。集卡公司在接受托运之后，应向联合运输营业所申请整箱放行计划，拆箱货应由陆上运输管理处批准。

④ 安排运输作业计划。集卡公司应根据"先重点后一般"的原则，合理安排运输计划。如遇超重箱或超标准箱，集卡公司应向有关部门申请超限证，跨省运输则应开具路单等。

⑤ 向码头申请机械和理货、卫检等。无论整箱还是拆箱，集卡公司应及时向港区提出作业申请，由港区根据需要配备机械和人员。集卡公司还应代货人提出理货、卫检或一些特殊需要的申请。

⑥ 提取整箱。集卡公司在取得放行单和设备交接单后应到指定地点提取整箱，并办理出场集装箱设备交接。

⑦ 交箱。集装箱送至收货人处拆箱时，须由理货公司派理货员理货。货主接收货物后，在交接单上签收。

⑧ 送还空箱。集装箱空箱应按指定时间、地点送回。在交接空箱时，集卡公司应凭进场集装箱设备交接单办理交接。

（2）出口货运业务。

① 掌握货源。集卡公司应广泛开展货源组织工作，掌握船公司和货运代理人近期待装运的箱源，预先做好运力安排。

② 接受托运。集卡公司在了解掌握待装货物和装箱地点等情况后，对符合条件的予以承运并订立运输合同。

③ 安排作业计划。集卡公司接受托运后，应及时编制作业计划。涉及超重、超限、跨

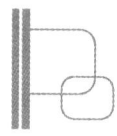

省运输时，集卡公司应向有关部门提出相关申请。

④ 向码头申请机械。集卡公司应根据船期计划在前一天向码头申请机械。

⑤ 领取空箱。集卡公司凭货运代理人签发的出场集装箱设备交接单和托运单到指定地点提取空箱。

⑥ 装箱和送交重箱。空箱在托运人处装箱，经过理货公司理货，由装箱人提供装箱单，集卡公司将重箱连同装箱单、设备交接单运到指定港区交付，并办理集装箱设备交接。

（三）公路集装箱运输在多式联运中的权利、义务和责任

目前，我国的国际多式联运还处在发展阶段，全程运输的责任体制有待建立，特别是公路集装箱运输的责任条款还未制定齐全。公路集装箱运输商务纠纷的责任仍按照传统运输的责任体制予以划分处理，在一定程度上阻碍了公路集装箱运输的发展。

为了确定公路集装箱运输在多式联运（国内段）中应拥有的权利、义务及相应承担的责任，我国应根据国情制定公路集装箱运输的责任条款。

（四）公路集装箱运输与有关部门的业务往来

公路集装箱运输同传统运输有很大区别，其中最大的区别就是环节多、手续多、单证多。由于环节、手续、单证的需要，公路集装箱运输必然要和有关部门产生各种业务往来。因此，对于公路集装箱运输公司来说，熟悉并了解有关部门的业务和政策、法规是十分必要的。

首先，公路集装箱运输公司应熟悉并了解海关、商检和港监的业务。在海关方面，公路集装箱运输公司应知道海关对国际集装箱运输报关、报检及集装箱进出口货物的有关规定，还要知道海关办理报关验收的工作程序及所需要的各种单证；在商检方面应了解国家质量技术监督局关于对商品检验、集装箱检验、有效索赔期等各项有关规定；在港监方面应清楚集装箱运载危险品的有关规定，以及在运输过程中应采取的防范措施。

其次，公路集装箱运输公司应熟知船公司或其代理人的工作程序和有关单证，并与船公司或其代理人保持密切联系，及时掌握车、船的靠泊、到站及装卸作业时间。

公路集装箱运输公司与港站的关系非常紧密，不仅要对港站熟悉和了解，而且要与港站配合。公路集装箱运输公司要掌握港站的工作规律，熟知其工作程序，及时同港站有关部门办理各项单证交接手续和预报进港、进站及机械申请计划。

公路集装箱运输公司与集装箱运输管理部门、联合运输营业所和陆上运输管理处经常会发生业务往来及单证流转，要严格按照有关规定办理，与各部门密切合作。

集装箱运输方式管理

Mission 任务 3 铁路集装箱运输

任务导读

铁路集装箱运输过程包括货源组织、计划配装、装车、中转、卸车、交付。其与传统的零担运输和整车运输不同，有其相应的组织方法和管理手段。

本任务重点阐述铁路集装箱运输货源组织的形式与运输条件，以及铁路集装箱货运程序。

任务：你作为一名货代公司的新职员，在着手进行业务操作前，需了解本公司对接的铁路集装箱运输公司及业务，如公司是与中铁集装箱运输有限公司合作，请你查找并完成一份中铁集装箱运输有限公司的集装箱运输路线及运输组织业务的调研报告。

一、铁路集装箱运输货源组织的形式与运输条件

（一）铁路集装箱运输货源组织的形式

1. 整列的集装箱货源组织形式

同一品名的整列集装箱货源组织形式较少，但在与海运联运时，即与集装箱码头相连的枢纽站接运时，由于集装箱船舶载箱量大，铁路需要编排整列的、到达同一终点站的集装箱直达列车。

2. 整车的集装箱货源组织形式

整车的集装箱货源组织形式较普遍。目前，有些国家铁路集装箱专用车长度一般为18.3m（60ft），最长的达27.4m（90ft），一节整车可装载3~4个6.1m（20ft）的集装箱。有些国家的铁路为了争取集装箱货源，规定集装箱运费按整车收取，集装箱总长不得超过24.4m（80ft），装多装少均按车计费。因此，如何配装一节整车的集装箱数量与每箱运费的分摊有很大关系。

3. 整箱的集装箱货源组织形式

对货运量较少的货主来说，在其货源能装满一个整箱但不够一节整车时，有些国家的铁路为方便这些货主托运集装箱，采取按箱计费的办法。

4. 拼箱的集装箱货源组织形式

拼箱的集装箱货源组织形式是指铁路部门对不同货主托运的货物加以整理后，将其装入一个集装箱，也就是一个集装箱中有几个货主的货物。

（二）铁路集装箱运输货源组织的运输条件

1. 必须在铁路集装箱办理站办理运输

因为集装箱运输是通过集装箱来运送货物的，所以开办集装箱运输的车站必须具备场

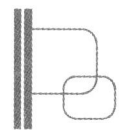

地、装卸机械、专业管理人员等条件。

2. 必须是适用于集装箱运输的货物

铁路集装箱以装运贵重货、易碎品、日用品等货物为主，这是因为这些货物价值较高，运输过程中又不易发生被盗、丢失、损坏等货运事故。在货源少的情况下，也可装运其他适箱货物。

3. 必须符合一批办理的条件

一批办理的条件：一是每批货物必须是同一吨位的集装箱；二是每批货物至少在一箱以上。

4. 由发货人、收货人装箱、拆箱

通常，铁路集装箱运输货物的装箱、加封、启封和拆箱，应由发货人、收货人负责。铁路凭封印，即铅封与发货人办理收箱、运输，并以发货人的封印向收货人办理交付。

5. 必须由发货人确定重量

因为大多数铁路车站不具备衡量集装箱货物重量的条件，所以集装箱运输的货物重量只能由发货人申报和确定。发货人对自己申报和确定的货物重量负有责任，承担由于货物超重而造成的一切损失。

二、铁路集装箱办理站

（一）铁路集装箱办理站的类型

铁路集装箱办理站按其业务性质与范围的不同可分为两种：一种是集装箱运量较大，是定期直达列车的始端或终端站，也有的叫基地站；另一种是集装箱运量较小，仅办理集装箱运输业务，称为办理站。建立集装箱办理站必须具有以下几个条件。

（1）有一定数量且稳定的集装箱货源。

（2）有装卸、搬运集装箱的机械设备。

（3）有一定面积的硬化面堆场。

（4）有办理业务的专职人员。

（5）具有与其他运输方式相衔接的条件。

在上述条件中，集装箱货源是基础，也是开展铁路集装箱运输的先决条件，因此铁路方面要认真调查和掌握货源。装卸、搬运集装箱的机械设备及硬化面堆场是开办集装箱办理站的物质条件，没有硬化面的堆场，集装箱直接放在地面上，机械设备则不能很好地作业。另外，专职人员是提高工作效率和保证质量的根本。

（二）铁路集装箱办理站的职能

目前的铁路集装箱办理站一般具有两种职能，即商务职能和技术职能。

1. 商务职能

（1）受理集装箱货物的托运申请。

（2）办理装箱、卸箱业务。

（3）编制用车计划。

（4）向到达站发出到达预报通知。

（5）编制有关单证。
（6）核收有关费用。
（7）装箱、拆箱及加封等。

2．技术职能

（1）提供适合装货、运输的集装箱。
（2）安排集装箱装卸、搬运等机械设备。
（3）联系其他运输方式。
（4）联系铁路之间的联运等。

三、铁路集装箱的中转

铁路集装箱中转站的主要任务是把来自不同车站的集装箱货物，通过有计划地组织，按到达站装车，将集装箱货物以最快速度运至到达站。

目前，在进行集装箱中转时，有时会出现集装箱箱体损坏或封印丢失、失效等情况。一旦出现这种情况，中转站要立即会同有关部门清点货物，编制详细记录说明情况，补封后继续运送。如箱体损坏危及货物运输质量时，应对箱内货物进行换箱。

中转站的中转作业分以下几个步骤。

（一）编制中转配装计划

（1）详细核对中转计划表。详细核对中转计划表的主要内容，如去向、主要到达站和存箱数、已开始作业和待运的站存箱数。站存箱数必须凭货票逐批、逐箱进行复查，然后再与中转计划表的数字进行核实。

（2）确定中转车的去向，审核到达货票，并根据到达待送车的货票统计中转集装箱的去向，确定重车卸箱后的新去向。

（3）制订集配计划。集配计划是按去向、主要到站站别统计得出的，内容包括停留在堆场的集装箱、各到达车装载的集装箱及各货车之间相互过车的箱数（卸下的箱要确定堆存箱位）。

（4）根据集配计划，结合送车顺序，确定货车送入后的中转车作业顺序。

（5）传达中转作业计划。货运员和装卸工组对计划进行复查核对，做好作业前的准备。在复查中，货运员和装卸工组不但要对数字进行复查，还要检查箱体、铅封状态、标签、箱号是否与箱票记载一致。

（二）中转作业

（1）集装箱中转作业顺序一般是指在货车送妥后，根据中转作业计划，首先卸下落地箱，再将过车箱装载到应过的车上，最后整理仍在车上的其他集装箱。

在进行车内整理作业时，要检查留于车内的集装箱的可见箱体和铅封的状态，以便划分责任。

（2）进行装载。

（3）中转作业完毕后对货车进行加封。

（三）中转作业后的整理工作

中转作业后的整理工作既是中转作业结束后对中转工作质量的检查，又是下一次作业的开始，主要包括货运票据的整理、报表填记、复查中转作业完成的质量。

四、铁路集装箱的货运程序

铁路集装箱的货运程序是指集装箱货物从接收、装车运送至卸车、交付的整个过程，现分别叙述如下。

（一）集装箱承运日期表的确定

集装箱承运日期表是集装箱计划组织运输的重要依据，其作用是使发货人明确装往某一方向的集装箱列车的装箱日期，有计划地安排货物装箱及准备短途搬运工具等。通过承运日期表，铁路内外可以紧密配合，共同搞好集装箱的计划组织运输。

（二）集装箱货物的受理

目前，大多数车站都采用由货运公司集中受理的方式，这种受理方式大致又分集装箱单独受理和集装箱、零担统一受理。货运公司在接受发货人的托运申请后，审批货物运单。审批的方法根据受理方式的不同分为以下几种。

1. 随时受理

按装箱计划或承运日期表规定的日期，在货物运单上批注进箱（货）日期，然后将货物运单退还给发货人。

2. 集中受理

集中受理是指由受理货运员根据货物运单，按去向、到达站分别登记，待凑够一车后集中一次审批。

3. 驻在受理

驻在受理是指车站在货源比较稳定的工厂、工矿区设受理室，专门受理托运的集装箱货物。在受理货物运单后，批准进箱（货）日期，或由驻在货运员把受理的货物运单交货运室统一平衡，集中审批。

4. 电话受理

电话受理是指车站货运室根据发货人电话登记托运的货物，统一集配，审批后用电话通知发货人进箱（货）日期。发货人在进箱（货）的同时，向货运室递交货物运单，由货运室审核后加盖进货日期戳记。

（三）货物运单的审核

受理货运员接到货物运单后，按有关规定逐项审核下列内容。

（1）托运的货物是否能装载集装箱运输。

（2）所到站能否受理该吨位、种类、规格的集装箱。

（3）应注明的事项是否准确、完整。

（4）货物的重量、件数、尺码等是否按规定填写。

（四）空箱发放

在发放空箱时，发送货运员应认真检查集装箱外表状况是否会影响货物的安全运输，避免产生不应有的责任。发放空箱时应注意以下几点。

（1）发送货运员在接到货物运单后，应核实批准进箱日期，审核货物运单填写是否准确，并根据货物数量核对需要发放的空箱数，有不符时应立即与受理货运员核实。

（2）对实行"门到门"运输的货物，发送货运员应开具集装箱"门到门"运输作业单交发货人，填写集装箱"门到门"运输登记簿。

（3）发送货运员应会同发货人共同检查空箱的箱体状态，发货人在集装箱"门到门"运输作业单上签字后，领取空箱。应注意的是，如发送货运员认为所领取的空箱不能保障货物安全运输时，应予以更换；如无空箱更换时，发货人有权拒绝使用；如使用后发生货损行为，应由车站负责，除非空箱存在的缺陷是无法以一般手段从外表检查发现的。

（4）发送货运员有义务向发货人介绍集装箱的内部尺寸、容积和货物积载法，这样不仅能充分利用箱容、载重量，而且能使货物牢固、安全。

（5）货物装箱后，发货人关闭箱门，并在规定的位置悬挂标签和加封。

（6）加封后，发送货运员应将封志插入封盘落销。

（五）集装箱货物的接收和承运

发送货运员在接收集装箱货物时，必须对由发货人装载的集装箱货物逐箱进行检查，只接收并承运符合运输要求的集装箱。接收集装箱货物后，车站在货物运单上加盖站名、日期戳记，表明此时货物已被承运。所谓承运，是指从发货人将托运的集装箱货物移交铁路开始，到将货物交给收货人为止。

在接收集装箱货物时，发送货运员应做到以下几点。

（1）发送货运员应对由发货人装载的集装箱货物，逐批、按箱检查箱门是否已关好、锁舌是否落槽，合格后在货物运单上批注货位号码。对"门到门"运输的集装箱货物，发送货运员还要核对是否卸入指定货位，然后在集装箱"门到门"运输作业单上签字，并返还给发货人一份。

（2）发送货运员应以货物运单为依据，检查标签是否与货物运单记载一致、集装箱号码是否与货物运单记载相符、铅封号码是否正确。

（3）发送货运员应检查铅封的加封是否符合技术要求。

（4）发送货运员检查箱体是否受损，如有损坏，应编制集装箱破损记录。如损坏系因为发货人的过失行为，则发送货运员应要求发货人在破损记录上签章，以划分责任。检查时，如发生铅印失效、丢失、无法辨认站名、未按加封技术要求进行铅封等情况，发货人应负责恢复至正常状态。

（5）检查确认无误后，发送货运员在货物运单上签字，交给发货人付款发票联。

（6）对进行"门到门"运输的集装箱，发送货运员还应补填集装箱"门到门"运输登记簿等有关事项。

（六）装车

装车货运员在接到配装计划后确定装车顺序，并做到以下几点。

（1）装车前，装车货运员应对车体、车门、车窗进行检查，检查问题包括是否过了检

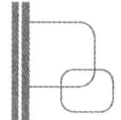

查期、有无运行限制、是否清洁等。

（2）装车时，装车货运员要检查待装的集装箱和货运票据是否相符，是否齐全、准确，并对箱体、铅封状态进行检查。

（3）装车后，装车货运员要检查集装箱的装载情况是否满足安全运送的要求，如使用棚车装载时要加封。装车完毕后，装车货运员要填写货车装载清单、货运票据。除一般内容的填写外，装车货运员还应在装载清单上注明箱号，在货运票据上填写箱数总和，包括货重和箱体自重。

（七）卸车

集装箱货物到达目的地后，即行卸车。卸车时，卸车货运员应做到以下几点。

（1）做好卸车前的准备工作，卸车货运员先要核对货车装载清单、货运票据等与货物是否一致，然后确定卸车地点，并确定卸箱货位。

（2）卸车前，卸车货运员还应做好货运检查，检查集装箱外表状况和铅封是否完整。

（3）卸车时，卸车货运员对棚车进行启封，做好监卸和卸货报告，如在卸车过程中发生破损应进行记录，以便划分责任。

（4）卸车货运员要做好复查登记，要以货票对照标签、箱号、封号，在货物运单上注明集装箱停放的货位号码，根据货票填写集装箱到达登记簿和卸货卡片。

（八）集装箱货物的交付

交货时，交箱货运员在接到转来的卸货卡片和有关单据后，认真做好与车号、封号、标签的核对，核对无误后通知装卸工组交货，并当面点交收货人。收货人在收到货物后应在有关单据上加盖"交付讫"的戳记。对"门到门"运输的集装箱货物，交箱货运员应填写"门到门"运输作业单，并由收货人签收。对由收货人返回的空箱，交箱货运员应检查箱体状况，在"门到门"运输作业单上签章。

上述集装箱货运程序均指铁路专用箱，其为满足和适应国际标准箱的运输条件和规定主要有以下几点。

（1）国际集装箱在铁路只限用 6.1m（20ft）、12.2m（40ft）集装箱。

（2）由货主自备的上述两种货箱仅限在专用路线使用，但 6.1m（20ft）集装箱范围可放宽。

（3）使用国际标准箱运输货物，由发货人加铅封，铁路与发货人、收货人之间的交接凭封印办理。

（4）国际多式联运的国际标准箱按《国际铁路货物联运协定》及其细则有关规定办理。

（5）应使用敞车或平车装运国际标准箱。装载时箱门应相对，间距不超过 200mm。使用平车时，应捆绑加固。

办理国际标准箱运输的车站，应按月向铁路分局、铁路局填报集装箱运输情况月报。

五、铁路集装箱货物的交接与责任划分

（一）铁路与发货人、收货人之间的交接

铁路与发货人、收货人之间（其中包括他们的代理人）的交接，主要是指集装箱的接收和交付两个作业环节，它直接关系到铁路与发货人、收货人之间的责任划分。

铁路集装箱的交接均应在铁路货场内进行，主要检查箱体状态和铅封。铁路集装箱起运时，应由发货人将集装箱堆放在指定的货位上，关好箱门，铁路承运人与发货人按批逐箱与货签核对，检查完毕后，在货物运单上加盖承运日期戳记，表明已接收承运，或承运已开始。在交付集装箱时，铁路承运人则应根据收货人提交的货物运单（或集装箱"门到门"运输作业单），与集装箱到达登记簿进行核对，然后会同收货人按批逐箱进行检查对照，经确认无误后，将集装箱向收货人进行一次点交，并注销交货卡片，交付完毕，责任即告终止。对进行"门到门"运输的空箱交接，经双方检查，确认箱体完好后，在集装箱"门到门"运输作业单上签字盖章办理交接手续。

（二）铁路货运员之间的交接

铁路货运员之间的交接有两种：一是按同一工种因班次交替而进行的交接；二是不同工种之间的交接。对于上述两种交接，交接双方均应到现场实现对口交接。交者与接收者应采取以票对箱或以箱对票的方法，按批逐箱进行检查，交接后双方在交接簿上签章，以分清责任。在交接过程中，如发现集装箱与货物运单记载的发送站、到达站、箱数、货名、发货人和收货人不符，以及铅封失效、丢失、箱体损坏危及货物安全等情况时，则应按《铁路货运事故处理规则》的有关规定进行处理。

（三）集装箱破损的责任划分及其记录的编制

集装箱的破损大致有两种情况：一是集装箱损坏；二是集装箱破损。前者是指某一单位或个人未及时、定期对集装箱进行修理造成的损坏；后者是指集装箱的全损或报废。上述两种破损按其责任可分为以下几种。

（1）发货人、收货人的过失。

（2）承运人的过失。

（3）第三者的过失。

（4）不可抗力、意外原因、自然灾害等。

（5）铁路装卸工人的过失。

（6）铁路货运员的过失。

凡是上述责任造成的损坏箱、破损箱，以及货主自己的集装箱在铁路运输过程中发生的破损，都由货运员按箱编制集装箱破损记录。该记录是划分集装箱破损责任的重要依据，因此记录中所记载的内容必须准确、明确、肯定、完整。

集装箱运输方式管理

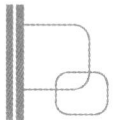

Mission 任务 4 航空集装箱运输

任务导读

航空集装箱运输是一种现代化的运输方式，其特点如下：运送速度快，安全性能高，货物破损少，节省包装费、保险费和储存费；航行便利，不受地面条件的限制，可通往世界各地，并将货物运送至收货人的所在地。随着航空工业技术的发展，加上国际贸易市场对货物供应的要求，航空集装箱运输在国际贸易货运中所占的比重越来越大。

目前，在航空集装箱运输中，进出口货物主要采用两种方式：一种是班机运输；另一种是包机运输。前者运输有固定的航线和起飞时间、到达时间，运费一般是从出发地机场至到达地机场的运费，地面运输则由收货人、发货人自行负责；后者只确定起飞时间、到达时间，其费用（包机费）是按来回程计算的。

本任务重点介绍航空集装箱运输的货物种类及航空集装箱的分类。

任务：你作为一名货代公司的新职员，在着手进行业务操作前，需了解本公司对接的航空集装箱运输公司及业务，如公司是与顺丰航空有限公司合作，请你查找并完成一份顺丰航空有限公司的集装箱运输路线及运输组织业务的调研报告。

一、航空集装箱运输中的货物

航空集装箱运输是将适宜的货物、邮件装在集装箱内，采用民用飞机装载集装箱进行运输的一种运输方式。

（一）航空集装箱运输的特征

1. 航空承运人的货运市场也就是集装箱货运市场

集装箱运输虽在全世界被广泛采用，但无论是水路承运人、公路承运人还是铁路承运人，在他们所承揽的货物中，有适合集装箱运输的货物，也有不适合集装箱运输的货物。但是，航空承运人所承揽的货物，一般均为适箱货物。也就是说，航空承运人的货运市场就是集装箱货运市场。

2. 货物的价值是判定其是否适用于航空集装箱运输的主要条件

适于航空集装箱运输的特定货物的价值越高，其采用航空集装箱运输的可能性就越大。原因有以下几点：① 航空集装箱运输的运费比水路、公路、铁路集装箱运输的运费都要高，而货物价值越高，则越容易承担较高的运费；② 货物价值越高时，采用航空集装箱运输给货主带来的好处也越大，这种好处包括能保证货运质量、使货物及时投放市场、减少货物的库存量等。可见，货物的高价值是促使货物采用航空集装箱运输的一个重要特征。随着全球经济一体化的不断加强和世界贸易的高速扩展，具有快速、可靠、灵活及高附加值的航空集装箱运输在整个货运领域中所占的位置越来越突出。

3. 货物的运送时间要求是判定其是否采用航空集装箱运输的重要因素

有些货物的价值虽然并不很高，但其运送时间要求却很高，这类货物，如特定的普通件货或急件货物，在航空货运量中占有相当大的比重。这是由于区域经济的分工与协作及不同的自然地理条件使货物产生差异，从而促使不同地区之间的货物要进行流通。例如，由于荷兰种植的郁金香花品种独特，就需要通过航空集装箱运输将其运往世界各地，以满足人们的需求。

（二）航空集装箱运输的货物种类

航空集装箱运输的货物一般可分为工业制成品货物、鲜活易腐货物及航空邮件货物3类。

1. 工业制成品货物

工业制成品货物主要包括电子产品、精密仪器、服装、针织品、生物制品、工业品和医药用品等。

2. 鲜活易腐货物

鲜活易腐货物主要包括海鲜货、鲜嫩蔬菜、新鲜水果、活体动物和鲜花等。

3. 航空邮件货物

航空邮件货物主要包括包裹、信函、明信片、印刷品和盲人读物等。

二、航空集装箱

航空集装箱一般包括航空集装箱运输中使用的各种类型的集装箱、集装板（网）和其他有关辅助器材。

国际航空协会将航空运输的集装箱称为"成组器"，它又分为航空用成组器和非航空用成组器两种。

（一）航空用成组器

航空用成组器是指装载在飞机内与固定装置直接接触，不用辅助器就能固定的集装箱，它是飞机的一部分。航空用成组器从结构上又可分为部件组合式和完全整体结构式两种。部件组合式由货板、货网和非固定结构圆顶3部分组成，或者由货板和货网组成；完全整体结构式则包括主货舱用集装箱、下部货舱用集装箱和固定结构圆顶集装箱等。

（二）非航空用成组器

非航空用成组器是指未满足上述航空用成组器条件的成组器。这种成组器可用叉式装卸车进行装卸。

国际航空运输协会对属于非航空用成组器范畴内的集装箱给予的定义为"这种集装箱是指用铝、波纹纸、硬板纸、玻璃纤维、木材、胶合板和钢材等组合制成的，可以铅封和密封的集装箱。其侧壁可以固定，也可以拆卸"。

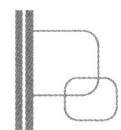

三、国际航空运输组织及有关当事人

（一）国际民用航空组织

国际民用航空组织成立于1944年4月4日。它是政府间的国际航空机构，也是联合国所属专门机构之一，总部设在加拿大的蒙特利尔，现有成员国150多个。大会是国际民用航空组织的最高权力机构，其常设机构是理事会，由大会选出的成员国组成。我国是该组织的成员国，也是理事国之一。它的宗旨是发展国际航空的原则和技术，促进国际航空运输的规划和发展，以保证全世界国际民用航空的安全和有秩序的发展，其具体工作内容包括以下几点。

（1）鼓励发展用于和平的航空器的设计和操作技术。
（2）鼓励发展用于国际民用航空的航路、航站和航行设备。
（3）满足世界人民对安全、正常、有效和经济的空运的需要。
（4）防止因不合理的竞争而造成经济上的浪费。
（5）保证缔约各国的权利充分受到尊重，每一缔约国具有开辟国际航线的均等机会。
（6）避免缔约各国之间的差别待遇。
（7）促进国际航行的安全。
（8）普遍促进国际民用航空在各方面的发展。

（二）国际航空运输协会

国际航空运输协会是各国航空运输企业（空运承运人）之间的联合组织，其会员必须是上述国际民用航空组织的成员国的航运企业。该协会于1945年4月16日在哈瓦那成立，其最高权力机构是年度大会，年度大会选举执行委员会主持日常工作，其下设财务、法律、技术和运输等委员会。国际航空运输协会的主要任务有以下几点。

（1）促进安全，并定期以经济的航空运输方便世界人民，扶助发展空运业。
（2）提供各种方式以促进直接或间接从事国际空运业务的空运企业之间的合作。
（3）促进与国际民用航空组织和其他国际组织的合作。

（三）国际货运代理人协会联合会

国际货运代理人协会联合会成立于1926年，其成立目的是解决由于日益发展的国际货运代理业务所产生的问题，它的会员不仅包括货运代理企业，还包括海关、船舶代理、空运代理等部门，因为这些部门都是国际运输的一部分。该协会下设公共关系、运输和研究中心、法律单据和保险、铁路运输、公路运输、航空运输、海运和多式联运、海关、职业训练、统计10个技术委员会。

（四）空运代理

航空集装箱运输是一项较复杂的商业业务，处理不当往往会造成损失，因而一般货主比较愿意委托空运代理办理有关业务。空运代理在经营出口货运时，通常向发货人提供下列业务。

（1）从发货人处接收货物，向航空公司订舱，并按时将货运至机场。
（2）填写航空运单，计算运单上所列明的各项费用，保证发票及其他商业单据符合航空运输的需要。

（3）检查进出口许可证是否完善，办理其他有关政府的规定手续。
　　（4）代发货人办理保险等。

四、集装箱运输对空运的要求

　　航空运输的集装箱在尺寸、结构和容积方面与其他运输方式使用的集装箱不同。航空公司比较关心的是如何避免飞机的损伤和减轻集装箱的重量，因此所有空运集装箱和国际航空运输协会批准的成组货载装置、穹顶、低底板的集装箱比国际标准化集装箱要轻得多，空运集装箱不需要重型角铸件、角柱，它不受海运或其他装卸作业的压力。而且，此种集装箱不符合国际标准化装卸设备，如龙门式起重机、集装箱起重机、抓具等的要求。所以，如果空运要与海运和其他运输方式开展国际多式联运业务，就必须在机型、箱型等方面进行改革，使空运的集装箱符合国际标准化的要求。

　　就航空运输来说，其与其他运输方式，如陆运、海运、水运相接送的机会很少。这是因为空运的接箱有两种类型：其一，为接送、转运业务，在这一类型中，航程两端为货车接送业务，即用货车将货物从一个机场运至另一个机场；其二，陆运和空运相接，这种类型实际上是短途货车接送业务，即用货车在机场两端及四周接送业务。而且这种货物仅限于适宜空运的货物，是具有一定价值与重量比率因而能承受较高的空运费用的货物。同时，空运货物的包装比陆运、海运的轻，因此就集装箱本身来说，不能进行接送和交替使用。在短途货车接送业务中，货车接送是航空运输的一个附带部分，整个航程都包括在空运运单内，空运承运人对全程运输负责，并受制于《华沙公约》严格赔偿责任制和相当高的赔偿责任限额。

　　此外，就《华沙公约》有关适用范围、单据、赔偿责任限制、通知期限、诉讼时效、管辖等方面的规定，空运与国际多式联运也有分歧。根据《华沙公约》的规定，华沙制度对所有国际空运都强制适用，任何违背本公约条款的合同均属无效。《华沙公约》关于多式联运的规定："本公约的规定仅适用于航空运输，在整个运输过程中，某一区段涉及其他运输方式的多式联运问题时，其中空运区段应遵守华沙制度的规定。"

五、我国民航关于国际航空运输的一般规定

（一）货物的托运

　　托运人在申请货物运输时，应正确填写国际货物托运书（Shipper's Letter of Instruction）和有关货物出口明细表、发票、装箱单及海关、商检需要的证书、文件，先向海关办理出口手续，然后由民航填开航空运单，每批货物填开一份航空运单。包机运输的货物，每一架次填开一份航空运单。

　　航空运单是承运人与托运人之间的货运契约，也是航空运输的凭证。航空运单由两组文字组成，第一组文字"999"为中国民航代号，第二组文字为航空运单顺序号码。航空运单有正本三份，副本若干份，正本一份随货同行，一份留承运人，一份交发货人。

　　托运时，应根据货物的性质、形状、重量、体积、包装等情况，在每件货物包装上写上收货人、发货人的名称和地址及货箱号、标志等。

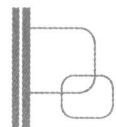

（二）货物的交付

货物运至目的地后，由航空公司以书面或电话形式通知收货人提货。收货人接到通知后应自行办妥海关手续，并当场检查货物有无损坏。如有损坏、短少，应立即与承运人、海关或有关部门联系，并做出运输事故记录。

从向收货人发出提货通知后的次日起，国际货物免费保管 5 天，超出上述时限，按规定收取保管费。分批到达的货物保管期限，应从通知提取最后一批货物的次日起算。

六、多式联运下的航空货物运输问题

根据《华沙公约》的规定，华沙制度对所有的国际空运承运人强制适用，任何违背该公约条款的合同均属无效。《华沙公约》对运输部分涉及使用空运、部分使用其他运输方式进行的多式联运规定多式联运中的空运部分应遵守《华沙公约》的规定。

为了切实解决涉及空运的多式联运问题，《联合国国际货物多式联运公约》在拟订中已注意到空运的特点，通过的公约条款应同华沙制度下现行规则及最近达成的一些文件避免发生冲突。只有制定的公约内容无损于目前有关不同运输方式下的国际规则之间的基调，才能使多式联运的内容普遍得到承认。

集装箱运输方式管理

项目拓展

项目小结

本项目主要涉及水路、公路、铁路、航空集装箱运输的运输组织与流程，重点对公路和铁路集装箱运输的货源组织、货运业务流程等进行了详细的阐述，也对水路、公路、铁路、航空集装箱运输的相关内容进行了说明。

项目 6 集装箱运输方式管理

```
集装箱运输方式管理
├── 水路集装箱运输
│   ├── 世界主要海上国际集装箱运输航线
│   │   ├── 集装箱班轮运输
│   │   └── 国际集装箱班轮公司及班轮航线
│   └── 水路集装箱运输组织
│       ├── 海上国际集装箱运输组织
│       └── 海上国际集装箱运输企业
├── 公路集装箱运输
│   ├── 集装箱运输对公路的要求
│   │   ├── 对公路技术规格的要求
│   │   ├── 对运输车辆的要求
│   │   ├── 配备必备的装卸设备
│   │   └── 公路集装箱营运管理
│   ├── 公路集装箱运输货源组织
│   │   ├── 公路集装箱货物运输的特点
│   │   └── 公路集装箱运输的货源组织
│   └── 公路集装箱运输与多式联运
│       ├── 公路集装箱运输在多式联运中的作用
│       ├── 公路集装箱运输在多式联运中的货运形式及业务范围
│       ├── 公路集装箱运输在多式联运中的权利、义务和责任
│       └── 公路集装箱运输与有关部门的业务往来
├── 铁路集装箱运输
│   ├── 铁路集装箱运输货源组织的形式与运输条件
│   │   ├── 铁路集装箱运输货源组织的形式
│   │   └── 铁路集装箱货源组织的运输条件
│   ├── 铁路集装箱办理站
│   │   ├── 铁路集装箱办理站的类型
│   │   └── 铁路集装箱办理站的职能
│   ├── 铁路集装箱的中转
│   ├── 铁路集装箱的货运程序
│   │   ├── 集装箱承运日期表的确定
│   │   ├── 集装箱货物的受理
│   │   ├── 货物运单的审核
│   │   ├── 空箱发放
│   │   ├── 集装箱货物的接收和承运
│   │   ├── 装车
│   │   ├── 卸车
│   │   └── 集装箱货物的交付
│   └── 铁路集装箱货物的交接与责任划分
│       ├── 铁路与发货人、收货人之间的交接
│       ├── 铁路货运员之间的交接
│       └── 集装箱破损的责任划分及其记录的编制
└── 航空集装箱运输
    ├── 航空集装箱运输中的货物
    │   ├── 航空集装箱运输的特征
    │   └── 航空集装箱运输的货物种类
    ├── 航空集装箱
    ├── 国际航空运输组织及有关当事人
    └── 集装箱运输对空运的要求
```

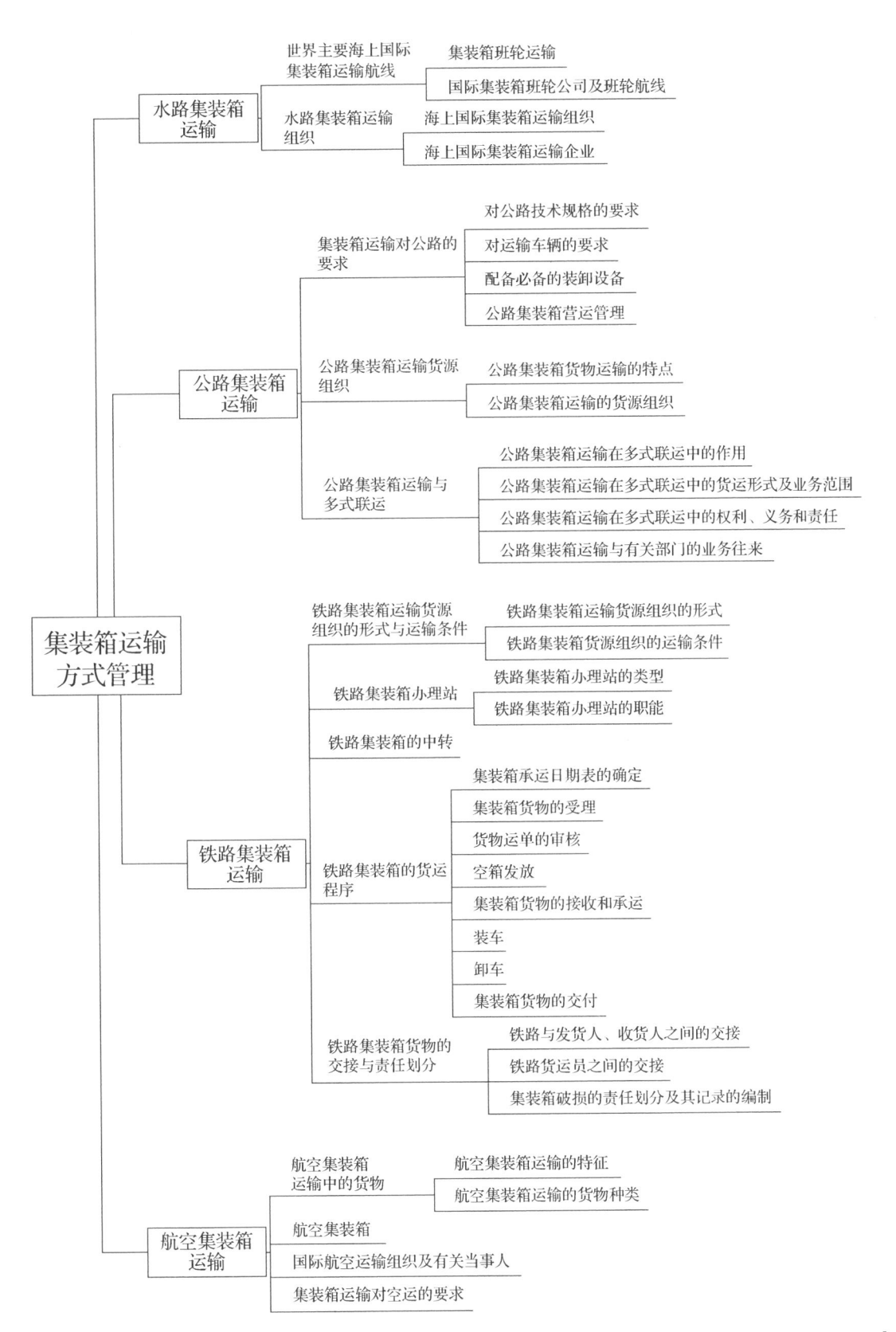

思政园地

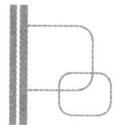

5省已联手,让中欧班列为"一带一路"建设提质加速

重庆、河南、湖北、浙江、湖南的中欧班列运营平台2019年8月24日联合发布了《中欧班列高质量发展倡议书》,将加强协同合作,避免恶性竞争,坚持创新发展,共同推动中欧班列的健康可持续发展。

中欧班列是推进"一带一路"建设的旗舰项目和重要抓手,如图6-1所示。开行9年来,中欧班列在各地深入融入"一带一路"建设、加快开发开放步伐、促进外贸发展和产业结构升级、打造区域国际物流枢纽等方面发挥了重要作用。作为倡议书中的关键词,"避免恶性竞争"就是要求中欧班列沿线省份和城市针对同一类型的商品,在保证质量的前提下,对平台运价有相对统一的标准和计费模式,唯有如此,才能有效保证中欧班列品牌在世界运输市场的影响力,才能有效加强中国商品在世界市场中的话语权。

图6-1 中欧班列

从无到有,中欧班列凭借着安全快捷、绿色环保、受自然环境影响小等综合优势,成为国际物流中陆路运输的骨干方式,为贯通中欧陆路贸易通道,实现中欧间的道路联通、物流畅通,服务中国与欧洲间的经贸发展,推进"一带一路"建设提供了运力保障。

作为丝绸之路经济带的重要纽带,丝绸之路经济带陆路大通道的先行者,中欧班列已然成为加强中欧互联互通的重要载体,它带来的"脉动"效应不断增强,对提升"一带一路"沿线各国基础设施互联互通和经贸合作水平,适应日益增长的亚欧大陆国际贸易运输需求,释放丝绸之路经济带物流通道的潜能具有重要作用。

中欧班列不仅运送货物,还带来了机遇和发展。如今,丝绸之路经济带上奔驰的列车络绎不绝。我们坚信,这是一条通往繁荣与富强的"钢铁之路",能让中国在与"一带一路"沿线国家的经贸往来中,协调一致,互惠互利,共同发展。

(资料来源:中国远洋海运e刊)

讨论思考:党的二十大报告指出,"实行更加积极主动的开放战略,共建'一带一路'成为深受欢迎的国际公共产品和国际合作平台。"中欧班列对"一带一路"建设有什么意义?

中欧班列

项目测试与训练

一、讨论分析题

1. 海上国际集装箱运输企业的类别。
2. 如何做好公路集装箱运输的货源组织工作？
3. 铁路集装箱中转站的主要任务是什么？
4. 航空集装箱运输的特征主要表现在哪几个方面？

二、技能训练

1．训练目的：通过训练使学生熟悉集装箱运输的货源组织和业务操作。

2．训练要求与操作准备：

（1）将学生分为若干小组，以小组为单位，联系一家集装箱运输企业，对该企业的基本信息、集装箱运输业务经营方式和组织过程、网点分布、所能提供的集装箱运输服务等进行调查。

（2）对某一单集装箱运输业务处理过程进行跟踪，了解集装箱运输业务组织方法和操作流程，提出分析意见。

（3）以小组为单位，完成项目中三个任务（海运，公路、铁路、航空集装箱运输公司）的集装箱运输线路及运输组织业务的报告，并进行小组展示汇报。

3．训练资料与设备准备：

尽量帮学生联系合作企业，调查前要求以小组为单位制订调查计划，对被调查企业的背景进行了解，调查中做好调查记录，调查完成后小组讨论总结形成调查报告。

调查中要携带纸、笔、录音器、摄像机等设备，以便做好记录。

三、自我训练

（一）单选题

1．海上国际集装箱班轮运输可能会使用"货主箱"（SOC），该类集装箱在海上运输过程中灭失或者损坏时，可以认为它是一种（　　）。

　　A．货物的包装　　B．运输设备　　C．运输工具　　D．货物

2．历史上第一条大陆桥是（　　）。

　　A．新亚欧大陆桥　B．美国大陆桥　C．西伯利亚大陆桥　D．第三大陆桥

3．班轮运输载运的主要是（　　）。

　　A．件杂货　　B．集装箱　　C．整箱货　　D．拼箱货

4．在国际集装箱海运实践下，国际货运代理人作为 CONSOLIDATOR 时与收发货人所采用的集装箱货物交接方式主要是（　　）。

　　A．CY-CY　　B．CY-CFS　　C．CFS-CFS　　D．CFS-CY

5. "门到门"运输适合采用（   ）交接方式。
   A. 整箱交，整箱接　　　　　　　B. 整箱交，拆箱接
   C. 拼箱交，拆箱接　　　　　　　D. 拼箱交，整箱接

(二) 多选题

1. 集装箱运输的优越性包括（   ）。
   A. 提高装卸效率，降低劳动强度
   B. 减少货损货差，提高货运安全性与质量
   C. 缩短货物的运输时间，加快车船的周转
   D. 免除包装费用，减少成本
   E. 减少货物运输费用

2. 多个承运人联运可签发（   ）提单。
   A. 转运提单　　　B. 联运提单　　　C. 多式联运提单　　　D. 海运单
   E. 公路运单

3. 美国地区的运输条款有（   ）。
   A. OCP 条款　　　B. MLB 运输条款　　　C. IPI 运输条款　　　D. SLB 运输条款
   E. MBL 运输条款

4. 目前，我国航空货物运输的主要公约有（   ）。
   A. 《华沙公约》　　　　　　　　B. 《海牙议定书》
   C. 《蒙特利尔第四号议定书》　　D. 《海牙规则》
   E. 《汉堡规则》

5. 集装箱按用途可以分为（   ）。
   A. 通用集装箱　　　B. 常用集装箱　　　C. 代用集装箱　　　D. 专用集装箱
   E. 杂货集装箱

参考答案

下篇

国际多式联运

项目 7 国际多式联运概述

知识目标
掌握国际多式联运有关的基本知识,了解多式联运经营人及其法律责任。

能力目标
熟悉国际多式联运有关的基本知识,能描述多式联运经营人及其法律责任。

思政目标
1. 培养创新意识。
2. 培养学生民族自豪感,进行爱国主义教育。
3. 开展职业道德教育,遵循市场规律,遵守法律法规。

引导案例及分析

海陆联运货物被无单担保提货案

2010年10月,SEZFT公司(卖方)与俄罗斯AROAN公司(买方)达成了一笔交易,货物为服装,金额为24万美元,合同具体如下。

(1)付款方式:买方先付20%定金,于发货后30天付清尾款,付款后交单。

(2)运输方式:海陆联运,入中国港口到MOSCOW。SEZFT公司在签订合同后,即收到AROAN公司汇来的20%定金,然后其按照合同要求,于当年11月备妥货物,由某船公司所属轮船运往MOSCOW。

发货后一个月,买方拒绝履行付款义务,理由是货物尚未到港。SEZFT公司据此情况,立即扣留有关单据,同时催促船公司速将货物运往目的港。经查,该批货物在2010年12月中旬抵达汉堡后,即装集装箱卡车运往MOSCOW,并于2010年12月24日被卡在边境港口RIGA,迟迟未能抵达MOSCOW,直至2011年1月24日,货物才抵达MOSCOW。

由于货物的运输时间太长,货物抵港时买方借口已过销售季节,拒绝付款赎单。SEZFT公司为了避免造成更大损失,决定将该批货物就地处理,但当SEZFT公司出示正本提单时,才发现该批货物已于2011年1月25日被AROAN公司无单提走。在这种情况下,SEZFT公司立即出函给船公司,要求交货或赔偿,直至次年7月份仍未收到船方的答复。于是,SEZFT 公司即与律师及法院协商,分析案情后,于 2011 年 7 月向当地海事法院起诉,要求船公司赔偿无单放货而造成的损失。在法院的调解下,双方达成协议,由船公司赔偿 SEZFT 公司 205 000 美元,本案结束。

思考题:谁应承担无单放货的责任?

案例要点:

1. 运输方式对交货期的影响极大。
2. 卖方应随时把握动态,防范风险。
3. 船公司应坚持按正本提单放货,未经发货人同意不得擅自通过任何方式无单放货。

要点评析:

AROAN 公司与 SEZFT 公司有多年的贸易关系,资信尚可,有一定的经营能力,为什么 AROAN 公司却背着 SEZFT 公司无单提了货呢?主要是这种季节性商品运输的时间太长,以致误了销售季节,影响了 AROAN 公司的自身利益,因此该公司也就不顾多年的贸易关系,匆匆背着 SEZFT 公司无单提了货。而 SEZFT 公司也是一家有着几十年历史的对外贸易企业,警惕性强,果断采取了应变措施,从而挽回了损失。

Mission 任务 1 国际多式联运认知

任务导读

世界经济贸易的发展及经济结构的变化,对运输的发展提出了新的要求,尤其是给多式联运的发展带来了勃勃生机。集装箱运力的迅速增长,世界集装箱船队的急剧增加,船队结构向高速化、大型化发展,船舶更新速度的加快,EDI 等技术的迅速普及,都对多式联运的发展起到了巨大的推动作用,使其呈现出许多新的特点。

本任务重点讲述国际多式联运的定义与特征、国际多式联运的发展,以及国际多式联运的条件和优点。

任务:假设你公司欲取得多式联运经营资格,计划经营杭州至泰国曼谷的国际多式联运路线,该项业务由你来负责申报工作,如何进行国际多式联运资源整合,完成相应的调研报告。

一、国际多式联运的定义与特征

(一)国际多式联运的定义

1980 年 5 月于日内瓦通过的《联合国国际多式联运公约》规定,国际多式联运是指按照多式联运合同,以至少两种不同的运输方式,由多式联运经营人将货物从一国境内接管

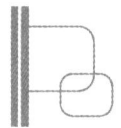

货物的地点运至另一国境内指定交付货物的地点。

国际多式联运不仅仅是不同运输工具进行的联合运输,更重要的是在全程运输中只有一份运输合同,多式联运经营人作为合同承运人统一组织全程运输,并负责将货物从起运地运往目的地。因此,多式联运在本质上不同于分段联运,它是一种体现整体性的、高效率的联运组织形式。

(二)国际多式联运的特征

(1)国际多式联运是根据国际多式联运合同进行的。国际多式联运合同是多式联运经营人与发货人订立的符合国际多式联运条件的运输合同。该合同约束整个国际多式联运过程。

(2)国际多式联运在全程运输中至少采用两种不同的运输方式,而且是不同运输方式不同运输区段的连续运输。

(3)国际多式联运的货物主要是集装箱货物或集装化的货物,在运输过程中一般以集装箱作为运输的基本单元。货物集装箱化促进了国际多式联运的发展,而现代集装箱运输自产生起就与国际多式联运紧密地联系在一起,使国际多式联运具有集装箱运输的高效率、高质量、高投入、高技术和系统性的特点。国际多式联运的发展与集装箱运输系统,特别是集疏运系统的完善有紧密的关系。

(4)多式联运经营人以单一费率向货主收取全程运费。国际多式联运是一票到底,实行全程单一费率的运输。发货人只要办理一次托运、一次计费、一次保险,通过一张单证即可实现从起运地到目的地的全程运输。

(5)多式联运经营人承担全程的运输责任。国际多式联运是不同运输方式的综合组织,无论涉及几种运输方式、分为多少个区段,国际多式联运的全程运输都是由多式联运经营人完成或组织完成的,多式联运经营人要对运输全程负责。

(6)在国际多式联运货物的全程运输中,除由多式联运经营人本人承担或者不承担部分区段运输外,多区段的运输是通过其与各区段的实际承运人订立分运合同来完成的。各区段的实际承运人对自己承担区段的货物运输负责。

二、国际多式联运的发展

(一)国际多式联运的发展历程

20世纪初,由于船队规模的迅速发展,国际班轮航线相继开辟,为海运与陆运的连接提供了方便。例如,亚洲东部地区的货主将货物装上班轮,运往美国西海岸港口,再将货物装上铁路直达列车,直接到达美国中部或东部交货。这种方式利用了海运班轮运输和铁路直达运输的优点,与过巴拿马运河的单一海运方式相比,缩短了运输距离,节省了运输时间,降低了运输成本。然而,这种海陆联运还不是真正的多式联运,只是一种分段联运,因为在全程联运中没有一个经营人对全程运输负责,而是海运与陆运分段协作,各自签发自己的运输单据,并对自己的运输区段负责。

第二次世界大战后,西方各国尤其是美国的经济迅速恢复,很快进入经济快速增长期,产业界机械化和规模化生产的革新很快涉及运输业,出现了油品运输、散货运输的大型化、专业化生产,特别是20世纪50年代的集装箱运输,其高效率、高质量、高效益的优越性越来越被世界各国所认同,从而在短短的10年间从美国走向全世界,掀起了国际化的集装箱运输热潮。

20世纪60年代末，美国率先开展了国际多式联运，取得了显著的经济效果，受到了货主的广泛欢迎。随着集装箱运输的快速发展，我国在1997年颁布了第一部国际多式联运的法规《国际多式联运管理规则》，为我国的国际多式联运提供了良好的发展基础。

（二）国际多式联运的发展现状

国际多式联运早已存在，但一直发展缓慢。近30年来，集装箱运输的大发展才促使国际多式联运在世界范围内有了长足的进步。当今世界上，集装箱运输已进入国际多式联运时代，当然，其在发展过程中仍存在一些问题。

国际集装箱多式联运

1. 国际多式联运发展中存在的主要问题

（1）地区发展不平衡。

国际多式联运是资本密集、管理技术要求较高的产业，发展中国家由于资金和人才短缺，起步较晚，一般处于集装箱运输的发展阶段，少数还处于起步阶段，与发达国家相比晚了20～30年。例如，在发展中国家，换装地各种必要的设施不配套、运输环境较差、货主拥有大量自有车辆、缺乏一流的多式联运经营人等，成了国际多式联运发展的重要障碍。

（2）集装箱标准化尚未取得一致。

在国际多式联运实践中，集装箱标准化尚未取得一致。例如，美国集装箱与ISO的规格就不一致。在美国的国内运输中，通常使用45ft或48ft的集装箱，同时还采用加长、加高的集装箱；而世界其他各国多采用20ft与40ft的国际集装箱，由此产生了集装箱的换装作业与衔接不畅等诸多问题。

（3）多式联运经营人责任未统一。

由于各国法律不同、多式联运经营人的规模不同，有关规定多式联运经营人责任的国际多式联运单证及其背面条款存在差异，国际上尚无一个可为各国通用的、统一规范的标准国际多式联运单证，从而造成国际多式联运单证处于纷繁杂乱的状态，使多式联运经营人的责任尚未统一。

（4）综合优势未得到充分发挥。

由于各国体制、观念、管理、技术等诸多方面的原因，国际多式联运所具有的综合优势未能充分发挥出来，这在一定程度上导致了货主偏向选择单一运输方式，从而影响了国际多式联运的发展。

2. 我国多式联运发展中存在的主要问题

我国集装箱运输始于20世纪50年代中期的铁路集装箱运输。20世纪70年代，我国海上集装箱运输正式启动，80年代夯实基础，90年代全面进入发展时期。但集装箱运输始终处于分段运输阶段，国际多式联运仍处于发展初期。目前，我国集装箱运输主要以港到港的海运方式为主。我国外贸适箱货已达80%～90%，尤其是出口适箱货比重更高。但是，我国大部分出口货物以散货的形式集运到港区拼装后出运，大部分进口货物到港拆箱后再疏运到内地，再加上报关报检等繁杂的手续，运输效率仍然较低。我国多式联运存在的问题主要体现在以下几个方面。

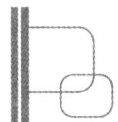

（1）内地集装箱运输基础设施比较薄弱。

内地集装箱运输基础设施比较薄弱，主要表现在沿海直线运输系统不完善、铁路部分区段运力紧张、内地集装箱运输工具比较落后。在追求集装箱运输规模化的前提下，多式联运企业难以将集装箱运输的触角直接伸向货源点和收货终点的末梢，使许多原本可以采用"门到门"运输方式的货源不得不仍采用散件运输的方式。

（2）缺乏面向综合效率和综合效益的各种运输方式之间的协调管理体制。

长期以来，我国按照运输方式进行分部门管理。而近些年成立的交通运输部囊括了原交通部、中国民用航空总局、国家邮政局的职能，同时将建设部指导城市客运的职能纳入其中，因此以前在设施建设方面存在的衔接不畅或者重复建设等问题，就会因交通运输部的成立而得到改善。然而，由于铁路运输仍由铁道部管理，这样部门之间的权利和责任仍会存在交叉和重复，自然不能很好地规划和建设运输链中衔接不同运输方式的运输节点，不能很好地形成国际多式联运的网络系统。显然，只要这种体制性问题不解决，国际多式联运的综合效率与综合效益仍会受到限制。

（3）缺乏统一的国际多式联运法规及政策。

要实现高效的国际多式联运，统一的标准是必不可少的，因为运输设备尺寸的差异、数据交换格式的不同等都会使国际多式联运的效率低下。同时，运输模式的日益变化要求有统一的、通用的各种软、硬件标准，以支持国际多式联运在不同国家及地区、不同方式之间有效地进行。然而，目前我国尚无统一的国际多式联运管理机构，各主管部门受行业和利益限制，缺乏对国际多式联运的全盘考虑，制定的有关集装箱运输和监管的法规相互矛盾、难以协调，跨部门、跨行业执行相当困难，不能对国际多式联运市场进行有效的法制管理。同时，我国目前的国际多式联运存在着费用项目繁多、价格体系不统一的问题。一方面，集装箱运输价格明显高于件杂散货运输价格；另一方面，内陆站点无法还空箱或缺少空箱导致在内陆站点装拆箱会产生较高的拖空箱费用。这就使我国内陆相当一部分适箱货在沿海港口拆装箱后以件杂货方式进行运输，不利于集装箱运输的开展。另外，长江流域的集装箱运输存在着环节多、收费名目多、重复查验、重复收费等问题。目前，我国国际多式联运全程价格不稳定、透明度较小，难以实现国际多式联运的一次性收费要求。

（4）缺乏对国际多式联运发展的鼓励政策。

由于国际多式联运全程实行单一的运输费率，价格较高，贸易双方出于成本考虑，有时不愿采取国际多式联运的方式进行货物运输。尽管近年来国家及地方政府在基础设施方面制定了一些鼓励发展集装箱运输的政策，但是对于国际多式联运这种高效的运输组织方式，国家及地方政府还需在价格、税收与补贴、开发与研究、信息发布和市场宣传等方面给予鼓励和扶持。特别是长江流域国际多式联运正处于发展的初期阶段，更需要国家在政策上予以扶持，尤其是要鼓励充分利用长江水道开展国际多式联运，节约资源、降低成本、保护环境。

（5）缺乏高科技手段。

我国国际多式联运系统的科技水平不足。例如，信息化水平不高；缺乏货物全程在线跟踪技术，港口、船公司、查验单位也没有实现数据信息共享，造成了各环节间的信息传递滞后；技术装备水平低；集装箱运输标准化水平低。

(三)国际多式联运的发展趋势

当今世界国际多式联运的发展,主要呈现以下趋势。

1. 多式联运经营人向多元化方向发展

多式联运经营人的前身大多是大型国际货运代理企业或大型船公司,为了扩大服务范围、提高服务质量,其业务已开始从单一的货运代理业务或海运业务向多元化方向发展。例如,一些国际货运代理企业除了经营传统的货运代理业务,还以贸易商的身份承接国际贸易业务,以无船承运人身份承接运输业务和国际多式联运业务,成为承接多种业务的联合体。又如,一些船公司在传统的海运业务的基础上,不断拓展陆上业务,参与代理业、陆运服务业的经营,并组织国际多式联运,呈现出多元化的发展趋势。

2. 国际多式联运的业务范围不断扩大

为了开展国际多式联运,多式联运经营人不断把业务向海外扩张,在世界各地物资集散地建立分支机构或代理网点,扩充并完善其服务网络,为货主提供更大的服务空间。在当今经济全球化的形势下,国际多式联运已从发达国家向发展中国家渗透,其业务范围呈现不断扩大的趋势。

多式联运向现代物流领域拓展。以集装箱运输为基础的国际多式联运在现代物流中已呈现出其独特的优势。许多多式联运经营人已充分认识到现代物流的重要性,纷纷加入或经营现代物流业,从而成为现代物流的一支重要力量。

三、国际多式联运的条件和优点

(一)国际多式联运的基本条件

(1)必须订立国际多式联运合同。国际多式联运合同是多式联运经营人凭其收取运费、使用两种以上不同的运输方式、负责完成或组织完成货物全程运输的合同。

(2)全程运输必须使用国际多式联运单据。国际多式联运是指由多种运输方式共同完成一票货物的全程运输,因此由多式联运经营人签发的多式联运单据应满足不同运输方式的需要。该单据是证明多式联运合同,以及证明多式联运经营人接管货物并负责按照合同条款交付货物的凭证。

(3)全程运输必须使用两种或两种以上不同的运输方式。在一定程度上确定运输是否属于国际多式联运,运输方式的组成是一个非常重要的因素。例如,航空运输长期以来依靠汽车接送货物运输,从形式上看这种运输是由两种运输方式构成的,但这种汽车接送业务习惯上被视为航空运输业务的一个组成部分,只是航空运输的延伸,因而这种运输不属于国际多式联运。

(4)必须是国际间的货物运输。国际多式联运所承运的货物必须是从一个国家的境内接管货物地点运至另一国家的境内指定交付地点的货物。因此,即使采用两种以上不同运输方式所完成的国内货物运输也不属于国际多式联运货物的范畴。

(5)多式联运经营人对全程运输负责。在国际多式联运中,凡是有权签发国际多式联运单据,并对运输负有责任的人均可视为多式联运经营人,如货运代理人、无船承运人等。货物托运人将货物交给多式联运经营人或其代理人接管之后,货物在整个运输过

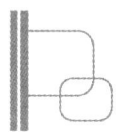

程中的任何运输区段所发生的灭失、损坏，多式联运经营人均以本人的身份直接承担赔偿责任。

（二）国际多式联运的经营条件

（1）人力资源。从事国际多式联运业务的人员，应掌握国际货运代理、国际多式联运、国际物流管理等基本专业知识，并根据岗位不同，具备相应的、能满足岗位需要的专业技能和经验。

（2）经营网络。多式联运经营人应拥有能覆盖其业务范围、满足客户需要的经营路线和经营网络。

（3）设施设备。多式联运经营人应拥有必要的运输设备，尤其是场站设施和短途运输工具，同时更应与有关的实际承运人、场站经营人建立长期合作关系，以通过整合其运输资源，设计出满足客户需要的国际多式联运方案。

（4）管理制度。多式联运经营人应具有国际多式联运服务管理制度，包括国际多式联运合同、国际多式联运单据、国际多式联运费用制定与结算、服务质量跟踪与考核、服务作业流程控制等管理规定和管理方法。

（5）信息系统。多式联运经营人应拥有稳定、可靠、适应国际多式联运业务要求的信息系统，并能为客户提供及时、准确、可靠的信息服务。

（三）国际多式联运的优点

1. 统一化，简单化

这种优点主要表现在无论运输全程有多远，无论由几种运输方式共同完成货物运输，也无论全程分为几个运输区段、经过多少次转换，一切运输事项均由多式联运经营人负责办理，货主只需办理一次托运、订立一份运输合同、办理一次保险、进行一次付费。运输过程中发生的货物的灭失和损坏由多式联运经营人负责。国际多式联运通过一张单证、采用单一费率，大大简化了运输、结算手续。

2. 降低运输成本，节约费用

在国际多式联运全程运输中，各区段运输和各区段的衔接是由多式联运经营人与各实际承运人订立分运合同和与各代理人订立委托合同来完成的。多式联运经营人一般与这些人都订立了长期的协议，可以从各实际承运人那里取得较优惠的运价。国际多式联运可实行"门到门"运输，因此对货主来说，在将货物交由第一承运人后即可取得货运单证，并据以结汇。结汇时间提前不仅有利于加速货物资金的周转，还可以减少成本支出。同时，货物装载集装箱运输，从某种意义上说可节省货物的包装费用和保险费用。此外，国际多式联运可采用一张货运单证和统一费率，因而也就简化了制单和结算手续，节省了人力、物力。

3. 减少中间环节，缩短货物运输时间

国际多式联运以集装箱为运输单元可实现"门到门"运输。尽管运输途中可以多次换装，但由于不需要掏箱、装箱、逐件理货，只要保证集装箱外表状况良好、铅封完整即可免检放行，从而大大简化了中间环节；尽管货物经过多次换装，但由于使用专业机械设备，且又不涉及箱内的货物，货损货差事故较少。此外，由于各个运输环节的各种运输工具之间的密切配合，货物中转及时、停留时间短，从而使货物运输速度大大加快，有效地提高了货运质量。

4. 提高运输组织水平，实现合理化运输

国际多式联运可提高运输组织水平，实现合理化运输，改善不同运输方式间的衔接工作。在国际多式联运开展之前，各种运输方式的经营人各自为政、自成体系，因而其经营的业务范围受到限制，货运量有限。而不同运输业共同参与国际多式联运，经营的业务范围可大大扩展，并且可以最大限度地发挥现有设备的作用，选择最佳运输路线，组织合理化运输。

Mission 任务 2　多式联运经营人及其法律责任

任务导读

随着国际多式联运的发展，多式联运经营人发挥着越来越重要的作用。在实践中，多式联运经营人是各种与运输相关的企业，现在世界上大部分较有实力的具有一种或一种以上运输工具的承运人，包括海运公司、铁路公司（局）、汽车运输公司等均已开展国际多式联运业务，发展成为多式联运经营人，还有大量的货运代理公司也开始或已经承办国际多式联运业务，使多式联运经营人的队伍得以迅速发展。

本任务重点讲述多式联运经营人的定义及分类，以及多式联运经营人应具备的基本条件和应承担的法律责任。

任务：假设你公司已取得多式联运经营资格，负责杭州至泰国曼谷的国际多式联运路线业务，你作为多式联运经营人的代表，预测会有什么风险？

一、多式联运经营人的定义及分类

（一）多式联运经营人的定义

《联合国国际多式联运公约》中对多式联运经营人的定义如下：多式联运经营人是指本人或通过其代表与发货人订立国际多式联运合同的任何人，他是事主，而不是发货人的代理人（或代表）或参加国际多式联运的承运人的代理人（或代表），其负有履行合同的责任。

（二）多式联运经营人的分类

多式联运经营人可以分为两种：一种为承运人型的多式联运经营人；另一种为无船承运人型的多式联运经营人。

1. 承运人型的多式联运经营人

这是指本人拥有一种或一种以上的运输工具，并实际参加国际多式联运全程中一个或

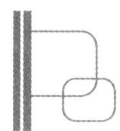

多个区段运输的经营人。这类多式联运经营人一般由某一种运输方式的承运人发展而来，如由海运、陆运或航空运输企业发展而来。一些船公司作为多式联运经营人，在接收货物后，不但要负责海上运输，还要安排汽车、火车与飞机的运输。多式联运经营人往往将这些内陆运输委托给其他相应运输方式的承运人，将交接过程中可能产生的装卸、包装和储藏业务也委托给有关行业办理。但是，多式联运经营人必须对整个运输过程负责。

2. 无船承运人型的多式联运经营人

这是指本人不拥有任何一种运输工具，在国际多式联运全程中各区段的运输都要通过与其他实际承运人订立分运合同来完成的经营人。这类多式联运经营人一般由货运代理公司或仓储公司等与运输有关的公司发展而成。尽管这类多式联运经营人没有自己的运输工具，但其在长期工作中与各有关方已建立了良好的业务关系，因此其在组织多式联运全程方面具有一定的优势。

二、多式联运经营人应具备的基本条件

（1）多式联运经营人本人或其代表必须就国际多式联运的货物与发货人本人或其代表订立国际多式联运合同，而且该合同要表明至少使用两种运输方式完成货物的全程运输，合同中的货物系国际间的货物。

（2）多式联运经营人从发货人或其代表那里接管货物时即签发国际多式联运单证，并对接管的货物开始承担责任。

（3）多式联运经营人承担国际多式联运合同规定的运输和其他有关的责任，并保证将货物交给国际多式联运单证的持有人或单证中指定的收货人。

（4）多式联运经营人对运输全程中所发生的货物灭失或损坏，多式联运经营人首先对货物受损人负责，并应具有足够的赔偿能力。当然，这种规定或做法并不会影响多式联运经营人向造成实际货损的承运人行使追偿权利。

（5）多式联运经营人应具备与国际多式联运相适应的技术能力，确保自己签发的国际多式联运单证的流通性，并且在经济上有令人信服的担保能力。

在国际多式联运的全过程中，多式联运经营人是以多重身份出现的。其无论以何种身份出现，都是以本人身份而不是以货方或承运人的代理人身份出现的，并对全程运输负责。

三、多式联运经营人的法律责任

（一）国际多式联运责任制度

国际多式联运中货物的全程运输是由多式联运经营人和各区段的实际承运人共同完成的。在国际多式联运的两种或两种以上的不同运输方式中，每一种运输方式所在区段适用的法律对承运人责任的规定往往是不同的。例如，《海牙规则》规定的赔偿限额为每件、每单位100英镑，《汉堡规则》规定的赔偿限额为每件、每单位835特别提款权，《国际公路货物运输合同公约》规定的赔偿限额是每千克25金法郎，《国际铁路货物运输公约》规定的赔偿限额为每千克50金法郎等。当货物在运输过程中发生灭失或损坏时，由谁来负责任，是采用相同的标准还是区别对待？这与国际多式联运的责任制度有关。现行的国际多式联

运责任制度主要有统一责任制和网状责任制两种。

1. 统一责任制

多式联运经营人对全程运输负责，而各区段的实际承运人仅对自己完成的运输区段负责。无论货物的灭失或损坏发生在哪一个区段，多式联运经营人或实际承运人承担的赔偿责任都相同。统一责任制的优点在于，其采取了同一种法律规范，使经营人和货方之间的法律关系明确，消除了各区段承运人相互推卸责任所带来的隐患。

2. 网状责任制

多式联运经营人对全程运输负责，而各区段的实际承运人仅对自己完成的运输区段负责，但对不同区段发生的货物灭失或损坏选用不同区段的法律。

目前，在国际多式联运的实际运作中，多采用网状责任制，即多式联运经营人对全程运输负责，而各区段的实际承运人仅对自己完成的运输区段负责。在能确定货物发生灭失或损坏的区段时，则按该运输区段所适用的法律规定处理。如果不能确定货物发生灭失或损坏的区段时（通常称为隐蔽货损），则推定该货损发生在海上，多式联运经营人应按海上运输法律承担责任。

（二）多式联运经营人的责任期间

关于多式联运经营人的责任期间，各种国际公约和国内法规都具有高度的一致性。《联合国国际货物多式联运公约》明确规定：多式联运经营人对货物的责任期间是从接收货物时起至交付货物时止。这一规定表明无论货物的接收地和目的地是港口还是内陆，无论国际多式联运合同中规定的运输方式如何，也无论多式联运经营人是否将部分或全部运输任务委托给他人履行，多式联运经营人都必须对货物的全程运输负责，包括货物在两种运输方式之间交换的过程。这项规定与《中华人民共和国海商法》及《汉堡规则》关于承运人责任期间的规定完全相同。在国际多式联运中，海上承运人在很多情况下演变成了契约承运人，即与货物托运人订有国际多式联运合同的人，当然，陆上的承运人也可以充当多式联运经营人的角色，业务范围的扩大使他们的责任期间也随之扩大。

集装箱国际多式联运法律责任与法规

项目拓展

项目小结

国际多式联运是在集装箱运输的基础上发展起来的，虽然最终仍由海、陆、空等运输方式组成，但并不是各单一运输方式的简单叠加。本项目主要介绍了国际多式联运的基础知识，重点阐述了国际多式联运与多式联运经营人的相关内容。

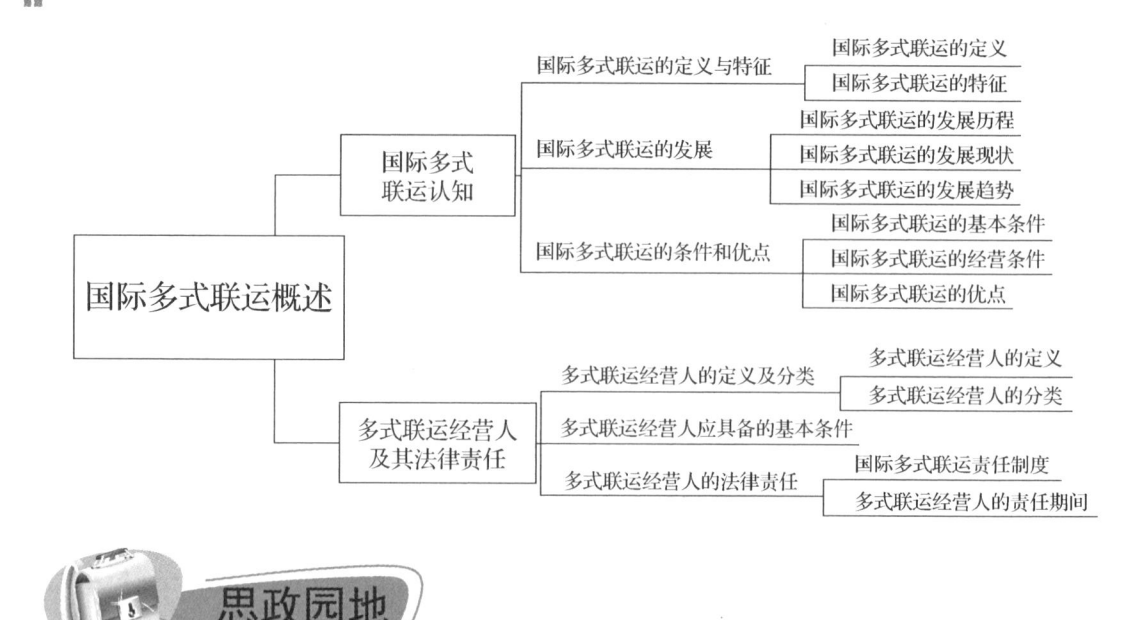

```
                                        ┌── 国际多式联运的定义
                    ┌── 国际多式联运的定义与特征 ──┤
                    │                    └── 国际多式联运的特征
                    │                    ┌── 国际多式联运的发展历程
          ┌── 国际多式 ──┤── 国际多式联运的发展 ──┤── 国际多式联运的发展现状
          │   联运认知  │                    └── 国际多式联运的发展趋势
          │         │                    ┌── 国际多式联运的基本条件
          │         └── 国际多式联运的条件和优点 ─┤── 国际多式联运的经营条件
国际多式联运概述 ─┤                               └── 国际多式联运的优点
          │                               ┌── 多式联运经营人的定义
          │         ┌── 多式联运经营人的定义及分类 ─┤
          │         │                     └── 多式联运经营人的分类
          └── 多式联运经营人 ─┤── 多式联运经营人应具备的基本条件
             及其法律责任    │                    ┌── 国际多式联运责任制度
                         └── 多式联运经营人的法律责任 ─┤
                                                └── 多式联运经营人的责任期间
```

思政园地

《中国集装箱与多式联运发展报告（2018）》发布

2019年5月22日，《中国集装箱与多式联运发展报告（2018）》在2019集装箱多式联运亚洲展现场发布。

报告指出，过去40年，全球集装箱生产经过四次产业转移。20世纪60年代，美国、欧洲是集装箱的主要生产地；20世纪70年代，日本成为集装箱的制造中心；20世纪80年代，韩国在集装箱制造业中占据主导地位，其产量占世界总产量的85%；20世纪90年代，集装箱主要产地向中国大陆、印度、马来西亚和泰国转移，1993年我国集装箱产量跃居世界第一。集装箱行业是全球标准化较高的行业之一，规模化生产的成本优势、订单的快速响应能力、上游供应链的配套能力、进出口货量的优势、集装箱中转港的枢纽优势，是促使集装箱行业快速发展的关键要素。近些年，我国多式联运的提速发展，给我国集装箱行业带来了新的机遇。在"一带一路"倡议下，我国积极推动新的国际合作市场、新的物流通道建设，为我国集装箱行业和多式联运提供了广阔的发展空间。

2018年，全球集装箱海运量为2.01亿TEU，同比增长4.46%；我国集装箱全年产量约425万TEU，同比增长约12%，创历史最高水平。

"集装箱作为劳动密集型和资源密集型行业，其技术储备能力、智能化制造能力、新市场开发能力和服务创新能力是行业下一步竞争的分水岭。"中国集装箱行业协会副会长兼秘书长李牧原指出，企业需要关注集装箱生产发展的六大趋势：国际市场总体保持平稳、内贸销售市场继续增长、专业市场需求持续放大、集装箱箱型更加多元化、绿色生产趋势更加明显、智能生产水平不断增加。

2018年，我国多式联运呈现全面发展的良好势头，内贸运输以"散改集"为突破口快速增长，驼背运输、公铁两用车、智能空轨系统等新装备、新技术带动下的多元化多式联运形态和服务开始起步。铁路系统全线发力，成为多式联运的主力军。航空、水运和公路把多式联运作为业务创新与市场扩张的战略突破口。

报告显示，2018 年，我国规模以上港口集装箱吞吐量为 2.51 亿 TEU，同比增长 5.2%；铁路集装箱发送量为 1375.1 万 TEU，同比增长 33.4%；铁路集装箱运量占铁路总运量的 7.16%，虽有所上升，但比重远远低于美国、日本及欧洲等发达国家和地区；我国规模以上港口完成集装箱铁水联运量 450 万 TEU，占规模以上港口集装箱吞吐量的 1.8%；中欧班列开行 6363 列，同比增长 73%。

"未来三年我国多式联运将大幅攀升。"李牧原表示，区域一体化带来更多政策红利、跨界合作平台型企业增加、技术装备创新不断涌现、枢纽与通道驱动下的规则与标准逐步建立等发展趋势正推动中国多式联运进入全面发展时期。

（资料来源：中远海运 e 刊）

讨论思考：中国集装箱和多式联运发展情况如何？

项目测试与训练

一、讨论分析题

1. 简述国际多式联运的定义与特征。
2. 开展国际多式联运的条件有哪些？
3. 简述国际多式联运的优点。
4. 简述多式联运经营人的分类。
5. 简述多式联运经营人应具备的基本条件。

二、技能训练

案例分析 1：某货主委托承运人的货运站装载 1000 箱小五金，货运站在收到 1000 箱货物后出具仓库收据给货主。在装箱时，装箱单上记载的是 980 箱；在货物运抵进口国货运站时，拆箱单上记载的也是 980 箱。由于提单上记载的是 1000 箱，同时提单上又加注"由货主装箱、计数"，收货人便向承运人提出索赔，但承运人拒赔。

根据题意分析回答下列问题：

（1）提单上类似"由货主装载、计数"的批注是否适用于拼箱货？为什么？

（2）承运人是否要赔偿收货人的损失？为什么？

（3）承运人如果承担赔偿责任，应当赔偿多少箱？

案例分析 2：国内 A 贸易公司出口货物，并通过 B 货代公司向某国外班轮公司 C 公司订舱出运货物，货物装船后，C 公司向 A 公司签发一式三份记名提单。在货物到达目的港口后，记名提单上的收货人在未取得正本提单的情况下，从 C 公司手中提走货物。A 公司以承运人无单放货为由，在国内起诉 C 公司（提单上注明适用美国法律。在美国，承运人向记名提单的记名收货人交付货物时，不负有要求记名收货人出示或提交记名提单的义务）。

请根据题意分析并回答：

（1）本案适用哪国法律？为什么？

（2）承运人是否承担无单放货责任？请根据《中华人民共和国海商法》和《美国法典》分别阐述原因。

三、自我训练

（一）单选题

1. 国际多式联运下的网状责任制是指（　　）。
   A．对全程运输负责，且对各运输区段承担的责任相同
   B．对全程运输负责，但对各运输区段承担的责任不同
   C．对全程不负责任，各运输区段由实际承运人负责
   D．仅对自己完成的运输区段负责

2. 以下不是国际多式联运特点的是（　　）。
   A．签订一份运输合同　　　　　　B．采用一种运输方式
   C．采用一次托运　　　　　　　　D．一次付费

3. 《联合国国际货物多式联运公约》采用的责任制度为（　　）。
   A．完全过失责任制　　　　　　　B．不完全过失责任制
   C．严格责任制　　　　　　　　　D．结果责任制

4. 按照我国法律规定，明知委托事项违法，货运代理人为了自身利益仍然进行货物代理活动的，则（　　）。
   A．被代理人不负被追偿责任
   B．货运代理人不负被追偿责任
   C．货运代理人不负连带责任
   D．委托人和货运代理人都负连带责任

5. 多式联运经营人必须具备基本条件，但除（　　）之外。
   A．多式联运经营人本人或其代表与发货人本人或其代表订立国际多式联运合同
   B．多式联运经营人应具有足够的赔偿能力
   C．多式联运经营人应具备与多式联运相适应的技术能力
   D．多式联运经营人必须是承运人

（二）多选题

1. 对于国际多式联运的基本条件，以下理解正确的是（　　）。
   A．至少采用两种运输方式
   B．至少涉及两个国家
   C．签发一份国际多式联运合同
   D．一个多式联运经营人对货物运输的全程负责

2. 国际多式联运应具备的运营条件有哪些？（　　）
   A．人力资源　　　　　　　　　　B．经营网络
   C．信息系统　　　　　　　　　　D．设施设备

3. 下列（　　）属于国际货物运输代理企业的经营范围。
   A．国际展品运输代理　　　　　B．国际多式联运
   C．私人信函快递业务　　　　　D．报关、报检
4. 国际多式联运是（　　）的组合。
   A．不同运输方式　　　　　　　B．多种运输方式
   C．海海运输方式　　　　　　　D．公海运输方式
   E．公铁运输方式
5. 国际多式联运运输组织方式从组织体制来说包括（　　）。
   A．委托代理　　B．无船承运　　C．衔接式联运　　D．协作式联运

参考答案

Project 8 项目8 国际集装箱运输业务

知识目标

1. 熟悉国际集装箱运输的进出口程序。
2. 掌握国际集装箱运输进出口环节主要当事人的业务及运作。
3. 掌握国际集装箱运输进出口环节涉及的主要货运单证的内容、作用及流转程序。
4. 掌握北美大陆桥、西伯利亚大陆桥、新亚欧大陆桥的概念和区别。

能力目标

1. 能明确国际集装箱运输的进出口程序。
2. 能正确审核、填制国际集装箱运输进出口环节涉及的货运单证。
3. 能根据各种大陆桥运输的区别,在国际多式联运方案设计中选择合适的大陆桥。

思政目标

1. 了解我国的集装箱运输现状,在学习中形成良好的职业理想和职业信念。
2. 养成良好的安全意识,能够自觉按照集装箱运输环节中的各项规章进行业务操作,预防和避免货运事故的发生。
3. 养成良好的团结协作精神,主动适应团队要求,服从组长的工作安排。

引导案例及分析

FCL 提单与 LCL 提单内涵不清案

2010年5月3日,我国W公司与德国Z公司签署了一份FOB价格条件下的塑料雨衣出口合同,2010年6月10日W公司收到了Z公司通过银行开来的信用证。信用证规定:装运从上海港到汉堡港,不迟于2010年9月30日,有效期为2010年10月15日,地点为中国,交单期为提单签发后15天,可分批但只允许整箱发运,允许通过B公司运输。W公司审核并认可了信用证。

该合同下的货物共需装运6个40ft集装箱,W公司准备分三批发运,7月、8月、9月每个月分别发运两个40ft集装箱,且该条款已得到客户的确认。2010年7月18日,W公司将第一批40ft集装箱按时发运,并于8月13日安全收汇。8月4日,Z公司又向W公司订购了一批雨衣,付款方式为托收。Z公司为节省运费,要求 W 公司将这一批雨衣装入第二批 40ft 集装箱中一同发运。W 公司考虑到信用证规定只允许整箱分批装运，就向 B 公司询问如将这批雨衣装入 40ft 集装箱可否按整箱运输，B 公司答复如果是同一收货人则可以按整箱运输。于是，W 公司于 8 月 23 日发运了这一批混装的 40ft 集装箱，于 8 月 24 日拿到两套提单。8 月 27 日，W 公司整理好两套单据，一套交银行办理信用证议付，另一套办理托收。8 月 28 日，银行通知 W 公司信用证项下的单据有不符点。提单中有"LCL"字样，而信用证规定只允许整箱分批装运，显然与信用证不符。W 公司拿来提单仔细审查发现提单中有一集装箱号码后标注了"LCL"字样。于是，W 公司要求 B 公司将提单中的"LCL"删除，并强调事先 B 公司曾承诺可以按整箱运输，然而 B 公司并没有同意，原因如下：① 集装箱号码后标注"LCL"表明此集装箱内货物为混装，共签出了两套提单，事实也是如此；② 提货时每套提单只能提取此集装箱内的部分货物；③ 第二批 40ft 集装箱实际发运的手续及费用都是按整箱运输办理和收取的；④ 如果 W 公司坚持要求删除"LCL"字样，B 公司则在收回已签发的两套提单的前提下签发一套整箱提单。W 公司认为 B 公司的答复句句在理，只好提供保函交单议付。Z 公司信誉良好，没有因此拒收单据，并及时支付了货款。但此证是通过美国一家银行转让的，该银行因此多收了 400 美元的费用。

问题：国际集装箱运输中的 FCL 与 LCL 有何不同？

案情评析

Mission 任务 1　国际集装箱运输出口业务

任务导读

随着集装箱运输的船舶、码头泊位、装卸机械、集疏运的道路桥梁等硬件设施的日臻完善，集装箱运输得到了快速发展。国际集装箱运输出口业务涉及的环节多，且各环节之间的业务关联性强、时间性强，单证缮制要求严格，所以主要当事人只有明确具体的国际集装箱运输出口业务的内容及单证的使用和缮制，才能保证货物及时出运。本任务主要介绍了国际集装箱运输的出口流程，国际集装箱运输出口环节主要当事人的具体业务内容，主要出口单证的作用、缮制和流转。

任务：你作为一名货代公司的职员，现分配你一个上海至西雅图的集装箱出口业务，通过集装箱运输平台模拟软件，完成集装箱适箱货准备，集装箱配载规划，集装箱装拆箱操作等实习项目。

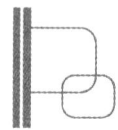

一、国际集装箱运输的出口程序概述

（一）国际集装箱运输的出口流程图

国际集装箱运输出口涉及的主要环节包括订舱、空箱提取、清关、重箱进场、装船等，需要多个部门的配合协调才能完成。国际集装箱运输的出口流程如图 8-1 所示。

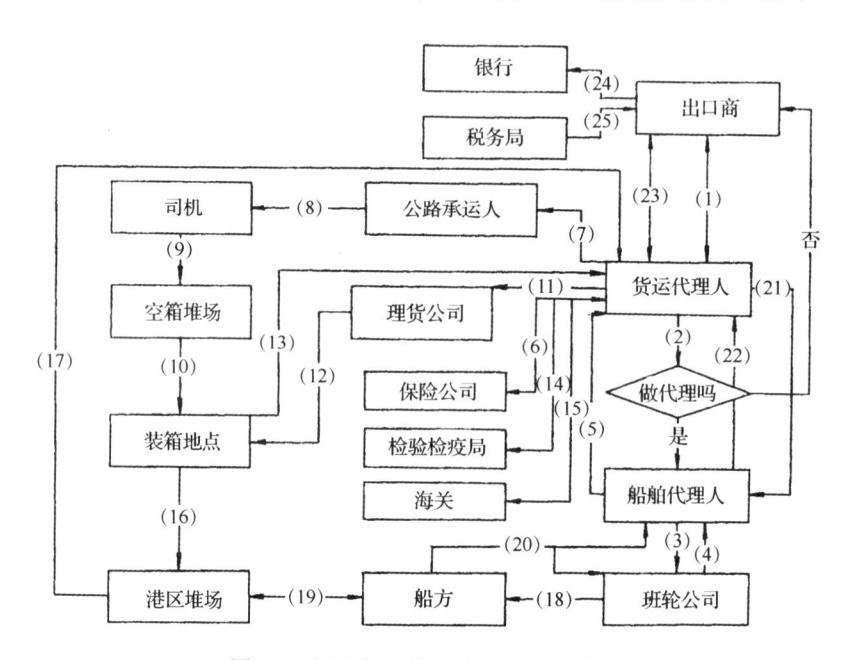

图 8-1 国际集装箱运输的出口流程图

国际集装箱运输的出口流程如下。

（1）出口商委托货运代理人办理出口手续。
（2）货运代理人向船舶代理人委托订舱。
（3）船舶代理人接受订舱并简要计算运费等必要费用后，向班轮公司发出确认请求。
（4）班轮公司接受订舱，向船舶代理人确认订舱请求。
（5）船舶代理人向货运代理人签发订舱回单和设备交接单。
（6）货运代理人在保险公司办理国际货运保险。
（7）货运代理人委托公路承运人进行陆上货物运输。
（8）公路承运人根据运单的规定向司机发出指令和派车单。
（9）司机按运单规定到空箱堆场提箱。
（10）司机将空箱运至出口商指定的装货地点装箱。
（11）货运代理人委托理货公司理货。
（12）理货公司派专人去装箱地点理货。
（13）装箱人员装箱后编制装箱单，出具理货单，并交给货运代理人。
（14）货运代理人申请出口报检。
（15）货运代理人申请出口报关。
（16）司机将重箱运往港区堆场，并将设备交接单、集装箱装箱单、海关放行单、场站收据交付港区堆场。

（17）港区堆场签发场站收据给货运代理人。
（18）班轮公司将编制好的预配舱单交给船方。
（19）船方根据预配舱单接收港区堆场交付的集装箱，并签发收货单（大副收据）。
（20）船方根据装船情况编制实载舱单，并将舱单交给班轮公司和船舶代理人。
（21）货运代理人凭场站收据向船舶代理人换取提单。
（22）船舶代理人核对场站收据和实载舱单后，签发提单给货运代理人。
（23）货运代理人同出口商结算费用，向出口商提交货运代理发票、提单、保险单及退税单。
（24）出口商凭贸易合同规定的单据向银行要求结汇。
（25）出口商凭全套出口文件副本及海关签发的退税单，向税务局要求退税。

（二）国际集装箱运输的出口程序

1. 委托代理

在国际集装箱运输出口过程中，发货人一般委托货运代理人为其办理有关的货运业务。货运代理关系是在由作为委托人的发货人提出委托、由作为货运代理人的国际货运代理企业接受委托后建立的。

在发货人委托货运代理人时，会有一份货运代理委托书。在确定长期货运代理关系时，可以用货物明细表等单证代替货运代理委托书。

2. 订舱

货运代理人接受委托后，应根据发货人提供的有关贸易合同或信用证条款的规定，在货物出运之前的一定时间内，填制订舱单向班轮公司或其代理人申请订舱。班轮公司或其代理人在决定是否接受托运申请时，会考虑其航线、船舶、运输要求、港口条件、运输时间等能否满足运输要求。班轮公司一旦接受订舱，就会着手编制订舱清单，然后分送集装箱码头堆场、集装箱空箱堆场等有关部门，并据此安排空箱及办理货运交接等业务。

在订舱时，货运代理人会填制场站收据联单、预配清单等单据。

3. 提取空箱

在订舱后，货运代理人应提出使用集装箱的申请，班轮公司会进行安排并发放集装箱设备交接单。凭借集装箱设备交接单，货运代理人就可安排提取所需的集装箱。

在整箱货运输时，通常由货运代理人安排卡车到集装箱空箱堆场提取空箱，也可以由发货人自己安排提箱。无论由谁安排提箱，在提取空箱时，提箱人都应与集装箱空箱堆场办理空箱交接手续，并填制集装箱设备交接单。

4. 货物装箱

货物的装箱工作可以由货运代理人安排进行，也可以由发货人自己安排，一般在发货人的工厂、仓库装箱或在集装箱货运站装箱。

装箱人应根据订舱清单的资料，核对场站收据和货物装箱的情况，并填制集装箱货物装箱单。

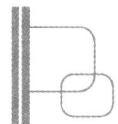

5. 整箱货交接签证

由发货人或其代理人自行负责装箱并加封志的整箱货通过内陆运输运至集装箱码头堆场。码头堆场根据订舱清单，核对场站收据和货物装箱单后接收货物。整箱货出运前应办妥有关出口手续。

集装箱码头堆场在验收货箱后，即在场站收据上签字，并将签署的场站收据交还给发货人或其代理人。

6. 换取提单

发货人或其代理人凭码头堆场签署的场站收据，向承运人换取提单。发货人取得提单后，就可以去银行结汇。

集装箱运输方式下承运人的责任早于非集装箱运输方式下承运人的责任，因此理论上在货物装船前就应签发提单。这种提单是收货待运提单，而收货待运提单在使用传统价格术语的贸易合同下是不符合要求的。所以，为了满足贸易要求，也为了减少操作程序，实践中的做法是承运人在货物装船后才签发提单，即装船后提单才符合使用传统价格术语的贸易合同的要求。

二、国际集装箱运输出口业务管理

（一）发货人或其代理人在集装箱出口货运中的业务

在国际集装箱运输中，发货人或其代理人的出口货运业务包括集装箱运输所要求的特殊事项，如货物的包装应适应集装箱运输，保证货物所需要的空集装箱，在运输整箱货的情况下负责货物的配箱、装箱等。发货人或其代理人按照贸易合同在规定的时限内完成货物的备货后，还要根据合同规定的装运期完成货物的装运，所以必须完成如下业务。

1. 订舱

在以 CIF、CFR 价格条件成交时，发货人负有租船订舱之责任，特别是在出口特殊货物要采用特殊集装箱运输时，发货人的这一责任显得更为重要。因为一般集装箱船舶上的特殊集装箱数量有限，所以应尽早订舱。

订舱工作一般由发货人委托代理人——国际货运代理公司来具体完成。发货人一般都会给货运代理公司发海运出口代理委托书，即构成这单业务的委托凭证。在实际业务中，很多出口企业会给货运代理公司提供出货明细单，然后由货运代理公司的操作员录入自己公司的系统后生成委托书，按照客户的要求代表客户向船公司订舱。只有成功订舱，才能继续后面的其他各项程序。

出货明细单要明确的重点信息具体如下。

（1）装运期限、装运港、目的港。这些信息直接影响货运代理公司订舱的航线、船期，班轮的开航日期不应晚于客户要求的装运期限。

（2）货物的品名、毛重、件数、尺码、箱型、箱量。从货物的品名判断货物的性质，进而判断货物在运输中有无特殊要求，这会影响订舱、报价、选箱、装载等一系列工作。货物的毛重、尺码会影响集装箱预配，进而影响向船公司预订的集装箱型号、数量及报价。如果由发货人自己装箱，则委托书中应显示箱型和箱量。

（3）运费及支付时间。客户的付费方式一般与使用的贸易术语有关，C 组术语常为运费预付，F 组术语常为运费到付，但是因承运人较为强势，很少接受到付，所以在实际操作中多为船公司提单预付、货运代理公司提单到付。

（4）特约服务内容。除订舱、装船之外客户要求提供的其他服务，包括代理报关、代理报检和代办保险等。

（5）提单要求。客户信用证的提单条款要求，如托运人、收货人、通知方的填写，另外，还要在提单上显示信用证号码、开证行名称、开证日期等。

2. 报关

拼箱货一般按普通船运输的方法报关，整箱货则通常采用统一报关的方法。因为海关人员到现场审查很方便，既可以很好地发挥集装箱运输的优势，又可以省略一些手续。

3. 货物装箱与托运

整箱货报关完毕后，发货人即可安排装箱，并在装箱完毕后将货箱运至集装箱码头堆场，取得经码头堆场签署的场站收据。拼箱货经报关后运至集装箱货运站，由集装箱货运站负责装箱并签署场站收据。

4. 投保

出口货物如以 CIF 价格条件成交，发货人则负责办理投保手续，并支付保险费，也可委托货运代理公司代办投保手续。

5. 支付运费和签发提单

如为预付运费，发货人只要出示经码头堆场签署的场站收据并支付全部运费后，承运人或其代理人即签发提单。如为到付运费，发货人只要出示场站收据，承运人或其代理人即签发提单。此外，在对签发清洁提单有异议时，发货人可向承运人出具保证书以取得清洁提单。

6. 向收货人（买方）发出装船通知

在以 FOB、CIF 价格条件成交时，发货人在货物装船完毕后向收货人发出装船通知是合同的一项要件。如果因为发货人在货物装船完毕后没有向收货人发出装船通知，使收货人未能及时投保，导致该货物丢失、损坏，则由发货人负责赔偿。

集装箱报关报检的流程

（二）船公司或其代理人在集装箱出口货运中的业务

目前，在国际集装箱运输中，船公司仍占主要地位，因此作为国际集装箱运输的中枢，船公司做好集装箱的配备，掌握待运的货源情况，在各港口之间合理调配集装箱，接受订舱，并以集装箱码头堆场、货运站作为自己的代理人向发货人提供各种服务是极为重要的。从某种意义上说，国际集装箱运输能否顺利进行，依赖于船公司的经营方式。在集装箱出口货运业务中，船公司或其代理人的主要业务包括以下几个方面。

1. 掌握待运的货源情况

船公司或其代理人通常采用下述两种方法掌握待运的货源情况，并据以部署空箱计划。

（1）暂定订舱。所谓暂定订舱是在船舶到港前若干天提出的。因为掌握货源的时间较早，所以对这些货物能否装载到预订的船上，以及这些货物最终托运的准确数量，都难以确定。

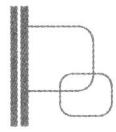

（2）确定订舱。所谓确定订舱通常是在船舶到港前较短时间内提出的，一般能确定具体的船名、装船的日期。

2. 配备集装箱

集装箱运输无论采用哪一种运输方式，用集装箱装载货物这一点是不会改变的。因此，在进行集装箱运输之前，首先要配备集装箱，特别是在利用集装箱船舶运输时，这种船舶的特殊结构只能装载集装箱，因此船公司或其代理人需要配备适合装载、运输的集装箱。

当然，在实际业务中并不是所有的集装箱都由船公司或其代理人负责配备，有的发货人自己也配有集装箱。此外，还有专门出租集装箱的集装箱租赁公司。为了有效地利用船舶的载箱能力，船公司或其代理人应配备最低数量的集装箱，在进行特殊货物运输时，还应配备特殊集装箱。

3. 接受托运

发货人或货物托运人根据贸易合同、信用证有关条款的规定，在货物装运期限前向船公司或其代理人以口头或书面形式提出订舱。船公司或其代理人根据运输要求和配备集装箱的情况，决定是否接受这些货物的托运申请。船公司或其代理人在订舱单上签署后，则表示接受该货物的托运申请。船公司或其代理人接受托运时，一般应了解下述情况。

（1）订舱货物的详细情况。

（2）运输要求。

（3）装卸港、交接货的地点。

（4）由谁负责安排内陆运输。

（5）有关集装箱的种类、规格等。

4. 接收货物

在国际集装箱运输中，船公司或其代理人接收货物的地点如下。

（1）集装箱码头堆场。在集装箱码头堆场接收的货物一般是由发货人或集装箱货运站负责装箱并运至码头堆场的整箱货。

（2）集装箱货运站。集装箱货运站在作为船公司的代理人时接收非整箱货。

（3）发货人的工厂或仓库。船公司或其代理人负责安排内陆运输时，在发货人的工厂或仓库接收整箱货。

在接收货物时，船公司或其代理人需要了解以下几点。

（1）是否需要借用空集装箱。

（2）所需集装箱的数量及种类。

（3）领取空箱的时间、地点。

（4）由谁负责安排内陆运输。

（5）货物具体的装箱地点。

（6）有关特殊事项。

5. 装船

通过各种方式接收的货物，按堆场计划在场内堆存，待船舶靠泊后即可装船。装船的一切工作均由码头堆场负责。

6. 制送主要装船单证

为了能及时向收货人发出装船通知，以及能使目的港集装箱码头堆场编制卸船计划和安排有关内陆运输等工作，在集装箱货物装船离港后，船公司或其代理人即缮制有关装船单证，从速送至卸船港。通常，由装船港船公司或其代理人缮制和寄送的单据如下。

（1）提单副本或场站收据副本。
（2）集装箱号码单。
（3）货物舱单。
（4）集装箱装箱单。
（5）配积载图。
（6）装船货物残损报告。
（7）特殊货物表等。

（三）集装箱码头堆场在集装箱出口货运中的业务

集装箱码头堆场的主要业务是办理集装箱的装卸、转运、装箱、拆箱、收发、交接保管、堆存、捆扎、掏载、搬运，以及承揽货源等。此外，集装箱码头堆场还应洽办集装箱的修理、冲洗、熏蒸和有关衡量等工作。

1. 集装箱的交接

在发货人或集装箱货运站将负责装载的集装箱货物运至码头堆场时，设在码头堆场大门的门卫应对进场的集装箱货物核对订舱单、码头收据、装箱单、出口许可证等单据。同时，还应检查集装箱的数量、号码、铅封号码是否与场站收据记载相一致，集装箱的外表状况，以及铅封有无异常情况。如发现异常情况，门卫应在码头收据栏内注明；如异常情况严重，会影响运输安全，门卫应与有关方联系后，决定是否接收这部分货物。

2. 制订堆场作业计划

堆场作业计划是对集装箱在堆场内进行装卸、搬运、储存、保管的安排，这是为了经济、合理地使用码头堆场和有计划地进行集装箱装卸工作而制订的。堆场作业计划的主要内容如下。

（1）确定空箱、重箱的堆放位置和堆高层数。
（2）装船的集装箱应按先后到港顺序及集装箱的种类、规格、载重分别堆放。
（3）同一货主的集装箱应尽量堆放在一起。

3. 装船

为了能在较短时间内完成装船工作，码头堆场应在船舶到港前，根据订舱单及先后到港船舶的卸箱顺序，编制船舶配积载图，制订装船计划。等船舶靠泊后，码头堆场根据码头收据和装箱单，按装船计划装船。装船完毕后，由船公司或其代理人在装箱单、码头收据、积载图上签字，作为确认货物装船的凭证。

4. 对特殊集装箱的处理

对堆存在场内的冷藏集装箱应及时接通电源，每天还应定时检查冷藏集装箱和冷冻机的工作状况是否正常，以及箱内温度是否保持在货物所需要的范围内。在集装箱装卸和出

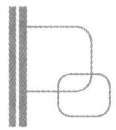

入场内时，应及时解除电源。

对于危险品箱，应分可暂时存放和不能存放两种情况分别处理。可暂时存放的货箱应堆存在有保护设施的场所，而且堆存的数量不能超出许可的限度。不能存放的货箱应在装船预定时间内进场并立即装上船舶。

5. 与船公司的业务关系

（1）集装箱码头堆场应保证以下几点。

① 根据船期表提供合适的泊位。

② 船舶靠泊后，及时提供足够的劳力与机械设备。

（2）船公司应保证以下几点。

① 向码头堆场确保船期，在船舶到港前的一定时间内提出确实到港通知。如发生船期改变，则应及时通知码头堆场。

② 装船前2~10天提供出口货运资料，以满足码头堆场制订堆场计划、装船计划之需要。

③ 应及时提供船图，以保证正常作业。如船公司不能按时提供有关资料，则有失去靠泊机会的可能。

（3）船公司与码头堆场之间的主要业务有以下几项。

① 收、发箱作业及其附属业务。

② 缮制设备收据、签署场站收据。

③ 装、卸箱作业，以及集装箱在船边至堆场之间的搬运、整理等工作。

④ 缮制装、卸箱清单，配积载图报送代理公司。

⑤ 装、拆箱作业，缮制装箱单。

⑥ 有关集装箱的堆存、转运、冲洗、熏蒸、修理等事项。

（四）集装箱货运站在集装箱出口货运中的业务

集装箱货运站是集装箱运输的产物，集装箱运输的主要特点之一就是船舶在港时间短，这就要求有足够的货源，即在卸船完毕后，可快速装满船开航。集装箱货运站的主要业务就是集散货物。集装箱货运站有两种类型：一种是港口型，另一种是内陆集散型。集装箱货运站的主要业务包括以下几个方面。

1. 办理货物交接

在货物不足一箱时，一般都运至集装箱货运站，由集装箱货运站根据所托运的货物种类、性质、目的港，将其与其他货物一起拼装在集装箱内，并负责将已装货的集装箱运至码头堆场。

集装箱货运站在根据订舱单接收前来托运的货物时，应查明这些货物是否已订舱。如货物已订舱，货运站应要求货物托运人提供码头收据、出口许可证，然后检查货物的件数是否与码头收据记载相符、货物的包装是否正常、能否适合集装箱运输。如无异常情况，货运站即在场站收据上签字；反之，货运站则应在码头收据的备注栏内注明异常情况，然后再签字。如异常情况较严重，可能会影响运输安全，货运站则应同有关方联系，决定是否接收这些货物。

2. 积载装箱

集装箱货运站根据货物到站的情况，在货物达到一定数量后，即开始配箱、装箱。

（1）配箱时应注意以下几点。

① 当不同货物混装在同一箱内时，则应根据货物的体积、重量、性质及外包装的强度等情况，将货物区分开，包装牢固的货物、重货装在底部，包装不牢的货物、轻货则应装在集装箱上部。

② 货物在箱内的重量分布应均衡，如集装箱某一部位的负荷过重，则有可能使集装箱底部发生弯曲或有脱开的危险。

③ 在进行货物堆码时，应根据货物的包装强度，决定堆码的层数。

④ 货物与货物之间应加隔板或隔垫材料，避免货物相互沾湿、污损。

⑤ 应根据货物的不同种类、性质、包装，选用不同规格的集装箱。

（2）货物装箱时应注意以下几点。

① 货物的装载应严密整齐，货物之间不留有空隙，这样不仅可充分利用箱内容积，也可防止货物因相互碰撞而造成损坏。

② 应使用清洁、干燥的隔垫材料（胶合板、草席、缓冲器材、隔垫板）。如使用未干的潮湿物料，则易发生货损事故。

③ 在装箱完毕后，应采取必要的措施，防止箱口附近的货物倒塌。

④ 应将装载的货物系牢，防止运输中摇晃、紧急制动、碰撞时货损事故的发生。

3. 制作装箱单

集装箱货运站在进行货物装箱时，应制作集装箱装箱单，装箱单必须准确、清楚。

4. 将装载的货箱运至码头堆场

货物装箱完毕后，集装箱货运站应在海关监督之下加海关封志，并签发场站收据。同时，集装箱货运站应尽快与码头堆场取得联系，将已装货的集装箱运至码头堆场。

三、国际集装箱运输主要出口单证

（一）场站收据

1. 场站收据的定义

场站收据（Dock Receipt，D/R）是国际集装箱运输专用的出口货运单证，是一套综合性的单证，它把杂货班轮运输中使用的货运三联单 [订舱单（也称托运单）、装货单（也称下货纸）、收货单]、场站收据、理货单、配舱回单、运费通知等单证汇成了一套联单，由托运人或其代理人填制，流转给承运人或其代理人、集装箱场站、理货公司等海运参与方使用，可提高集装箱运输的效率。

场站收据是由承运人发出的证明已收到托运货物并开始对货物负责的凭证，是换取正本海运提单的凭证。从这个作用上来讲，其类似于传统件杂货运输所使用的大副收据。但不同之处在于，场站收据标志着集装箱货物运输的承运人责任开始于场站而不是传统件杂货运输的船边，意味着承运人责任的延伸。

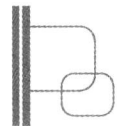

2. 场站收据的作用

（1）船公司或其代理人确认订舱并在场站收据上加盖有报关资格的单证章后，将场站收据交给托运人或其代理人，意味着运输合同开始执行。

（2）场站收据是出口货运报关的凭证之一。

（3）场站收据是承运人已收到托运货物并开始对货物负责的证明。

（4）场站收据是换取海运提单或联运提单的凭证。

（5）场站收据是船公司、港口组织装卸、理货、配载的资料。

（6）场站收据是运费结算的依据。

3. 场站收据的构成

不同港口使用联数有 7 联、10 联、12 联不等。以 10 联格式为例，说明场站收据的组成［见附录表 B-2（1）、表 B-2（2）］。

第 1 联：集装箱货物托运单（发货人留底）。

第 2 联：集装箱货物托运单（船舶代理人留底）。

第 3 联：运费通知（1）。

第 4 联：运费通知（2）。

第 5 联：装货单（场站收据副本）。

第 6 联：大副联（场站收据副本）。

第 7 联：场站收据（D/R）。

第 8 联：货运代理人留底。

第 9 联：配舱回单（1）。

第 10 联：配舱回单（2）。

其中，比较重要的是第 5、6、7 联。

4. 场站收据 10 联单的流转程序

（1）发货人或其代理人填制场站收据 10 联后，留下第 1 联。

（2）第 2 联至第 10 联送订舱代理或船舶代理人以订舱（船舶代理人需签章、编号）。

（3）船舶代理人编号后，留下第 2 联至第 4 联，并在第 5 联上加盖确认订舱及报关章，然后将第 5 联至第 10 联退给货运代理人，货运代理人留下第 8 联、第 9 联并把第 10 联给发货人作为配舱回单。

（4）发货人或其代理人将第 5 联至第 7 联送海关报关。

（5）海关审核认可后，在第 5 联装货单上加盖放行章。

（6）货运代理人负责将箱号、封志号、件数等内容填入第 5 联至第 7 联，并将集装箱货物连同这些联在规定的时间送到堆场，堆场业务员检查海关放行章后允许其进入堆场。

（7）场站业务员在集装箱货物进场、验收完毕后，在第 5 联至第 7 联上填入实收箱数、进场完毕日期，并签收和加盖场站公章，表示承运人的责任开始。第 7 联返还货运代理人，货运代理人可向船公司或其代理人换取待装船提单；第 5 联由场站留底。

（8）第 6 联送理货员，在装船时交大副签收，作为大副收据。

（9）大副签收并加货物批注后，将第 6 联返还货运代理人，货运代理人可向船公司或其代理人换取已装船提单。

（二）集装箱设备交接单

1. 集装箱设备交接单的构成

集装箱设备交接单是集装箱在流转过程中有关单位或个人进行交接的凭证，主要用来记载集装箱箱体、状态、封志、危险品类别等状况，以作为发生箱损后责任及费用划分的依据。

集装箱设备交接单遵循一箱一单、箱单同行的原则，分出场（港）设备交接单和进场（港）设备交接单两种，各有三联，分别为箱管单位（船公司或其代理人）留底联、码头/堆场联、用箱人/运箱人联。

2. 集装箱设备交接单的流转程序

（1）由箱管单位填制集装箱设备交接单的用箱人，运箱人，船名，航次，集装箱的类型、尺寸、状态、免费使用期限和进（出）场目的等。

（2）用箱人或运箱人到码头或堆场提箱时应对照集装箱设备交接单检查集装箱，双方签字后，码头或堆场留下箱管单位留底联和码头/堆场联（共两联），将用箱人/运箱人联退还给用箱人或运箱人。

（3）码头或堆场将留下的管箱单位留底联退还给箱管单位。

3. 集装箱设备交接单的填写

集装箱设备交接单的各栏分别由箱管单位（船公司或其代理人）、用箱人或运箱人（货运代理人或集卡车队）、码头或堆场的经办人填写，具体如下。

（1）用箱人/运箱人栏。

本栏由箱管单位填写，填写时应列明责任方或委托方。

① 责任方是指对集装箱使用过程中的灭失、损坏负有赔偿责任并负责支付集装箱超期使用费的一方，或与海上承运人或其代理人签订集装箱使用合同的一方。他们可以是发货人（或其代理人），或收货人（或其代理人）委托的内陆（水路、公路、铁路）承运人，或根据委托关系向海上承运人（或其代理人）提供集装箱检验、修理、清洗、租赁、堆存等服务的单位。

② 委托方是指委托责任方进行内陆（水路、公路、铁路）运输的一方。他们可以是发货人（或其代理人），也可以是内陆（水路、公路、铁路）承运人。责任方可要求箱管单位将委托方列明于本栏内。凡一并列明责任方和委托方者，箱管单位在向责任方收取集装箱超期使用费时，可按委托方分别开列账单，便于责任方向委托方收取费用。

③ 凡具备责任方条件者，可向箱管单位办理集装箱发放手续。凡办理集装箱发放手续者，必须持责任方书面委托，并明示责任方与委托方办理集装箱发放手续，承担集装箱在使用过程中发生的灭失、损坏责任，承担集装箱超期使用费。委托书中还应列明责任方和委托方的全称、地址、电话和经办人，列明银行结算账号。

（2）提箱地点栏。

进口拆箱时，本栏由箱管单位填写；出口装箱时，本栏由码头或堆场的经办人填写。因检验、修理、清洗、租赁、堆存、转运出口而提离有关码头或堆场的空箱，提箱地点由箱管单位填写。

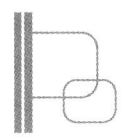

（3）发往地点栏。

进口拆箱时，本栏由箱管部门填写；出口装箱时，本栏由运箱人填写。

该栏是进行集装箱动态管理的重要栏目。箱管部门通过计算机的统计分析，能随时掌握口岸的集装箱分布情况，为生产和箱管工作提供决策依据。填写时字迹必须清楚，发往地点应填写完整。

（4）来自地点栏。

进口拆箱时，本栏由箱管部门填写；出口装箱时，本栏由运箱人填写。

进口箱出口需套箱时，必须在套箱前到箱管部门处办理套箱手续，更正进场联的来自地点栏，并加盖箱管部门"同意套箱"字样；否则，码头或堆场不予收箱，箱管部门将视其为超期使用。

（5）返回/收箱地点栏。

无论进出口，本栏全部由箱管部门填写。

用箱人或运箱人及码头或堆场必须严格按集装箱设备交接单规定的地点还箱、收箱；收箱地点必须符合《中华人民共和国海上国际集装箱运输管理规定实施细则》的规定。

（6）船名/航次栏。

无论进出口，本栏全部由箱管部门填写。

（7）集装箱箱号栏。

进口拆箱时，本栏由箱管部门填写；出口装箱时，本栏除指定箱号外，由码头或堆场的经办人填写。

因出口货物短装或退关使集装箱不能按集装箱设备交接单规定的船名、航次使用时，用箱人或运箱人可持该单证进场联到箱管部门处办理更正手续后继续使用。

（8）尺寸/类型栏。

无论进出口，本栏全部由箱管部门填写。

（9）营运人栏。

无论进出口，本栏全部由箱管部门填写。

① 营运人栏是码头或堆场对集装箱进行管理的主要依据。凡集装箱设备交接单签发后，营运人发生变更时，必须由箱管部门及时通知码头或堆场。

② 用箱人或运箱人根据情况需要套箱时，必须于套箱前到箱管部门处办理套箱手续，以免盲目套箱。

（10）提单号栏。

进口拆箱时，本栏由箱管部门填写；出口装箱时，本栏由运箱人要求装箱点填写。

凡货运站交付或拼箱交货的进出口集装箱，只需在该栏内列明一票提单号码即可，但填写必须清楚、正确。

（11）铅封号栏。

进口拆箱时，本栏由箱管部门填写；出口装箱时，本栏由运箱人要求装箱点填写。

（12）免费期限栏。

无论进出口，本栏全部由箱管部门填写。

（13）运载工具牌号栏。

无论进出口，本栏全部由运箱人填写。填写时必须列明内陆承运人单位简称及承运车辆的车牌号。

（14）出场目的/状态栏。

本栏由箱管部门填写。

（15）进场目的/状态栏。

本栏由箱管部门填写。

（16）出场日期栏。

本栏由码头或堆场道口工作人员填写。

（17）进场日期栏。

本栏由码头或堆场道口工作人员填写。

（18）出场检查记录栏。

本栏由运箱人与码头或堆场道口工作人员联合检查后填写。如有异状，由码头或堆场道口工作人员注明程度及尺寸。

（19）进场检查栏。

本栏由运箱人与码头或堆场道口工作人员联合检查后填写。如有异状，由码头或堆场道口工作人员注明程度及尺寸。

（20）用箱人/运箱人签署栏。

本栏由运箱人签署。

（21）码头/堆场值班员签字栏。

本栏由码头或堆场道口工作人员签署。签署集装箱设备交接单时，字迹必须清楚，姓名应写全名。

（22）注意事项。

集装箱设备交接单一经签发不得更改。凡需更改者，必须到箱管部门处办理更正手续，并于集装箱设备交接单更正处盖箱管部门箱管更正章，其他更正章一律无效。未经办理更正手续的集装箱设备交接单一律不得进入港区，违者按规定追究责任。

（三）集装箱装箱单

集装箱装箱单记载了每一个集装箱内所装货物的名称、数量、尺码、重量、标志和箱内货物的积载情况，是集装箱运输的辅助货物舱单。其由装箱人编制，每一个集装箱编制一份，一式五联，其中码头、船舶代理人、承运人各一联，发货人和装箱人两联（格式如附录表 B-3 所示）。

无论是由发货人自行装载的整箱货，还是由集装箱货运站负责装载的拼箱货，负责装箱的人都要制作集装箱装箱单。集装箱装箱单是详细记载每一个集装箱内所装货物情况的唯一单据。因此，在以集装箱为单位进行运输时，集装箱装箱单是一张极其重要的单据，该单据的主要作用有以下几点。

（1）在装货地点，集装箱装箱单是向海关申报货物出口的代用单据。

（2）集装箱装箱单是发货人、集装箱货运站与集装箱码头堆场之间的货物交接单。

（3）集装箱装箱单是通知承运人集装箱内所装货物的明细表。

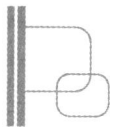

（4）在卸货地点，集装箱装箱单是办理集装箱保税运输的单据之一。

（5）集装箱装箱单上所记载的货物与集装箱的总重量是计算船舶吃水差、稳性的基本数据。可见集装箱装箱单记载内容的准确与否与保证集装箱货物的安全运输有着密切的关系。

集装箱装箱单记载的事项应与场站收据和报关单据上的相关事项一致，否则会影响正常装船和报关。对于特殊货物，集装箱装箱单应加注特定要求，如对冷藏货物要注明对箱内温度的要求、对危险货物要加注标识等。

发货人或集装箱货运站将货物装箱并缮制集装箱装箱单后，将其连同装箱货物一起送至码头堆场。码头堆场的工作人员在5联单上签收后，留下码头联、船舶代理人联和承运人联，将发货人联、装箱人联退还给送交集装箱的发货人或集装箱货运站。发货人或集装箱货运站除自留一份备查外，将另一份交给收货人或卸箱港的集装箱货运站，供拆箱时使用。集装箱码头堆场自留码头联，据此编制装船计划，将船舶代理人联及承运人联分送船舶代理人和船公司，使其据此缮制积载计划和处理货运事故。

（四）海运提单

当货物经过订舱、装箱、报检、报关、投保等环节，并最后经海关验讫放行后，就可以装船。在货物装毕上船后，船公司或其代理人就要缮制海运提单，并签发给货物的托运人。海运提单的格式是在件杂货运输提单格式的基础上结合集装箱运输方式的特点改进的，其性质与作用没有发生变化。

| 海运提单的定义
及其作用 | 海运提单的种类 | 海运提单正面
法定记载内容 | 海运提单 |

Mission 任务 2　国际集装箱运输进口业务

任务导读

与普通船舶相比较，集装箱船舶不仅船型大、速度快，而且靠挂港口也少。从某种意义上说，限制挂靠港口和缩短装卸时间不仅能提高船舶的周转率，还能提高船公司的经济效益，使收货人尽早收到货物。要达到这一目的，船公司首先必须具有合理的工作程序。

本任务重点介绍国际集装箱运输进口程序。

任务：你作为一名货代公司的职员，现分配你一个西雅图至上海的集装箱进口业务，通过集装箱运输平台模拟软件，完成集装箱接箱准备，提货单制作，提箱提货，空箱回运操作等实习项目。

一、国际集装箱运输的进口程序概述

(一)国际集装箱运输的进口流程图

因为集装箱船舶要求在最短的时间内卸完集装箱,港区也要安排集装箱在最短的时间内运离港区,将货物交付收货人,所以在船舶从最后装船港开出后,船公司主管进口货运的人员就应着手制订船舶预计到港计划,并从装船港代理那里得到有关货运单证。与此同时,船公司主管进口货运的人员应与港方、收货人、海关和其他有关部门尽早取得联系,一旦船舶靠泊,尽快将集装箱卸下,并办理海关手续,做好交货准备工作。国际集装箱运输进口流程如图8-2所示。

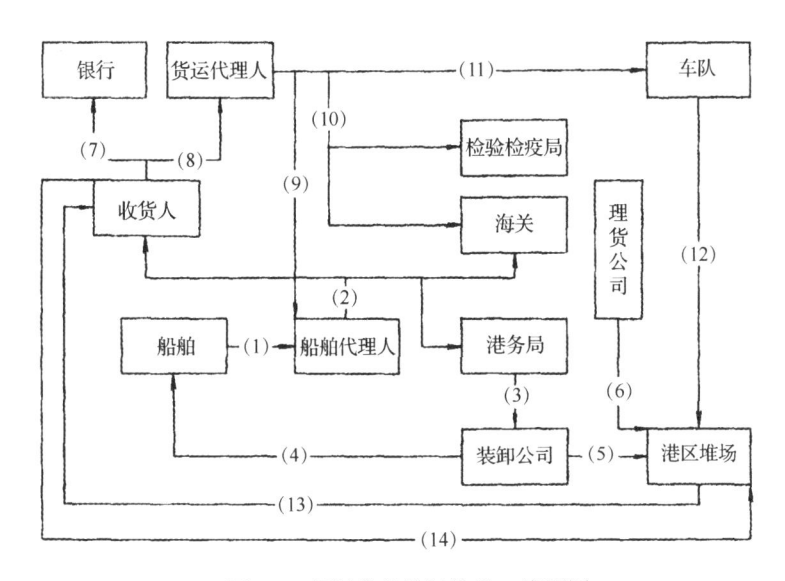

图 8-2 国际集装箱运输进口流程图

国际集装箱运输进口流程如下。
(1)船舶到达港口前向目的港船舶代理人发出船舶到港信息及卸货舱单。
(2)船舶抵港后,船舶代理人签发到货通知书,将抵港信息分别通知港务局、海关和收货人。
(3)港务局通知装卸公司安排卸货。
(4)装卸公司进行船舶卸货作业。
(5)装卸公司将集装箱存放在指定的港区堆场。
(6)理货公司派员到港区堆场理货。
(7)收货人向银行结汇,付款赎单。
(8)收货人委托货运代理人办理通关、提货手续。
(9)货运代理人凭委托书、提单、到货通知书向船舶代理人换取提货单。
(10)货运代理人凭报关委托书、提货单、发票、装箱单、报关单、检疫证明到检验检疫局和海关办理进口清关手续。
(11)货运代理人指派车队到港区堆场提货。

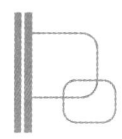

（12）车队派车前往港区堆场交付提货单，填写集装箱设备交接单，提取集装箱。

（13）车队将货物运至收货人仓库，将货物交付收货人。

（14）车队将集装箱空箱归还到港区堆场或者承运人指定的还箱点，交验集装箱设备交接单。

（二）国际集装箱运输的进口程序

完整的国际集装箱运输进口业务从国外接货开始，包括安排装船、安排运输、代办保险，以及货物运到目的港港口后的卸货、接运、报关、报检、转运等业务。

1. 货运代理人接受委托

货运代理人与收货人双方建立的委托关系可以是长期的，也可以是就某一批货物而签订的。在建立了长期代理关系的情况下，委托人往往会把货运代理人写在合同的一些条款中，这样国外发货人在履行合约有关运输部分时可以直接与货运代理人联系，有助于提高工作效率，避免联系脱节的情况发生。在货运代理人与收货人双方之间订立的合同中，通常应明确以下项目。

（1）货运代理人和委托人的全称、注册地址。

（2）代办事项的范围，如是否包括海洋运输，是否包括装运前的拆卸工作、集港运输等，到港后是提单交货还是送货上门等。明确了代办事项的范围后，如果发生意外，就能判断双方责任，也可避免因双方职责不明而造成损失。

（3）委托方应该提供的单证及提供的时间，提供的时间应根据办理该单证需用的时间而定。

（4）服务费收费标准及支付时间、支付方法。

（5）委托方和代理人的特别约定。

（6）违约责任条款。

（7）有关费用，如海洋运费、杂费及关税等的支付时间。

（8）发生纠纷后，协商不成的解决途径及地点。通常解决纠纷的途径有仲裁和诉讼等，地点可以在双方同意的地点。仲裁一般在契约地；诉讼则可以在契约地，也可以在被告所在地。

（9）合同必须加盖双方公章并经法定代表人签字，这是合同成立的要件。

2. 卸货地订舱

如果货物以 FOB 价格条件成交，货运代理人在接受收货人委托后，就负有订舱或租船的责任，并有将船名、装船期通知发货人的义务。特别是在采用特殊集装箱运输时，货运代理人更应尽早预订舱位。

3. 接运工作

接运工作要做到及时、迅速，主要工作包括以下两点。

（1）加强内部管理，做好接货准备，及时告知收货人，汇集单证，及时与港方联系。

（2）谨慎接运。

4. 报关、报检

根据国家有关法律法规，进口货物必须办理报关、报检手续后，收货人才能提取货物。因此，相关人员必须及时办理报关、报检等手续。

5. 监管转运

进口货物入境后，一般在港口报关放行后再内运。但根据收货人要求，进口货物经海关核准也可运往另一设关地点办理报关手续，这种货物被称为转关运输货物，属于海关监管货物。办理转关运输的进境地申报人必须持有海关颁发的转关登记手册；承运转关运输货物的承运单位必须是经海关核准的运输企业，持有转关运输准载证。海关监管货物在到达地申报时，必须递交进境地海关转关关封、转关登记手册和转关运输准载证，申报必须及时，并由海关签发回执，交进境地海关。

6. 提取货物

货运代理人向收货人交货有两种情况：一是象征性交货，即以单证交接，货物到港经海关验收，并在提货单上加盖海关放行章，货运代理人将该提货单交给收货人，即为交货完毕；二是实际性交货，即除完成报关放行外，货运代理人负责向港口装卸区办理提货手续，并负责将货物运至收货人指定地点交给收货人，如果是整箱货通常还需要负责空箱的还箱工作。以上两种交货，都应做好交货工作的记录。

二、国际集装箱运输进口业务管理

（一）船公司或其代理人在集装箱进口货运中的业务

船公司或其代理人在集装箱进口货运中的业务有以下几个方面。

1. 做好卸船准备工作

集装箱船舶要求在最短的时间内卸完集装箱，因此如果没有一个完整的卸船计划，集装箱则有可能滞留在码头上，影响船舶装卸，使码头工作陷入混乱，延迟交货，从而在一定程度上削弱集装箱运输能缩短装卸作业时间和提高船舶周转率的优势。

因此，船公司主管进口货运的人员应在船舶从最后装船港开出后，即着手制订船舶预计到港计划，并从装船港代理那里得到有关货运单证。与此同时，船公司主管进口货运的人员应与港方、收货人、海关和其他有关部门尽早取到联系，一旦船舶靠泊，就尽快将集装箱卸下，并办理海关手续，做好交货准备工作。从装船港代理处取得的主要货运单证有以下几种。

（1）提单副本或码头收据副本。

提单副本或码头收据副本是制定船舶预计到港通知书、交货通知书、交货凭证、货物舱单、动植物清单，以及答复收货人有关货物方面的各种询问的依据。

（2）配积载图。

配积载图是编制集装箱卸船计划、堆场计划、交货计划，以及有关集装箱、机械设备保管与管理的依据。

（3）集装箱装箱单。

集装箱装箱单是办理保税运输，以及办理货物从码头堆场运出手续的依据，也是集装箱货运站办理掏箱、分类、交货的依据。

（4）集装箱号码单。

集装箱号码单是向海关办理集装箱暂时进口手续、设备管理的依据，也是与其他单据核对的依据。

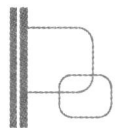

（5）装船货物残损报告。

装船货物残损报告是处理货损事故的主要单证之一。

（6）特殊货物表。

特殊货物表用于向海关和有关方办理危险品申报，以及冷藏货物、活牲畜等特殊货物的交接。

2. 制作并寄送有关单据

船公司或其代理人在收到装船港寄来的单据后，应从速制作下述有关单据并寄送给有关方。

（1）船舶预计到港通知书。

船舶预计到港通知书是向提单副本所记载的收货人或通知方寄送的单据，其内容和提单大致相同，除货物情况外，还记载该船预计到港日期。在用普通船舶运输时，船公司一般没有给收货人寄送船舶预计到港通知书的义务，也就是说可以不送。但用集装箱船舶运输时，为了使码头堆场顺利地进行工作，防止货物积压，使集装箱能被有效利用，加速周转，船公司有必要将船舶预计到港的日期通知收货人，让收货人在船舶到港前做好收货准备，等集装箱货物从船上卸下后即可提走。

（2）交货通知。

交货通知是货物具体交付日期的通知，是指在确定了船舶到港日期和时间，并且确定了集装箱的卸船计划和时间后，船公司或其代理人把货物的交付时间通知收货人的单据。交货通知习惯先用电话通知，然后寄送书面通知，以防止不必要的纠纷。

（3）货物舱单。

货物舱单用于向海关申请卸货。

3. 卸船与交货

集装箱的卸船与交货计划主要由码头堆场负责制订，但收货人在接到船公司寄送的船舶预计到港通知书后，有时会通知船公司，在其方便的时间提供提货的可能机会。对收货人的这一要求，船公司应转告集装箱码头堆场，在交货时尽可能满足收货人的要求。

4. 提货单的签发

除特殊情况外，船公司或其代理人只要收到正本提单，就有义务对提单持有人签发提货单。因此，提货单的签发是采用与正本提单相交换的形式进行的。提货单仅仅是交货的凭证，其不具有提单那样的流通性。

船公司或其代理人在签发提货单时，要先核对正本提单签发人的签署、签发提单的日期、提单背书的连贯性，判定提单持有人是否正当，然后再签发提货单。提货单应具有提单所记载的内容，如船名、交货地点、集装箱号码、铅封号、货物名称、收货人等交货所必须具备的项目。在运费到付和未支付清其他有关费用的情况下，船公司或其代理人应将费用收讫后再签发提货单。

收货人在正本提单尚未到达就想要提货时，可采用与有关银行共同向船公司出具担保书的办法。担保书应保证以下内容。

（1）正本提单一到，收货人立即交船公司或其代理人。

（2）由于没有凭借正本提单提货，船公司由此而遭受的任何损失应由收货人负责。

此外，在收货人要求更改提单上原指定的交货地点时，船公司或其代理人应在收回全部正本提单后，再签发提货单。

（二）集装箱码头堆场在集装箱进口货运中的业务

1. 集装箱的卸船准备工作

如果来港靠泊的集装箱船舶为定期班轮，则应根据协议和有关业务章程的规定，在抵港前一定的时间内将船期计划通知码头。如果由于天气和其他原因未能按期到港，则必须提早通知。在船舶抵港前几天，码头堆场应从船公司或其代理人那里取得以下有关单证。

（1）货物舱单。
（2）集装箱号码单。
（3）配积载图。
（4）集装箱装箱单。
（5）装船货物残损报告。
（6）特殊货物表。

集装箱码头堆场根据这些单证安排卸货准备工作，并制订集装箱的卸船计划、堆场计划、交货计划。

集装箱的卸船计划。为了减少船舶在港时间，卸船与装船往往同时进行，为使卸船工作有条不紊地进行，有必要制订卸船计划。卸船计划的制订是为了能在较短的时间内使大量的集装箱顺利地装上与卸下。

集装箱的堆场计划。集装箱能否合理地安置在码头堆场内，除影响卸船计划的顺利执行外，还会影响交货计划的执行。为了达到这一目的，有必要制订堆场计划。

集装箱的交货计划。集装箱的交货计划是为了能使从船上卸下的集装箱不积压在码头堆场内，并向最终目的地继续运输，或直接交给收货人所制订的计划。

2. 卸船与堆放

集装箱码头堆场根据制订的卸船计划从船上卸下集装箱，并根据堆场计划在码头堆场内堆放集装箱。从船上卸下的集装箱在堆场内堆放时应注意以下几点。

（1）空箱与重箱应分开堆放。
（2）了解重箱内货物的详细情况。
（3）是否需要安排中转运输。
（4）是在码头堆场内交货，还是在货运站交货。
（5）预订交货日期。

3. 交货

对于从船上卸下的装有货物的集装箱，其可交付给收货人或其代理人、集装箱货运站及内陆承运人。

（1）交给收货人或其代理人。

当收货人或其代理人前来提取装有货物的集装箱时，应出具船公司或其代理人签发的提货单。经核对无误后，码头堆场将集装箱交给收货人或其代理人。交货时，码头堆场和

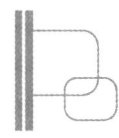

收货人或其代理人双方在交货记录上签字交接。如对所交接的货物有批注，则应将该批注记入交货记录。交货记录是证明船公司责任终止的重要单证。

（2）交给集装箱货运站。

如果货物为拼箱货，则由集装箱货运站将集装箱从码头堆场运至货运站，拆箱后将货物交付收货人。一般情况下进行的集装箱交接，由码头堆场与集装箱货运站共同在集装箱装箱单上签字，作为交接的收据。码头堆场与集装箱货运站是各自独立的，交接时应做好交货记录，并由双方签字，以明确对集装箱货物的责任。

（3）交给内陆承运人。

如果货物需继续运往内地最终交货地点，码头堆场则应与船公司或其代理人取得联系后，再把集装箱交给内陆承运人。在这种情况下，如果船公司或其代理人对货物的责任终止于码头堆场，则应根据交货记录进行交接。如果内陆承运人为船公司或其代理人的分包人，即船公司或其代理人对全程运输负有责任时，码头堆场与内陆承运人只需办理内部交接手续，在集装箱运至最终交货地点后再记入交货记录。

4. 有关费用收取

码头堆场在将装有货物的集装箱交给收货人时，应查核该货物是否产生了保管费、再次搬运费。另外，集装箱的使用是否超出了免费使用期，如已超出则应收取滞期费。在产生上述费用的情况下，码头堆场应在收取了这些费用后再交货。

5. 制作交货报告和未交货报告

集装箱码头堆场在交货工作结束后，应根据实际交货情况制作交货报告送交船公司或其代理人，以便日后船公司或其代理人据此处理收货人或其代理人提出的关于货物丢失和损坏的索赔。

如果收货人或其代理人一时未能前来提货，码头堆场则应制作未交货报告送交船公司或其代理人，以便船公司或其代理人据此催促收货人或其代理人早日提货。如果收货人或其代理人仍不前来提货，船公司或其代理人可对货物采取必要的措施。

（三）集装箱货运站在集装箱进口货运中的业务

拼箱货由集装箱货运站从码头堆场领取集装箱后，运至货运站拆箱，并按提单分类，将货物交给前来提货的收货人或其代理人。集装箱货运站主要的进口货运业务有以下几个方面。

1. 做好交货准备

集装箱货运站应在船舶到港前几天，从船公司或其代理人处取得下列有关单证。

（1）提单副本或场站收据副本。

（2）货物舱单。

（3）集装箱装箱单。

（4）装船货物残损报告。

（5）特殊货物表。

集装箱货运站根据上述单据做好拆箱、交货准备工作。

2. 发出交货通知

在确定了船舶到港日期和卸港计划后，集装箱货运站应与码头堆场联系并确定提取集装箱的时间。根据这一时间，集装箱货运站制订出拆箱计划和交货计划。

集装箱船舶在港期间，货运站有可能同时进行拆箱交货、接货装箱的作业，其业务相当繁忙，为使拆箱的货物尽早让收货人或其代理人提走，货运站应对收货人或其代理人发出交货通知。交货通知也是计算集装箱货物保管费和再次搬运费的依据。

3. 从码头堆场领取载货的集装箱

集装箱货运站在与码头堆场取得联系后，即可从码头堆场领取载货的集装箱。在办理交接时，码头堆场应与货运站在集装箱装箱单上签字。另外，还要办理设备交接手续，由码头堆场出具设备收据，双方在设备收据上签字。

4. 拆箱交货

集装箱货运站从码头堆场领取集装箱后，即开始拆箱作业。在从箱内取出货物时，应按装箱单记载的从末尾向前的顺序进行。拆箱后应将空箱退还给码头堆场。

当收货人或其代理人前来提货时，货运站应要求收货人或其代理人出具船公司或其代理人签发的提货单，在将提货单记载的内容与货物核对无误后，即可交货。交货时，集装箱货运站应与收货人或其代理人在交货记录上签字，如发现货物有异状，则应将这种情况记入交货记录的备注栏内。

5. 有关费用收取

集装箱货运站在交付货物时，应查核该货物有无产生保管费和再次搬运费，如已产生则应收取费用后再交货。

6. 制作交货报告和未交货报告

集装箱货运站在交货工作结束后，制作交货报告寄送船公司或其代理人。对未交货积压在货运站的货物，货运站则应制作未交货报告寄送船公司或其代理人，使船公司或其代理人据此催促收货人或其代理人迅速提货。如果收货人或其代理人仍不前来提货，船公司或其代理人可对货物采取必要的措施。

（四）收货人或其代理人在集装箱进口货运中的业务

在国际贸易中，发货人或其代理人一般在完成货物装运后都会给收货人或其代理人发送装运通知。收货人或其代理人收到装运通知后，就需要提早做好收货准备。收货人或其代理人在集装箱进口货运中的具体业务有以下几个方面。

1. 取得有关货运单据

收到装运通知后，收货人或其代理人要先取得有关货运单据才能办理清关手续并提取货物。如果国际贸易合同里规定以信用证方式结汇，收货人或其代理人要取得有关装船单据，就必须向银行支付货款，也就是说购买装船单据。如果按托收汇票结汇，进口地银行对出口地银行负有代收货款的责任。所以，在付款交单条件下，收货人或其代理人只有在支付货款后才能取得单据。如果为承兑交单，收货人或其代理人在对接管的票据予以确认后，才能取得单据。收货人或其代理人在得到单据后，应仔细审核提单记载的事项和提单背书的连续性。

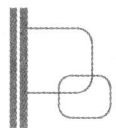

2. 换取提货单

在收到船公司或其代理人发出的到货通知书后，收货人或其代理人在提货前，应将提单交还给船公司或其代理人，以取得提货单。然后再提供有关单证到出入境检验检疫局、海关办理清关手续。在集装箱货物从船上卸下后，收货人或其代理人凭提货单即可提货。

3. 提取货物

通常，整箱货应去码头堆场提货，拼箱货则应去货运站提货。应注意的是，如果整箱货连同集装箱一起提取，收货人或其代理人还应办理集装箱设备交接手续。

4. 索赔

收货人或其代理人在提取货物时，如发现货物灭失、损坏，应向责任方提出损坏赔偿。

三、国际集装箱运输主要进口单证

在国际集装箱运输进口环节，涉及的单证主要有集装箱交货记录联单、理货单证、集装箱设备交接单等。其中，集装箱设备交接单的使用与出口业务相同，此处不再赘述。

（一）集装箱交货记录联单

1. 交货记录联单的构成及作用

交货记录联单一套共 5 联：到货通知书（除进场日期外，所有栏目由船公司或其代理人填制）；提货单（同上，盖章位置由责任单位盖章）；费用账单（蓝色，剩余栏目由场站或港区填制）；费用账单（红色，剩余栏目由场站或港区填制）；交货记录（由提货人签名）。

（1）到货通知书是船公司在卸货港的代理人向收货人或其代理人发出的船舶预计到港时间的通知。它是船公司在卸货港的代理人根据船舶动态和装箱港的代理人寄来的提单副本或其他货运单证、资料编制的。

船公司在卸货港的代理人向收货人或其代理人发出到货通知书的目的是要求收货人事先做好提货准备，以便货物抵港后能尽快疏运出港，避免货物在码头堆场积压，使集装箱码头堆场能更充分地发挥其中转、换装的作用，使集装箱能加快周转。

到货通知书只是船公司或其代理人为使货运程序能顺利进行而发出的单证，对于这个通知书发出得是否及时，以及收货人或其代理人是否能收到，作为承运人的船公司或其代理人并不承担责任，也就是说，承运人并不对此通知承担责任风险。收货人或其代理人为了保证进口货物代理的服务质量，应主动与船公司或其代理人联系，及早获取进口货物到货通知书，便于提前做好接卸进口货物的准备。

（2）提货单是船公司或其代理人指示负责保管货物的集装箱货运站或集装箱堆场的经营人向提单持有人交付货物的非流通性单据。

（3）交货记录是在船公司或其代理人向收货人或其代理人交货时，双方共同签署的、证明双方已进行货物交接并载明其交接状态的单据。

（4）费用账单是收货人或其代理人结算港口费用的账单。

2. 交货记录的流转程序

（1）船公司或其代理人在收到进口货物单证资料后，在规定时间内向收货人或其代理人发出到货通知书。

（2）收货人或其代理人在收到到货通知书后，凭海运正本提单（背书）和到货通知书向船公司或其代理人换取提货单、费用账单联、交货记录联等，提货单经船公司或其代理人盖章方能生效。

（3）收货人或其代理人持提货单在海关规定的期限内备妥报关资料，向海关申报。海关验放后在提货单的规定栏目内盖放行章。收货人或其代理人还要办理其他有关手续的，也应办妥其他手续。

（4）收货人或其代理人凭已盖章放行的提货单、费用账单联和交货记录联向场站或港区的营业所申请提货。场站或港区营业所核对船公司或其代理人的提货单是否有效及有关放行章后，将提货单和费用账单联留下，作为放货、结算费用及收费的依据，并在第 5 联交货记录联上盖章，以示确认手续完备，受理作业申请，安排提货作业计划，并同意放货。

（5）收货人或其代理人凭场站或港区已盖章的交货记录联到港区仓库或场站仓库、码头堆场提取货物。提货完毕后，提货人应在规定的栏目内签名，以示确认提取的货物无误。交货记录联上所列货物全部提取后，场站或港区应收回交货记录联。

（6）场站或港区凭收回的交货记录联核算有关费用。填制费用账单一式两联，结算费用。蓝色费用账单联留存场站或港区，红色费用账单联则作为向收货人收取费用的凭证。

（7）场站或港区将提货单、费用账单联、交货记录联留存归档备查。

（二）理货单证

集装箱在目的港卸船、拆箱时，都需要理货人员进行理货，并填制有关单证。

1. 卸箱清单

在卸箱过程中，码头装卸区的理货人员会编制卸箱清单，对船舶实际卸下的集装箱的数量、箱号等情况予以记录。如集装箱有异状，理货人员应将其列入批注栏内。

2. 理货计数单

当集装箱需要在货运站拆箱时，理货人员应对照装箱单及货物舱单点验件数，并编制理货计数单。理货计数单的主要内容包括船名、泊位、拆箱起始时间、提单号、唛头、件数、批注等。

3. 货物溢短残损单

在拆箱理货时，如果发现货物存在溢短残损情况，理货人员要根据卸货时编制的卸箱清单所列批注编制货物溢短残损单。即使没有溢短残损情况也应在单内填"无"。如果填单后再发现集装箱有新的损坏或其他需要批注的事项，则应由装卸区负责。

另外，如果卸箱完毕后一定时期内（一般为 7 天）收货人尚未提取货物，港口装卸区会编制集装箱催提单和催提进口货清单送代理公司，向有关收货人催提。

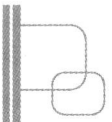

Mission 任务 3 大陆桥运输

任务导读

> 大陆桥运输是指借助于不同的运输方式，跨越辽阔的大陆或狭窄的地峡，以沟通两个互不毗连的大洋或海域的运输形式。大陆桥运输也属于国际多式联运的范畴。大陆桥运输在国际多式联运中的作用比较突出，因而作为一种特殊的运输方式存在。其目的在于缩短运输距离、减少运输时间和节约运输总费用。本任务介绍了大陆桥运输的各条路线及其优缺点和发展历程。

任务：通过走访或调研内陆货运站（或无水港），了解中欧班列依靠"一带一路"连接起中国与世界的守望相助。分析中欧班列开行的情况，并形成调研报告。

一、大陆桥运输认知

（一）大陆桥运输的定义

大陆桥运输（Land Bridge Transport）是指使用横贯大陆的铁路、公路运输系统，把大陆两端的海洋连接起来的运输方式。简单地说，就是两边是海运，中间是陆运，大陆把海洋连接起来，形成海一陆一海联运，而大陆起到了桥的作用，所以称之为大陆桥。

从形式上看，大陆桥运输是海一陆一海的连贯运输，但实际上已随着集装箱运输和多式联运的发展变得多种多样。目前，集装箱从太平洋东部的日本，通过海运到俄罗斯沿海港口（纳霍德卡港和东方港等），后再经西伯利亚大铁路等陆上交通，横跨亚欧大陆直达欧洲各国或沿海港口，再利用海运到达大西洋沿岸各地的运输为典型的大陆桥运输。

大陆桥运输一般是以集装箱为运输单位的，因为中途要经过多次装卸，以集装箱为运输单位可大大简化理货、搬运、储存、保管和装卸等操作环节，同时集装箱是经海关铅封的，中途不用开箱检验，可以迅速直接转换运输工具，所以集装箱是大陆桥运输的最佳运输单位。

（二）大陆桥运输产生的历史背景

大陆桥运输是集装箱运输的产物。历史上第一条大陆桥是美国大陆桥，产生于20世纪50年代。日本与美国联合，利用美国东、西海岸的港口和铁路网，开展海一陆一海联运。其做法如下：日本货运公司将集装箱装载在船上，运到美国太平洋沿岸的港口，再利用横贯美国东西部的铁路，运到美国东海岸港口（大西洋沿岸），再装船运到欧洲。

第二条大陆桥就是当今世界上运量最大的西伯利亚大陆桥。现在，西伯利亚大陆桥的西端已扩展到了中欧、西欧、北欧等地，东端则从海上连接了韩国、菲律宾等国家和地区。

目前，除上述两条大陆桥外，还有横贯我国的新亚欧大陆桥。

（三）大陆桥运输的特点与优势

1. 特点

（1）采用海陆联运的方式，全程由海运段和陆运段组成。

（2）大陆桥运输的运程比全程海运的运程短，但需增加装卸次数。大陆桥运输在某一区域能否存在和发展，主要取决于它与全程海运相比在运输费用、运输时间等方面的综合竞争力。

2. 优势

（1）缩短运输里程，节省运输时间。

（2）加快运输速度，降低运输成本。

（3）保证货运质量，节省包装费用。

（4）简化货运手续，利于资金周转。

二、大陆桥运输路线

（一）北美大陆桥

北美大陆桥（North American Land Bridge）是指利用北美的铁路连接亚洲东部地区和欧洲的海—陆—海联运。北美的加拿大和美国都有横贯东西的铁路和公路运输线，它们的线路基本相似。北美大陆桥是世界上历史最悠久、影响最大、服务范围最广的大陆桥运输线，其中美国大陆桥的作用较为突出。

1. 美国大陆桥

美国大陆桥（U.S. Land Bridge）是北美大陆桥的组成部分，是最早开辟的亚洲东部地区—欧洲水陆联运线路中的第一条大陆桥。美国大陆桥有以下两条线路。

（1）从西部太平洋沿岸至东部大西洋沿岸的铁路和公路运输线。它是连接太平洋与大西洋的路线，亚洲东部地区的货物从美国西部太平洋沿岸的洛杉矶、西雅图、旧金山等口岸上桥，通过铁路横贯美国至东部大西洋沿岸的纽约、巴尔的摩等口岸转海运送达欧洲，其中铁路全长约 3200km。

（2）从西部太平洋沿岸至南部墨西哥湾沿岸的铁路和公路运输线。它是连接太平洋与墨西哥湾的路线，亚洲东部地区的货物从美国西部太平洋沿岸的洛杉矶、西雅图、旧金山等口岸上桥，通过铁路至南部墨西哥湾沿岸的休斯敦、新奥尔良等口岸转海运送达南美洲，其中铁路全长 500～1000km。

后因东部港口和铁路拥挤，货到后往往很难及时换装，这段时间抵消了大陆桥运输所节省的时间，使大陆桥运输的优越性没有得到充分的发挥。目前，美国大陆桥运输基本处于停顿状态，但在大陆桥运输过程中又形成了小陆桥和微型陆桥的运输方式，而且发展迅速。

1）美国小陆桥

美国小陆桥（Mini-Land Bridge，MLB）运输与美国大陆桥的海—陆—海运输相比，减少了一段海上运输，表现为海—陆或陆—海形式。例如，亚洲东部地区至美国东部大西洋沿岸或美国南部墨西哥湾沿岸的货物，可由亚洲东部地区装船至美国太平洋沿岸港口，转

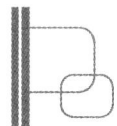

装铁路（公路）专列运至东部大西洋沿岸或南部墨西哥湾沿岸，然后换装内陆运输运至目的地。美国小陆桥是在美国大陆桥开始萎缩后产生的，因为这种运输不必通过巴拿马运河，所以可以节省时间。美国小陆桥运输全程只使用一张海运提单，由海运承运人支付陆上运费，而由美国大西洋沿岸或墨西哥湾沿岸港口转运至目的地的费用由收货人承担。

我国出运到美国的集装箱货物，在通过美国大陆桥运输时可先将货物运到日本港口，再转运至美国太平洋沿岸港口卸船后，交铁路运抵美国大西洋沿岸或加勒比海区域。

美国小陆桥的主要优点如下。

（1）避免绕道运输，节省运输费用。

（2）缩短运输时间，货物可以提前运至目的地投放市场销售。

（3）降低了成本，还可享受铁路集装箱直达列车的优惠运价。

对于中国出口商、运输经营人来说，通过美国小陆桥运输时应注意以下问题。

（1）美国小陆桥运输是完整的多式联运，由运输经营人签发全程联运提单，并收取全程运费，运输经营人对全程运输负责。

（2）美国小陆桥运输下的集装箱货物，其提单应分别注明卸船港和交货地的名称。

（3）美国小陆桥运输下交接的货物，卖方（发货人）承担的责任、费用终止于最终交货地。

（4）美国小陆桥运输下的集装箱货物，应根据运输经营人在美注册的运价本收取运费，原则上无任何形式的运费回扣，除非运输经营人与货主之间订有服务合同，即在一定时间内提供一定货运量后，货主可享受较低运价。

（5）在按服务合同收取运费且货物托运人是无船承运人时，美国小陆桥运输的集装箱货物应出具两套提单：一套是无船承运人签发给货主的 HOUSE－B/L，另一套则是船公司签发给无船承运人的 MEMO－B/L。前者供货主用于结汇，后者供无船承运人在美国的代理用于提货。

案例：中国以 CIF 价格条件出口至美国一批货物，卸货港为美国西雅图，最终目的地为芝加哥。西雅图港在美国西海岸，芝加哥属于美国内陆城市。为了享受运费优待，本案可采用美国小陆桥运输的运输条款和 OCP 运输条款，但货物必须用集装箱装载，必须注明卸货点为美国西海岸港口，目的地必须是美国落基山脉以东地区的某个公共点。对于 OCP 运输而言，沿铁路线各站都有公共点。

美国小陆桥运输也存在铁路运费偏高、运输时间得不到保证（特别是冬季）、往返集装箱货源不平衡、大量集装箱在美国大西洋沿岸港口积压等问题。

2）美国微型陆桥

美国微型陆桥运输（U.S. Micro-Land Bridge）是在美国小陆桥运输形成和发展的基础上产生的。因为它只利用了大陆桥的一部分，不通过整个陆桥，比美国小陆桥还短一段，因此也被称为半陆桥。

美国微型陆桥运输与美国小陆桥运输基本相似，只是其交货地点在内陆地区。随着美国小陆桥运输的发展，新的问题产生了，如货物由靠近美国大西洋沿岸的内地工厂运往国外、亚洲东部地区（或反向），首先要通过本国运输，以本国提单运至大西洋沿岸交船公司，然后由船公司另外签发由大西洋沿岸出口的国际货运单证，再通过本国运输运至太平洋沿岸港口，然后通过海运运至亚洲东部地区。货主认为，这种运输不能从内地直接运至太平洋沿岸港口转运，不仅增加了运输费用，还增加了运输时间。为了解决这一问题，美国微型陆桥运输应运而生。进出美国、加拿大内陆城市的货物采用微型陆桥运输既可节省运输时间，又可避免双重港口收费，从而节省费用。例如，往来于日本和美国内陆城市匹兹堡的集装箱货物，可从日本通过海运运至美国太平洋沿岸港口，如奥克兰，然后通过铁路直接运至匹兹堡，这样可完全避免进入费城港，从而节省了在该港的港口费用支出。

在进口商寄往出口商的信用证中经常出现"IPI"一词，其英文全称为"Interior Point Intermodal"，即内陆地点多式联运，指货物的交货地为美国的内陆主要城市，这是典型的微型陆桥运输。因此，在运输实务中经常用"IPI"代表微型陆桥运输。

美国微型陆桥运输与美国小陆桥运输相比，运输时间更短、送达时间更快、运输费用更少，主要体现在以下几个方面。

（1）美国微型陆桥运输可以使用联运提单，经美国太平洋沿岸港口，将集装箱货物直接运送到美国内陆城市。

（2）美国微型陆桥运输可以避免不必要的绕道和迂回运输，运输路线更合理。

（3）美国微型陆桥运输可以避免在港口中转换装，节省运输时间。

（4）美国微型陆桥运输可以使船舶与铁路集装箱直达列车相衔接，以更快的运输速度直达目的地。

美国微型陆桥运输注意事项如下。

（1）提单应写明卸船港、交货地的名称。

（2）运输经营人对货物承担的责任从接收货物时起至交付货物时止，即对全程运输负责。

（3）美国微型陆桥运输方式下的集装箱货物，在 CIF 价格条件下，卖方（发货人）承担的责任、费用终止于最终交货地。

（4）美国微型陆桥运输尽管使用两种不同的运输方式，但只使用一张货运提单。

2. 加拿大大陆桥

加拿大大陆桥（Canada Land Bridge）的运输路线是通过海运将集装箱货物从日本运到温哥华或西雅图后，利用加拿大两大铁路横跨北美大陆运到蒙特利尔，然后再与大西洋的海上运输相连接，一直运到欧洲各个港口。

加拿大大陆桥最初是为了与西伯利亚大陆桥相抗衡而设立的，但是因为日本—加拿大—欧洲集装箱船的运费与日本—欧洲集装箱船的运费差不多，日本货商对加拿大大陆桥运输并不积极，所以加拿大大陆桥也未发展起来。

OCP 运输　　海上货物运输合同纠纷

（二）西伯利亚大陆桥

西伯利亚大陆桥也称第一亚欧大陆桥，东起符拉迪沃斯托克（海参崴），经哈巴罗夫斯克（伯力）、赤塔、伊尔库茨克、新西伯利亚、鄂木斯克、车里雅宾斯克、古比雪夫，止于莫斯科，后来东端又延伸到东方港和纳霍德卡港，全长约 13 000km。其把太平洋沿岸地区与波罗的海、黑海沿岸地区及西欧大西洋沿岸地区连接起来，是世界上最长的大陆桥。使用这条大陆桥运输线的经营者主要是日本、中国和欧洲各国的货运代理公司。其中，日本出口到欧洲杂货的 1/3、欧洲出口到亚洲杂货的 1/5 是经这条大陆桥运输的，由此可见它

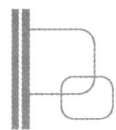

在沟通亚欧大陆、促进国际贸易等方面起到的重要作用。目前,西伯利亚大陆桥的全年货运量高达10万标准箱,最多时可达15万标准箱。

其东端连接的铁路:符拉迪沃斯托克—清津港—咸兴—平壤铁路;大连—沈阳—长春—哈尔滨—赤塔铁路;广州—长沙—武汉—郑州—北京—大同—乌兰巴托—乌兰乌德铁路。

其西端连接的铁路:莫斯科—彼得格勒—赫尔辛基—斯德哥尔摩—奥斯陆铁路;莫斯科—华沙—柏林—科隆—布鲁塞尔—巴黎铁路;莫斯科—罗斯托夫—第比利斯—卓勒法—德黑兰铁路。

1. 西伯利亚大陆桥运输业务经营组织

苏联为了更好地经营西伯利亚大陆桥运输,于1980年2月专门成立了运输组织机构——前全苏过境运输公司,专门负责办理大陆桥过境运输业务。现在是全俄过境运输公司,该公司设有以下3个业务处。

(1) 西伯利亚过境运输处,主管经过俄罗斯往返欧洲与亚洲东部地区的过境运输。

(2) 伊朗过境运输处,主管从欧洲和亚洲经过俄罗斯至伊朗的过境运输。

(3) 南方过境运输处,主管从欧洲和亚洲经过俄罗斯至阿富汗,以及中东地区的过境运输。

全俄过境运输公司由俄罗斯外贸部设立,其与俄罗斯交通部、海运部、空运部下属的单位组成委员会,共同安排大陆桥运输业务,制定运价和制订运输计划等。因此,组织经营大陆桥运输业务的是全俄过境运输公司,而实际的承运者是俄罗斯的铁路、公路、航空部门。

西伯利亚大陆桥运输的另一个经营者是国际铁路集装箱运输公司,该公司由东欧和西欧各国铁路部门组成,负责由俄罗斯西部边境站至欧洲各地和相反方向的集装箱运输。该公司是跨国组织,实行统一的运输条件和运价。我国与欧洲间的业务均与该公司有直接、密切的联系。

2. 西伯利亚大陆桥运输形式

经过海上运输上桥后,西伯利亚大陆桥运输主要包括如下3种形式(见图8-3)。

(1) 铁—铁方式。它是指用船把货物运至东方港、纳霍德卡港(或者通过满洲里、二连浩特、阿拉山口等陆路口岸进入俄罗斯),再用火车运到俄罗斯西部边境站,继续用火车运至欧洲国家和伊朗等地或相反方向。该条联运线出俄罗斯西部边境站有鲁瑞卡(去意大利、希腊、西班牙、土耳其、芬兰等)、布列斯特(去波兰、德国等)、乔普(去匈牙利、捷克、斯洛伐克、法国、希腊、瑞士、奥地利等)、温格内(去罗马尼亚、保加利亚等)、卓勒法(去伊朗)。

(2) 铁—海方式。它是指用船把货物运至东方港、纳霍德卡港(或者通过满洲里、二连浩特、阿拉山口等陆路口岸进入俄罗斯),再用火车运到波罗的海和黑海的港口,装船运至北欧、西欧、巴尔干地区的港口,最终交收货人。这条联运路线出俄罗斯西部边境的主要港口有彼得格勒(去荷兰、比利时、德国、英国等)、塔林(去芬兰、瑞典、挪威、丹麦等)、里加(去法国、英国等)、日丹诺夫(去意大利、希腊、西班牙、土耳其等)。

(3) 铁—卡方式。它是指用船把货物运至东方港、纳霍德卡港(或者通过满洲里、二连浩特、阿拉山口等陆路口岸进入俄罗斯),再用火车运至俄罗斯西部边境布列斯特附近,再用卡车将货运至德国、法国、瑞士、奥地利等国。

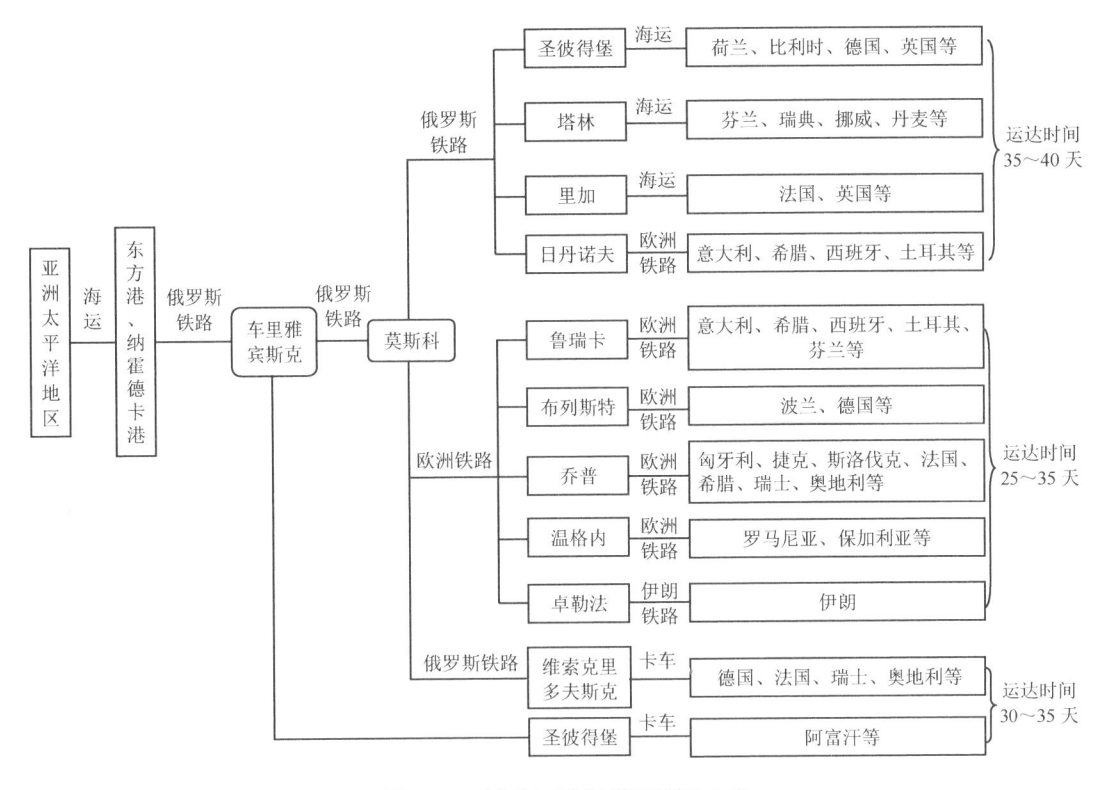

图 8-3 西伯利亚大陆桥运输形式图

3. 西伯利亚大陆桥的优点与缺点

与全海运相比，西伯利亚大陆桥具有 3 个明显的优点。

（1）运输距离缩短。从亚洲东部地区到西欧，经西伯利亚大陆桥的路程是 13 000km，比绕道非洲好望角的航程缩短近 1/2，比经苏伊士运河的航程缩短近 1/3。

（2）途中运行时间减少。西伯利亚大陆桥在过境时间上有优势，而且与多个港口和多条铁路干线相连，运输潜力巨大。经西伯利亚大陆桥的集装箱运输，一般可比全程海运提前 15～35 天将货物送达。

（3）运输成本降低。一般情况下，经西伯利亚大陆桥的集装箱运输的成本比全程海运低 20%～30%。

当然，西伯利亚大陆桥也有其缺点。例如，冬季严寒，港口有数月冰封期，使运输能力受到影响；西向货运量大于东向货运量，来回运量不平衡，集装箱回空成本较高，影响了运输效益；俄罗斯使用宽轨铁路，须换轨才能进入欧洲各国；运力紧张，铁路设备陈旧。随着新亚欧大陆桥竞争力的提高，西伯利亚大陆桥的地位正在下降。

（三）新亚欧大陆桥

新亚欧大陆桥也称亚欧第二大陆桥。新亚欧大陆桥东起太平洋西岸中国东部连云港，西达大西洋东岸荷兰鹿特丹、比利时的安特卫普等港口，横贯亚欧两大洲中部地带，总长约 10 900km。其连接东亚、中亚、西亚、中东、东欧、中欧、南欧、西欧等 40 余国，约

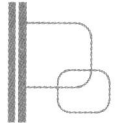

占世界国家数的 22%。1990 年 9 月，中国铁路与哈萨克斯坦铁路在德鲁日巴站正式接轨，标志着该大陆桥的贯通。1991 年 7 月 20 日，开办了新疆—哈萨克斯坦的临时边贸货物运输。1992 年 12 月 1 日，由连云港发出首列国际集装箱联运"东方特别快车"，经陇海、兰新铁路，西出边境站阿拉山口，分别运送至阿拉木图、莫斯科、圣彼得堡等地，标志着该大陆桥的正式通行。该大陆桥运量逐年增长，并且具有巨大的发展潜力。

新亚欧大陆桥由从太平洋西岸中国连云港开始的陇海、兰新铁路向西延伸至中国西部边境阿拉山口，与哈萨克斯坦的德鲁日巴站接轨，经亚洲、欧洲诸国直通大西洋。它将是一条对亚欧大陆经济贸易活动发挥巨大作用的现代"丝绸之路"。

1. 新亚欧大陆桥的运行路线

新亚欧大陆桥东端直接与东亚及东南亚诸国相连，并进而与美洲西海岸相通；它的中国段西端，从新疆阿拉山口站换装出境进入中亚，西行至阿克斗卡站与土西大铁路相接，分北、中、南三线连接欧洲铁路网。

（1）北线。与西伯利亚大陆桥接轨，经俄罗斯、白俄罗斯、波兰通往西欧及北欧诸国。

（2）中线。由哈萨克斯坦往俄罗斯、乌克兰、斯洛伐克、匈牙利、奥地利、瑞士、德国、法国至英吉利海峡港口转海运，或由哈萨克斯坦阿克斗卡站南下，沿吉尔吉斯斯坦边境经乌兹别克斯坦塔什干及土库曼斯坦阿什哈巴德西行至克拉斯诺沃茨克，过里海达阿塞拜疆的巴库，再经格鲁吉亚第比利斯及波提港，越黑海至保加利亚的瓦尔纳，并经鲁塞进入罗马尼亚、匈牙利通往中欧诸国。

（3）南线。由土库曼斯坦阿什哈巴德向南入伊朗，至马什哈德折向西，经德黑兰、大不里士入土耳其，过博斯普鲁斯海峡，经保加利亚通往中欧、西欧及南欧诸国，同时还可经过土耳其埃斯基谢基尔南下中东及北非。

新亚欧大陆桥将我国与伊朗、罗马尼亚、保加利亚、匈牙利、捷克、斯洛伐克、波兰、德国、奥地利、比利时、法国、瑞士、意大利、英国等国紧密相连。它对环太平洋经济圈的协调发展起到了重要作用，也使我国与世界大市场的距离更近。它将亚欧两个大陆原有的陆上运输通道缩短了近 2000km，比绕道印度洋和苏伊士运河的水运距离短近 1000km。

2. 新亚欧大陆桥的优势

（1）运输距离短。新亚欧大陆桥大大缩短了运输里程，其运输里程仅为 10 870km。

它使亚欧之间的货运距离缩短得较为显著，从日本、韩国至欧洲，通过新亚欧大陆桥，水陆全程仅为 12 000km 左右，比绕过好望角的海上运输线短近 15 000km，比经苏伊士运河的海上运输线短近 8000km，比经巴拿马运河的海上运输线短近 11 000km，比经北美大陆桥短近 9100km。

韩国、日本、中国到中亚国家的货物通过新亚欧大陆桥，比通过西伯利亚大陆桥短近 3000km，到欧洲的货物通过新亚欧大陆桥比海上运输线短近 1000km。我国到欧洲的新亚欧大陆桥物流运输通道，经新疆阿拉山口至中亚各国及欧洲地区，其运距比通过西伯利亚大陆桥短近 2000km，比海上运输线短近 1000km，另外运行速度也比海运快。

它使东亚与中亚、西亚的货运距离大幅度缩短。从日本神户、韩国釜山等港口至中亚的哈萨克斯坦、乌兹别克斯坦、吉尔吉斯斯坦、塔吉克斯坦、土库曼斯坦5个国家和西亚的伊朗、阿富汗，通过西伯利亚大陆桥和新亚欧大陆桥，海上距离相近，但陆上距离相差很大。例如，从日本神户、韩国釜山等港口出发，到达伊朗的德黑兰，通过西伯利亚大陆桥，陆上距离约13 322km，通过新亚欧大陆桥，陆上距离约9977km，二者相差约3345km；到达哈萨克斯坦的阿雷西，通过西伯利亚大陆桥，陆上距离约8600km，通过新亚欧大陆桥，陆上距离约5862km，二者相差约2774km。

（2）地理位置和气候条件优越。整个大陆桥避开了高寒地区，港口无封冻期，自然条件好，吞吐能力大。东端港口自然条件好，位置适中，气候温和，一年四季可不间断作业。

（3）辐射面广。新亚欧大陆桥横贯亚欧大陆中部，因而具有广阔的辐射区域。东端能辐射东亚和东南亚诸国，西端还能辐射北欧、西欧和东欧诸国。同时，经阿拉木图、塔什干南下，还可辐射中亚各地。

新亚欧大陆桥在我国境内长约4131km，国内段西行途径江苏（连云港、徐州、淮安、盐城、宿迁）、安徽（淮北、阜阳）、河南（商丘、开封、郑州、洛阳、许昌、焦作、三门峡）、陕西、甘肃、青海、新疆7省，毗邻山东、山西、湖北、四川、青海、宁夏和内蒙古等地，辐射面积约占国土总面积的37%；区域内人口数约为4亿，约占全国总人口的30%。此外，日本、韩国及东南亚各国，均可利用此线开展集装箱运输。

3. 新亚欧大陆桥的作用

（1）新亚欧大陆桥途经区域的经济发展具有明显的互补性。它的东西两端连接着太平洋沿岸与大西洋沿岸两大经济中心，基本上属于发达地区，但空间容量小、资源短缺；而其辽阔狭长的中间地带亦即亚欧腹地，除少数国家外，基本上属于欠发达地区，特别是中国中西部及中亚、西亚、中东、南亚地区，地域辽阔，交通不够便利，自然环境较差，但空间容量大，资源丰富，开发潜力大。这里是世界上重要的农牧业生产基地，粮、棉、油、马、羊产量大；这里的矿产资源有数百种，包括金、银、铜、铁、铀、铅、锌、铂、镍、钛、锑、汞、铬、镁、钠、钾、钒、铝、钨、锰、钼、磷、硼等；这里的能源尤为富集，煤炭储量达2万亿吨以上，石油储量约为1500亿吨，天然气储量近7500亿立方英尺（1立方英尺≈0.028立方米），堪称世界"能源之乡"。因此，新亚欧大陆桥途经区域在经济上具有较强的相互依存性与优势互补性，蕴藏了非常好的互利合作前景。

（2）新亚欧大陆桥的发展为沿桥国家和亚欧两大洲的经济贸易交流提供了一条便捷的通道，对于促进陆桥经济走廊的形成、扩大亚太地区与欧洲的经贸合作、促进亚欧经济的发展与繁荣，进而开创世界经济的新格局，具有重要意义。一方面，对于日本与西欧等发达国家和地区来说，这一区域是一个人口众多、资源丰富的巨大市场，是它们输出资金、技术和管理的理想之地；对于中国与中亚、东欧国家来说，通过沿桥开放，其可以更好地吸收国际资本、技术和管理经验，加快经济振兴。另一方面，亚太地区经济的迅速发展，越来越需要开拓欧洲市场，而欧洲国家为谋求发展也需要到亚太地区寻求贸易伙伴、选择投资对象，亚太地区与欧洲的双向辐射越来越明显。

新亚欧大陆桥这些优势决定了它必将全线运营，并且不断发展壮大，成为沟通亚太地区与欧洲的主导运输线。

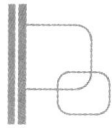

4. 新亚欧大陆桥的发展前景与影响

（1）发展前景。

新亚欧大陆桥横贯我国东部、中部与西部，而东西双向开放的"钢铁国际走廊"的加速开发和开放将使它成为我国经济新的增长带，并将加速变成我国的国际性交通、经济走廊。为此，我国有关部门正在研究加快沿桥中国段发展的具体措施。

这些措施包括：沿桥地带实行沿海地区的开放政策，根据需要可继续设立各种开发区和保税区；试办资源型开发区；按照高起点和与国际接轨的要求，建立资源和资源加工型企业；促进沿桥地区的工业化和城市化；利用外资，试办中国西部农业合作开发区，建设亚欧农产品批发交易中心；根据交通枢纽、资源状况、地理位置，以中心城市为依托，在沿桥地区建立若干个经济发展区，如以连云港为中心的国际经济贸易合作区、以徐州为中心的淮海经济区、以邯郸为中心的中原经济区、以西安为中心的关中经济区、以兰州为中心的西北经济区、以乌鲁木齐为中心的西部经济区等，并把乌鲁木齐建成我国西部的国际金融、商贸、工农业经济中心，以促进我国西部和中亚市场的发展与繁荣。

（2）影响意义。

① 新亚欧大陆桥的畅通有利于促进沿桥国家的经贸合作、亚欧经济的发展与繁荣，对于亚欧两大洲经济走廊的形成及世界经济新格局的开创，具有重要的现实意义。

② 新亚欧大陆桥的贯通有利于促进沿桥区域经济的平衡协调发展，对于推进沿桥地带的开发开放、加快工业化和城市化进程、提高各国综合国力，都具有重大的战略意义。

③ 新亚欧大陆桥的发展有利于开拓中亚市场，对于扩大我国的对外经济贸易合作有着不可忽视的重大作用。

④ 新亚欧大陆桥的开通与发展有利于提高我国大陆沿海港口体系的国际地位。它将使我国港口从根本上摆脱地理环带制约，优化沿海港口区位，为开展国际贸易运输创造有利条件。

随着亚太经济的迅速崛起及世界贸易重心的东移，新亚欧大陆桥的战略意义将越来越重要。新亚欧大陆桥不仅是一条运输通道，还是区域经济发展的轴线，沿桥经济带人民正在为实施新亚欧大陆桥沿线开发开放战略而共同奋斗。我们坚信，经过努力，新亚欧大陆桥必将成为国际经济贸易的一条黄金走廊，再现古丝绸之路的辉煌。

亚欧大陆桥

项目拓展

项目小结

本项目主要涉及国际集装箱运输进出口业务，以及各种大陆桥运输，重点对国际集装箱运输进出口流程及业务管理等进行了详细阐述，并对集装箱运输进出口所使用的主要单证的作用、流转及填制要求等进行了说明。通过本项目的学习，学生能利用项目知识办理国际集装箱运输业务。

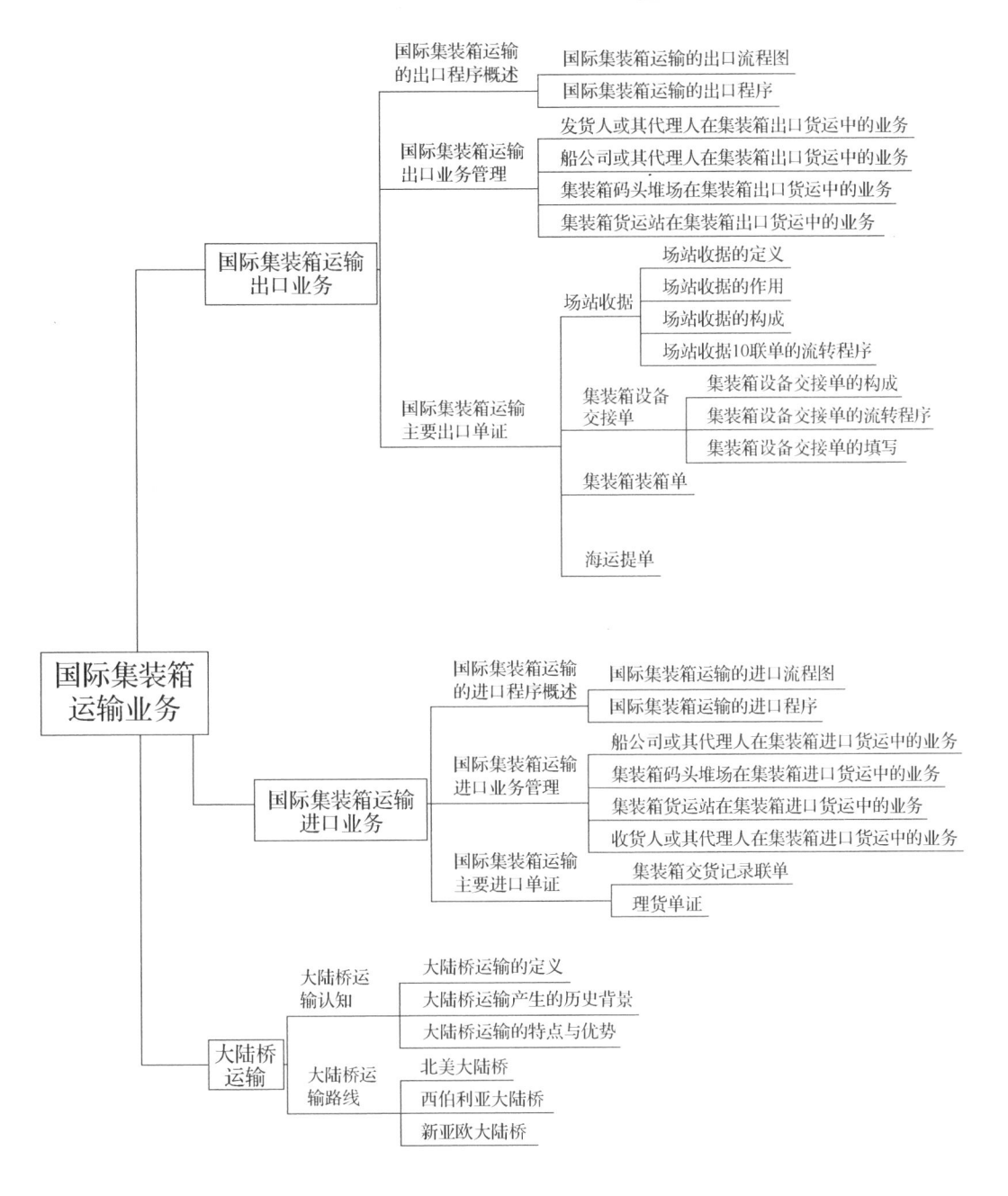

Project 8 项目 国际集装箱运输业务

```
国际集装箱运输业务
├── 国际集装箱运输出口业务
│   ├── 国际集装箱运输的出口程序概述
│   │   ├── 国际集装箱运输的出口流程图
│   │   └── 国际集装箱运输的出口程序
│   ├── 国际集装箱运输出口业务管理
│   │   ├── 发货人或其代理人在集装箱出口货运中的业务
│   │   ├── 船公司或其代理人在集装箱出口货运中的业务
│   │   ├── 集装箱码头堆场在集装箱出口货运中的业务
│   │   └── 集装箱货运站在集装箱出口货运中的业务
│   └── 国际集装箱运输主要出口单证
│       ├── 场站收据
│       │   ├── 场站收据的定义
│       │   ├── 场站收据的作用
│       │   ├── 场站收据的构成
│       │   └── 场站收据10联单的流转程序
│       ├── 集装箱设备交接单
│       │   ├── 集装箱设备交接单的构成
│       │   ├── 集装箱设备交接单的流转程序
│       │   └── 集装箱设备交接单的填写
│       ├── 集装箱装箱单
│       └── 海运提单
├── 国际集装箱运输进口业务
│   ├── 国际集装箱运输的进口程序概述
│   │   ├── 国际集装箱运输的进口流程图
│   │   └── 国际集装箱运输的进口程序
│   ├── 国际集装箱运输进口业务管理
│   │   ├── 船公司或其代理人在集装箱进口货运中的业务
│   │   ├── 集装箱码头堆场在集装箱进口货运中的业务
│   │   ├── 集装箱货运站在集装箱进口货运中的业务
│   │   └── 收货人或其代理人在集装箱进口货运中的业务
│   └── 国际集装箱运输主要进口单证
│       ├── 集装箱交货记录联单
│       └── 理货单证
└── 大陆桥运输
    ├── 大陆桥运输认知
    │   ├── 大陆桥运输的定义
    │   ├── 大陆桥运输产生的历史背景
    │   └── 大陆桥运输的特点与优势
    └── 大陆桥运输路线
        ├── 北美大陆桥
        ├── 西伯利亚大陆桥
        └── 新亚欧大陆桥
```

思政园地

危险货物在集装箱里积载不当引发货运事故

一艘集装箱船舶在运输途中发生火灾，经查，引发火灾的原因是船方在积载危险货物时处置失误。装于集装箱内的桶装危险货物，部分桶倒置装载，加之桶盖未能盖严，导致危险货物泄漏，遇到船方明火作业，引起火灾。货物由船方负责装箱，故船方对集装箱内

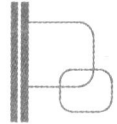

部的装载和船舶货物积载应承担责任。同时，火灾是由船方的过失造成的，船方不得享受免责。

目前，违反《国际海运危险货物规则》的行为是导致国际集装箱运输危险货物事故发生的主要原因，表现为以下几点。

（1）故意不申报或申报出错。

（2）由于不懂规定而疏漏申报。

（3）堆装及货物隔离方法不当。

（4）缺乏正确培训，也缺乏经验丰富的员工，导致文件、标记、标签及张贴纸出现问题。

在运输危险货物时，积载、运输、储存和装卸环节发生问题，会非常容易引发货运事故，造成严重后果。因此，托运人、仓储保管人和船公司，在积载危险货物时，不能违反《国际海运危险货物规则》的有关规定，更不能擅自违规操作，一旦发生事故后果非常严重。

讨论思考：《国际海运危险货物规则》对于运输危险货物有什么相关规定？承运人有什么权利与责任？

项目测试与训练

一、讨论分析题

1. 根据国际集装箱运输的出口流程图简述具体流程。
2. 场站收据的作用有哪些？其流转程序如何？
3. 船公司或其代理人如何签发提货单？
4. 海运提单的性质与作用是什么？
5. 收货人通过什么途径可以取得提单等货运单据？
6. 分析新亚欧大陆桥存在的问题和不足。
7. 请简述 OCP 运输、MLB 运输、IPI 运输各自的特点与不同点。

二、技能训练 1

1. 训练目的：通过训练使学生熟悉国际集装箱运输出口业务。
2. 训练要求与操作准备：

（1）建议学生登录中国远洋海运（集团）有限公司等……

（2）组织学生到集装箱班轮公司实习，了解国际集装箱运输的出口业务程序。

（3）通过案例，让学生练习国际集装箱运输出口业务的操作。

3. 训练资料与设备准备：授课尽量安排在能使用互联网的多媒体教室；最好购置集装箱运输实务系统软件供学生在实验室局域网进行模拟实践。

Project 8 国际集装箱运输业务

请根据以下销货合约（见表 8-1）模拟完成该批货物的运输出口操作，并完成提单的缮制。

表 8-1　销货合约（SALES CONTRACT）

卖方 SELLER：	NANJING TANG TEXTILE GARMENT CO., LTD. HUARONG MANSION RM2901 No.85 GUANJIAQIAO, NANJING 210005, CHINA		编号 No.：	F01LCB05127
			日期 DATE：	Dec.26, 2000
			地点 SIGNED IN：	NANJING, CHINA
买方 BUYER：	FASHION FORCE CO., LTD P.O.BOX 8935 NEW TERMINAL, ALTA, VISTA OTTAWA, CANADA			
买卖双方同意以下条款达成交易： This contract Is made by and agreed between the BUYER and SELLER, in accordance with the terms and conditions stipulated below				
1.商品号 Art No.	2. 品名及规格 Commodity & Specification	3. 数量 Quantity	4. 单价及价格条款 Unit Price & Trade Terms	5. 金额 Amount
			CIF MONTREAL, CANADA	
46-301A	LADIES COTTON BLAZER (100% COTTON, 40S×20/ 140×60)	a.2550PCS	b.USD12.80	USD32 640.00
		Total：	c.USD12.80	USD32 640.00
允许 With	3%	溢短装，由卖方决定 More or less of shipment allowed at the sellers' option		
6. 总值 Total Value	USD THIRTY TWO THOUSAND SIX HUNDRED AND FORTY ONLY			
7. 包装 Packing	CARTON			
8. 唛头 Shipping Marks	FASHION FORCE F01LCB05127 CTN No. MONTREAL MADE IN CHINA			
9. 装运期及运输方式 Time of Shipment & means of Transportation	NOT LATER THAN MAR.25, 2001 BY VESSEL			
10. 装运港及目的地 Port of Loading & Destination	FROM： SHANGHAI TO： MONTREAL			
11. 保险 Insurance	FOR 110% CIF INVOICE VALUE COVERING ALL RISKS, INSTITUTE CARGO CLAUSES, INSTITUTE STRIKES, INSTITUTE WAR CLAUSES AND CIVIL COMMOTIONS CLAUSES			

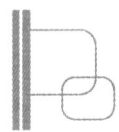

续表

12. 付款方式 Terms of Payment	BY IRREVOCABLE LETTER OF CREDIT TO BE OPENED BY FULL AMOUNT OF S/C, PAYMENT AT SIGHT DOCUMENT TO BE PRESENTED WITHIN 21 DAYS AFTER DATE OF B/L AT BENEFICIARY'S ACCOUNT
13. 备注 Remarks	1. PARTIAL SHIPMENTS: NOT ALLOWED 2. TRANSSHIPMENT: ALLOWED
The Buyer FASHION FORCE CO., LTD （进口商签字和盖章）	The Seller NANJING TANG TEXTILE GARMENT CO., LTD （出口商签字和盖章）

三、技能训练2

1. 训练目的：通过训练使学生熟悉国际集装箱运输进口业务。
2. 训练要求与操作准备：

（1）建议学生登录集装箱班轮公司网站、货运代理公司网站，了解国际集装箱运输进口业务办理的基本情况。

（2）组织学生到集装箱班轮公司、货运代理公司实习，了解国际集装箱运输进口业务程序。

（3）通过案例，让学生练习国际集装箱运输进口业务的操作。

3. 训练资料与设备准备：授课尽量安排在能使用互联网的多媒体教室；最好购置集装箱运输实务系统软件供学生在实验室局域网进行模拟实践。

浙江祺祥贸易公司从国外进口了一批货物，收到船公司代理发来的到货通知书（见表8-2），请模拟完成该票货物的进口操作。

表8-2 到货通知书

Shipper（发货人） MENKEN ORLANDO B.V., POSTBUS 434642504 AL DEN HAAG, THE NETHERLANDS			B/L No.SHAYO012780
			（箱属公司）中海
Consignee（收货人） ZHE JIANG QIXIANG TRADE CO.,LTD No.1 JIAOGONG ROAD, HUZHOU, ZHEJIANG, CHINA			（托运编号） TO:
Notify Party（通知人） SAME AS CONSIGNEE			敬请确认！
Ocean vessel（船名） CSCL LVE	Voy.No.（航次） 3381E	Port pf Loading（装货港） ROTTERDAM	

续表

Port of Discharge（卸货港） SHANGHAI,CHINA		Place of Delivery（交货地点） SHANGHAI,CHINA	Final Destination for the Merchant's Reference （目的地）	
Marks（唛头） N/M	No. of Containers or P'kgs.（箱数或件数） 200PCS	Kind of Packages:Description of Goods （包装类型与货名） LADIES'SLIPPER	Gross Weight 毛重（千克） 860KGS	Measurement 尺码（立方米） 0.85CBM
				20GP
ON BOARD	FREIGHT PREPAID,BAF & YAS COLLECT,EBS COLLECT SHIPPER LOAD, COUNT & SEAL. CY-CY 20GP*1; CONTAINER			
Total Number of Containers or Packages（In Words）集装箱或件数合计（大写）		SAY TWO HUNDRED PEIECS ONLY		
No. of Original B（s）/L（正本提单份数）		THREE		

四、自我训练

（一）单选题

1．在国际集装箱运输中，发货人或其代理人在向船公司办理订舱时应填制（　　）。
　　A．下货纸　　　　　　　　　　B．大副收据
　　C．订舱单　　　　　　　　　　D．场站收据

2．托运人在船舶到港前较短时间内向船公司提出订舱，基本能确定具体船名、装船日期的订舱方式称为（　　）。
　　A．暂定订舱　　　　　　　　　B．预备订舱
　　C．最终订舱　　　　　　　　　D．确定订舱

3．集装箱设备交接单的用箱人/运箱人栏通常由（　　）填写。
　　A．货代　　　　　　　　　　　B．集卡车队
　　C．码头堆场经办人　　　　　　D．船公司或其代理人

4．记载每一个集装箱内所装货物名称、数量、尺码和箱内货物具体情况的单证是（　　）。
　　A．订舱单　　　　　　　　　　B．集装箱设备交接单
　　C．场站收据　　　　　　　　　D．装箱清单

5．提单签发的地点，原则上应是（　　）。
　　A．装箱地点　　　　　　　　　B．装货港
　　C．发货人的工厂或仓库　　　　D．收货地点

6. 船公司向海关办理集装箱暂时进口手续的单证是（　　）。
   A．集装箱装箱单　　　　　　　　B．提单副本
   C．积载图　　　　　　　　　　　D．集装箱号码单
7. 对已超出免费使用期限的集装箱，码头堆场应向用箱人收取（　　）。
   A．保管费　　　　　　　　　　　B．再次搬运费
   C．速遣费　　　　　　　　　　　D．滞期费
8. 集装箱货运站在完成拆箱交货后，空箱应退还（　　）。
   A．船公司　　　　　　　　　　　B．收货人
   C．集卡车队　　　　　　　　　　D．码头堆场
9. 收货人或其代理人凭港区或场站已盖章的（　　）到港区仓库或场站仓库、堆场提取货物。
   A．到货通知书　　B．交货记录　　C．提货单　　D．费用账单
10. 船舶代理人在收到进口货物单证资料后，在规定时间内向收货人或其代理人发出（　　）。
    A．到货通知书　　B．交货记录　　C．提货单　　D．费用账单
11. 历史上第一条大陆桥是（　　）。
    A．新亚欧大陆桥　　　　　　　　B．北美大陆桥
    C．西伯利亚大陆桥　　　　　　　D．第三亚欧大陆桥
12. 微型陆桥的陆上运费由（　　）负责。
    A．分段承运人　　B．海运承运人　　C．收货人　　D．发货人

（二）多选题

1. 国际集装箱运输下，船公司接收货物的地点有（　　）。
   A．集装箱码头堆场　　　　　　　B．发货人工厂或仓库
   C．集装箱货运站　　　　　　　　D．船边
2. 集装箱码头堆场的主要业务工作包括（　　）。
   A．装卸　　　　B．转运　　　　C．装箱　　　　D．拆箱
3. 场站收据中用于海关报关的是第（　　）联。
   A．5　　　　　B．6　　　　　C．7　　　　　D．8
4. 国际集装箱运输提单按照提单收货人一栏的记载可分为（　　）。
   A．记名提单　　B．承运人提单　　C．不记名提单　　D．指示提单
5. 在船舶抵港前几天，码头堆场应从船公司或其代理人那里取得货物舱单、集装箱装箱单、（　　）等有关单证。
   A．特殊货物表　　　　　　　　　B．集装箱号码单
   C．配积载图　　　　　　　　　　D．装船货物残损报告
6. 集装箱货运站应在船舶到港前几天，从船公司或其代理人处取得提单副本或场站收据副本、（　　）等有关单证。
   A．特殊货物表　　　　　　　　　B．货物舱单
   C．集装箱装箱单　　　　　　　　D．装船货物残损报告

7. 从船上卸下的装有货物的集装箱可交付给（　　　）。
   A．收货人　　　　　　　　　　B．集装箱货运站
   C．多式联运承运人　　　　　　D．内陆承运人
8. 集装箱交货记录联单包括（　　　）。
   A．到货通知书　　B．交货记录　　C．提货单　　D．费用账单
9. 下面属于理货单证的有（　　　）。
   A．提单　　　　B．残损单　　　C．溢短单　　　D．理货计数单
10. 美国大陆桥有两条线路，即（　　　）。
    A．连接太平洋与大西洋的路线
    B．连接太平洋与墨西哥湾的路线
    C．连接大西洋与印度洋的路线
    D．连接大西洋与墨西哥湾的路线

参考答案

项目 9 国际多式联运业务管理

知识目标

1. 掌握国际多式联运单证的构成与流转程序。
2. 掌握国际多式联运单据的性质与作用。
3. 掌握国际多式联运单据的内容,了解其与联运提单的区别。
4. 掌握多式联运提单的定义,熟悉美加线上国际多式联运提单的制作特点。

能力目标

1. 能进行多式联运提单的缮制及审核工作。
2. 能进行美加线上国际多式联运提单的缮制。

思政目标

1. 了解我国国际多式联运业务的发展现状,树立坚定的职业理想。
2. 养成良好的责任意识,能够按照国际多式联运业务操作流程,认真缮制单证,避免造成货运事故,给客户带来不必要的损失。
3. 养成良好的创新精神,能够为客户设计最佳运输路线,发挥国际多式联运的优势。

引导案例及分析

托运人回运权的行使

案情介绍:我国山东青岛三星外贸公司(简称三星公司)委托某运输公司运送一批从郑州到韩国内地某市的货物,运输公司向三星公司签发了多式联运提单。提单上的托运人为三星公司,收货人为韩国三元公司。货物到达目的港后,韩国三元公司通过三星公司寄给它的提单副本向海关申请了保税运输,货物通过保税运输运到首尔附近的保税仓库中暂存;此时,三星公司因与韩国三元公司发生贸易纠纷,三星公司持尚未结汇的提单向运输公司提出回运要求,运输公司表示同意。但是,根据韩国法律的规定,货物的回运必须由收货人提交证明或请求,没有收货人的证明或请求,海关不同意货物运离保税仓库,而此时韩国三元公司拒绝配合。由于运输公司迟迟无法进行货物的回运,三星公司认为运输公司既然无法回运货物,就说明其已经丧失了对货物的实际控制权,遂对运输公司提起诉讼。

本案一审法院判定运输公司应承担无单放货的责任。运输公司不服提起上诉。因收货人拒绝配合,运输公司无法从收货人处取得相关证据,后通过多方努力从韩国当地海关、公证部门及保税仓库取得证据,证明收货人尚未办理通关手续,货物仍在保税仓库中储存。二审法院判定运输公司不承担责任,遂驳回了三星公司的诉讼请求。

法律分析:《中华人民共和国海商法》对于托运人的回运权并未做出明确规定。我国《中华人民共和国合同法》规定:在承运人将货物交付收货人之前,托运人可以要求承运人中止运输、返还货物、变更到达地或者将货物交给其他收货人,但应当赔偿承运人因此受到的损失。根据这一规定,托运人行使上述权利的唯一条件是,承运人尚未将货物交付收货人。同时,托运人行使上述权利,对承运人承担的唯一责任是赔偿承运人因此受到的损失。但是,本案例中的情况是,承运人虽未将货物交付收货人,但收货人已凭提单副本向当地海关办理了保税运输,因此已在海关处备案,根据当地的法律,承运人确实不具有将货物回运的能力,此时支持托运人的这一权利,对承运人无疑是不公平的。因此,法律有必要对托运人回运权的行使加以限制。

问题:结合本案例思考,承运人在货物交付和回运方面应吸取怎样的经验教训?

Mission 任务 1 国际多式联运单证业务

任务导读

国际多式联运单证的种类繁多,既有描述载运工具、货物、集装箱状况及其动态方面的单证,又有涉及口岸监管及有关代理协议、运输合同、运输费用等方面的单证;既有统一规范的货运单证,又有非统一规范的货运单证。

任务:假设你公司已取得多式联运经营资格,你负责的杭州至泰国曼谷的国际多式联运路线业务,请你缮制一份国际多式联运单据。

一、国际多式联运单证的构成与流转程序

(一)国际多式联运单证的构成

国际多式联运单证可分为六大部分。

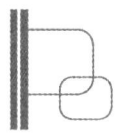

1. 运输单证

如图 9-1 所示,一方面,多式联运经营人作为全程承运人,在收到货物后,应向托运人签发运输单证,收货人付款后取得该运输单证即可凭此在目的地提取货物;另一方面,多式联运经营人经托运人的名义向各区段承运人办理托运并交付货物后,可取得各区段承运人签发的运输单证。根据是否具有物权凭证功能来划分,海陆空承运人所签发的运输单证可分成两大类。

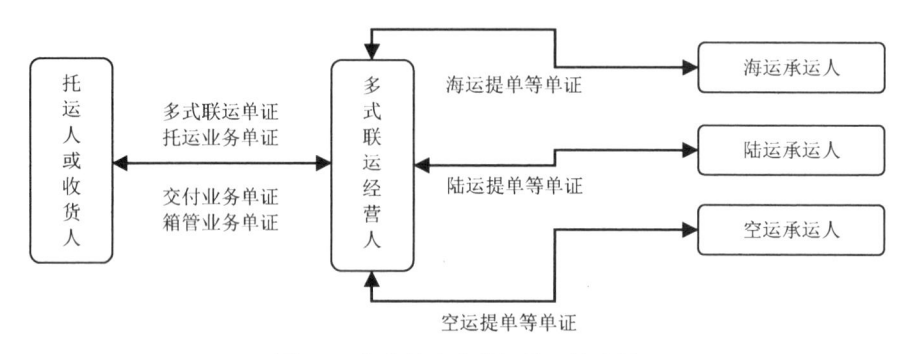

图 9-1 集装箱多式联运单证关联图

(1)提单类,包括提单和租船提单。

(2)运单类,包括不可转让海运单,空运单,公路、铁路或内河运单和邮寄证明。

2. 托运业务单证

托运业务单证是指托运人向多式联运经营人及多式联运经营人向各区段承运人办理出口订舱业务时所涉及的单证。

3. 交付业务单证

交付业务单证是指收货人向多式联运经营人及多式联运经营人向各区段承运人办理进口换单业务时所涉及的单证。

4. 箱管业务单证

箱管业务单证是指办理集装箱发放、交接等手续时所涉及的单证。

5. 口岸监管业务单证

口岸监管业务单证是指办理货物、集装箱或载运工具监管手续时向口岸监管机关提交的单证。

6. 其他相关单证

除以上单证外,还有许多其他重要单证,如舱单、舱图等。

图 9-2 是以海运为核心的国际多式联运单证系统结构示意图。

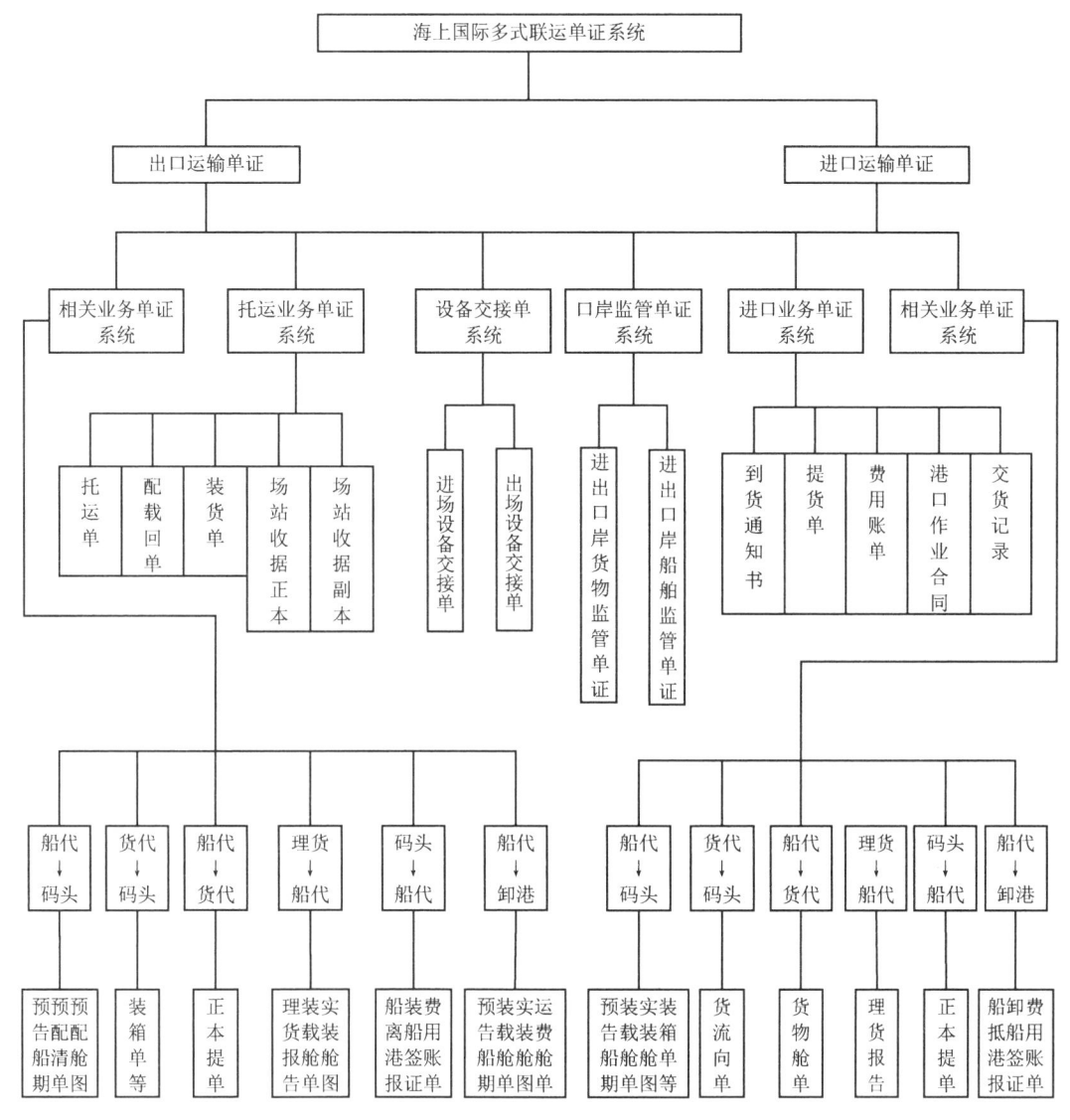

图 9-2　以海运为核心的国际多式联运单证系统结构示意图

(二) 国际多式联运单证的流转程序

图 9-3 和图 9-4 分别显示了以海运为核心的国际多式联运进出口单证的流转程序，从中不难发现，国际多式联运单证系统由多式联运经营人与货主（托运人、收货人）之间流转的单证和多式联运经营人与各区段实际承运人之间流转的单证两部分组成。

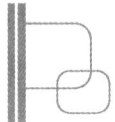

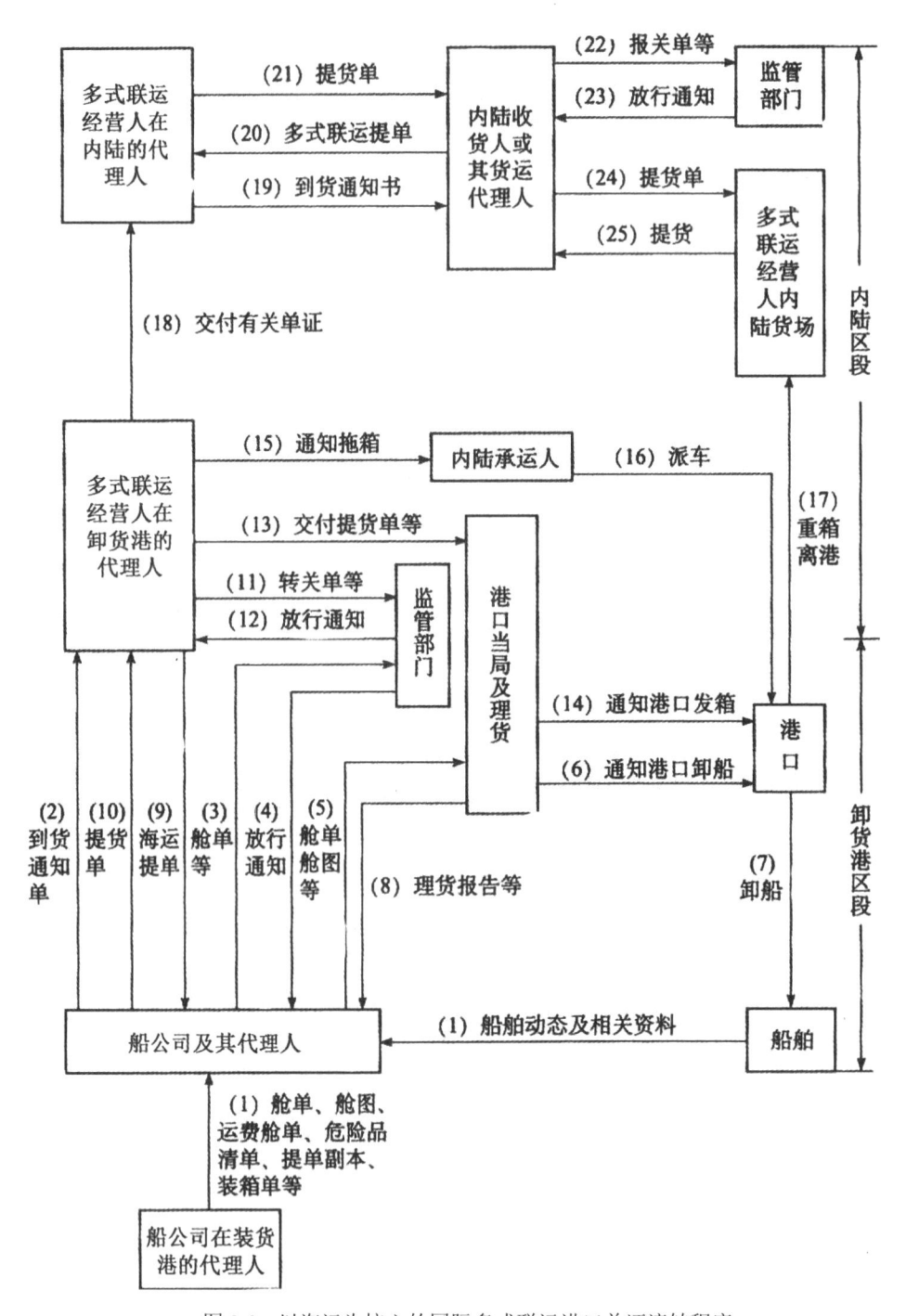

图 9-3　以海运为核心的国际多式联运进口单证流转程序

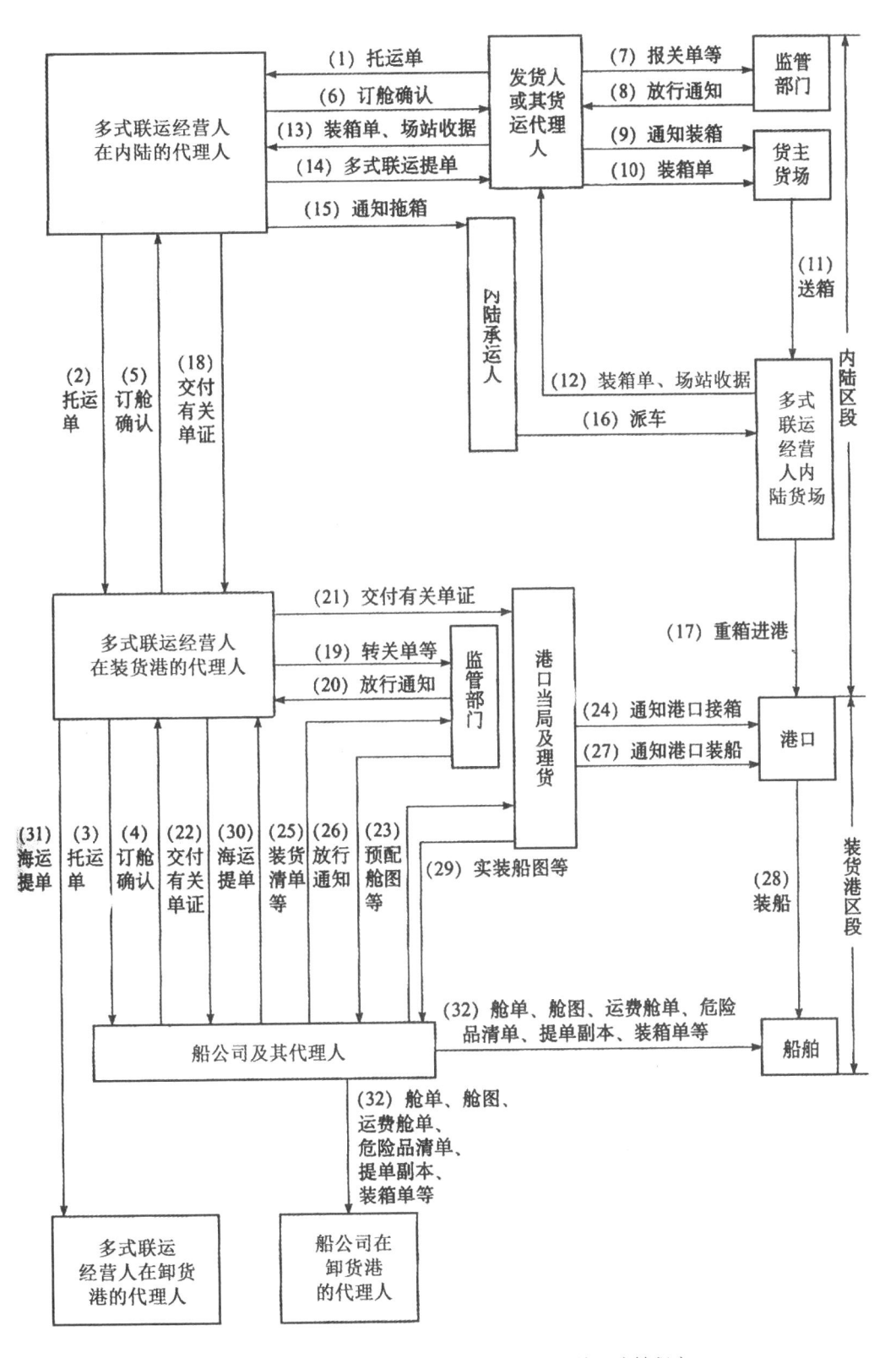

Project 9 国际多式联运业务管理 项目

图 9-4 以海运为核心的国际多式联运出口单证流转程序

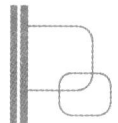

二、国际多式联运单据

国际多式联运单据（Multimodal Transport Document，MTD 或 Combined Transport Documents，CTD；简称多式联运单据）是指证明国际多式联运合同及证明多式联运经营人接管货物并负责按合同条款交付货物的单据。它是为适应国际集装箱运输的需要而产生的，在办理国际多式联运业务时使用。国际多式联运单据不是国际多式联运合同，只是国际多式联运合同的证明，同时是多式联运经营人接管货物的收据和交货凭证。根据我国于1997年10月1日施行的《国际集装箱多式联运管理规则》，国际多式联运单据是指证明国际多式联运合同及多式联运经营人接管集装箱货物并负责按合同条款交付货物的单据，该单据包括多式联运经营人和托运人确认的取代纸张单据的电子单据。

（一）国际多式联运单据的性质与作用

1. 国际多式联运合同的证明

国际多式联运单据是多式联运经营人和托运人在国际多式联运合同中确定权利和责任的准则。它不是国际多式联运合同，而是国际多式联运合同的证明。国际多式联运单据的内容和条款规定了双方当事人订立的合同条款与实体内容。托运人在订立国际多式联运合同前应了解国际多式联运单据上的所有条款，除非另有协议，否则应把单据内容和条款作为确定双方权利、义务和责任的准则。

2. 多式联运经营人接管货物的收据

多式联运经营人向托运人签发多式联运单据表明其已承担运送货物的责任并占有了货物。《联合国国际货物多式联运公约》第5条第1款规定：多式联运经营人接管货物时，应签发多式联运单据。该单据应依发货人的选择，或为可转让单据，或为不可转让单据。《1991年联合国贸易和发展会议/国际商会多式联运单证规则》第3条规定：载入多式联运单据的资料应当是多式联运经营人按照此种资料接管货物的初步证据，除非已有相反的注明。

3. 货物所有权的证明

国际多式联运单据是货物所有权的证明，具有转移货物所有权的法律效力。

4. 收货人提取货物的凭证

收货人在目的地提取货物时，必须凭国际多式联运单据换取提货单（收货记录）才能提货。

（二）国际多式联运单据与联运提单的区别

国际多式联运单据在使用形式上与联运提单有相同之处，但在性质上又有极大区别。二者的主要区别如下。

（1）国际多式联运单据既可用于海运与其他运输方式的联运，又可用于不包括海运的其他运输方式的联运，但必须是两种或两种以上不同运输方式的联运；联运提单限于由海运与其他运输方式的联运使用。

(2）国际多式联运单据由多式联运经营人或经其授权的人签发，多式联运经营人可以是完全不掌握运输工具的无船承运人，全程运输由其安排其他承运人负责；联运提单由承运人、船长或承运人的代理人签发。

（3）国际多式联运单据的签发人要对全程负责，货物在任何区段内发生属于承运责任范围的灭失、损坏，均由国际多式联运单据的签发人负责；联运提单的签发人仅对第一程运输负责。

（4）多式联运单据可以是已装船的提单，但大部分是在多式联运经营人接管货物后待运时签发的单据；联运提单是货物装船之后，由第一承运人签发的全程联运提单，它属于已装船提单。

（三）国际多式联运单据的内容

对于国际多式联运单据的内容，《联合国国际货物多式联运公约》及我国《国际集装箱多式联运管理规则》都做了具体规定。根据我国《国际集装箱多式联运管理规则》的规定，国际多式联运单据应当载明下列事项。

（1）货物名称、种类、件数、重量、尺寸、外表状况、包装形式。
（2）集装箱箱号、箱型、数量、封志号。
（3）危险货物、冷冻货物等特种货物应载明其特性、注意事项。
（4）多式联运经营人的名称和主营业所。
（5）托运人名称。
（6）国际多式联运单据表明的收货人。
（7）接收货物的日期、地点。
（8）交付货物的地点和约定的日期。
（9）多式联运经营人或其授权人的签字及单据的签发日期、地点。
（10）交接方式、运费的支付方式、约定的运达期限、货物中转地点。
（11）在不违背我国法律法规的前提下，双方同意列入的其他事项。

国际多式联运单据一般都应注明上述各项内容，如果缺少其中一项或两项，只要所缺少的内容不影响国际多式联运单据的法律性质，不影响货物运输及各当事人之间的利益，此国际多式联运单据仍然有效。

除按规定的内容填制外，双方还可以根据实际需要和要求，在不违背单据签发国的法律的情况下加注其他项目。例如，有关特种货物的装置说明；对所收到的货物的批注说明；在不同运输方式下，承运人之间的临时洽商批注等。

国际多式联运提单所记载的内容通常由发货人或货物托运人填写，也可由多式联运经营人或其代表根据发货人所提供的有关托运文件及双方协议情况填写。如果属于跟单信用证下的贸易，则单据上填写的内容应与信用证的内容一致，以保证顺利结汇。

如果货物的灭失、损坏是由于发货人或货物托运人提供的内容不准确或不当，则发货人或货物托运人应对多式联运经营人负责。如果货物的灭失、损坏是由于多式联运经营人意图欺骗，在单据上列入有关货物的不实资料或漏列有关内容，则该多式联运经营人应按实际损坏负责赔偿。

《联合国国际货物多式联运公约》对国际多式联运单据所规定的内容与上述内容基本相

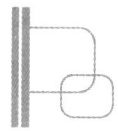

同,除此之外还规定国际多式联运单据应包括下列内容。

(1) 表示该国际多式联运单据为可转让或不可转让的声明。

(2) 预期经过的路线、运输方式和转运地点(如果在签发国际多式联运单证时已经确知)。

(四)国际多式联运单据的转让

国际多式联运单据分为可转让和不可转让两种。根据《联合国国际货物多式联运公约》的要求,国际多式联运单据的转让性应在其记载事项中载明。

可转让的国际多式联运单据具有流通性。国际多式联运单据以可转让方式签发时,应列明按指示或向持票人交付:如列明按指示交付,须经背书后转让;如列明向持票人交付,无须背书即可转让。此外,如签发一套一份以上的正本,应注明正本份数;如签发副本,每份副本均应注明"不可转让副本"字样。对于签发一套一份以上的可转让国际多式联运单据正本的情况,如多式联运经营人或其代表人已正式按照其中一份正本交货,则该多式联运经营人便已履行其交货责任。

不可转让的国际多式联运单据则没有流通性。多式联运经营人凭单据上记载的收货人向其交货。国际多式联运单据以不可转让的方式签发时,应指明记名的收货人。同时,多式联运经营人将货物交给此种不可转让的国际多式联运单据所指明的记名收货人或经收货人通常以书面形式正式指定的其他人后,该多式联运经营人即已履行其交货责任。

对于国际多式联运单据的可转让性,我国的《国际集装箱多式联运管理规则》也有规定。根据该规则,国际多式联运单据的转让依照下列规定执行。

(1) 记名单据:不得转让。

(2) 指示单据:经过记名背书或者空白背书转让。

(3) 不记名单据:无须背书,即可转让。

(五)多式联运提单

1. 多式联运提单的定义

多式联运提单(Multimodal Transport B/L)是由波罗的海国际航运公会的单证委员会于1995年5月正式命名的单据名称。由于不同国家和船公司对该提单的认识不同,至今仍有相当部分的人将多式联运提单理解为集装箱联运提单(Combined Transport B/L)。但业已通过的《联合国国际货物多式联运公约》第一次对二者的不同进行了规定:多式联运是指全程运输至少使用两种或两种以上运输工具完成货物运输,而联运则是指使用同一种运输工具完成货物的全程运输。无疑,多式联运可满足集装箱综合一体化的"门到门"运输,而联运则不能满足这一要求。多式联运提单的制定不仅强调了货物全程运输应使用的运输工具,而且统一并明确了多式联运下所允许使用的提单的概念。

在《联合国国际货物多式联运公约》制定并通过以后,考虑到公约得到有关国家的批准并生效的速度较慢,为确保该公约生效前国际多式联运能有效地进行,有关国际组织决定制定一个临时性的规则,这就是由联合国贸易和发展会议(UNCTAD)会同国际商会(ICC)等有关国际商业组织制定的《UNCTAD/ICC多式联运单据统一规则》。波罗的海国际航运公会在制定多式联运提单时,正是全面、公正地融合了业已通过的《联合国国际货物多式联运公约》及《UNCTAD/ICC多式联运单据统一规则》的内容,充分照顾到国际多式联运下各当事人的利益，本着国际多式联运的特点，制定出了为各方能普遍接受的且又能实际应用的单证。

2. 多式联运提单的签发

多式联运经营人在收到货物后，凭发货人提交的收货收据签发多式联运提单前，应向发货人收取合同规定的和应由其负担的全部费用，然后根据发货人的要求签发可转让或不可转让多式联运提单中的一种。签发多式联运提单时应注意以下事项。

（1）如果签发可转让的多式联运提单，应在收货人栏列明按指示交付或向持票人交付。签发不可转让的多式联运提单时，应列明收货人的名称。

（2）如果多式联运经营人在接收货物时，怀疑货物的实际情况与提单中所注明的货物的种类、数量、重量和标志等不符，但又无法进行核对、检查时，可以在提单中做出保留，注明不符之处及怀疑根据。

（3）提单上的通知人一般是由收货人指定的代理人。

（4）对签发正本提单的数量一般没有规定，但如应发货人要求签发一份以上的正本提单时，应在每份正本提单上注明正本份数。如果签发一套一份以上的正本可转让提单时，各正本具有同样的法律效力，而多式联运经营人或其代表如已按其中的一份正本交货便已履行交货责任，其他正本自动失效。如果签发任何副本（应要求），每份副本均应注明"不可转让副本"字样，副本不具有法律效力。

（5）多式联运提单应由多式联运经营人或经其授权的人签字。在不违背所在国法律的前提下，签字可以是手签，手签笔迹的印、章、符号可用其他机械或电子仪器打出。

3. 多式联运提单的签发时间与地点

多式联运提单一般是在多式联运经营人收到货物后签发的，因为主要是集装箱货物，所以多式联运经营人接收货物的地点可能是集装箱码头堆场、集装箱货运站和发货人的工厂或仓库。由于多式联运经营人接收货物的地点不同，多式联运提单签发的时间、地点及多式联运经营人承担的责任也有比较大的区别。

（1）在集装箱码头堆场收货后签发。

这种情况一般先由发货人将装好的整箱货运至多式联运经营人指定的集装箱码头堆场，由多式联运经营人委托的堆场业务人员代表其接收货物，签发正本场站收据给发货人，再由发货人用该正本场站收据从多式联运经营人处换取多式联运提单。多式联运经营人收到该正本场站收据并收取应收费用后应立即签发多式联运提单。

（2）在集装箱货运站收货后签发。

在这种情况下，多式联运经营人在他自己的或由其委托的集装箱货运站接收货物。该货运站可以在港口、码头附近，也可以在内陆地区。接收的货物一般是拼箱运输的货物。多式联运提单的签发时间一般是在货物交接入库后。在集装箱货运站签发多式联运提单意味着发货人应负责货物报关，并把货物（以原来形态）运至指定的集装箱货运站；而多式联运经营人或其委托的集装箱货运站负责装箱、填制装箱单、联系海关加封等业务，并负责将拼装好的集装箱运至集装箱堆场。

（3）在发货人的工厂或仓库收货后签发。

这种情况应在站场收据中注明。多式联运提单一般在集装箱装上运输工具（汽车或火车）

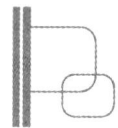

后签发。在发货人的工厂或仓库签发多式联运提单意味着发货人应自行负责货物报关、装箱、制作装箱单、联系海关监装及加封，且发货人交给多式联运经营人的是外表状况良好、铅封完整的整箱货物；而多式联运经营人应负责货物从发货人的工厂或仓库至码头堆场，再至最终交货地点的全程运输。

4. 多式联运提单的缮制及审核

对于多式联运提单的格式，每家船公司虽各不相同，但各项栏目、内容基本一致（见表9-1）。出口商缮制提单和银行审核提单的基本要求是单证相符。

表9-1 多式联运提单

1)SHIPPER Insert Name,Address and Phone		中远集装箱运输有限公司 COSCO CONTARNER LINES ORIGINAL Port-to-Port or Combined Transport BILL OF LADING B/L No.			
2)CONSIGNEE Insert Name,Address and Phone					
3)NOTIFY PARTY Insert Name,Address and Phone		RECEIVED the goods in apparent good order and condition as specified below unless otherwise stated herein. The carrier, in accordance with the provisions contained in this document. 1) undertakes to perform or to procure the performance of the entire transport from the place at which the goods are taken in charge to the place designated for delivery in this document, and 2) assumes liability as prescribed in this document for such transport.One of the Bills of Lading must be surrendered duly indorsed in exchange for the goods or delivery order.			
4)Combined Transport* Pre-carriage by	5)Combined Transport* Place of Receipt				
6)Ocean Vessel Voy No.	7)Port of Loading				
8)Port of Discharge	9)Combined Transport Place of Delivery				
MARKS& No. Container/Seal No.	NOS. & KINDS OF PKGS.	DESCRIPTION OF GOODS(If Dangerous Goods,See Clause 20)		G.W.(kg)	MEAS(m^3)
		Description of Contents for Shipper's Use Only(Not part of This B/L Contract)			
10)TOTAL NUMBER OF CONTAINERS and/OR PACKAGES(IN WORDS) Subject to Clause 7 Limitation					
11)FREIGHT & CHARGES	REVENUE TONS	RATE	PER	PREPAID	COLLECT
Declared Value Charge					

续表

Ex. Rate	PREPAID AT		PAYABLE AT	PLACE AND DATE OF ISSUE
	TOTAL PREPAID	No. of Original B(s)/L		Signed for the Carried COSCO CONTAINER LINES
LOADING ON BOARD THE VESSEL				
DATE		BY		
ENDORSEMENT：.				

下面介绍多式联运提单的缮制及审核中应注意的事项（不与图一一对应）。

（1）B/L No.，提单号码：提单上必须注明号码，以便核查，该号码与装货单或（集装箱）场站收据的号码是一致的。没有号码的提单无效。提单号码一般由代表公司名称的 4 位字母和代表该航次及序号的 8 位数字组成。

（2）Shipper，托运人：托运人也称发货人，是指委托的当事人。如果信用证无特殊规定，应以受益人为托运人。如果受益人是中间商，货物是从产地直接装运的，这时也可以实际卖方为发货人，因为按 UCP500（<跟单信用证统一惯例>国际商会第 500 号出版物）的规定，如信用证无特殊规定，银行将接受以第三者为发货人的提单。

（3）Consignee，收货人：这是提单的抬头，是银行审核的重点项目。收货人应与托运单中收货人的填写完全一致，并符合信用证的规定。如果是信用证项下的提单，必须严格按照信用证的提单条款缮写，不要擅自改动。如果是托收项下的提单，则一般只能做空白指示或托运人提示提单，即打"Order"或"Order of Shipper"，然后加上托运人的背书，送交托收银行。托收项下的提单切不可做成以买方为抬头人的记名提单，也不可做成以买方为指示人的指示提单，避免在货款尚未收到时货权即已转移。

（4）Notify Party，被通知人：即买方的代理人，货物到达目的港时由承运人通知其办理报关提货等手续。这是货物到达目的港时船公司发送到货通知书的对象，有时为进口人。如果是记名提单或收货人指示提单，而收货人又有详细地址，则此栏可以不填，信用证也往往不做规定。如果是空白指示提单或托运人指示提单，则必须填写被通知人名称及其详细地址，否则船公司将无法与其联系。在信用证项下的提单，当信用证对被通知人有具体规定时，则须严格按信用证的规定填写。

（5）Pre-carriage By，前段运输；Port of Transshipment，转船港：如果货物需转运，则在此两栏分别填写第一程船的船名和中转港口的名称。

（6）Place of Receipt，收货地点：可根据实际情况填写"北京"（Beijing）、"杭州"（Hangzhou）或"上海"（Shanghai）等地名。

（7）Ocean Vessel，船名：如果货物需转运，则在这栏填写第二程船的船名；如果货物不需要转运，则在这栏填写第一程船的船名。是否填写第二程船的船名，主要根据信用证的要求，如果信用证并无要求，即使需转船，也不必填写第二程船的船名。如果信用证要求"In case transshipment is effected, name and sailing date of 2nd ocean vessel calling Rotterdam must be shown on B/L"（如果转船，至鹿特丹的第二程船的船名、日期必须在提单上表示），

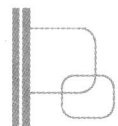

只有在这种条款或类似的明确表示注明第二程船的船名的条款下，才应填写第二程船的船名。

（8）Port of Loading，装运港：应严格按信用证规定填写，装运港之前或之后有行政区的，如 Xingang/Tianjin，应照加。一些国外开来的信用证笼统规定装运港名称，仅规定为"中国港口"（Chinese ports，Shipment from China to …），这种规定对受益人来说比较灵活，如果需要在附近其他港口装运时，受益人可以自行选择。制单时应根据实际情况填写具体港口名称。若信用证规定"Your Port"，则受益人只能在本市港口装运；若本市没有港口，则需要开证人事先改证。如果信用证同时列明几个装运港口，则提单只填写实际装运的港口名称。托收项下的提单，本栏可填入合同的买方名称。

（9）Port of Discharge，卸货港：此栏填写货物卸船的港口名称。

（10）Place of Delivery，交货地：此栏仅在货物被转运时填写，表示承运人最终交货的地点。

（11）Freight Payable at，运费支付地：如果以 FOB 价格条件成交，此栏应填目的港；如果以 CFR 或 CIF 价格条件成交，此栏应填起运港。或者说，如果提单内注明"运费到付"（Freight Collect），则运费支付地应为目的港；如果注明"运费已付或预付"（Freight Paid or Prepaid），则运费支付地应为起运港。但在实际业务中，此栏填不填均可。

（12）No. Of Original B/L，正本提单的份数。提单可分为正本和副本。正本提单可以流通、议付，副本则不行。就正本而言，其份数应按信用证规定办理。如果信用证有具体份数规定，就必须按规定制作。若信用证规定为全套，如写为"Full set of B/L"，则指全套提单按习惯做成 2 份或 3 份正本提单均可，并用大写 TWO 或 THREE 表示。正本提单无论有多少张，用其中任何一张正本提单提货后，其他各张正本提单即告失效。出口方应对信用证的各种份数表示法进行正确判断。例如，"Full set (3/3)plus 2 N/N copies of original forwarded through bills of lading"，其中的（3/3）意为：分子位置的数字指交银行的份数，分母位置的数字指应制作的份数，本证要求向议付银行提交全部制作的 3 份正本提单，N/N 是 Non-Negotiation 的缩写，意为不可议付，即指副本提单；"Full set less one copy on board marine bills of lading"是指向议付银行提交的已装船海运提单，是全套正本（至少一份正本）提单；"2/3 original clean on board ocean bills of lading"是指制作 3 份正本提单，其中 2 份向议付银行提交。副本提单没有固定的份数，主要分发给那些对提单感兴趣的人或单位，以供其参考或使用。

（13）Marks & Nos.，标志和号码：俗称唛头。唛头即为了装卸、运输及存储过程中便于识别而刷在外包装上的装运标记，是提单的一项重要内容，是提单与货物的主要联系要素，也是收货人提货的重要依据。提单上的唛头应与发票等其他单据及实际货物保持一致，否则会给提货和结算带来困难。

① 如果信用证上有具体规定，缮制唛头应以信用证规定的唛头为准；如果信用证上没有具体规定，则以合同为准；如果合同也没有规定，可按买卖双方私下商定的方案或由受益人自定。

② 唛头内的每一个字母、数字、图形及其排列位置等应与信用证规定完全一致，保持原形状，不得随便借位、增减等。

③ 散装货物没有唛头，可以表示为"No mark"或"N/M"。裸装货物常以不同的颜色区别，如钢材、钢条等刷上红色标志，提单上可以用"Red Stripe"表示。

（14）Number and Kind of Packages，件数和包装种类：本栏填写包装数量和包装单位。如果散装货物无件数，可表示为"In Bulk"。包装种类一定要与信用证上的保持一致。

（15）Description of Goods，商品名称：商品名称应按信用证规定的品名及其他单据，如发票品名来填写，除信用证另有规定外，只要打出货物的统称即可，不必详列商品的规格、成分等。

（16）Gross Weight（kg），毛重（千克）：毛重应与发票或包装单相符，如裸装货物没有毛重只有净重，应加"Net Weight"或"N.W."，再注明具体的净重。

（17）Measurement，尺码：即货物的体积，以立方米为计量单位，小数点后保留3位。

（18）Freight and Charges，运费和费用：此栏应标明下列①～⑤的全部或部分内容。

① 各种费用的类别，如海运费、内陆拖车费、燃油附加费等，其中申报货价附加费（Declared Value Charges）专指托运人要求在提单此栏重新标明货物价值后应支付的附加运费。

② 运费计收的计算依据。计费单位通常有重量单位MT（吨）、体积单位CBM（立方米）和整箱单位TEU/FEU（20ft/40ft标准集装箱），其中TEU/FEU也可以用20ft/40ft表示。例如，10×10ft DC代表应收取10个10ft干货箱的运费。

③ 各种费用的费率，如Ocean Freight（海运费）、BAF（燃油附加费）、CAF（货币附加费）、THC（码头操作费）、Inland Haulage（内陆托运费）等的费率。

④ 各种费用的计算单位，如UNIT（箱）、MT（吨）、CBM（立方米）。

⑤ 货物声明价值（Optional Declared Value）：在客户为逃避承运人责任限制而愿意多支付运费的情况下填写，填写的货值应与货物的实际价值相接近。

（19）Place and Date of Issue，提单签发地点和日期：提单签发地点通常是承运人收受货物或装船的地点，但有时也不一致。例如，收受或装运货物的地点在新港，而提单签发地点在天津，也有的甚至不在同一国家。提单签发的日期不得早于信用证规定的装运期，这对出口商能否安全收汇很重要。本提单正面条款中已有装上船条款（Shipped on board the vessel named above...），在这种情况下提单签发日期即被视为装船日期。

（20）Signed for the Carrier，提单签发人签字：按照UCP500规定，有权签发提单的是承运人或其代理人，以及船长或其代理人。如果是代理人签字，代理人的名称和身份与被代理人的名称和身份都应该列明。

（六）美加线上国际多式联运提单的制作特点

1. 成交订约方面

（1）在MLB运输和IPI运输下，发货人应以CIF或CFR价格条件交易。

（2）如果收货人的最终目的地在OCP区域，如芝加哥（Chicago），则原来的成交价为CIF或CFR Chicago可改为CIF或CFR美国西海岸指定港口，如西雅图（Seattle），并在贸易合同中明确货物的运输方式是从中国口岸到美国西海岸指定港口转运至OCP最终目的地，即写明"shipment from China to Seattle west OCP Chicago"。

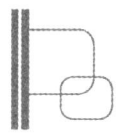

2. 贸易合同、信用证及货物运输标志方面

(1) 在 MLB 运输和 IPI 运输下，贸易合同和信用证目的地一栏应加注"MLB"或"IPI"字样；在货物的运输标志内，应把卸货港和 OCP 的最终目的地同时列明，如"Long Beach MLB Houston"。

(2) 在 OCP 运输下，贸易合同和信用证目的地一栏应加注"OCP"字样；在货物的运输标志内，应把卸货港和 OCP 的最终目的地同时列明，如"Seattle OCP Chicago"。

3. 卸货港与交货地的记载

(1) 卸货港和交货地除列明具体地点外，还必须加上州名，如"Long Beach, CA"。

(2) 在 MLB 或 IPI 运输下申请订舱时，应在货运单证中将卸货港和 MLB 或 IPI 的最终目的地同时列明。在制作提单时，提单上的交货地栏应加注"MLB"或"IPI"字样。例如，在 MLB 运输下，卸货港为长滩（Long Beach），交货地为休斯敦（Houston），则提单上的卸货港和交货地应分别填写"Long Beach, CA"和"MLB Houston, TX"；在 IPI 运输下，卸货港为长滩（Long Beach），交货地为孟菲斯（Memphis），则提单上的卸货港和交货地应分别填写"Long Beach, CA"和"IPI Memphis, TN"。

(3) 在 OCP 运输下申请订舱时，应在货运单证中将卸货港和 OCP 的最终目的地同时列明。在制作提单时，提单上的交货地栏应加注"OCP"字样，同时在提单正面的货物内容一栏内加注"转运至内陆点"字样。例如，卸货港为西雅图（Seattle），交货地为芝加哥（Chicago），则应在卸货港栏内填写"Seattle, WA"，交货地栏内填写"OCP Chicago, IL"，货物内容栏加注"转运至芝加哥（In transit to Chicago）"。

4. 发货人、收货人、通知方的记载

(1) 发货人的资料必须完整，包括发货人的名称、详细地址。由发货人资料不详细引起的货物不能装船，或不能在目的港卸货、清关等一切后果及由此产生的罚金将由发货人自行承担。

(2) 收货人或通知方必须是美国境内的，而且收货人或通知方必须有一方是美国境内真正的收货人。对收货人、通知方的地址必须严格按照以下格式填写。

  BUILDING NUMBER（收货人、通知方办公室或住址门牌）
  STREET NAME（街道名称）
  CITY NAME（城市名称）
  STATE NAME OR ABBREVIATION（E.G. NY FOR NEW YORK）（州名或州名缩写）
  US FIVE DIGIT ZIP CODE（美国 5 位邮政编码）

(3) 美国海关现已正式同意接受指示提单（To Order），但拒绝接受"To Order"或者"To Order of Shipper/Bank"等空白抬头的指示提单，而是必须采取记名抬头的方式（To Order of the Actual Name of Bank 或者 To Order of the Actual Name of the Shipper）。而且"Shipper"或"Bank"的详细名称、地址和联系方法必须在"To Order of"后面列明。

(4) 使用的服务合约签约方必须是发货人、收货人、通知方中的一个。同时，如果发货人为签约方，则运费条款必须是运费预付；如果收货人或通知方为签约方，则运费条款必须是运费到付。涉及两个及以上通知人的，签约方必须是第一通知人。

5. 货物与集装箱的记载

发货人必须提供详细准确的货物毛重、体积、件数、品名及正确的集装箱箱号、箱型和铅封号。

（1）件数应体现最小的外包装单位数，如 carton、packages、wooden case，不允许以 pallet 作为最小包装单位。

（2）品名应尽量详细，能描述出货物的性质、形状等。提单不接受概括的品名描述，如 FAK、general cargo、chemicals、foodstuff、polyresin、accessories 等。此外，美国海关不接受个人物品（Personal Effects），只接受家用物品（Household Goods），并加上详细品名。

（3）提单不显示"Said to Contain"。

（4）美国内陆点的限重为 17 236KGS/20GP,19 958KGS/40GP（40HC），但最高不能超过 20 900KGS/20GP,22 500KGS/40GP（40HC）。加拿大内陆点的限重为 21 500KGS/20GP, 24 000KGS/40GP（40HC）。

6. 运输条款

（1）至美国基本港的运输条款：CY-CY。

（2）至美国内陆点的运输条款：CY-RAMP（码头堆场至铁路堆场）。

（3）至美国门点的运输条款：C-DOOR，而不要使用 CY-CY，以免货物延迟运输。

此外，无船承运人提单的编号必须体现在船公司提单的备注栏内。

Mission 任务 2 国际多式联运运营管理

任务导读

国际多式联运是一种现代化的综合运输，涉及面广、环节众多、环境繁杂，因而其业务及流程也十分繁杂。各种运输方式的技术经济特征不同，其业务流程也各具特色，因此多式联运组合的形式不同，其业务流程也会有所不同。本任务重点讲述国际多式联运组织模式、国际多式联运组织模式设计应考虑的因素。

任务：假设你公司已取得多式联运经营资格，你负责的杭州至泰国曼谷的国际多式联运路线业务，设计 3 条国际多式联运的路线组合；如在曼谷公路运往那空沙旺府（Nakhon Sawan）的途中翻车，货物损失 5000 美元，出口商向你公司索赔，你应如何处理？（资料详见技能训练 2）

一、国际多式联运组织模式概述

国际多式联运是由两种或两种以上不同运输方式组成的连贯运输。从运输方式的组成来看，理论上国际多式联运的组织模式包括但不限于海—铁、海—空、海—公、铁—公、铁—空、公—空、海—铁—海、公—海—空等类型，如图 9-5 所示。

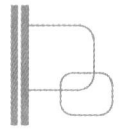

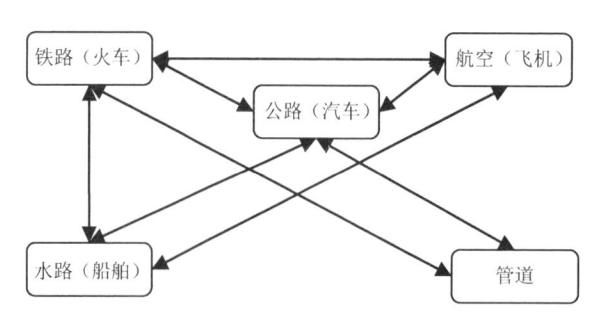

图 9-5 国际多式联运的组织模式

（一）以海运为核心的国际多式联运

以海运为核心的国际多式联运主要包括公海联运、海铁联运、火车轮渡、滚装运输等。因为河运与海运在航行条件、船舶吨位、适用法规上有所不同，所以江海联运、载驳运输/子母船运输往往也被视为国际多式联运。

1. 海铁联运

海铁联运具有快捷、安全、运能大、成本低等突出优势，是当今国际多式联运的重要组织模式。目前，加拿大、澳大利亚集装箱海铁联运量占集装箱总运量的 30%以上，但我国海铁联运发展缓慢。在我国国际多式联运中，集装箱海铁联运量的比重很低，仅占集装箱总运量的约 1.5%，其制约因素主要体现在如下几个方面。

（1）船公司。目前，海铁联运的主体是船公司，船公司积极性的高低决定了海铁联运的规模大小。一方面，内陆出口货物往往是农产品或农副产品，同样一个 20ft 集装箱的重量可能是一个轻泡箱重量的 4 倍，这样船公司既要保证吃水适航，又要保证全部舱容的利用，从而在内陆订舱时就拒绝此类货物的订舱。另一方面，内陆运输条件差，集装箱周转时间长、成本高，导致许多船公司对开展内陆联运的积极性不高。然而，随着市场竞争的日趋激烈和客户对物流服务需求水平的提高，船公司势必会加大开展海铁联运的力度。

（2）港口。目前，我国集装箱码头后方堆场普遍不足，港口与后方陆域规模及集疏运系统滞后于经济的发展；运输市场分散无序，资源与功能未能有效整合；港口和铁路部门在规划上没有充分考虑为两种运输方式的衔接预留发展空间，大多未设立适合于海铁联运的海关监管区，确切地说仍不具备大规模运作的条件。目前，比较适合开展海铁联运业务的有关港口普遍存在的问题：规模小、各自投资、分散经营、没有形成集约化经营；有的港口甚至还存在着站线短、场地小、装卸设施落后和仓储能力差等问题。这些港口虽然都具有经营方式灵活多变的优势，但难以独自在国际多式联运上有大发展，难以为客户提供以准时、快速、全过程跟踪服务为特点的现代物流服务。为此，为切实解决港口与铁路在集装箱运输上分割脱节的问题，铁路、港口、货主、船公司等单位应联手闯市场，加大市场营销力度，在组织内地出口适箱货源的同时，积极组织内地进口适箱货源，力争减少箱体回空。

（3）铁路。目前，我国铁路运输的网点不足，内陆很多地方不通铁路，通铁路的地方又不一定能办理集装箱业务；而且，目前我国铁路 90%的货运能力被用来保证煤炭、石油、粮食、化肥、农药等重点物资的运输，根本无力支撑快捷货运的发展。这就导致货主将集装箱交给承运人后不能得到确切抵达目的地的时间承诺，而不能保证运到期限又使货主无法安排班轮衔接或安排生产和消费。同时，按照铁路运行规定，铁路集装箱只能在全国铁路上流通运营，一般不能出境下海，这大大增加了港口拆装换箱的工作量与费用。在管理上，铁路与其他运输方式的协调不够，未能有效形成多种运输方式有机结合的运输体系，而且还存在众多"软件"方面的问题。一是商务规则问题。我国目前现有规则与国际规则还不能衔接起来，铁路的运票、运价体系和补偿体系与国际集装箱海运体系不一样。二是班期问题。目前，铁路班期须达到一定货量之后才能发送，而船公司有固定班期，这是制约海铁联运发展的一个瓶颈。三是数据共享问题。目前，港口、船公司、查验单位不能实现数据信息共享，造成了各环节的信息滞后。虽然铁路部门建有自己独立的运输管理信息系统（TMIS），但该系统完全是一个内部管理系统，没有为其他运输环节或客户留有接口，客户很难查询到集装箱的位置，不能进行实时跟踪，这与现代物流发展所要求的为客户提供信息跟踪、查询和传输服务相比，差距较大。四是成本问题。铁路运输目前实行"一口价"，虽深受欢迎，但是变动频繁，时常让货主不知所措。由于未能实行"门到门"运输，货主在支付铁路"一口价"的同时还要支付码头的装卸费，这就造成重复收费；同时由于内地货物回空率较高，箱体周转时间较长，既增加了箱体的回空费用，又增加了使用成本；此外还涉及铁路和公路运输之间的转换，增加了成本。因此，一方面，铁路部门应尽快统一单据、货票，并与国际接轨，以解决船公司直接向内陆放单的问题；另一方面，铁路部门应吸收社会资金参与到铁路集装箱运输中来，开发货源，经营货场，完善货场配套设施建设，同时探索将船公司、码头的集装箱管理信息系统与铁路的运输管理信息系统有效结合，实现全程跟踪管理。

（4）运输代理机构。运输代理业务滞后也是影响海铁联运业务拓展的主要原因。目前，绝大多数船公司和多式联运经营人在内陆没有运输代理机构，而内陆的很多公司又没有国际货运代理权。由于缺乏合适的运输代理机构，多式联运经营人很难报出"一口价"，也很难进行各方面的衔接。为此，运输代理机构应与公路、港口、铁路等相关企业携手，成立运输联合体，以便发挥各自优势，形成规模运作，将运输服务延伸到内陆，提供"门到门"运输服务。

（5）货主。目前，一些货主对海铁联运的认识不足，同时由于受管理体制等的制约，有些货主为了自己的利益不愿意采用海铁联运的方式。

（6）政府。目前，我国负责推进此项业务的职能部门不明确，对拓展海铁联运的重要性认识不足；具体政策和相关法规的建设滞后，未能为实施海铁联运营造良好的外围环境；缺乏对铁路、海关、港口等相关部门的强有力的协调，以及对相关配套基础设施的投入。在海关方面，港口和铁路内大多未设立国际多式联运监管仓和电子预报关系统，与内地通关、转关手续比较烦琐。企业受转关政策的限制，拼箱及中转业务发展比较困难。发展海铁联运业务涉及铁路、港口、海关等多个部门，只要有一个部门不协调，海铁联运就不可能高效、便利地运作下去。只有政府有关部门积极倡导与支持，才有可能大规模地推进海铁联运业务的发展。

（7）经济环境。不同国家的经济发展不平衡，进口和出口的集装箱规格、标准和箱量也就不同。目前，进口货物多为高附加值的货物，用的大多为大箱，而出口货物以粗加工货物为主，用的大多为小箱，这样就造成了进口和出口箱型不搭配、箱源不匹配，制约着海铁联运的发展。

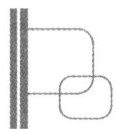

2. 江海联运与载驳运输

江海联运在经济上不仅可以减少费用、降低损耗，而且可以扩张港口腹地，吸引众多货源，还可以减少运输环节与驳船次数，节省人力、物力。因此，随着近年来我国水路运输的强劲发展，发展江海联运已经成为一种共识，政府和企业纷纷针对长江、珠江等国内几大内河系探求对策、寻找方案。

（1）长江江海联运与载驳运输。

目前，长江江海货物运输的方式大体有 3 种。

① 江海直达运输，即使用江海两用船，运送途中无须中转换装，因此称为江海直达运输。

② 使用载驳运输/子母船运输。在海上航行时，将专用驳船积载在载驳船上，到河口将载货驳船卸入内河，然后由推船或拖船牵引驳船，将货物运到内河港口或货主指定的卸货地点。

③ 江海联运，也称江海中转运输，即使用海船和内河船分段运输。由海船和内河船分段完成海上和内河运输任务，货物在河口港进行海船和内河船之间的换装作业。由于水深及港口码头接卸能力等因素的限制，一般大吨位的海船难以直接进入长江中游，必须经过中转。以近洋航线的进口运输为例，几十万吨级的海船航行至宁波北仑港时换成万吨级的小型海船，然后航行至长江下游港口，如上海、南通、江阴、镇江等，再将货物卸至中转港的堆场等待装货的内河船，货物装入内河船或长江大型分节驳顶推船队后再运送至长江沿线中、上游指定港口（见图 9-6）。此种运输方式即为人们所熟知的传统的江海三程中转运输，俗称江海联运。

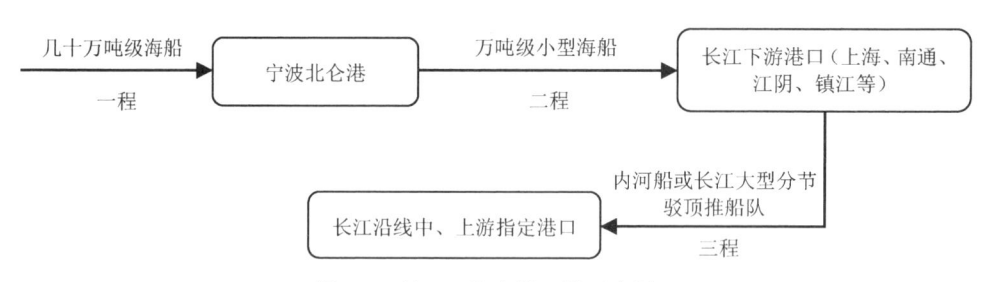

图 9-6　长江江海中转运输示意图

（2）黑龙江内贸货物跨境运输：中—俄—中。

东北地区是我国重要能源、原材料和商品粮的生产与储备基地，由于运力有限，东北地区运往南方的物资往往难以及时运出。这不仅成为制约该地区经济发展的主要瓶颈之一，也使我国其他地区难以有效利用这些重要资源。为此，我国经与俄罗斯协商，双方共同提出了经牡丹江市过境至俄罗斯符拉迪沃斯托克港、东方港、纳霍德卡港装船，经日本海、黄海、东海至宁波、上海和广州等港口的内贸集装箱运输方案。2007 年 2 月 14 日，海关总署发布了《海关总署关于开展内贸货物跨境运输试点工作的公告》，同意开展内贸货物跨境运输业务试点。为有效支持和配合试点工作，国家外汇管理局专门出台了《关于内贸货物跨境运输有关外汇管理问题的通知》（汇发〔2007〕21 号）的外汇管理配套政策。

内贸货物跨境运输是指国内贸易货物由我国关境内一口岸起运，通过境外运至我国关境内另一口岸。内贸货物跨境运输是海关传统监管业务的新发展。从本质上看，这些货物是内贸货物，原则上，海关对内贸货物不征收进出口关税及其他税费，但其进出境涉及海关监管，因此它属于海关监管对象，海关应当比照现行规定予以监管。

内贸货物跨境运输具有以下特点：限口岸和运输路线；限参与企业；限货物范围及运输方式；接受海关监管并实行专项管理；以人民币结算。

据测算，从牡丹江市经绥芬河、符拉迪沃斯托克到上海比从牡丹江市经大连中转到上海缩短运距近 90 千米。从牡丹江市经绥芬河、符拉迪沃斯托克到广州比从牡丹江市直接到广州的陆路运输缩短运距近 1100 千米，比从牡丹江市经大连中转到广州缩短运距近 900 千米。

3. 火车轮渡与滚装运输

火车轮渡与滚装运输均是一种特殊的海铁联运与公海联运方式。

火车轮渡是指以装载旅客或货物的火车作为一个运输单元，由火车司乘人员驾驶直接驶上、驶离船舶进行的运输。

借助于火车轮渡可实现铁—海—铁的多式联运，这种模式既可因节省大量货物的上装下卸而缩短了货物的在途时间，又在很大程度上弥补了传统水路运输的不足。当然，火车轮渡仍然没有摆脱水运的特点，仍然要受船舶航速和装卸时间的限制。

目前，中国最长的跨海火车轮渡是从烟台至大连的火车轮渡。烟大火车轮渡是从东北至长江三角洲地区的陆海铁路通道的重要组成部分，它北起辽东半岛南端的大连旅顺羊头洼港，南至山东半岛北部的烟台市四突堤港，海上直线距离约 86.28 海里（约 159.8 千米）。烟大火车轮渡工程北部通过旅顺直线连接以哈大铁路为主干的东北铁路网，南部通过蓝烟、胶济铁路与穿越鲁、苏、浙等省的沿海新线衔接，构成了一条北起哈尔滨、南至上海的新的东部沿海通道。通过烟大火车轮渡，从大连到烟台的铁路运输距离缩短了近 1654 千米。据预测，铁路运输量初期为 650 万吨，远期可达 1240 万吨；汽车滚装初期为 8 万辆，远期可达 18 万辆。搭乘"中铁渤海 1 号"轮渡的火车，只需 4 小时即可穿越渤海海峡。"中铁渤海 1 号"全长 182.6 米、宽 24.8 米，单航次可运载一列 50 节 80 吨重的货运列车、50 辆 20 吨的汽车和 25 辆小汽车、480 名旅客。

滚装运输是指使用滚装船连车带货一起装运。

"浮动公路"运输方式就是借助滚装运输实现公—海—公多式联运的范例。"浮动公路"运输方式是指利用一段水运衔接两段陆运，即将车辆开上船舶，通过船舶到达另一港口后，车辆开下继续利用陆运的联运方式。这种联运方式的特点是在陆运与水运之间无须将货物从一种运输工具上卸下再转换到另一种运输工具上，而仍将原来的车辆作为货物载体。其优点是实现了两种运输方式之间的有效衔接，运输方式转换速度快，而且在转换时不触碰货物，有利于减少货损或防止货损事故的发生。

（二）以陆运为核心的国际多式联运

以陆运为核心的国际多式联运主要包括驮背运输、公路联运和大陆桥运输等。有关大陆桥运输方面的内容，请参见项目 8 任务 3 的相关内容。

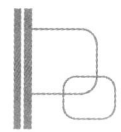

1. 驮背运输

驮背运输(Piggyback Transport)是一种特殊的公路联运方式,由北美国家最先采用,最初是指将载运货物的公路拖车置于铁路平板车上输送,因而也被称为平板车载运拖车(Trailer on Flatcar,TOFC)方式。尽管 TOFC 方式有助于铁路货运与公路货运之间货物的直接转移,但仍然存在一些技术上的限制,如在铁路平板车上放置具有车轮的拖车会产生风阻力、损坏和重量问题。因此,在 TOFC 方式的应用实践中产生了拖车或集装箱与铁路平板车相结合的方式,如 COFC(Container on Flatcar)方式。COFC 方式是指省去拖车而直接将集装箱置于铁路平板车上输送。目前,北美铁路运输系统仍然采用 TOFC 和 COFC 两种方式并存的运输模式。

2. 公铁联运

有效的公铁联运集公路、铁路于一体,不仅可以最大限度地满足现代物流发展的需要,还可以有效地发挥铁路运输准时、安全、费用低及公路运输快速、灵活、服务到门的优势,同时抛去了铁路运输速度慢、网点少、服务差及公路运输安全系数低、费用高和交通拥挤等缺点。

在我国,公铁联运的概念很早就已提出,但是长时间以来并没有得到真正的贯彻实施。虽然期间也做过很多尝试,但是到目前为止,无论管理流程上还是操作技术上都没有成功的案例。

(三)以空运为核心的国际多式联运

以空运为核心的国际多式联运包括海空联运、陆空联运等。

1. 海空联运

海空联运是指将空运货物先由船舶运至拟中转的国际机场所在港口,然后安排拖车将货物拖至拟中转的国际机场进行分拨、配载后,再空运至目的地。

海空联运方式始于 20 世纪 60 年代,但到 20 世纪 80 年代才有较大发展。目前,国际海空联运线主要有以下几条。

(1)亚洲东部地区—欧洲:亚洲东部地区至欧洲的联运线有的以温哥华、西雅图、洛杉矶为中转地,有的以中国香港、仁川、曼谷、符拉迪沃斯托克为中转地,还有的以旧金山、新加坡为中转地。

(2)亚洲东部地区—中南美:近年来,亚洲东部地区至中南美的海空联运发展较快,因为此处港口和内陆运输不稳定,所以对海空运输的需求很大。该联运线以迈阿密、洛杉矶、温哥华为中转地。

(3)亚洲东部地区—非洲、大洋洲:这是亚洲东部地区至非洲、大洋洲的海空联运,该联运线以中国香港、曼谷、仁川为中转地。在特殊情况下,还有经马赛至非洲、经曼谷至印度、经中国香港至大洋洲等联运线,但这些联运线的货运量较小。

海空联运具有以下特点。

(1)安全、准确。海空联运是以空运为核心的国际多式联运,通常由航空公司或航空运输转运人,或者专门从事海空联运的多式联运经营人来制订计划,以满足海空联运货物的抵达时间能与一般空运一样精确到"×日×时×分"的要求。因为空运在运输能力、运输方法上有其特点，而且绝大多数飞机是无法实现海空货箱互换的，所以货物通常要在航空港换入航空集装箱。海空联运货物的目的地是机场，货物运抵后是作为航空货物处理的，因此如何在中转时快速、安全地处理货物及如一般空运那样按时抵达目的地已成为海空联运的关键。

（2）迅速、经济。在同一运输路线下，海空联运的运输时间比全程海运的运输时间短，运输费用比全程空运的运输费用低。表 9-2 列出了在同一运输路线下海空联运与其他运输模式的比较，如各类运输模式的运输时间，空运运费和海空联运运费则以全海运运费为参考作比例计算。总之，运输距离越长，海空联运的优越性就越大，因为同全海运相比，其运输时间更短；同空运相比，其费用更低。因此，从亚洲东部地区出发将欧洲、中南美及非洲作为海空联运的主要市场是合适的。此外，目前国际上对海空联运还没有相应的规定和法律，因而运价可自由制定。

表 9-2　海空联运与其他运输模式的比较

运输路线 \ 运输模式	海运		海空联运		空运	
	时间	成本	时间	成本	时间	成本
中国香港—西欧	23 日	100%	13～14 日	650%	2～3 日	1400%
中国香港—东欧	30 日	100%	13～14 日	400%	2～3 日	950%
中国香港—地中海东部	21 日	100%	13～14 日	450%	2～3 日	850%
中国香港—地中海西部	28 日	100%	13～14 日	600%	2～3 日	1300%
中国香港—中美	35 日	100%	24～25 日	500%	7～8 日	5400%
中国香港—南美	35 日	100%	24～25 日	750%	7～8 日	7600%

（3）可以解决旺季时直飞空运舱位不足的问题。

（4）托运货物受限制。基于海空运输规则及设施限制，有些货物暂不接受托运，如危险物品、贵重物品、活动物，以及需要冷藏及冷冻的货物等。长度超过 235 英寸（1 英寸=2.54 厘米），或宽度超过 96 英寸，或高度超过 118 英寸的货物，以及每千克申报价超过 20 美元的货物，一般均不接受托运。

由此可见，海空联运结合了海运运量大、成本低和空运速度快、时间短的特点，能有效整合不同运量和有不同运输时间要求的货物。

2．陆空联运

与海空联运相比，陆空联运则更为普遍，尤其是在工业发达国家、高速公路较多的国家，陆空联运更显其效能。陆空联运具有到货迅速、运费适中、安全保质、手续简单和可以提前结汇等优点。

国际陆空联运主要有空陆空联运、陆陆空联运和陆空联运等方式。目前，采用陆空联运的国家遍及欧洲和美洲。

目前，陆空联运广泛采用卡车航班的运输形式，即空运进出境航班与卡车内陆运输相结合。航空公司对卡车编制固定的航班号，确定班期和时刻，并对外公布，使其作为飞机航班运输的一种补充方式，因此其被称为卡车航班。

（1）卡车航班弥补了空运固定航班在机型、航线及航班时间等方面的不足，同时有效地发挥了陆运卡车装载能力大、运输路线灵活的优势，又实行了"一次报关、一次查验、一次放行"的直通式通关服务，大大节省了通关时间，降低了运输成本。

（2）通过卡车航班建立非枢纽机场与枢纽机场之间的联系。卡车航班是为了向枢纽机场汇集货物，或者为枢纽机场发散货物而开通的。

在采用陆空联运时，应注意以下几点。

（1）应妥善选择运输方式。飞机航班在时间和安全性上都有卡车航班无法比拟的优势。批量小且单件货物重量、尺寸适合的货物，以及特种货物，如鲜活易腐货物、贵重货物、危险货物，应当采用飞机航班运输。

（2）应处理好货物在两种运输方式之间的衔接，即要根据货物运输的续程航班时间来确定是使用飞机航班还是使用卡车航班。为了确保航班效益的最大化，所有货物在到达枢纽机场之前必须预订续程航班，以便根据续程航班的时间来确定运输方式。例如，在青岛至北京的航班选择上，如果续程航班于次日15时以前自北京起飞，就只能安排飞机航班运输货物，使用卡车航班运输很难保证有足够的时间将货物安排到续程航班上。而只有续程航班于次日15时以后自北京起飞时，才考虑安排卡车航班运输货物。

（3）卡车航班的运营环境在某种意义上比空运航线更为复杂。因为卡车航班的运输时间和路程都要比飞机航班长，所以必须对全程的道路状况和天气状况进行充分的调查，以确保卡车航班安全、准时地到达枢纽机场，衔接续程航班。并且在发生任何异常情况时，要及时予以妥善处理，将延误的时间减到最短，将可能的损失降到最低。

（4）卡车航班是飞机航班的延伸。卡车航班在形式上是卡车，但在概念上却是航班，卡车实际上是飞机的替代品，完全由航空公司按照固定时间及航线进行安排。按照国际惯例，货物的起运点和止运点都须设立在机场，因此如果全程采取国际航空货运单"一票到底"的形式，就要求货物的起运点和止运点必须有国际航空组织公认的航空代码，而此时仅使用航空货运单即可。

二、国际多式联运组织模式设计

（一）国际多式联运组织模式设计应考虑的主要因素

一般而言，国际多式联运组织模式设计是指在充分考虑、比较和综合分析的基础上，选择最佳的运输方式组合的过程。其目标是走最少的里程、经最少的环节、用最少的运力、花最少的费用、以最短的时间求得最佳的效益。在设计国际多式联运组织模式时应考虑如下因素。

（1）客户需求。客户对货物到达时间、费用、运输方式的偏好、货物质量安全保证等的需求。

（2）货物状况。货物数量、重量、体积、包装、性质、装卸地点等信息。

（3）各种运输方式的优缺点与适用对象。如表9-3所示，每种运输方式都有其自身的优缺点与适用对象。因此，应根据货物的实际情况及运输要求在铁路、公路、水路、航空、管道5种运输方式及相应的多式联运组合方式之间选择合适的运输方式，以充分发挥各种运输方式的优势。

表 9-3　各种运输方式的优缺点与适用对象

运输方式	优　点	缺　点	适　用　对　象
铁路	1. 大批量货物能一次性有效运送； 2. 运费低； 3. 轨道运输，事故相对较少，安全； 4. 铁路运输网完善，可运达各地； 5. 受天气影响小，运输准时性较高	1. 近距离运输费用高； 2. 不适合紧急运输要求； 3. 由于需要配车编组，中途停留时间较长； 4. 非沿线目的地需汽车转运，装卸次数多，货损率较高	适用于长途、大量、低价、高密度货物，如采掘工业产品、重工业产品及原料、制造业产品及原料、农产品等
公路	1. 可以实现"门到门"运输； 2. 适合于近距离运输，较经济； 3. 使用灵活，可以满足多种需要； 4. 输送时包装简单、经济	1. 装载量小，不适合大量货物的运输； 2. 长距离运输的运费较高； 3. 环境污染较严重； 4. 燃料消耗大	适用于短距离且价值较高的加工制造产品和日用消费品，如纺织和皮革制品、橡胶和塑料制品、润滑金属产品、通信产品、零部件、影像设备等
水路	1. 运量大； 2. 成本低； 3. 适合于超长、超宽、笨重的货物运输	1. 运输速度慢； 2. 港口装卸费用较高； 3. 航行受天气影响较大； 4. 运输安全性较差	适用于长途的低价值、高密度大宗货物，如矿产品、大宗散装货、化工产品、远洋集装箱等
航空	1. 运输速度快； 2. 安全性高	1. 运费高； 2. 重量和体积受限制； 3. 可达性差； 4. 受天气条件限制	适用于高价、易腐烂或急需的货物
管道	1. 运量大； 2. 运输安全可靠； 3. 连续性强	1. 灵活性差； 2. 仅适用于特定货物	石油、天然气、煤浆

（4）托运方式。在实际运输中，每种运输方式下的运输企业都会进一步细分出不同的组织形式，以提高工作效率和满足不同货主的需求。例如，铁路运输可进一步分为集装箱运输、整车运输、零担运输等不同的组织形式。对货主而言，这些不同的组织形式则为托运方式。托运方式选择不当是指货主没有选择合适的托运方式，从而造成运力浪费及费用支出较多等。例如，应选择铁路整车运输而选择了零担运输；应选择直达运输而选择了中转运输；应选择中转运输而选择了直达运输。在多式联运系统中，内陆地区运输发展不平衡，内陆集疏运的方式并非完全集装箱化，因此多式联运经营人也面临着如何正确选择托运方式的问题。

（5）地理、法规与环保等因素。例如，货物经停地区的自然地理环境是否具有通航运输条件，包括码头水深、天气、温度等；国际公约，货物经停地的法律、法规，以及国内现有法律、法规及政策等；货物的性质应能满足安全、节能和环保的要求。

（6）其他方面。例如，季节变化、市场需求、风险程度、风险控制、风险转移等因素。

（二）国际多式联运组织模式设计应注意的事项

国际多式联运组织模式设计过程中应注意以下事项。

（1）运输线路。实际上，同一线路可以选择不同的运输方式。同样，两点间同一运输方式下也可能存在不同的运输线路。因此，运输方式与运输线路应结合在一起考虑。

（2）装卸地点。一般来说，应尽量安排直达运输，以减少装卸、转运环节，缩短运输时间，节省运输费用。必须中转的进出口货物，也应选择适当的中转港、中转站。以港口为例，进出口货物的装卸港一般应尽量选择班轮航线经常停靠的、自然条件和装卸设备较好、费用较低的港口。进口货物的卸货港还应考虑货物流向和大宗货物的需求地点；出口货物的装货港还应考虑靠近出口货物的产地或供货地点，以减少国内运输里程，节约运力。此外，港口还有基本港和非基本港的区别，以及有些港口可能发生罢工与拥挤，这些也是需要注意的事项。

（3）装卸搬运设备。合理的装卸搬运设备可以提高效率，最大限度地防止货物运输事故的发生，尤其是对于超长、超宽、超高、超重、移动困难、易损坏的货物来说，合理的装卸搬运设备可减少货损事故的发生。

（4）运输工具。配置运输工具应考虑运输工具的类型、吨位（载重量）、国籍、出厂日期等有关指标。在运输线路上，应合理配置不同技术性能与经济性能的运输工具。

（5）集装箱。根据货物运输的实际情况和运输要求、运输线路和港口及内陆场站等因素，合理选择集装箱。

（6）运输包装。在设计运输包装时要考虑其对运输方式的适应性和方便性，以及何时何地将运输包装转换为销售包装。

（7）货物批量。货物批量对运输方式的选择有较大的影响，因此应重视不同装货量的拼装，以实现集运、拼装模式。

（8）分批装运和转运。是否需要分批装运和转运对运输方式的选择有重大影响，将直接关系到买卖双方的利益，故买卖双方应在考虑有关运输方式特点与要求的基础上，根据需要和可能在合同中做出明确、具体的规定。

（三）国际多式联运组织模式选择评价指标

一般情况下，对各种运输方式服务性能的评价起影响作用的主要有以下10个因素：运输成本的高低、运输时间的长短、可以运输的次数（频率）、运输能力的大小、运输货物的安全性、货物运输时间的可靠性、运输货物的实用性、能适合多种运输需要的可用性、与其他运输方式衔接的灵活性、提供货物所在位置信息的可能性。在上述影响因素中，突出的决定因素是运输成本、运输时间、运输能力、安全性、可靠性和可用性。

（1）运输成本是指承运人因提供运输服务收取的报酬。

（2）运输时间是指从发货人将货物发出到承运人将该货物交付给收货人为止所消耗的全部时间，包括集运和运送时间、理货时间，以及从发货点到目的地之间的运输时间。

（3）运输能力是指承运人提供的转移特定货物所需的设备和设施的能力。

（4）安全性是指交付给承运人的货物的到达情况，即在运输途中是否出现破损和污染等事故。

（5）可靠性是指承运人所提供的运输时间的一贯性。

(6) 可用性也称方便性,是指在特定条件下承运人向企业提供所需服务的能力。线路网络的地理限制和所允许的经营范围限制了承运人的可用性。

(四) 国际多式联运组织模式设计方法与案例

国际多式联运组织模式设计方法与案例可扫描右侧二维码学习。

三、国际多式联运货运程序

国际多式联运货运程序分为整箱货物运输作业程序和拼箱货物运输作业程序。

(一) 整箱货物运输作业程序

(1) 订立国际多式联运合同。托运人根据贸易合同对运输的约定,向多式联运经营人提出托运申请。多式联运经营人根据申请内容和运输线路等情况,判断是否接受该托运申请。如果接受,多式联运经营人在与托运人议定有关事项后,就在交给托运人或其代理人的场站收据副本上签章,证明接受托运申请,即国际多式联运合同成立。

(2) 货物检验、检疫。对法定需要检验、检疫的货物,以及贸易合同约定实行检验的项目,托运人应向商品检验、检疫机关申请检验、检疫,并取得商品检验、检疫证明。

(3) 空箱发放、提取。多式联运经营人签发提箱单给托运人,由他们在规定日期到指定的堆场提箱并自行将空箱运送到货物装箱地点,准备装货。如托运人委托,也可由多式联运经营人办理从堆场到装箱地点的空箱托运(这种情况需加收空箱托运费)。托运人提箱时须检查箱体状况,填制集装箱设备交接单,与管箱人员办理交接手续。

(4) 办理出口报关手续。托运人填制出口货物报关单和随附海关规定的单证,办理出口报关手续。

(5) 货物装箱。托运人提取空箱后在自己的工厂或仓库组织装箱。装箱应请海关派员到装箱地点监装和办理加封事宜。如需理货,托运人还应请理货人员现场理货并与之共同制作装箱单。

(6) 货物交接,签发提单,支付预付运费。托运人将关封封好的集装箱和有关单证交给多式联运经营人,并核对有关单证。多式联运经营人接管集装箱货物,并应托运人的请求签发国际多式联运提单。如果国际多式联运合同约定运费预付,托运人还须向多式联运经营人支付运费。

(7) 多式联运经营人组织完成货物的全程运输。多式联运经营人在合同订立之后,即应制订该合同涉及的集装箱货物的运输计划。该计划应包括货物的运输路线、区段的划分、各区段实际承运人的选择及各区段间衔接地点的到达、起运时间等内容。多式联运经营人要按照运输计划安排各区段的运输工具,与选定的各实际承运人订立各区段的分运合同。

在接收货物后,多式联运经营人要组织各区段实际承运人、各派出机构及代理人协调工作,完成各区段的运输及衔接工作。

货物运输过程中的海关业务由多式联运经营人代为办理,包括货物及集装箱在进口国的通关手续、进口国内陆段保税运输手续等。如果全程运输要通过其他国家,海关业务还应包括这些国家的通关及保税运输手续。

(8) 通知收货人。货物到达目的地后,多式联运经营人向收货人发出到货通知书。收

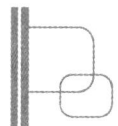

货人凭正本国际多式联运提单向代理换取提货单。若运费为到付，收货人应支付运费。

（9）办理进口报关、报检手续。收货人凭有关单证办理进口报关、报检手续。

（10）交付货物。收货人凭已办妥的进口手续，到指定的堆场提取货物，或依据合同约定，由多式联运经营人将货物送至收货人的收货地点，办理货物交接手续，填写并签署交货记录。

（11）空箱回运。在货物掏箱后，收货人或多式联运经营人将空箱回运至指定的空箱堆场，并办理交接手续。

（二）拼箱货物运输作业程序

拼箱货物必须在起运港或内陆的集装箱货运站由承运人装箱，运抵目的地的港口或内陆的集装箱货运站后由承运人拆箱。目前，多数情况下是在起运港集装箱货运站装箱，运往目的港集装箱货运站拆箱，这属于"港到港"的海上单一运输。如果在内陆集装箱货运站装箱，运往目的港集装箱货运站，或运往目的港内陆集装箱货运站拆箱，则可组织国际多式联运。其运输作业程序如下。

（1）订立国际多式联运合同。与整箱货物的运输一样，托运人要根据贸易合同对运输的约定，向多式联运经营人提出托运申请。多式联运经营人接受申请后，就在交给托运人的场站收据副本上签章。

（2）多式联运经营人接管货物，签发国际多式联运提单。托运人将货物按常规方式，通过内陆运输运送到附近的集装箱货运站，与多式联运经营人办理货物交接手续，由多式联运经营人接管货物。托运人向多式联运经营人支付全程运输费用（若为预付运费）后，由多式联运经营人按托运人的请求，签发国际多式联运提单。

（3）办理出口报关、报检手续。集装箱货运站代办出口货物报关、报检手续。

（4）货物装箱。集装箱货运站把货物装入集装箱，并使装载于箱内的货物适航。理货人员到货运站理货并编制装箱理货单，记载装入箱内货物的件数、标志、包装等内容。海关对放行的集装箱进行加封。装箱人填制集装箱装箱单。

（5）多式联运经营人组织完成货物的全程运输。拼箱货装箱起运后，其运输组织及多式联运经营人的业务与整箱货物国际多式联运的内容一致。

（6）通知收货人，向收货人交付货物。货物到达目的地后，多式联运经营人向收货人发出到货通知书。收货人凭正本国际多式联运提单换取提货单，在办理进口报关、报检等手续后，到指定集装箱货运站提货，并签署交货记录。

（7）空箱回运。在货物掏箱后，集装箱货运站将空箱回运至指定的空箱堆场，并办理交接手续。

项目拓展

项目 9 国际多式联运业务管理

项目小结

国际多式联运是在集装箱运输的基础上发展起来的，虽然最终仍由海、陆、空等运输方式完成，但并不是各单一运输方式的简单叠加。本项目主要介绍了国际多式联运单据的基础知识，叙述了国际多式联运组织模式及设计。

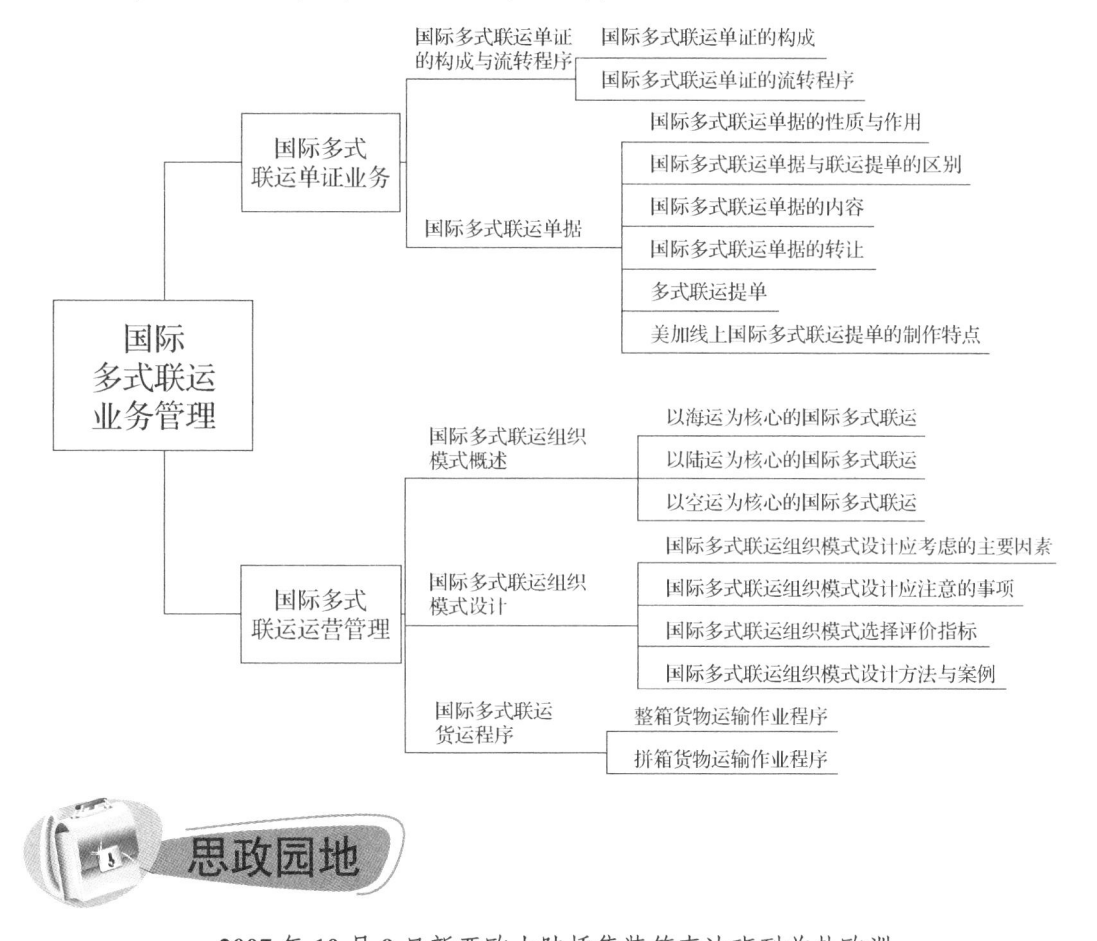

```
                                              ┌── 国际多式联运单证的构成
                         ┌── 国际多式联运单证 ──┤
                         │   的构成与流转程序   └── 国际多式联运单证的流转程序
                         │
              ┌── 国际多式│                    ┌── 国际多式联运单据的性质与作用
              │  联运单证 │                    ├── 国际多式联运单据与联运提单的区别
              │  业务     │                    ├── 国际多式联运单据的内容
              │          └── 国际多式联运单据 ──┤
              │                                ├── 国际多式联运单据的转让
              │                                ├── 多式联运提单
  国际        │                                └── 美加线上国际多式联运提单的制作特点
  多式联运 ───┤
  业务管理    │                                ┌── 以海运为核心的国际多式联运
              │          ┌── 国际多式联运组织 ──┼── 以陆运为核心的国际多式联运
              │          │   模式概述           └── 以空运为核心的国际多式联运
              │          │
              │  国际多式│                    ┌── 国际多式联运组织模式设计应考虑的主要因素
              └── 联运运营├── 国际多式联运组织 ├── 国际多式联运组织模式设计应注意的事项
                  管理    │   模式设计         ├── 国际多式联运组织模式选择评价指标
                         │                    └── 国际多式联运组织模式设计方法与案例
                         │
                         └── 国际多式联运     ┌── 整箱货物运输作业程序
                             货运程序        └── 拼箱货物运输作业程序
```

思政园地

2007年10月9日新亚欧大陆桥集装箱直达班列首赴欧洲

新亚欧大陆桥，又称亚欧第二大陆桥，其西出阿拉山口，是亚太地区与欧洲联系的最便捷、最经济的通道。2007年10月9日，中海集团与中铁集运公司联合开通了中国连云港至俄罗斯莫斯科的过境集装箱运输班列，使新亚欧大陆桥过境集装箱直达运输首次由中亚延伸到了欧洲。过境集装箱运输班列每列共有48个车厢，可装载96个国际标准集装箱，其沿着新亚欧大陆桥花费25天时间即可到达俄罗斯，比海上运输的时间缩短了20天，比通过西伯利亚大陆桥运输的时间缩短了10天。从中国的连云港至哈萨克斯坦的阿拉木图，再到俄罗斯的莫斯科，客户可全线对货物进行信息跟踪。

讨论思考：渝新欧铁路，也被称为第三亚欧大陆桥，形成了以重庆为中心，辐射中国西南及东南亚的大物流圈，使亚欧大陆南部没有横向铁路连接的状况成为历史。请查询第

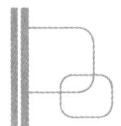

三亚欧大陆桥的运输路线及受益国家，分析通过第三亚欧大陆桥开展国际多式联运给客户带来的成本效益和时间效益。

项目测试与训练

一、讨论分析题

1. 多式联运提单有哪些性质？
2. 简述多式联运提单与海运提单的异同。
3. 简述国际多式联运单据与联运提单的区别。
4. 简述国际多式联运组织模式设计应考虑的主要因素。

二、技能训练1

1. 训练目的：掌握国际多式联运单据的内容，通过训练，能正确地缮制国际多式联运单据。

2. 训练要求与操作准备：准备好国际多式联运单据空白表格，要求学生独自完成国际多式联运单据的缮制。

3. 训练资料与设备准备：

现浦江宏盛工艺有限公司：PUJIANG HONGSHENG ART&CRAFTS CO.,LTD.No.,188 JINLEI POAD,PUJIANG,ZHENJIANG,CHINA

出口一批货物：1×40ft 普货箱海运出口业务，由 SHANGHAI 至 NORFOLK，运费到付

境外收货人为：HONG KONG BRANCH，7/F，CITIC TOWER，1 TIM MEI AVENUE，CENTRAL，HONG KONG

通知人：DOMESTICATIONS LLC 1500 HARBOR BLVD.WEEHAWKEN.NJ 07087，USA JAGUAR FREIGHT SERVICES，10 FIFTH STREET，SUITE 303，VALLEY STREAM，NEW YORK 11581 VOL：54.04

由上海宝仕货运代理有限公司于 2008-08-13 10:00 到宝山区金秋路 238 号做箱

运输车队：沪 A23548　　车重：5 吨

装箱信息：CONTAINER　No.：TRLU4202856　SEAL No.：2552717

报关单内容如下。

申报号：（6 位学号）006；备案号：C22104150889；主管海关：浦江海关（2201）；出口口岸：外港海关（2225）；合同号：MG001/04；经营单位：任意；企业性质：个体（6）；运输方式：江海运输（2）；运输工具名称：P&O NEDLLOYD CARACAS /V.PX155E；提运单号：SHANGAL745（6 位学号）；发货单位：任意；货主地区：上海浦东新区（31222）；申报单位：浦江宏盛工艺有限公司（3101910013）；监管方式：进料对口（0615）；结汇方式：电汇（2）；运抵国地：美国（502）；指运港：NORFOLK（0611）；证免性质：进料加工；纳税方式：地方；批准文号：014（6 位学号）；成交方式：FOB（3）；运费/率：无；

保费/率：无；杂费/率：无；包装种类：纸箱（2）；件数：160；毛重（KG）3520；净重（KG）：3360；唛头及备注：无；集装箱数：1；货品信息（品名：电子温度计，申报数量：763，数量单位：个（7），币制：美元（502），总价：48 093，单价：63，国别：中国（142）；新贸序号：1；商品号：90251990；征税方式：全免（3）。

其他费用：港建费　　RMB80/120　　20ft/40ft
　　　　　港务费　　RMB20/40　　 20ft/40ft
　　　　　堆存费　浦东码头　RMB6/12　20ft/40ft　堆存3天

三、技能训练2

1. 训练目的：掌握国际多式联运组织方案，正确缮制国际多式联运单据，能正确处理应急情况。

2. 训练要求与操作准备：

（1）请你设计3条国际多式联运的路线组合，查询相关运价，看有无可能满足客户的要求。

（2）你司如何取得国际多式联运经营资格？

（3）假设你司已取得国际多式联运经营资格，该笔业务由你司负责全程运输，请你根据相关业务背景出具一份多式联运提单。

（4）曼谷公路运往Nakhon Sawan途中翻车，货物损失5000美元，浙江工艺进出口公司向你司索赔，你司应如何处理？

3. 训练资料与设备准备：

浙江工艺进出口公司从杭州出口陶瓷碗到泰国曼谷，成交条件为CIF Bangkok，运输路线：从杭州通过汽车运输到宁波北仑，从宁波通过驳船运输到中国香港，再通过大船运输到曼谷。

由于金融危机，国外客户将交货条款由CIF Bangkok改为DDP Nakhon Sawan。现浙江工艺进出口公司来电询问你司，在原运价不变的情况下，是否可以接受DDP Nakhon Sawan。

该笔业务资料如下：

DOOR TO DOOR 运输 1×20FCL 陶瓷（CHINA）（纸箱包装，443箱，每件净重18千克，毛重24千克）。自杭州到泰国NAKHON SAWAN（那空沙旺市）。

提单号码：7717773

集装箱号码、铅封号：CONTAINER No.：CGTU2015841　　　SEAL No.：2978997

信用证摘录：

　　40A：FORM OF DOCUMENTARY CREDIT：　IRREVOCABLE
　　20：DOCUMENTARY CREDIT NUMBER：　764351
　　40E：APPLICATBLE RULES：　UCP LATEST VERSION
　　50：APPLICANT：KING THAI TRADE CO., LTD
　　　　　　　　　23567 DOMINGGO RD. NAKHON SAWAN, THAILAND
　　　　　　　　　TEL：467 884956
　　43P：PARTIAL SHIPMENT：NOT ALLOWED
　　43T：TRANSSHIPMENT：ALLOWED

44：LOADING ON BOARD：NINGBO, CHINA
44A：PLACE OF DELIVERY：NAKHON SAWAN
44B：PORT OF DISCHARGE：BANGKOK, THAILAND
44C：LATEST DATE ON SHIPMENT：20TH.MAY,2011
45A：DESCRIPTION OF GOODS：CHINAWARE SET No. HX4405 PACKED IN CARTON OF 1 SET EACH.
46A：DOCUMENTS REQUIRED：
1. IN THREE FOLDS UNLESS OTHERWISE SPECIFIED；
2. FULL SET CLEAN ON BOARD BILL(S) OF LADING MADE OUT OUR ORDER AND ENDORSED IN BLANK, MARKED FREIGHT PREPAID AND NOTIFY APPLICANT.

4．评价成绩与要求：

（1）以小组为单位完成，每位小组成员的分工在上交课业的封面注明。要求课程结束前3周上交。

（2）小组要充分交流沟通，小组派成员汇报陈述课业内容并接受其他小组的质询。

（3）评分标准：

① 线路设计合理，成本计算正确（40%）。

② 文字表述清楚、规范（10%）。

③ 国际多式联运单据制作正确、美观、简明（15%）。

④ 索赔处理得当、依据充分（15%）。

⑤ 小组代表陈述条理清楚、语言流畅（10%）。

⑥ 回答其他小组质询得当，团队配合默契，应变能力强（10%）。

四、自我训练

（一）单选题

1．国际多式联运单据不具有（　　　）功能。
　　A．货物收据　　　　　　　　　B．特权凭证
　　C．多式联运合同　　　　　　　D．国际多式联运合同证明

2．下列（　　　）单证在海上货物运输实践中也被称为"下货纸"。
　　A．提单　　　　　　　　　　　B．装货单
　　C．收货单　　　　　　　　　　D．提货单

3．国际多式联运公约采用的责任基础为（　　　）。
　　A．完全过失责任制　　　　　　B．不完全过失责任制
　　C．严格责任制　　　　　　　　D．结果责任制

4．证明海上货物运输合同和货物已经由承运人接收或装船，以及承运人保证据以交付货物的单证是（　　　）。
　　A．提单　　　　　　　　　　　B．大副收据
　　C．场站收据　　　　　　　　　D．海运单

5. 按照我国法律的规定，明知委托事项违法，货物代理人为了自身利益仍然进行货物代理活动的，则（　　）。

  A．被代理人不负被追偿责任　　　　B．货运代理人不负被追偿责任
  C．货运代理人不负连带责任　　　　D．委托人和货运代理人都负连带责任

6. 须经过与海运相结合的两种运输方式联合运输的货物，托运人在办理托运手续并交纳全程运费之后，由第一程承运人所签发的，包括运输全程并能凭此在目的港提取货物的提单是（　　）。

  A．Container B/L　　　　　　　　B．Direct B/L
  C．Through B/L　　　　　　　　　D．Multimodal Transport B/L

（二）多选题

1. 关于国际多式联运的基本条件，以下理解正确的是（　　）。

  A．至少采用两种运输方式
  B．至少涉及两个国家
  C．签发一份国际多式联运合同
  D．一个多式联运经营人对货物运输的全程负责

2. 国际多式联运应具备的运营条件有哪些？（　　）

  A．人力资源　　　B．经营网络　　　C．信息系统　　　D．设施设备

3. 以陆运为核心的国际多式联运主要包括（　　）。

  A．驮背运输　　　B．公铁联运　　　C．大陆桥运输　　　D．海铁联运

4. 下列不具有物权凭证功能的单证是（　　）。

  A．可转让的国际多式联运单据　　　B．海运单
  C．空运单　　　　　　　　　　　　D．不可转让的国际多式联运单据

5. 国际多式联运单据是（　　）。

  A．货物收据　　　　　　　　　　　B．特权凭证
  C．国际多式联运合同　　　　　　　D．国际多式联运合同的证明

参考答案

Project 10 项目 集装箱多式联运收费业务

知识目标

1. 掌握集装箱运费的基本结构及不同交接方式下集装箱运费的构成。
2. 熟悉集装箱海运运费的基本构成及计算方法。
3. 了解集装箱内陆运费的基本构成及计算方法。

能力目标

1. 熟悉国际及我国对集装箱运费的各种不同规定。
2. 能够根据货物及集装箱的基本信息正确计算集装箱海运运费。
3. 能够根据货物及集装箱的基本信息正确计算集装箱内陆运费。

思政目标

1. 实事求是,一切从实际出发,理论联系实际,坚持在实践中检验真理和发展真理。
2. 正确看待事物发展的过程,既要看到道路的曲折,又要看到前途的光明。
3. 判断改革和各方面工作的是非得失,要以是否有利于发展社会主义社会的生产力、是否有利于增强社会主义国家的综合国力、是否有利于提高人民的生活水平为标准。

引导案例及分析

中国—欧洲海运运费计算

某托运人通过中远某集装箱公司承运一票货物:2×6.096m(20ft)FCL,采用包箱费率,从福州港出口经过厦门港运到汉堡港。另有货币贬值附加费10%、燃油附加费5%。请问,托运人应支付多少海运运费?

分析:

(1)该票货物从福州港出口经过厦门港到汉堡港,运输航线属于中国—欧洲航线,汉堡港是航线的基本港。

(2)该票货物为2个6.096m(20ft)的整箱货,采用包箱费率。

(3)查中国—欧洲集装箱费率表可知,从福州港出口经厦门港到汉堡港,福州途经中国香港出口欧洲费率在厦门费率基础上加 USD 50/6.096m(20ft)。

项目 10 集装箱多式联运收费业务

Mission 任务 1 集装箱运费认知

任务导读

随着集装箱运输及国际多式联运的发展，承运人的业务范围也随之扩大，其对货物的责任也有所扩大，费用也有所增加，而增加的费用只能从运费中收回来。这对运价的制定工作提出了新的要求，即应制定出一些适合集装箱运输的费率、规定和有关条款。

本任务重点讲述集装箱运费的基本结构及不同交接方式下集装箱运费的构成。

任务：假设你公司已取得多式联运经营资格，你负责杭州至泰国曼谷的国际多式联运路线业务，设计了3条国际多式联运的路线组合，查询相关运价。

一、集装箱运费的基本结构

集装箱货物在实行"门到门"运输时，是由多种运输方式完成全程运输的。该过程可分为发货地内陆运输、发货地港区间运输、海上运输、收货地港区间运输、收货地内陆运输5个组成部分。船公司作为提单的签发人，除负责自己运输的区段外，还要与负责其他区段的承运人订立合同，委托他们负责公路、铁路、内河等区段的运输。船公司为各运输区段的承运人提供的服务支付费用，这些费用由船公司直接交付给各运输区段的承运人。

船公司支付了集装箱货物在运输过程中的全部费用，包括海上运输费用、内陆运输费用、各种装卸费用、搬运费用、手续费用、服务费用等，上述费用一般被定为一个计收标准，以确保船公司在全部支付后，能得到相应的补偿。

（一）海运运费

集装箱海运运费是集装箱运费中的主要部分，根据船公司运价本的规定，集装箱海运运费向托运人或收货人计收。海运运费由基本运费和附加费构成。

1. 基本运费

集装箱基本运费的具体收费基本上是按照所运货物的运费吨所规定的费率计收的，与普通船货物运费的计收方法基本相同。

2. 附加费

除基本运费外，集装箱货物也要加收附加费，附加费的标准根据航线、货种不同而有所不同。目前，附加费主要有货物附加费、变更目的港附加费、选卸港附加费、服务附加费、转船附加费、直航附加费、港口附加费、燃油附加费、货币贬值附加费、绕航附加费、港口拥挤附加费等。

（二）堆场服务费

堆场服务费也叫码头服务费，包括在装船港堆场接收出口的整箱货，以及将其堆存和

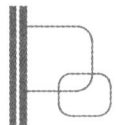

搬运至装卸桥下的费用。同样，堆场服务费包括在卸船港接收进口箱，以及将其搬运至堆场和堆存的费用，一般还包括在装卸港办理有关单证的费用。堆场服务费一般分别向发货人和收货人收取。

（三）拼箱服务费

拼箱服务费包括为完成下列服务项目而收取的费用。

（1）将空箱从堆场运至货运站。
（2）将装好货的重箱从货运站运至堆场（装船港）。
（3）将重箱从堆场运至货运站（卸船港）。
（4）理货。
（5）签发场站收据、装箱单。
（6）货物在货运站的正常搬运。
（7）装箱、拆箱、封箱、做标记。
（8）一定期限内的堆存。
（9）提供集装箱内部货物的配积载图。

（四）集散运输费

集散运输又叫支线运输，是指内河、沿海的集散港与集装箱出口堆场之间的集装箱运输。因集散运输而收取的费用则为集散运输费。

（五）内陆运输费

内陆运输费有两种情况：一种是由承运人负责内陆运输；另一种是由货主自己负责内陆运输。

1. 由承运人负责内陆运输

如果由承运人负责内陆运输，其费用则根据承运人的运价本和有关提单条款的规定来确定，主要包括以下几项费用。

（1）区域运费。

所谓区域运费是指承运人按货主的要求在指定的地点间进行重箱或空箱运输所收取的费用。

（2）无效托运费。

无效托运是指承运人将集装箱按货主要求运至指定地点，而货主却没有发货，又要求将集装箱运回的情况。一旦发生这种情况，承运人将收取全部区域费用，以及可能产生的延迟费用。

（3）变更装箱地点的费用。

如果承运人应货主的要求同意变更原集装箱交付地点，货主要承担由此而产生的全部费用。

（4）装箱时间与延迟费。

装箱时间的长短与延迟费的多少主要视港口的条件、习惯、费用支付情况而定，差别甚大。例如，在发货人工厂、仓库装箱时，20ft 集装箱的免费装箱时间为 2 小时，40ft 集装箱的免费装箱时间为 3 小时。

上述时间均从司机将集装箱交货主时起算，即使是阴天下雨或恶劣气候也不能超出规定的时间。如超出规定的时间，则对超出时间计收延迟费。

（5）清扫费。

集装箱使用完毕后，货主有责任清扫集装箱，将清扫后的集装箱归还给承运人。如果此项工作由承运人负责，则货主应承担相应费用。

2. 由货主负责内陆运输

如果内陆运输由货主自己负责，承运人则可根据自己的选择和事先商定的协议，将集装箱或有关机械设备出借给货主，并按有关规定计收费用。在由货主自己负责内陆运输时，其费用主要包括以下几项。

（1）集装箱装卸费。

货主在承运人指定的场所，如集装箱码头堆场取箱时，或在承运人指定的地点还箱时，应承担将集装箱装上车辆及从车上卸下的费用。

（2）超期使用费。

货主应在规定的用箱期届满后，将集装箱归还给承运人，超出时间则为延误，按每箱每天计收延误费用，不足一天按一天计收。

（3）内陆运输费。

从货主得到集装箱时起至归还集装箱时止整个期间所产生的费用由货主承担。

二、集装箱不同交接方式下的运费构成

在集装箱运输中，运费的构成如图10-1所示。

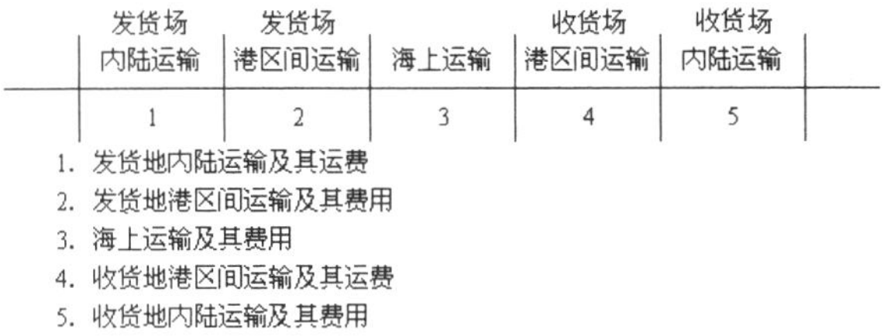

发货场内陆运输	发货场港区间运输	海上运输	收货场港区间运输	收货场内陆运输
1	2	3	4	5

1. 发货地内陆运输及其运费
2. 发货地港区间运输及其费用
3. 海上运输及其费用
4. 收货地港区间运输及其运费
5. 收货地内陆运输及其费用

图 10-1 集装箱运费的构成

在集装箱运输中，特别是在国际多式联运中不仅存在由谁负责内陆运输的问题，还存在整箱货、拼箱货之分；同时在整箱货、拼箱货的流转过程中，货物的交接方式也各有不同，因此每种交接方式下的运费构成也有所不同，具体如表 10-1 所示。表中字母 A、B、C、D、E 所代表的含义如下。

A 代表内陆运输费，包括铁路、公路、航空、内河、沿海支线运输所产生的费用。

B 代表拆拼箱服务费，包括取箱、装箱、送箱、拆箱及理货、签单、制单等各种作业产生的费用。

C 代表码头/堆场服务费，包括集装箱在船与堆场间的搬运、单证制作等产生的费用。

D 代表装/卸车费，包括在堆场、货运站等地点使用港区机械设备从货方接运的汽车、火车上卸下或装上集装箱产生的费用。

E 代表海运费，与传统班轮杂货运输费用的承担范围相同。

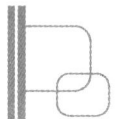

表 10-1　不同交接方式下的集装箱运费的构成

交接方式		发货地			海上运输	收货地			费用组成
		A	B	C	D	E	D	C	B	A	
LCL-LCL	CFS-CFS		√	√		√		√	√		B+C+E+C+B
FCL-FCL	DR-DR	√		√		√		√		√	A+C+E+C+A
	DR-CY	√		√		√	√	√			A+C+E+D+C
	CY-CY			√	√	√	√	√			C+D+E+D+C
	CY-DR			√	√	√		√		√	C+D+E+C+A
LCL-FCL	CFS-CY		√	√		√	√	√			B+C+E+D+C
	CFS-DR		√	√		√		√		√	B+C+E+C+A
FCL-LCL	DR-CFS	√		√		√		√	√		A+C+E+C+B
	CY-CFS			√	√	√		√	√		C+D+E+C+B

在实际业务中，承运人除应在集装箱联运提单上注明运费支付方式和运费金额外，还应注明集装箱货物的交接方式，以便分清风险责任，并计收、支付运费。在订舱时，货主应了解承运人运价表中运费的构成，以明确在支付海上运费后是否还需要支付其他费用等。正因为如此，每个船公司制定的集装箱运价本均有自己的规定与说明，使用者除了按集装箱费率表计算运费，还应仔细阅读有关的说明与规定，以免在费用分担上产生纠纷。

必须说明，上述是集装箱运费组成的一般概念。目前，一些港口习惯上对拼箱货不另收堆场服务费，因为实际上这部分费用已加到海运运费中了。此外，在集装箱运费中，某些航线还出现总包干费率的计算方法，即该费率包括了一切附加费用，方便了运费的计算。

集装箱运费的构成

Mission 任务 2　集装箱运费计算

任务导读

在国际多式联运下，因为承运人对货物的风险和责任有所扩大，所以集装箱运费一般为从装船港码头堆场或货运站至卸船港码头堆场或货运站的全过程费用。另外，由承运人负责全程运输时，所收取的运费中还应包括内陆运输费用。本任务结合集装箱运输的要求，详细介绍了集装箱海运运费和内陆运费的计算。

任务：假设你公司已取得多式联运经营资格，你负责的杭州至泰国曼谷的国际多式联运路线业务，设计好了3条国际多式联运的路线组合，分别计算出各条路线的集装箱运费，以便向出口商报价。

一、集装箱海运运费计算

(一) 集装箱海运运费的计算标准

集装箱运输主要按容积或按重量计算运费；对于高价值货物，则按其货价一定的百分比计算运费；对于某些特定的货物，则会按其实体的个数或件数计算运费。各种不同的货物应按何种计费标准计算运费，在船公司的运价本中都有具体的规定，通常以如下符号表示。

(1) 以"W"表示：指该种货物应按货物的毛重计算运费。在实际业务中，一般规定凡1吨货物的体积小于$40ft^3$或$1m^3$的货物按其重量计收运费。

(2) 以"M"表示：指该种货物应按尺码或体积计算运费。在实际业务中，一般规定凡1吨货物的体积大于$40ft^3$或$1m^3$的货物按其尺码计收运费。

(3) 以"W/M"表示：指该种货物分别按货物的毛重和尺码或体积计算运费，并选择其中较高者收取运费。

(4) 以"Ad. Val."(A.V) 表示：指该种货物按其FOB价格的一定百分比计算运费，这种运费也被称为从价运费。

(5) 以"Ad. Val. or W/M"表示：指该种货物按其FOB价格的一定百分比和毛重、尺码或体积分别计算运费，并选择其中较高者收取运费。

目前，集装箱运费基本上分为两大类：一类沿用件杂货运费计算方法，以每运费吨为计算单位，加上相应的附加费；另一类以箱为计算单位，按航线包箱费率计算。前一类计算方法较为适合拼箱货运输，后一类计算方法较为适合整箱货运输。尽管还有一些船公司在整箱货运输中仍采用前一类方法，但大多数船公司已相继制定了各航线的包箱费率。在集装箱运输中，包箱费率计算方法正在取代传统的件杂货运费计算方法。

(二) 拼箱货运费计收

目前，各船公司对集装箱运输的拼箱货运费的计算，基本上是依据件杂货运费的计算标准，按所托运货物的实际运费吨计收运费。另外，在拼箱货海运运费中还要加收与集装箱货运站作业有关的费用，如拼箱服务费、困难作业费、超重或超大件作业费等。

(三) 整箱货运费计收

对于整箱货运费的计收一般采用两种方法：一种方法是同拼箱货一样，按实际运费吨计收运费；另一种方法也是目前采用较为普遍的方法，即根据集装箱的类型按箱计收运费。

包箱费率（Commodity Box Rates，CBR）是各公司根据自身情况，按集装箱的类型制定的不同航线的包干运费，既包括集装箱海上运费，又包括在装船港、卸船港码头堆场作业产生的费用。

包箱费率可分为两类：货物包箱费率和均一包箱费率。前者是按货物的类别、等级和不同箱型规定的包箱费率；后者则是不考虑货物的类别（危险货物、冷藏货物除外），只按箱型规定的包箱费率。后者费率定得较低，体现了船公司对货主托运整箱货提供的优惠，是船公司吸引集装箱货源的重要手段之一。

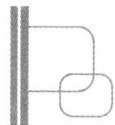

1. 包箱费率的主要形式

（1）FCS 包箱费率（Freight for Class Rates）。这种包箱费率是按不同货物类别和等级制定的包箱费率。在这种费率下，一般（如中远运价本）将货物分为普通货物、非危险化学品、半危险货物、危险货物和冷藏货物等几大类，其中普通货物与件杂货一样分为 1～20 级，各公司运价本按货物类别、等级和箱型规定包箱费率。一般来讲，等级低的低价货费率要高于传统件杂货费率，等级高的高价货费率要低于传统件杂货费率，同等级的货物按重量吨计费的运价高于按尺码吨计费的运价（见表 10-2）。

表 10-2　中国—澳大利亚航线集装箱费率（FCS 包箱费率表）　　单位：美元，in US $

BASIC PORTS:BRISBANE,MELBOURNE,SYDNEY,FREMANTLE				
CLASS	BASIS	LCL（PER F/T）	20ft（CY-CY）	40ft FCL（CY-CY）
1～7	W/M	95.00	1600.00	3100.00
8～10	W/M	100.00	1700.00	3250.00
11～15	W/M	105.00	1800.00	3420.00
16～20	W/M	110.00	1900.00	3560.00

使用这种包箱费率计算运费时，先要根据货名查到等级，然后按货物类别、等级、交接方式和集装箱尺度查表，即可得到每只集装箱相应的运费。这种包箱费率属于货物（或商品）包箱费率。在中远运价本中，中国—澳大利亚和中国—新西兰航线采用这种费率形式。

（2）FCB 包箱费率（Freight for Class and Basis Rates）。FCB 包箱费率是按不同货物的类别、等级及计算标准制定的包箱费率。在这种费率下，即使是装有同种货物的整箱货，当以重量吨或尺码吨为计算单位（或标准）时，其包箱费率也是不同的（见表 10-3）。这是与 FCS 包箱费率的主要区别之处。

表 10-3　中国—地中海航线集装箱费率（FCB 包箱费率表）　　单位：美元，in US $

BASIC PORTS:ALGIERS,GENOA,MARSEILLES				
CLASS	LCL(PER W)	LCL（PER M）	FCL 20ft（CY-CY）	FCL 40ft FCL（CY-CY）
1～7	125.00	102.00	2250.00	4200.00
8～10	134.00	107.00	2350.00	4420.00
11～15	142.00	115.00	2480.00	4650.00
16～20	150.00	123.00	2560.00	4740.00

使用这种包箱费率计算运费时，首先不仅要查清货物的类别、等级，还要查明货物是以尺码还是重量为计算单位的，然后按集装箱类别、等级、计算标准及交接方式查到每只集装箱的运费。这种包箱费率也属于货物（或商品）包箱费率。在中远运价本中，中国—卡拉奇等航线采用这种费率形式。

（3）FAK 包箱费率（Freight for All Kinds Rates）。这种包箱费率是指对每只集装箱不细分箱内货物的类别、等级，不计货量（在重量限额以内），只按箱型统一规定的费率计费，也称为均一包箱费率（见表 10-4）。它的基本原则是集装箱内装运任何货物均与应收的运费无关。换句话说，所有相同航程的货物征收相同的费率，而不管其价值如何。它实际上是承运人将预计的总成本分摊到每只所要运送的集装箱上所得出的基本的平均费率。

表 10-4　中国—新加坡航线集装箱费率（FAK 包箱费率表）　　　单位：美元，in US $

装运港 PORT OF LOADING	货类 COMMODITY	CFS-CFS PER F/T	CY-CY 20ft FCL	CY-CY 40ft FCL
大连 DALIAN	杂货 GENERAL CARGO	88.00	1250.00	2310.00
新港 XINGANG	杂货 GENERAL CARGO	80.00	1150.00	2115.00
青岛 QINGDAO	杂货 GENERAL CARGO	80.00	1150.00	2115.00
上海 SHANGHAI	杂货 GENERAL CARGO	76.00	1050.00	2050.00
黄埔 HUANGPU	杂货 GENERAL CARGO	63.00	850.00	1600.00
…	…	…	…	…

这种包箱费率从理论上讲是合乎逻辑的，因为船舶装运的及在港口装卸的都是集装箱而非货物，且集装箱占用的舱容和面积是一样的。但是，采用这种包箱费率，对低价值货物的运输会产生负面影响，因为低价值货物很难从高价值货物那里获得补偿，这对于低价值货物的货主来说可能难以接受。例如，船公司对托运瓶装水和瓶装酒的不同货主统一收取同样的运费，瓶装酒的货主对此并不在意，但瓶装水的货主则会拒绝，最终船公司被迫对这两种货物分别收取不同的运费。因此，在目前大多数情况下，均一包箱费率一般将货物分为 5～7 个费率等级。

使用这种包箱费率计算运费时，货物仅分普通货物、半危险货物、危险货物和冷藏货物 4 类。不同类别的货物、不同尺度（20ft/40ft）的集装箱的包箱费率也不相同。

2. 运量折扣费率

运量折扣费率（Time-volume Rates，又称 Time-volume Contracts，TVC）是为适应集装箱运输发展需要而出现的又一费率形式。它实际上是根据托运货物的数量给予托运人的一定的费率折扣，即托运货物的数量越大，费率就越低。当然，这种费率可以是均一包箱费率，也可以是某一特定货物等级费率。这种运量激励方式是根据托运货物的数量确定费率的，因而运量较大的货主通常可以从中受益。

起初，这种折扣费率的尝试并不十分成功，原因是有些多式联运经营人在与承运人签订合同时承诺托运一定数量的集装箱货物，如 500TEU，从而从承运人那里获得一定的费率折扣，但到合同期满时，他们托运的集装箱并未达到合同规定的数量，如仅托运了 250TEU。显然，承运人就会认为自己遭受了损失。正因如此，所谓的"按比例增减制"越来越普遍。根据这种方式，拥有 500TEU 集装箱货物的货主，当他托运第一个 100TEU 集装箱时支付的是某一种运费，他托运第二个 100TEU 集装箱时支付的是比第一次低的运费，而他托运第三个 100TEU 集装箱时支付的是一个更低的运费，依此类推。目前，这种运量折扣费率采用得越来越广泛，尤其是多式联运经营人可以充分利用这种费率节省费用。

3. 集装箱最低运费计收

为了保证营运收入不低于营运成本，各船公司都制定了起码的收费标准（即最低费率）。在传统运输中，一般以每张提单应收取的最低运费金额为起码运费。在集装箱运输中，各

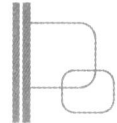

船公司最低运费的规定不尽相同，如亚洲东部地区航运公会规定的最低运费吨如表10-5所示。

表10-5 亚洲东部地区航运公会规定的最低运费吨

集装箱种类、规格	最低运费吨		
	重量吨（t）	尺码吨（m³）	运费吨（f/t）
20ft 干散箱	17.5	21.5	21.5
20ft 开顶箱	17.5	21.5	21.5
20ft 散装箱	17.5	90%内容积	—
20ft 板架箱	16.5	21.5	21.5

船公司规定最低运费吨的目的在于，如货物由货主自己装载，箱内所装货物没有达到所规定的最低运费吨时，货主应支付亏箱运费，以确保承运人的利益。显然，按最低运费吨乘费率得出的全部运费已包括了亏箱运费。

例1：某箱最低运费吨规定为21.5t，由货主装箱，实际装箱尺码吨为18m³，费率为USD18.5W，求运费。

解：运费=21.5×18.5=397.75USD

当一只集装箱内装载的是一种以上的货物时，运费按每种货物规定的费率和实际运费吨计算，如总的尺码吨或总的重量吨大于规定的运费吨，则加收亏箱运费。亏箱运费是按最低的亏箱额和箱内货物计费较高的货物费率计收的。

例2：20ft干散箱的最低运费吨为17.5t，尺码吨为21.5m³，内装两种货物：电器，尺码吨为15m³，重量吨为9t，费率为USD27.25M；小五金，尺码吨为3.5m³，重量吨为4t，费率为USD30W。求运费。

解：对箱内所装货物进行分析（见表10-6）。

表10-6 箱内所装货物的具体情况

货　　类	尺码吨（m³）	重量吨（t）	费　　率	运费吨（f/t）	运费（USD）
电器	15	9	USD27.25M	15	408.75
小五金	3.5	4	USD30.00W	4	120
共计	18.5	13			
该箱最低计费吨	21.5	17.5			
亏箱额	3	4.5			

该集装箱货物的运费：

电器运费=27.25×15=408.75USD

小五金运费=30×4=120USD

亏箱运费=3×30=90USD

总运费=408.75+120+90=618.75USD

有些船公司根据航线要求制定包箱起码运费，并规定包箱起码运费根据情况可随时调整而不受公布的运价本的影响。箱内所装货物的运费吨乘运价本适用的基本费率，所得运费如果低于包箱起码运费，则按包箱起码运费计收；否则，按箱内实装货物的运费吨和运价本适用的基本费率计收。

4. 集装箱最高运费计收

普通船货物运输中没有最高运费的概念，货主要求托运多少货物，承运人则按该货物所规定的费率计收运费。最高运费的计收只出现在集装箱整箱货运输的情况下，其是指即使货主实际装箱的货物尺码吨超出集装箱规定的运费吨，承运人仍按集装箱所规定的计费吨收取运费，超出部分免收运费。

规定集装箱最高运费的目的主要是鼓励货主使用集装箱装运货物，并能最大限度地利用集装箱的内容积。为此，在集装箱海运运费的计算中，船公司通常为各种规格和类型的集装箱规定了一个按集装箱内容积折算的最高利用率，即按集装箱内容积的85%计算。最高利用率之所以以尺码吨而不以重量吨为计算单位，是因为每一集装箱都有其最大载重量，在实际运输中是不允许超重的。因此，在正常情况下，不应出现超重的集装箱，更谈不上鼓励超重的做法。

例3：某40ft干散箱的最高运费吨为43m^3，而现在箱内实际装载货物51m^3，其中：A货物25m^3，费率为30USD；B货物9m^3，费率为27USD；C货物12m^3，费率为18USD；D货物5m^3，费率为13USD。求该箱货物的运费。

解：先计算各种货物的运费：

A货物的运费=25×30=750USD

B货物的运费=9×27=243USD

C货物的运费=12×18=216USD

D货物的运费=5×13=65USD

因为箱内所装货物的尺码吨超出规定的最高计费吨51-43=8m^3

则免收运费=8×13=104USD

总运费=750+243+216+65-104=1170USD

最低运费吨或最高运费吨一般是在货主使用的集装箱是由船公司（或其他类型的运输经营人）提供的、由货主自行装箱且运费是按货物等级计收或采用不同计费标准计收的条件下采用的。在货主使用自有箱（包括货主自己租的集装箱）或由承运人货运站装箱或运费采用均一包箱费率（FAK）计收的情况下，一般不采用这种方式。

5. 整箱货余箱运费

许多船公司为争取更多货源，对运输较大数量货物的货主都会给予优惠。当同一票货物装载三只或三只以上的集装箱时，其最后一箱运费标准可略低一些，如20ft集装箱可减去尺码吨6m^3或重量吨4.5t，或者对最后一箱按实际装箱的重量吨或尺码吨计收运费。

例4：某货主要运输一批电器，用20ft干货集装箱，最后一箱实载电器重量吨11t，尺码吨16m^3。而该集装箱所规定的计费吨为21.5t，船公司为争取更多资源，对最后一箱按16m^3计收运费。

（四）特殊货物海运运费计算

1. 特种箱

特种箱通常是指高箱、开顶、平板箱、框架箱等有别于普通干货箱的集装箱。这类集装箱在装卸及处理时较为特殊，一般在普通"场到场"运输条款的基础上加收一定百分

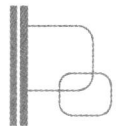

比的运费。例如，40ft 高箱比普通箱高 1ft，所以费率通常为普通箱的 110%；开顶箱、平板箱、框架箱的"场到场"费率为普通箱的 130%（船公司可根据实际情况确定合适的比例）。

2. 成组货物

船公司通常对符合运价本的有关规定与要求，并按拼箱货托运的成组货物，在运费上给予一定的优惠。在计算运费时，应扣除货板本身的重量或体积，但这种扣除不能超过成组货物（货物加货板）重量或体积的 10%，超出部分仍按货板上货物所适用的费率计收运费。但是，整箱托运的成组货物则不能享受优惠，并且在计算运费时一般不扣除整箱货的货板的重量或体积。

3. 家具或行李

对装载在集装箱内的家具或行李，除组装成箱子再装入集装箱外，应按集装箱内容积的 100%计收运费及其他有关费用。该规定一般适用于搬家的物件。

4. 服装

当服装以挂载方式装载在集装箱内进行运输时，承运人通常仅接受整箱货"场—场"运输的交接方式，并由货主提供必要的服装装箱物料，如衣架等。运费按集装箱容积的 85%计算。如果箱内除挂载的服装外，还装有其他货物时，服装仍按集装箱容积的 85%计收运费，其他货物则按实际体积计收运费。但当二者的总计费体积超过集装箱容积的 100%时，其超出部分免收运费。在这种情况下，货主应提供经承运人同意的公证机构出具的货物计量证书。

5. 回运货物

回运货物是指在卸货港或交货地点卸货后的一定时间内由原承运人运回原装货港或发货地点的货物。对于这种回运货物，承运人一般给予一定的运费优惠。例如，当货物在卸货港或交货地点卸货后 6 个月内由原承运人运回原装货港或发货地点时，整箱货（原箱）的回程运费按原运费的 85%计收，拼箱货的回程运费则按原运费的 90%计收。但货物在卸货港或交货地点滞留期间产生的一切费用均由申请方负担。

在集装箱运输中，货物运抵目的地后，承运人通常给予箱内货物一定的免费堆存期，但如果货主未在规定的免费堆存期内前往承运人的堆场或货运站提取货物，承运人则根据超出的时间向货主收取滞期费。货物的免费堆存期通常从货箱卸下船时起算，其中不包括周六、周日和节假日。但一旦进入滞期时间，便连续计算，即在滞期时间内若有周六、周日或节假日，则该周六、周日和节假日也应计入滞期时间。免费堆存期的长短及滞期费的计收标准与集装箱箱型、尺寸及港口的条件等有关，同时也依船公司而异。有时对于同一港口，不同的船公司有不同的滞期费计算方法。

根据船公司的规定，在货物超过免费堆存期后，承运人有权将货箱另行处理。对于使用承运人的集装箱装运的货物，承运人有权将货物从箱内卸出，存放于仓储公司的仓库，由此产生的转运费、仓储费及搬运过程中造成的事故损失费与责任均由货主承担。

如果货主所使用的集装箱和有关设备为承运人所有，而货主未能在免费使用期届满后将集装箱和有关设备归还给承运人，或送交承运人指定地点，承运人则按规定依据超出时间向货主收取集装箱和有关设备的超期使用费。

（五）集装箱海运附加费的计算

国际集装箱海运运费除计收基本运费外，还要加收各种附加费。附加费的标准与项目根据航线和货物的不同而有不同的规定。集装箱海运附加费通常包括以下几种。

1. 货物附加费

由于某些货物，如钢管之类的超长货物、超重货物、需洗舱（箱）的液体货物等的运输难度较大或运输成本较高，对此类货物要加收货物附加费（Cargo Additional）。当然，对于集装箱运输来讲，计收对象、方法和标准各有不同。例如，对超长、超重、超大件货物加收的超长、超重、超大件货物附加费只对由集装箱货运站装箱的拼箱货收取，其费率标准与计收办法与普通船的相同。如果采用"站到场"或"场到站"运输条款，则超长、超重、超大件货物的附加费减半计收。

2. 燃油附加费

燃油附加费（Bunker Adjustment Factor，BAF）是指因国际市场上燃油价格上涨而征收的附加费，分别按拼箱货和整箱货的不同标准计收，如整箱货以一只20ft或40ft集装箱加收若干元的标准计收。

3. 币值附加费

币值附加费（Currency Adjustment Factor，CAF）是指因某一挂靠港所在国货币币值与美元相比升值，为补偿船舶港口使费而征收的附加费。由于日币与美元比值变化较大，船公司还可能单独征收日币币值附加费。

4. 港口拥挤附加费

在集装箱运输中，港口拥挤附加费（Port Congestion Surcharge）主要是指由港口拥挤或集装箱进出不平衡导致船舶长时间等泊或集装箱在港积压而加收的附加费。

5. 选港附加费

选择卸货港或交货地点仅适用于整箱托运整箱交付的货物，拼箱货有不同的收货人，所以船公司通常不接受其选港要求。一张提单的货物只能选定在一个交货地点交货，并按箱（20ft/40ft）收取选港附加费（Optional Additional）。

选港货应在订舱时提出，经承运人同意后，托运人可在承运人经营范围内直航的或经转运的3个交货地点内选择指定卸货港，其选卸范围必须按照船舶挂靠顺序排列。此外，提单持有人还必须在船舶抵达选卸范围内第一个卸货港96h前向船舶代理人宣布交货地点，否则船长有权在第一个或任何一个选卸港将货物卸下。

6. 变更目的港附加费

变更目的港仅适用于整箱货，并按箱计收变更目的港附加费（Additional for Alteration of Destination）。提出变更目的港的全套正本提单持有人，必须在船舶抵达提单上所指定的卸货港48h前以书面形式提出申请，经船方同意后变更。如果变更目的港的运费超出原目的港的运费，申请人应补交运费差额；反之，承运人不予退还。由于变更目的港所引起的翻舱及其他费用也应由申请人负担。

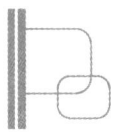

7. 港口附加费

港口附加费（Port Additional）是指在装船港接收集装箱并把集装箱装上船舶，在卸货港将集装箱卸离船舶并放置在堆场，以及处理相关单证而收取的附加费。该附加费与堆场服务费在内容上有一定交叉。港口附加费一方面是船公司为弥补特殊情况的出现而收取的，另一方面其也成为船公司无形提价的一种有力武器，因此货方对此颇有微词。

8. 服务附加费

当承运人为货主提供了货物仓储、转船运输及内陆运输等附加服务时，承运人将加收服务附加费（Service Additional）。对于集装箱货物的转船运输，包括支线运输转干线运输，承运人都应收取转船附加费。

除上述各项附加费外，其他有关的附加费计收规定与普通船运输的附加费计收规定相同。这些附加费如下：由于调运空箱而征收的空箱调运费；在集装箱货源旺季，船公司因舱位不足所征收的旺季附加费；因战争、运河关闭等原因迫使船舶绕道航行而增收的绕航附加费；对于贵重货物，如果托运人要求承运人承担超过提单上规定的责任限额时，承运人要增收超额责任附加费。

随着世界集装箱船队运力供给大于运量需求的矛盾越来越突出，集装箱航运市场上削价竞争的趋势日益蔓延。因此，目前各船公司大多减少了附加费的种类，将许多附加费并入运费当中，给货主提供一个较低的包干运费。这一方面起到了吸引货源的作用，另一方面也简化了运费结算手续。

二、集装箱内陆运费计算

在国际多式联运过程中，海上运输仅是整个运输中的一段，而且其运输费用占整个运输费用的比例也只有15%～25%。这表明，内陆运输与海上运输同样重要。内陆运输主要有两种形式：一种是货主自己负责集装箱货物的内陆运输并承担相应的运输费用；另一种是由货主承担费用，承运人负责集装箱内陆运输。在此主要探讨后一种情况的运输费率问题。

（一）公路集装箱运费计算

在国际多式联运的内陆运输中，公路运输较为常见，也是一种重要的运输方式。根据交通部1987年9月发布的《国际集装箱汽车运输费收规则》规定，我国集装箱公路运费以箱为单位计价，按不同规格箱型的重箱、空箱计收运费。根据计价方式的不同，我国的公路集装箱运费分为计程运费、计时运费和包箱运费。同时规定，经承托双方协议，在一定地区或同一线路内进行多点运输时，可以将平均运输里程作为计费里程包干计算。

1. 计程运费

计程运费的计算公式如下：

计程运费=载运行驶车千米×车辆载运箱位数×不同箱型运费率

关于计程运费，应说明几点。

（1）实行长途运输与短途运输区别收费制度。对于营运里程为26km及以上的长途运输，按每箱千米规定的基本运费率计收基本运费；对于营运里程25km及以内的短途运输，按"递近递增，递远递减"的定价原则，在基本运费的基础上加收每箱的箱次费。

（2）在空驶里程大于重驶里程的情况下，实行市内、市外里程区别对待制度。如果此种情形发生在市内，则按计时包车计费；如发生在市外，计费里程=（总行程-重驶里程）×50%。

（3）实行起码计费里程制度。起码计费里程为5km，超过5km按实际里程计算，不足1km时进为1km。

（4）实行同费区间里程制度。对于计费里程为26～29km的运输，按30km计费。

2. 重箱与空箱运费

凡装有货物的集装箱，无论货物多少，均为重箱；不装货物的均为空箱。重箱与空箱按下列原则计费。

（1）单程重箱：托运人托运单程重箱的，按不同箱型计算运费。

（2）双程重箱：对于同一托运人的双程重箱，回程运费按不同箱型运费的80%计算，不属同一托运人的双程重箱，回程运费仍按不同箱型运费的100%计算，不予折减。

（3）一程重（空）箱或一程空（重）箱：同一托运人托运一程重箱、一程空箱的只收重箱里程运费，空箱里程免收运费。如空箱里程超过重箱里程，其超过部分按重箱计算运费。

（4）单程空箱：托运人只托运单程空箱的按同样箱型的重箱计算运费。

（5）双程空箱：同一托运人托运双程空箱的按一程计算运费，另一程免收运费；如来回里程不等，则按较长的里程计算运费。

3. 计时包车运费

计时包车运费的计算公式如下：

$$计时包车运费=车辆标记吨位数×包用时间×不同箱型的计时包车运费率$$

式中，包用时间是指从出库（站）地点起至完成任务时为止的时间。因运输部门的原因所占用的时间，如车辆中途发生故障进行修理的时间及司机用饭的时间应予以扣除。包用时间以小时为单位，起码计费时间为4h，超过4h以0.5h为单位，递进计算。

计时包车运费的适用范围如下。

（1）因货物性质或托运人要求，车辆不能按正常速度行驶的情况。

（2）车辆在途中开箱装、卸货物时间累计超过1h的情况。

（3）由托运人自行确定车辆开、停时间的情况。

（4）因其他原因无法执行计程收费的情况。

4. 包箱运费

包箱运费的计算公式如下：

$$包箱运费=载运行驶车千米×车辆载运箱位数×不同箱型运费率×（1+20%）$$

包箱运费适用于批量大、运输时间急的进出口集散运输和直达、中转、联运至目的地的集装箱汽车运输。其以不同运距、不同箱型运费率为基础，可因急运、集中运力抢运、直达和中转等加收运费，但不得超过总运费的20%。

5. 危险品箱及冷藏箱运费

危险品箱及冷藏箱运费的计算公式如下：

$$危险品箱及冷藏箱运费=载运行驶车千米×车辆载运箱位数×不同等级危险品箱及冷藏箱运费率$$

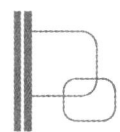

按规定，危险品分两级：一级危险品在不同箱型基本费率的基础上加价100%；二级危险品则加价50%。

6. 加成与减成运费

加成与减成运费的计算公式如下：

加成与减成运费=车辆标记吨位数×包用时间×不同箱型运费率×（1+/-10%）

加成运费的适用范围如下。

（1）在非等级公路或坏路地段行驶的运输。

（2）应托运人要求不按计时包车运费率计费的限速行驶的运输。

（3）当日托运、立即起运的紧急运输。

（4）应托运人要求，在法定节假日和夜间（指当日20:00至次日6:00）的运输。

（5）装运珍贵活动物、植物及需要特殊操作而又影响运输效率的运输。

减成运费的适用范围：凡一次托运量在50箱以上，运输线路相对稳定，路面条件较好，经承托运双方签订合同的运输。

7. 杂费

杂费一般包括集装箱装卸费，车辆延滞费，车辆装箱落空损失费，过渡费，装卸机械计时包用费，装卸机械走行费，装卸机械延滞费，人工掏、装箱费，人工工时费/人工包干费和人工延滞费，辅助作业费（包括码垛费、垫垛底费、分拣货物费、加固材料费等）等。

（1）集装箱装卸费。

按箱型、箱内所装货物种类、危险品箱和冷藏箱的等级不同规定了不同的装卸费率，其中空箱按普通货物集装箱装卸费率计收装卸费。

（2）车辆延滞费。

车辆（包括挂车）按约定时间到达指定现场后，由托运人或收货人造成车辆（包括挂车）在现场或途中停滞时间达0.5h以上的，应向托运方或收货人收取车辆延滞费。

延误时间少于0.5h的免收车辆延滞费；超过0.5h的，以0.5h为单位，递进计算。

（3）车辆装箱落空损失费。

应托运人要求，车辆开至约定地点装箱落空造成的往返空驶里程，按其运价的50%计收车辆装箱落空损失费。

（4）过渡费。

车辆（包括挂车）在运输过程中通过收费的渡口、桥梁、隧道等所交纳的过渡费应由托运人负担；如果已由承运人代付，承运人应凭收据核销。

（5）装卸机械计时包用费。

根据货主的要求及作业条件的限制，需要包用装卸机械的，应计收装卸机械计时包用费。

包用时间是指从装卸机械到达约定地点起至完成任务为止的全部时间，但作业时间内机械因故障的修理时间及司机的用饭时间应扣除。

包用时间以4h为起码计费时间，超过4h的，以0.5h为单位，递进计算。

（6）装卸机械走行费。

装卸机械从车队自行或被牵引至装卸作业地点，应将从发车点至作业点的往返行驶里程折算成时间，收取装卸机械走行费。

按规定，15km（含15km）以内的行驶里程折算为1h，20km及以上的按每10km折算为0.5h计算，不足10km的按10km计算，依此类推。

（7）装卸机械延滞费。

装卸机械按约定时间到达指定现场后，由托运人或收货人造成装卸机械在现场或途中停滞时间达0.5h以上的，应向托运方或收货人收取装卸机械延滞费。

延误时间少于0.5h的免收装卸机械延滞费；超过0.5h的，以0.5h为单位，递进计算。

（8）人工掏、装箱费。

按不同箱型和所装货物的类别向托运人或收货人收取人工掏、装箱费。

（9）人工工时费或人工包干费和人工延滞费。

应货主的要求对集装箱进行特殊加固，以及在掏、装箱作业中需要进行其他作业的，应收取人工工时费或人工包干费。

由于托运人或收货人使工人不能及时作业以致延误时间的，按约定的普通工和技术工收费标准核收人工延滞费。

延误时间不足0.5h的免收人工工时费或人工包干费和人工延滞费；超过0.5h的，以0.5h为单位，递进计算。

（10）辅助作业费。

装卸车和掏、装箱作业涉及码垛、垫垛底、分拣货物、加固货物等作业时，均应另收辅助作业费。

（二）铁路集装箱运费计算

铁路集装箱运输是内陆运输的另一种十分重要的运输方式，是将集装箱装载到铁路车辆上，从一个车站运到另一个车站的运输方式。铁路运输使用的车辆主要有平车和敞车。铁路运输使用的集装箱有1t集装箱、5t集装箱、10t集装箱及国际标准的20ft集装箱、40ft集装箱。

1. 国际铁路联运运送费用

（1）国内段运费。

我国通过国际铁路联运的进出口货物，其国内段运费按照我国《铁路货物运价规则》计算。其具体计算程序如下。

① 根据货物运价里程表确定发站至到站间的运价里程（出口的到站指国境站，包括车站到国境线的距离）。

② 查找集装箱适用的运费率（见表10-7）。

③ 用运费率乘集装箱数量，得出其运费。

表10-7 集装箱运费率表

运费率 \ 里程 \ 箱型	100	101～130	131～160	……	521～560	561～600	……	1451～1500	1501～1550	……	6001km以上每增加100km增加
20ft	192.50	205.20	230.50	……	471.60	493.50	……	977.00	1002.70	……	58.30
40ft	385.00	410.30	460.90	……	943.30	987.80	……	1954.00	2005.40	……	116.60

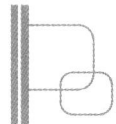

(2)杂费。

杂费是铁路因办理与集装箱货物运输有关的辅助和附带业务而向收货人、发货人收取的运费以外的费用的统称，包括取送费、施封作业费、暂存费、集装箱使用费、集装箱延期使用费、变更手续费、过秤费、代理费、验关手续费、换装费及各种劳务费等。

(3)过境运送费用的计算。

国际铁路联运货物的过境运送费用应按照《统一过境运价规程》(《统一货价》)计算。

① 确定过境里程。

② 查出集装箱的过境慢运运费率，以瑞士法郎为单位。

③ 用运费率乘箱数得出运送费用的总额。

④ 快运集装箱加价100%，随旅客列车挂运的加价200%。

⑤ 附加费。我国的收货人、发货人负担过境运送费用的，加收过境运送费用20%的附加费。

2. 国内铁路集装箱运送费用

国内铁路集装箱运送费用包括运费、基金、取送费、新路费、印花税等。运费是根据运价里程表查出费率，再乘箱数得出的；基金按运费的一定比例计算；取送费根据运输区间不同采用不同的固定费率；新路费按运费的一定比例计算；印花税为运费的0.5‰。其他还有堆存费、过磅费、短倒费等杂费。若通过代理进行运输，还要交付一定的代理费。

除集装箱管理费和代理费外，空箱回运时的其他费用均按重箱运输费用的50%计算。

(三)航空集装箱运费计算

目前，国际航空集装箱运费的计算方法有两种：一种是常规运价计费法；另一种是新型运价计费法。

1. 常规运价计费法

常规运价计费法即采用普通航空集装箱货物运费的计算方法，首先对两个城市机场间的航线制定出航班运价，然后由航空公司根据货物的重量或体积计算出应收的运费。此种运价需提交国际航空协会和有关政府，经批准后方可生效。

按照常规方法计算航空集装箱运费时要确定3个因素：计费数量、运价种类和声明价值。

(1)计费数量。

货物的计费数量可以是其毛重，也可以是其体积。飞机装载货物同时受载重量和舱容的限制，为了使二者都能得到最大限度的利用，承运人对重量大、体积小的货物便按货物的实际毛重计算运费；对体积大、重量轻的货物便按一定的比例将货物的体积换算为计费重量以计算运费。

(2)运价种类。

① 特种货物运价(Special Cargo Rate，SCR)。特种货物运价是指航空公司对一些特定的货物在特定的航线上给予的一种特别优惠的运价。但特种货物运价规定有起码重量(如100kg)，达不到所规定的起码重量则不能按此运价计算。

② 等级货物运价（Class Cargo Rate，CCR）。等级货物运价仅适用于少数货物，通常在一般货物运价的基础上加或减一定的百分比计收，其对起码重量也有规定。

③ 一般货物运价（General Cargo Rate，GCR）。当货物不适用前两种运价时，就必须按一般货物运价计收。

具体的货物运费是选择三种运价之中的一种计算的，如遇两种运价均适用时，首先应选用特种货物运价，其次是等级货物运价，最后才是一般货物运价。

（3）声明价值。

根据《华沙公约》的规定，如果托运人在托运时声明了货物的价值并将其记载于空运单上，承运人对其责任期间内的损坏应按照该声明价值承担赔偿责任，而不再适用公约规定的责任限额，但以托运人支付声明价值附加费为条件。

2. 新型运价计费法

这是为适应航空集装箱运输的快速发展而采用的一种运费计算方法，它不区分货物的类别、等级，只要将货物装在集装箱或成组器中运输，就可以以飞机货舱里的集装箱或成组器作为计价单位来计算运费。

对于大宗货、大件货物或时令货，航空公司可参考市场运价，与货主协商具体的运价来计收运费。

项目拓展

集装箱多式联运收费业务

项目小结

本项目主要涉及集装箱运费的计算问题，重点对集装箱运费的基本结构、集装箱不同交接方式下运费的构成等进行了详细的阐述，并通过例题对集装箱海运运费、内陆运费的计算方法进行了说明。通过本项目的学习，学生可以了解并熟悉集装箱运费的基本结构，培养计算集装箱运费的能力。

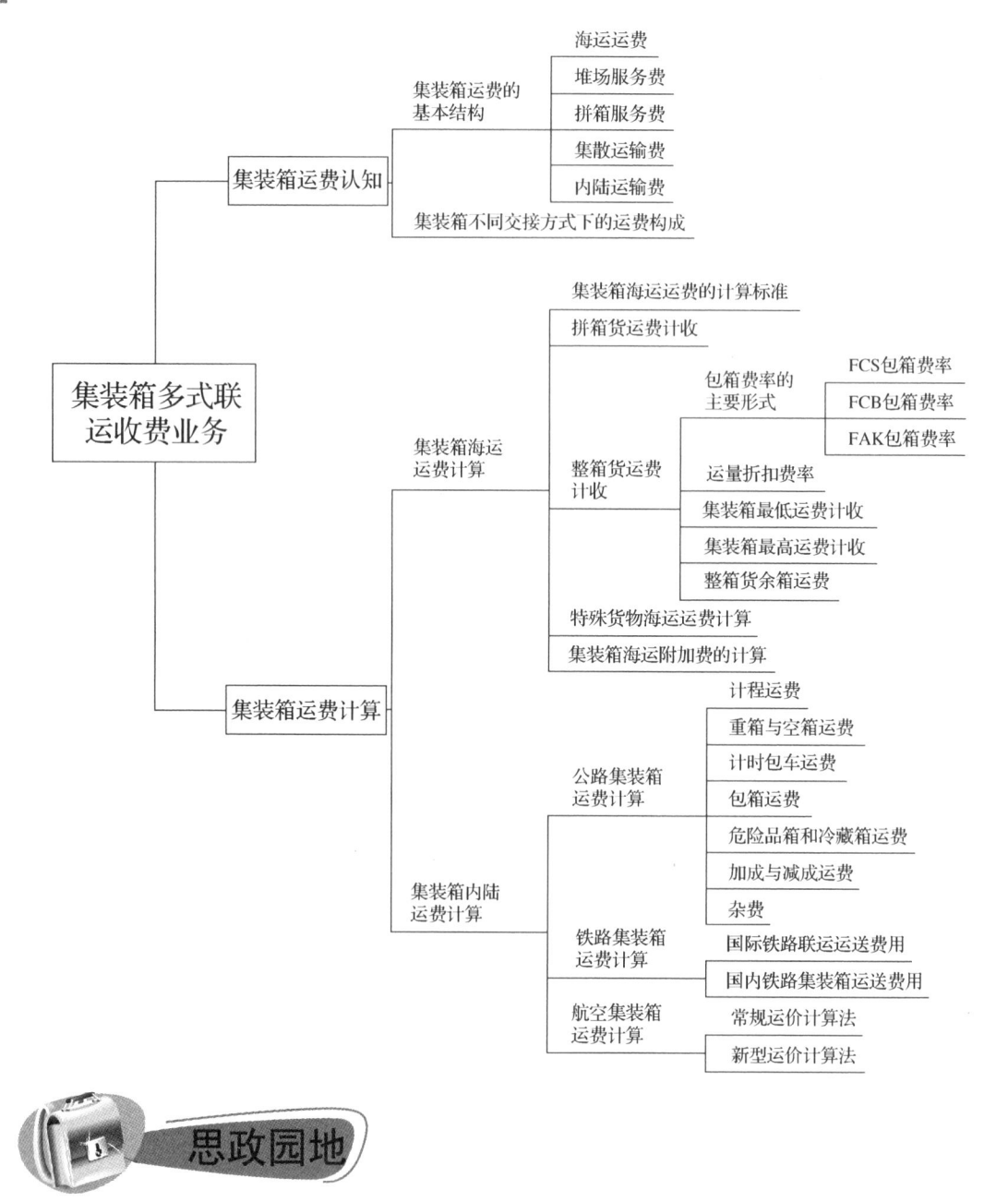

```
                                              ┌── 海运运费
                            ┌── 集装箱运费的    ├── 堆场服务费
                            │   基本结构       ├── 拼箱服务费
             ┌── 集装箱运费认知                  ├── 集散运输费
             │              │                  └── 内陆运输费
             │              └── 集装箱不同交接方式下的运费构成
             │
             │                              ┌── 集装箱海运运费的计算标准
             │                              ├── 拼箱货运费计收
             │                              │                    ┌── FCS包箱费率
             │                              │        ┌── 包箱费率的 ├── FCB包箱费率
集装箱多式联    │              ┌── 集装箱海运   │        │   主要形式  └── FAK包箱费率
运收费业务  ──┤              │   运费计算    ├── 整箱货运费 ── 运量折扣费率
             │              │              │   计收    ├── 集装箱最低运费计收
             │              │              │           ├── 集装箱最高运费计收
             │              │              │           └── 整箱货余箱运费
             │              │              ├── 特殊货物海运运费计算
             │              │              └── 集装箱海运附加费的计算
             └── 集装箱运费计算              
                            │                          ┌── 计程运费
                            │                          ├── 重箱与空箱运费
                            │              ┌── 公路集装箱 ├── 计时包车运费
                            │              │   运费计算  ├── 包箱运费
                            │              │           ├── 危险品箱和冷藏箱运费
                            └── 集装箱内陆   │           ├── 加成与减成运费
                                运费计算    │           └── 杂费
                                           ├── 铁路集装箱 ┌── 国际铁路联运送费用
                                           │   运费计算  └── 国内铁路集装箱运送费用
                                           └── 航空集装箱 ┌── 常规运价计算法
                                               运费计算  └── 新型运价计算法
```

港口收费高、乱收费现象亟待破解

"港口收费高、乱收费被指'屡教不改'。有行业协会称，每年我国这些不合理收费总额高达2000亿元人民币。"《中国经营报》的报道令人触目惊心。尤其是在我国经济增速放缓，航运市场不景气的情况下，过多的、不合理的收费必然会造成航运企业业绩下降。航运企业业绩下降则会造成订单的减少，从而影响到船舶企业。这是一个连锁反应。

1．垄断高压下的码头作业费

港口收费之高、之乱，典型的非码头作业费莫属。2001年年底，八家班轮航线组织联合宣布，从2002年1月15日起在中国所有港口征收码头作业费。并且，这个收费项目是以统一价格标准、统一时间、统一行动在中国所有港口向中国外贸货主重复征收的。

码头作业费长期在运费之外收取。船公司是集中的，在客观上形成了垄断经营，而广大货主是分散的，货主为了向客户按时交货，无力抵抗船公司名目繁多的收费，只能被迫交纳各种费用，至于是否合理合法，长期以来无法追究。

码头作业费的收费标准因船公司不同，价格有所差异，但无一例外都在逐年上涨。以天津港为例，40ft 集装箱的收费标准在 2010 年为 560 元，2011 年 1 月涨到 740 元，2012 年 1 月涨到 990 元，2014 年 1 月涨到 1250 元。一涨再涨的码头作业费极大地加重了货主的负担，影响了货主的经营竞争力。

对此，中国对外贸易经济合作企业协会算了一笔账，通过对上海、深圳、宁波舟山、青岛、广州、大连、营口等全国 20 个主要港口的统计，2014 年全国港口集装箱吞吐量为 2.02 亿标准集装箱，按 85% 重箱计算为 1.71 亿标准集装箱，乘最低的码头作业费 850 元，2014 年我国货主支付码头作业费共计 1459 亿元人民币。再加上单证费、提单费、文件费、改单费、集装箱铅封费等其他 20 多种名目繁多的不合理附加费，金额达 2000 亿元人民币。

2．部门利益又成"挡路虎"

一方面，货主叫苦不迭；另一方面，船公司也同样认为港口收费存在极大的不合理。

上海友鸿船务公司薛船长在接受《中国经营报》记者采访时表示，我国外贸环节收费非常高，对于船舶来说，主要是 4 部分：一是理货费，二是拖轮费，三是各种搭车收费，四是港口装卸费。我国的装卸费是韩国、越南等周边国家的好几倍，甚至超过了日本的装卸费用，但我国的港口装卸业务能力却在持续下降。

2014 年，交通部把审批理货公司的权限下放到地方交通局。应该说，这是我国理货改革的一大进步。但是，大半年过去了，仍然没有第三家理货公司成立。究其原因，各地的外轮理货公司均由港务集团绝对控股，理货公司的收入占港务集团利润的很大一部分，这部分利益很难触动。令人无奈的是，正是为了这部分利润，各港口通过各种方式阻止外地拖轮公司或本地其他拖轮公司参与竞争。拖轮公司之间不能真正进行有效竞争，导致拖轮费居高不下。

3．改革攻坚在路上

无论货主的烦恼，还是船长的担忧，都反映出目前我国港口费用居高不下。而港口费用的居高不下加大了航运企业的运营成本，为低迷的航运市场雪上加霜。

近几年来，国际航运市场持续低迷，加之我国经济增长速度放缓，致使航运企业普遍运营困难。在航运不景气的整体影响下，国内造船行业也整体处于低迷态势。运力过剩及需求乏力导致造船业新接订单量减少，船市需求低迷，不少企业出现了被兼并甚至倒闭的情况。

面对种种不利因素，国家先后出台 3 个文件，规范港口收费，以缓解航运等相关企业的经营困难。

2015 年 8 月 4 日，交通部与国家发改委印发了《关于调整港口船舶使费和港口设施保安费有关问题的通知》，将港口收费标准下调五成，进一步为我国航运业解困。这是继 2014 年 12 月放开港口竞争性服务收费标准之后的第二次调整。

交通部相关负责人表示，此次调整是本轮港口收费调整的一部分。该负责人表示："这次调整分三步走，第一步是 2014 年出台的对劳务收费方面政策的调整，将几十项收费项目合并为作业包干费收取；本次调整是第二步，减少船舶使费的项目和降低港口设施保安费标准;交通运输部正会同国家发改委等单位协商第三步,调整货物港务费、船舶港务费和港口建设费。"

8月19日,财政部、国家发改委发布《关于取消有关水运涉企行政事业性收费项目的通知》。自2015年10月1日起,取消船舶港务费、特种船舶和水上水下工程护航费、船舶临时登记费、船舶烟囱标志或公司旗注册费、船舶更名或船籍港变更费、船舶国籍证书费、废钢船登记费等7项中央级设立的行政事业性收费。业内专家预计每年将减轻水运企业负担近55亿元。

8月下旬,国家发展改革委、财政部、工业和信息化部、交通运输部、商务部、海关总署、质检总局等7部门联合印发了《关于进一步清理和规范进出口环节收费的通知》。其中,关于港口的部分主要有3点。第一,清理在沿海、沿江、沿边的港口、码头、口岸向外贸船舶、货物、运输车辆的违规收费。第二,规范港口、码头企业及船公司向外贸企业收费的行为,严禁利用垄断地位指定服务、强制服务并收费,坚决纠正违规经营服务收费行为。第三,统一内、外贸港口收费计费规定,逐步建立定期成本监审和公开制度,规范港口码头货物装卸、船舶进出港等收费行为。

国家发展改革委有关负责人表示,下一步将研究修订港口收费规则,规范港口码头收费行为。研究将货物港务费并入港口建设费,按照事权与支出责任相匹配的原则,合理划分中央与地方港口建设费分成比例,逐步建立定期成本监审和公开制度,提高政府定价的科学性和透明度。

业内专家表示,国家对涉及港口的相关收费做出取消或降低收费标准的通知,一方面是为了进一步清理我国港口乱收费的现象,另一方面旨在为企业减负,构建航运市场的良好发展秩序。不过,当务之急还是希望国家有关规定能得到较好的贯彻执行。

(资料来源:锦程物流网)

讨论思考:运用否定之否定规律,谈谈港口乱收费与国家改革规范之间前进性与曲折性的统一。

项目测试与训练

一、讨论分析题

1. 简述集装箱运费的基本结构。
2. 简述集装箱不同交接方式下的运费构成。
3. 集装箱海运运费的计费标准有哪些?
4. 集装箱海运运费的附加费有哪些?

二、技能训练

1. 训练目的:
(1) 通过训练使学生熟悉集装箱运费的基本结构。

(2) 通过训练使学生能够正确进行集装箱运费的计算。

2. 训练要求与操作准备：

(1) 巩固课本知识，熟悉并掌握集装箱运费的基本结构。

(2) 通过练习使学生掌握集装箱运费的计算方法，能够独立完成集装箱运费的计算。

(3) 组织学生到集装箱班轮公司调查，了解其集装箱运输方式及其运费计算的标准与计算方法。

3. 训练资料与设备准备：

(1) 集装箱班轮公司运价表等资料。

(2) 网络资源。

(3) 多媒体教室。

练习1：一批手动工具需用集装箱从上海运往英国费利克斯托港，重量为16.4t，尺码为$20.5m^3$，将货物装运到20ft集装箱内，采用"场到场"运输条款订舱，费率为中国—欧洲航线费率，拼箱运价为130USD/FT（USD100/Freight Ton），整箱运价为2050USD/20ft,3900USD/40ft，燃油附加费为20%，货主需要为该批货物支付多少运费？

练习2：班轮公司规定，某航线上20ft干货箱装载货物的最低运费吨为$22m^3$或17.5t。现有小家电10t、$20m^3$，已知费率为$USD22.5/m^3$，按最低运费计算这批小家电应付的运费。

练习3：一批汽车配件的尺码吨大于其重量吨，实际装入40ft集装箱内的尺码为$58.5m^3$，运价基本费率为USD75 W/M，燃油附加费为USD10/FT，货币贬值附加费为6.5%，船公司规定40ft集装箱的最高运费吨为$55m^3$。求这批货物应付的运费。

三、自我训练

（一）单选题

1. 集装箱港区服务费不包括下列哪一项？（　　）
   A. 清扫费　　　　　　　　　　B. 堆场服务费
   C. 集装箱货运站服务费　　　　D. 拼箱服务费

2. "LCL—LCL"的交接方式是（　　）。
   A. 门—门　　　　　　　　　　B. 场—站
   C. 场—场　　　　　　　　　　D. 站—站

3. 在集装箱运输中，FAK是指（　　）。
   A. 不同等级费率　　　　　　　B. 均一包箱费率
   C. 重量/尺码选择费率　　　　　D. 选择航线费率

4. W/M意指（　　）。
   A. 空箱运费　　　　　　　　　B. 按重量/尺码选择费率
   C. 尺码费率　　　　　　　　　D. 申报价费率

5. 某出口商品每箱毛重32kg，体积为$0.0362m^3$，运费计算标准为W/M，货物等级为10级，计算运费应（　　）。
   A. 由托运人选择　　　　　　　B. 按毛重计收
   C. 按体积计收　　　　　　　　D. 按A.V计收

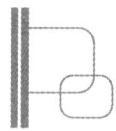

（二）多选题

1. 集装箱货物的交接地点一般是（　　）。
    A．集装箱堆场　　B．集装箱货运站　　C．货主仓库　　D．船边
2. 集装箱运输在整箱运输的情况下，可采用（　　）的计费方法。
    A．最低运费　　　B．最高运费　　　　C．计价运费　　D．计量运费
3. 下面的集装箱货物交接方式中，属于整箱货—拼箱货的是（　　）。
    A．"门到门"交接　　　　　　　　　B．"站到场"交接
    C．"门到站"交接　　　　　　　　　D．"场到场"交接
    E．"场到站"交接
4. 国际集装箱运费的基本构成有（　　）。
    A．海上运费　　　　　　　　　　　B．铁路运费
    C．港区服务费　　　　　　　　　　D．集散运费
5. 航空集装箱运费的新型运价计费法包括（　　）。
    A．等级货物运价　　　　　　　　　B．货舱单位运价
    C．协议运价　　　　　　　　　　　D．时令运价

参考答案

Project 项目 11 国际集装箱货物运输相关法规

知识目标

1. 掌握《海牙规则》的主要内容。
2. 掌握《维斯比规则》的主要内容。
3. 掌握《国际铁路货物联运协定》的主要内容。
4. 掌握《华沙公约》的主要内容。
5. 掌握《联合国国际货物多式联运公约》的主要内容。

能力目标

1. 能利用相关法规分析集装箱运输过程中出现的法律问题。
2. 能在国际多式联运过程中处理货物过境业务问题。

思政目标

1. 认识到法律的严谨性、严肃性,在具体业务操作中不能心存侥幸。
2. 具备良好的职业道德,要在法律规范下提高工作执行力。
3. 对任何事物的认识都有一个过程,要有可持续性发展的能力。

引导案例及分析

运输工具是否适货争议案

1997年,发货人中国土畜产进出口公司浙江茶叶分公司委托中国对外贸易运输总公司上海分公司(下称上海分公司)将750箱红茶从上海出口运往德国汉堡港。上海分公司接受委托后,向上海外轮代理公司申请舱位。上海外轮代理公司作为某远洋货轮公司的代理人指派了3个20ft集装箱。上海分公司作为发货人的代理人全权负责对货物的点数、积载,对集装箱的检查、铅封。1997年10月15日,上海外轮代理公司收到3个满载集装箱后,代船方签发了清洁提单。货物运抵汉堡港,收货人拆箱后发现部分茶叶串味变质,即向浙江茶叶分公司在目的港的代理人申请检验。检验表明,750箱红茶受到了精茶污染。精茶是一种有毒的化学工业品,这种物质散发的刺激气味很明显,正常人就可以嗅出。经过一个多月的航行,货物运抵汉堡港时还散发着浓重的气味。为此,

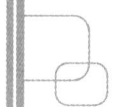

浙江茶叶分公司在汉堡港的代理人赔付了收货人的损失。在检验货物时，船方的代表也在场。另又查明，该航次装运茶叶的集装箱中有一个箱号为ATMU5005420，在前一航次中曾装载过精茶。浙江茶叶分公司认为远洋货轮公司承运750箱中国红茶时，提供了不清洁的集装箱，上海分公司作为装箱人又未尽职检查，致使茶叶串味变质，因此两公司应承担责任。但远洋货轮公司认为，由发货人装箱、点数、铅封的整箱货物运输，其所提供的集装箱应视为货物的包装，箱体检查应为发货人的职责，而且货物污染原因不明，因此不负赔偿责任。上海分公司也称，其受发货人委托进行装箱，只对装箱过程负责，不对之后发生的损失负责。根据惯例，承运人应该提供清洁、干燥、无味的集装箱，但并未规定需对集装箱进行检查，因此对于不可预知的损失不承担赔偿责任。

思考题：对于收货人的损失，究竟哪一方应负赔偿责任？

Mission 任务 1　国际海运货物运输法规

任务导读

《海牙规则》是海上货物运输方面的第一个国际公约，其生效至今已有80多年之久。尽管各国航运公司制定的提单条款在文字、格式上不尽相同，但很多都直接或间接地受《海牙规则》的约束。《维斯比规则》是在《海牙规则》的基础上经过修改和补充后制定的公约。该公约已生效，大多数西方国家都是该公约的缔约国。《汉堡规则》是在《海牙规则》承运人的责任基础上彻底修改后而制定的一个更为合理的新公约。这3个国际公约在不同的国家和地区内并存并互相影响，发挥着各自的作用。

任务：假设你公司已取得多式联运经营资格，你负责的杭州至泰国曼谷的国际多式联运路线业务，预测在海运途中出现货物损失事故，如采用单一责任制，索赔处理中会涉及哪些法律事项？

一、《海牙规则》

（一）《海牙规则》产生的历史背景与制定过程

在国际贸易、航运发展初期，提单仅作为货物装船的收据，并无有关承托双方运输责任的条款。有关承运人的责任、义务、权利和豁免只是按照当时存在于英美等国的一种不成文法——普通法中的默示规定来处理的，即默示承运人应保证船舶绝对适航，保证船舶不发生不合理绕航，而其免责范围却很有限。

应该说，普通法赋予承运人的责任是相当严格的，而承运人在很长一段时期内也确实遵守规则。但到了18世纪，随着货损和赔款的大幅度增加，承运人为了维护其自身的利益，纷纷根据合同自由原则，在提单上单方面订入免责条款，这些免责条款只要订立得明确，是完全有效的。至19世纪后期，提单上的免责条款已趋于膨胀态势，简直到了"承运人除了收取运费，别无其他责任可言"的地步。于是，货物运输安全失去了保障，使逐步确立起来的提单作为物权凭证的法律地位也受到了动摇，严重影响了国际贸易，而国际贸易的跌落又反过来直接波及航运业本身。当时，国际上代表货主利益的美国竭力主张通过立法统一提单的有关规定。1893年，美国国会制定并通过了《船只航行、提单及财产运输的某些义务、责任和权利法》(《哈特法》)，该法对承托双方之间的合同自由原则进行了严格的限制。《哈特法》虽然旨在维护货方的利益，但美国立法当局仍能正视现实，给从事冒险事业的船方以一定的保障和鼓励，具体体现在免除承运人由于疏忽、过失或没有适当装载、保存、照料等而使货物受损的赔偿责任。这种以法律形式规定的过失免责无疑是法律方面的一大突破，在当时的历史条件下是合理且实际的。

1921年9月，在海牙举行的、由主要贸易国和航运国参加的国际法协会通过了国际法协会所属海洋法委员会草拟的《海牙规则》。1922年10月，国际法协会所属海洋法委员会再度在伦敦召开会议，修改了《海牙规则》，并将其提交给同年同月在布鲁塞尔举行的讨论海事法律的外交会议。在外交会议上，代表们一致建议各国政府对《海牙规则》进行修改后，将其作为国内相关法律的基础。1923年10月，在布鲁塞尔会议上对该规则又进行了一些修改，完成了规则的制定工作。同年11月，英国帝国经济会议在建议各成员国采用该规则的同时，又通过国内立法使之国内法律化，由此产生了《1921年英国海上货物运输法》。1924年8月25日，26国的政府代表在布鲁塞尔正式签署了《统一提单若干法律规定的国际公约》。该规则起草于海牙，因此又被称为《海牙规则》。

《海牙规则》于1931年6月2日正式生效。我国未加入该公约，但如同很多非缔约国一样，参照这一公约的规定，制定了《中华人民共和国海商法》有关承运人责任基础的规范，以此来规范我国海上货物运输承托双方的权利与义务。

(二)《海牙规则》的主要内容

1. 承运人提供适航船舶的义务

《海牙规则》规定了承运人提供适航船舶的义务：承运人有义务在开航前和开航时谨慎处理（船舶），以便使船舶适航；妥善地配备船员、装备船舶和配备供应品；使货舱、冷藏舱、冷气舱和该船其他载货处所适于并能安全收受、运送和保管货物。

《海牙规则》把普通法中默示的承运人绝对适航的责任降低为谨慎处理使船舶适航，这意味着承运人须在合同货物装船开始至船舶开航这一期间内，运用通常要求的知识与技能，采取各种措施使船舶适航，且不能有过错；否则，承运人应对由船舶不适航所造成的货物灭失或损坏负赔偿责任。但是，如果承运人在装货港已经谨慎行事，仍不能发现船舶的潜在缺陷而致使船舶不适航，或者承运人在船舶航行期间及货物在中途港停靠期间未能谨慎处理保持船舶的适航性，均不视为承运人的责任。

在《海牙规则》中，船舶适航的含义有狭义和广义之分。上述"使船舶适航"规定中的"适航"是指狭义的船舶适航，即承运人应使船舶的强度、结构和性能等能适应预定航线中一般可预见的风险。

需要说明的是，《海牙规则》在规定承运人保证船舶适航时，只规定要在"开航前和开

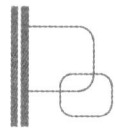

航时"使船舶适航,而并没有要求承运人保证船舶在整个航程中都要适航。

所谓开航前的适航,是指使船舶具有能克服停泊中通常发生的海上危险的能力;而所谓开航时的适航,是指船舶在装货港开航的当时,具有能克服航海过程中通常所能预见的海上危险的能力。因为货物开始装船,就有可能遭遇海上危险,所以从开始载货,就要求应使船舶适航,即保证船舶具备装载货物所必需的各种设备和人员,使船舶适于安全收受、运送和保管货物。又因海上危险多种多样、瞬息万变,航海过程中许多危险难以预料,因此只要求在开航当时使船舶适航,具有能克服航海过程中通常所能预见的海上危险的能力。

此外,在开航前与开航时使船舶适航还意味着不能把开航后因海上危险而造成的不适航包括在适航责任中。不过,这绝不意味着承运人有在不适航状态下继续航行的权利。如果有恢复适航能力的机会,但因承运人不能免责的过失而未恢复适航能力,并继续航行的,承运人要负责赔偿因此造成的货物损失。

广义的船舶适航除包括狭义的船舶适航外,还包括承运人应妥善地配备船员、装备船舶和配备供应品,并应使船舶适货。具体来说,承运人应根据实际情况配备一定数量的船员。所有船员,特别是高级船员必须具备健康良好的身体状况,具有相应有效的资格证书,并且能在其职务范围内勤勉工作。

承运人应适当地装备船舶。为了确保海上航行的安全,船舶必须按规定装备通信信号灯、救生信号装置、各种航行设备及可靠齐全的海图、航路指南等航海图书资料等。随着科技成果不断应用于船舶,曾经被视为非常先进的雷达、无线电测向仪、回声测深仪等,也已成为从事远洋航行的船舶所必备的设备。不仅如此,承运人还应采取一切合理的措施,使各种设备处于有效、良好的状态。

在供应品配备方面,承运人应提供充足的燃料、物料、淡水和食品,其中燃料的供应尤为重要。

承运人应使船舶适货,即承运人应在开航前和开航时谨慎处理(船舶),使货舱、冷藏舱、冷气舱和其他载货处所适于安全收受、载运和保管货物。使船舶适货要求船上的一切设置适合货物的装卸;船上的冷冻机正常工作,能保证货舱所需的温度;货舱应因货而异地保持清洁;此外,船上的通风设备、污水管道等也必须能正常工作。如果船舶缺乏这种适货能力,就是不适航。

2. 承运人在海上货物运输中管理货物的义务

在海上货物运输中,承运人管理货物要做到"适当""谨慎"。"适当"是指在各个作业环节中,承运人应体现出一定的技艺,包括操作水平和操作设备;"谨慎"则注重承运人的工作态度和责任心,主要是指承运人应用通常合理的方法处理货物。在海上货物运输中,承运人无论在哪一个环节未能尽其应尽的管理货物的义务而使货物发生损失,都必须就此负赔偿责任。

3. 承运人的责任豁免

《海牙规则》采用的是"不完全过失责任制"。它规定了17项承运人的责任豁免事项,同时又规定承运人只有履行了适航义务才能享受责任豁免权利。当船舶因不适航而引起货物灭失或损坏时,承运人欲享受责任豁免权利,就必须对其谨慎处理履行适航义务负举证责任。这17项责任豁免事项如下:

（1）船长、船员、引航员或承运人的雇用人员在驾驶船舶和管理船舶中的行为、疏忽或不履行职责。

（2）火灾，但由承运人的实际过失或私谋所造成的除外。

（3）海上或其他通航水域的海难、危险或意外事故。

（4）天灾。

（5）战争行为。

（6）公敌行为。

（7）君主、当权者或人民的扣留或拘禁或依法扣押。

（8）检疫限制。

（9）货物托运人或货主、其代理人或代表的行为或不行为。

（10）局部或全面罢工、关厂、停工或劳动力受到限制。

（11）暴动和骚乱。

（12）在海上救助或企图救助人命或财产。

（13）由货物的固有缺点、质量或缺陷所造成的容积或重量的损失，或任何其他灭失或损坏。

（14）包装不固。

（15）标志不清或不当。

（16）恪尽职责仍不能发现的潜在缺点。

（17）不是由承运人的实际过失或私谋，也不是由承运人的代理人或雇用人员的过失或疏忽造成的货物灭失或损坏。

《海牙规则》在责任豁免事项后又规定：为救助或企图救助人命或财产而发生的绕航，或者任何合理绕航，都不得被认为是对本规则或运输契约的破坏或违反，承运人对由此引起的任何灭失或损坏，都不负责任。

其中，第一项是《海牙规则》偏袒承运人利益的突出表现。根据该项规定，对海上货物运输途中因航行或管理船舶的过失或疏忽所造成的货损，承运人是可以免责的。航行过失是指船长及船员在海上航行中有驾驶船舶方面的疏忽或过失。对于这种过失，承运人无须负责。而管理船舶过失是指在航行过程中，船长、船员对船舶缺少应有的注意和管理。管理船舶过失往往会涉及管货问题，因为承运人对管理船舶过失可以免责，而对管货过失则须负责，但是二者的界限非常模糊，很难完全分开。管理船舶业务一般主要影响船舶及船上设施，偶尔会影响货物，但并非直接针对货物；管货业务一般只影响或主要影响货物，间接使用船上的设备对船舶产生影响。区分二者的关键是要弄清楚行为的直接目的，即原始动机是什么。

4. 承运人的赔偿责任限额

承运人的赔偿责任限额是指已明确承运人不能享受责任豁免权利而负有赔偿责任时，承运人所需支付的最高赔偿金额。

《海牙规则》规定：无论是承运人还是船舶，对货物或与货物有关的灭失或损坏，在任何情况下，每件或每单位超过 100 英镑或与其等值的其他货币的部分，都不负责；但托运人于货物装运前已将其性质或价值加以说明，并在提单上注明的，不在此限。同时，《海牙

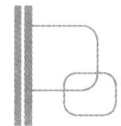

规则》规定：本规则所提及的货币单位为金价。

承运人对货物的赔偿方法：如果货物灭失，按灭失货物的实际价值赔偿；如果货物损坏，按货物受损前后实际价值的差额赔偿。但是，当赔偿金额超过每件或每单位 100 英镑或与其等值的其他货币时，承运人只按此最高赔偿限额赔付，超过部分由货方自负或由保险人负担。

如果托运人装货前申报了货物价值，并支付了规定的从价运费，当这种货物发生灭失或损坏时，承运人应按货物的实际价值或协议规定的限额赔付。

5. 承运人对不知情危险品的处理及免责

承运人、船长对于事先不知其性质而装载的具有易燃、易爆或危险性的货物，可在卸货前的任何时候将其卸在任何地点，或将其销毁，或使之无害，且不予赔偿。该项货物的托运人，应对由于装载该项货物而直接或间接引起的一切损坏或费用负责。即使承运人知道该项货物的性质，并同意装载，在该项货物对船舶或货物产生危险时，也可同样将该项货物卸在任何地点，或将其销毁，或使之无害，且不负赔偿责任；但如果有共同海损，则不在此限。

这一条款规定了承运人对已装船的危险品的处理。该项前半部分与后半部分的差异在于，在承运人不知情的情况下，可以任意处置危险品而不负责任，且可以向托运人索赔；但在承运人知情的情况下，虽然承运人也可以任意处置危险品而不负责任，但不能向托运人索赔。

共同海损是指在同一海上航程中，船舶、货物和其他财产遭遇共同危险，为了共同安全，有意地、合理地采取措施所造成的特殊牺牲及支付的特殊费用。共同海损分摊原则：由受益方按照各自分摊价值的比例分摊。

6. 承运人的责任期间

根据《海牙规则》的规定，承运人的责任期间为从货物装上船舶开始至卸离船舶为止的一段时间。

由于对"装上船"和"卸离船"的理解不一，提单条款中应定出一个精确的时间作为承运人的责任期间。大多数船公司的提单都采用"钩至钩"（Tackle to Tackle）原则来确定承运人的责任期间，即对于货物的风险，承运人只对从货物被吊离地时起至货物被吊离船落地时止这一段时间负责。

在《海牙规则》规定的承运人的责任期间之外，还有一些法规也规范了承运人的责任，我国的是《中华人民共和国民法通则》，美国的是《哈特法》。

7. 索赔通知和诉讼时效

《海牙规则》对索赔程序中的索赔通知和诉讼时效做了如下规定：收货人应将货物损失的情况在当时（如果损坏不明显，则在 3 天之内）以书面形式通知承运人或其代理人，否则便应视为承运人已经按照提单规定交付货物。如果在收货时已对货物的状况进行了联合检验或检查，便无须书面通知。

对于货物的损失，如在货物交付或应交付之日起一年内不提起诉讼，在任何情况下，承运人和船方都不再对货物损失负有责任。

8. 适用范围

《海牙规则》规定：本规则适用于在任何缔约国签发的一切提单。据此条款，《海牙规则》仅适用于缔约国的出口提单。

为了扩大公约的适用范围，许多船公司在提单中引用"首要条款"，规定其提单适用《海牙规则》。这样，无论提单在何地签发，《海牙规则》均可适用。

(三)《海牙规则》的缺陷

（1）驾驶及管理船舶过失免责：不适应技术发展的现实；条款本身的规定较模糊，操作性差；货主承担的风险较重，容易出现过度保险和重复保险；货主索赔成本较高。

（2）责任期间不合理：不能解决集装箱运输发展带来的新问题。

（3）赔偿责任限额太低：通货膨胀、运输单位变化的影响严重。

（4）适用范围窄：可能导致往返航程适用法律不同。

（5）诉讼时效过短：一年往往无法完成取证、起诉等工作。

（6）对一些条款的解释未能统一：如"恪尽职责"等。

二、《维斯比规则》

(一)《维斯比规则》的制定过程

《海牙规则》自1931年生效后，得到了世界上许多涉足国际航运业国家的承认，许多国家据此制定出相应的国内法。作为现代国际海商法的先行者，《海牙规则》在促使提单中大量重要条款的标准化、明确承托双方的责任与义务、促进当时的国际贸易和国际航运业的发展方面起着十分重要的作用。然而，随着国际贸易和国际航运业的迅猛发展，《海牙规则》的诸多内容已不适应实际需要。具体反映在其内容过于偏袒承运人；对有些条款内容的解释尚未统一，容易引起争议；不能解决集装箱运输发展带来的新问题等。

鉴于上述原因，修改《海牙规则》在国际上已是大势所趋。当时，代表货主利益的广大发展中国家要求，必须对《海牙规则》承运人的责任基础做出根本性的修改，并积极推进这项工作的进展。而代表承运人的发达国家则认为，只需对《海牙规则》做技术上的修改即可。它们一方面阻止《海牙规则》的修改，另一方面竭力督促维护其利益的国际海事委员会在联合国之外独立进行修改组织工作。1963年，在斯德哥尔摩会议上，由该委员会专门设立的小组委员会订立了《修改<海牙规则>的议定书》。由于该议定书是在会议期间小组委员会访问海运古城——维斯比时由会议主席正式签署的，因此将其称为《维斯比规则》。

1968年，在布鲁塞尔召开的外交会议上，英、法等各有关国家的政府代表签订了《修订统一提单若干法律规定的国际公约议定书》（Protocol to Amend the International Convention for the Unification of Certain Rules of Law Relating to Bill of Lading），简称《维斯比规则》。因此，《维斯比规则》也被称为《1968年布鲁塞尔议定书》。

《维斯比规则》签订后，经历了众多国家的等待和观望，终于获得了10个国家（其中至少有一半国家的船舶总吨位在100万吨以上）的批准和加入，于1977年6月正式生效而成为国际法。

《维斯比规则》的缔约国主要为欧洲国家，如英国、法国、比利时、荷兰、挪威、西班牙、瑞典、瑞士等。美国、日本和中国均未加入本规则。

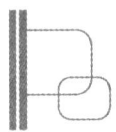

《维斯比规则》并非一个完整的法案,而是对《海牙规则》的修改和补充,故常与《海牙规则》一起被称为《海牙—维斯比规则》。

(二)《维斯比规则》的修订内容

1. 确立了提单作为最终证据的法律效力

《维斯比规则》对《海牙规则》中提单作为承运人收到提单中所载货物的表面证据这一规定进行了补充,它规定:当提单已被转与诚实行事的第三方时,便不能接受与此相反的证据。它表明,当提单被转到包括收货人在内的第三方手中,而该第三方对提单中所记载的内容确信无疑地接受时,承运人就不得进一步提出证据,证明其实际接收或装船的货物状况与提单上所载内容不符,从而不能免除其对第三方因此种不符而遭受损失的赔偿责任。

加入这部分内容的目的在于保护善意的、不知情的第三方的合法利益,不至于使第三方在发现货损并与提单所记载的内容不符,向承运人起诉时,遭到抗辩。

2. 延长了诉讼时效

《海牙规则》下,双方协商同意延长诉讼时效并不是法定有效的延展时效的办法。而《维斯比规则》明确规定,经当事方同意的时效延长是法定有效的。此外,《维斯比规则》还规定在解决了争议案之后,即使一年的诉讼时效期已满,但只要在受诉法院的法律准许期间内,当事人还可向第三方提起索赔诉讼。但是,准许的时间自提起此种诉讼之人已经解决索赔案件,或向其本人送达起诉传票之日起算,不得迟于 3 个月。

3. 提高了承运人的赔偿责任限额

为了解决《海牙规则》赔偿责任限额过低,以及各国对赔偿责任限额所采用的币值不等的问题,《维斯比规则》在《海牙规则》的基础上提高了承运人的赔偿责任限额,并以金法郎代替英镑作为货币计算单位;同时,还将计算赔偿责任限额所采用的单一计算方法改为双重计算方法。《维斯比规则》规定:承运人对货物灭失或损坏的赔偿责任限额,以每包(每单位)10 000 金法郎,或毛重每千克 30 金法郎,二者中的较高者为准;并规定一个金法郎等于纯度为 900‰、重量为 65.5 毫克的黄金的价值,使赔偿责任限额所体现的价值得到了相对的稳定。

《海牙规则》在有关赔偿责任限制的条款中,使用了"在任何情况下"这一不容争辩的字句。可以理解为,在承运人的责任期间内,承运人只要不是根本性违约或严重违约,就不影响其享受赔偿责任限制的权利。对此,《维斯比规则》做了如下补充规定:如能证明货损是由承运人人为蓄意造成的,或是明知可能造成这一损坏而轻率地采取行为或不行为所造成的,则无论是承运人还是船方,都无权享受规定的赔偿责任限制。这一补充条款无疑加重了承运人的责任,在以后的《汉堡规则》中也得到了援用。

4. 增加了集装箱货物的责任限制条款

由于集装箱运输的特殊性,当集装箱货物发生灭失或损坏时,如果将容纳多件货物的集装箱仅仅作为一件或一个单位来计算赔偿责任限额,则根本起不到补偿损失的作用。为此,《维斯比规则》规定:如果货物是以集装箱、托盘或类似的运输工具集装的,则提单中所载明的装在这种运输工具中的件数或单位数,便可视为计算赔偿责任限额的件数或单位数。除上述情况外,此种运输工具应视为一个包件或一个单位。

5. 非合同索赔的适用

当货物发生灭失或损坏时，货方可以对承运人提起诉讼并要求赔偿。按照双重请求权的观点，货方既可以根据合同对承运人提起诉讼，也可以根据侵权行为对承运人提起诉讼。如果货方以侵权为由提出非合同索赔，承运人就不能依据提单享受赔偿责任限制。为了防止上述观点的援用而使赔偿责任限制条款形同虚设，《维斯比规则》补充规定：本公约所规定的抗辩和赔偿责任限制，应适用于就运输契约中所载货物的灭失或损坏对承运人所提起的任何诉讼，而无论该项诉讼是以契约为根据，还是以侵权行为为根据。

当货物遭受灭失或损坏时，货方还可以对承运人的雇用人员或代理人提起诉讼。但由于承运人的雇用人员或代理人与货方并无合同关系，这种诉讼也是一种以侵权行为为根据的非合同索赔，其赔偿金额同样不受运输合同规定的赔偿责任限制所限。著名的"喜马拉雅条款"就是在货方以承运人的雇用人员侵权为由提起诉讼，并最终取得全额赔偿之后，承运人为保护自己的利益而在提单上加列的条款。《维斯比规则》在此将"喜马拉雅条款"进行了法律化，规定如下：如果这种诉讼是对承运人的雇用人员或代理人（不包括独立的订约人）所提起的，该雇用人员或代理人便有权适用承运人按照本公约所援用的各项抗辩和赔偿责任限制。

6. 扩大了公约的适用范围

本公约的各项规定适用于在两个不同国家港口之间运输货物的每一提单。如果提单是在一个缔约国签发的，或者货物是从一个缔约国港口起运的，或者提单所载是契约规定的，本契约需要受本公约各项规定或者给予这些规定法律效力的任一国家立法的约束，而无论船方、承运人、托运人、收货人或任何其他关系人的国籍如何。因此，公约的适用范围进一步扩大了。

三、《汉堡规则》

（一）《汉堡规则》的制定过程

鉴于发展中国家关于建立航运新秩序的强烈要求，1968年联合国贸易和发展会议设立了一个由33个国家组成的"国际航运立法工作组"，着手研究国际海商法，并提出了取消现行的有关海上货物运输法中不明确的法律条款，以及使货主和承运人公平分担风险的修改方针。1971年后，《海牙规则》的修改工作交由联合国国际贸易法委员会下设的新的航运立法工作组负责。该工作组先后召开了6次会议，制定了《联合国海上货物运输公约》草案。1978年3月，由联合国主持在汉堡召开了海上货物运输会议，通过了以上述草案为基础的《1978年联合国海上货物运输公约》，简称《汉堡规则》。

批准和加入《汉堡规则》的国家现有21个。《汉堡规则》已于1992年11月生效，但大部分海运大国未加入该规则，目前缔约国拥有的船队总吨位尚不足全球船队总吨位的2%，《汉堡规则》尚缺乏国际普遍接受性。

《汉堡规则》与《维斯比规则》不同，它是对《海牙规则》进行彻底修改后的一个完整的、独立的新法案。

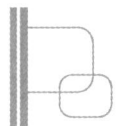

(二)《汉堡规则》的修订内容

1. 加强了承运人的赔偿责任

《汉堡规则》几乎全盘否定了《海牙规则》的 17 项责任豁免事项，取而代之的是推定过失与举证责任相结合的完全过失责任制。公约规定：如果货物的灭失、损坏及延迟交付所造成的损失发生在承运人的责任期间内，承运人应负赔偿责任。除非承运人证明其本人、其雇用人员或代理人为避免该事故发生及其后果已采取一切所能合理要求的措施，否则承运人应对因货物灭失、损坏或延迟交付所造成的损失负赔偿责任。

2. 扩大了货物的范围

《汉堡规则》把舱面货、活动物都包括在货物范围内，从而扩大了《海牙规则》的货物范围。

关于舱面货，《汉堡规则》规定：承运人只有按照与托运人的协议，或符合特定的贸易惯例，或依据法规和规章的要求，才有权在舱面上载运货物。如果承运人和托运人协议，货物应该或可以在舱面上载运，承运人必须在提单或证明海上运输合同的其他单证上载列相应说明。如果无此说明，承运人有责任证明曾经与托运人达成在舱面上载货的协议，但承运人无权援引这种协议对抗包括收货人在内的诚实的持有提单的第三方。如果承运人违反了上述规定，即使他能证明其本人、其雇用人员或代理人为避免该事故发生及其后果已采取了一切所能合理要求的措施，也不能免除其对由此而造成的货物灭失、损坏或延迟交付所负的赔偿责任。根据具体情况，承运人还可能因此而无法享受赔偿责任限制。

关于活动物，《汉堡规则》也有明确规定：在运输中货物灭失、损坏或延迟交付，是起因于这类货物所固有的任何特殊风险，承运人可以免除责任，但承运人必须证明已按托运人的所有特别指示行事。如果货物的灭失、损坏或延迟交付的全部或部分是由承运人、其雇用人员或代理人的过失或疏忽所造成的，承运人仍应负赔偿责任。

3. 延长了承运人的责任期间

《汉堡规则》将《海牙规则》中承运人履行义务、承担责任的时间范围扩展为在装货港、在运输途中及在卸货港，即货物在承运人掌管下的全部时间。

4. 提高了承运人的赔偿责任限额

《维斯比规则》以金法郎代替英镑作为赔偿责任限额的计算单位，在一定程度上解决了英镑贬值、币值不一的问题，但也带来了结算兑换上的问题。《汉堡规则》改用"特别提款权"（Special Drawing Right，SDR）作为计算单位来确定赔偿责任限额。

《汉堡规则》规定：承运人对货物灭失或损坏造成的损失所负的赔偿责任以灭失或损坏的货物每件或每其他货运单位 835SDR 或毛重每千克 2.5SDR 的数额为限，二者中以较高的数额为准；承运人对延迟交付的赔偿责任以相当于该延迟交付货物应支付运费的 2.5 倍的数额为限，但不得超过海上货物运输合同规定的应付运费总额；承运人的总赔偿责任限额，在任何情况下都不得超过对货物全部灭失引起的赔偿责任所规定的限额。

上述"特别提款权"是国际货币基金组织创设的一种储备资产和记账单位，也称"纸黄金"。它是国际货币基金组织分配给会员国的一种使用资金的权利。会员国在发生国际收支逆差时，可用它向国际货币基金组织指定的其他会员国换取外汇，以偿付国际收支逆差或偿还国际货币基金组织的贷款，还可与黄金、自由兑换货币一样充当储备。但由于其只是一种记账单位，而不是真正的货币，使用时必须将其先换成其他货币，而不能直接将其用于贸易或非贸易的支付。

特别提款权是由国际货币基金组织于1969年10月在其第24届年会上通过的。特别提款权是以美元、马克、日元、英镑和法国法郎5种（现为美元、欧元、日元和英镑4种）国际上主要的货币按一定比例定值的，各种货币在货币篮中所占的比例每5年调整一次。因为采用多种货币定值，所以特别提款权具有相对稳定性。目前，已有15个国际组织把特别提款权作为记账单位，6个国际公约和11个国际公约的修订书把特别提款权作为记账单位。当发生赔偿时，将根据特别提款权计算赔偿金额，按照付款当日特别提款权对货币篮4种货币的汇率，折成其中任何一种货币支付赔偿金。

5. 确立了保函的法律效力

《汉堡规则》规定：对由承运人或其代理人未就托运人提供列入提单的项目或货物的外表状况批注保留而签发提单所引起的损失，托运人出具的保证向承运人赔偿的保函或协议在承运人与托运人之间具有法律效力，而在承运人与收货人等第三方之间不产生法律效力。但是，如果承运人对善意的第三方构成欺诈行为，则保函对承托双方也失去法律效力，而且承运人不能享受规定的赔偿责任限制。

6. 延长了诉讼时效

《汉堡规则》延长了货物索赔通知提出的时间和诉讼时效。

关于货物灭失或损坏的书面通知，《汉堡规则》规定：收货人应在不迟于货物交付之日后第一个工作日内，或遇有不明显灭失或损坏时，应在不迟于货物交付之日后连续15天内，将阐明灭失或损坏一般性质的文件送交承运人，否则这种交付应作为承运人已交付运输单证上所述货物的初步证据。

对于货物因延迟交付而造成损失的书面通知，收货人应在货物交付之日后连续60天内送交承运人，否则承运人对此种损失不负赔偿责任。

关于货物运输的任何诉讼，索赔人应在两年内提起诉讼或交付仲裁。

7. 扩大了公约的适用范围

《汉堡规则》在下述情形适用于两个不同国家间所有的海上货物运输合同：海上货物运输合同所规定的装货港或卸货港，或由备选卸货港转化而来的实际卸货港位于一个缔约国内；提单或证明海上货物运输合同的其他单证规定，该合同受公约的各项规定约束或受施行公约的任何国家的立法约束。

由此可见，《汉堡规则》的适用与承运人、实际承运人、托运人、收货人或任何其他关系人的国籍无关，其适用范围扩大了。

8. 管辖权

《海牙规则》和《维斯比规则》均无对管辖权的规定，而仅有航运公司所在地管辖法院的规定，这对托运人、收货人很不利。《汉堡规则》规定，原告可以选择管辖法院，但该法院必须在下列范围内选定。

（1）被告主要营业所在地。

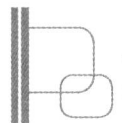

（2）合同订立地，但该合同须是通过被告在该地的营业所或分支机构订立的。

（3）装货港或卸货港所在地。

（4）海上运输合同中为此目的指定的任何其他地点。

该条同时规定，如果船舶被扣留，可在船舶扣留港口或该地点的法院提起诉讼。

《汉堡规则》还规定，仲裁条款中申诉人有选择仲裁地点的权利。

Mission 任务 2　国际铁路与公路货物运输法规

任务导读

国际铁路货物运输法规主要有《国际铁路货物运送公约》和《国际铁路货物联运协定》。国际公路货物运输法规有《国际公路货物运输合同公约》。

本任务着重介绍这些公约的适用范围、运单、承运人的责任、发货人的责任、收货人的责任、索赔及其处理、诉讼等内容。

任务：假设你公司已取得多式联运经营资格，你负责的杭州至泰国曼谷的国际多式联运路线业务，预测在铁路或公路途中出现货物损失事故，如采用单一责任制，索赔处理中会涉及哪些法律事项？

一、国际铁路货物运输法规

（一）国际铁路货运公约

1. 《国际铁路货物运送公约》和《国际铁路货物联运协定》

在国际多式联运中，利用铁路进行运输是比较方便的。当然，铁路之间的联运与在国际多式联运中，铁路作为运输过程中某一区段的运输方式是有所区别的。前者是指同一种运输工具间的运输，如铁路与铁路联运；而后者是指铁海、铁公、铁空等运输方式间的联合运输。国际铁路货物联运的一般概念是"根据两国以上的国家协议，按有关规定，利用各自的铁路共同完成一票货物的全程运输"。

国际铁路货物联运始于19世纪后半期，当时欧洲各国之间开办铁路运输业务，并于1886年建立了国际铁路常设机构——国际铁路协会。随后在1890年，欧洲各国外交代表在瑞士首都伯尔尼举行会议，制定了《国际铁路货物运送规则》，即所谓的"伯尔尼公约"。该公约经各国政府批准后，于1893年1月1日开始施行。1934年，此项公约在伯尔尼会议上又经重新修订，并自1938年10月1日起施行。1938年修改时改称《国际铁路货物运送公约》，简称《国际货约》。

目前，参加《国际货约》的欧洲国家有阿尔巴尼亚、德国、奥地利、比利时、波斯尼亚和黑塞哥维那、保加利亚、克罗地亚、丹麦、西班牙、芬兰、法国、希腊、匈牙利、爱尔兰、意大利、列支敦士登、立陶宛、卢森堡、摩纳哥、挪威、荷兰、波兰、葡萄牙、罗马尼亚、英国、斯洛文尼亚、瑞典、瑞士、捷克等；亚洲国家有伊朗、伊拉克、叙利亚、黎巴嫩等；非洲国家有突尼斯、摩洛哥等。

1951年1月3日，我国的铁路部门代表和苏联的铁路部门代表在北京举行会议，双方签订《中苏铁路联运协定》，并于1951年4月1日开办铁路联运。

同年11月，当时的阿尔巴尼亚、保加利亚、匈牙利、东德、波兰、苏联等8个国家的铁路部门签订并施行了《国际铁路货物联运协定》，简称《国际货协》。协定规定：为解决由于执行上述协议所发生的有关问题，每两年召开一次协议参加者定期代表大会，并设立事务局，负责处理大会闭会期间的日常事务。

1953年7月，中国、朝鲜、蒙古铁路部门代表参加了在莫斯科召开的《国际货协》参加者代表大会，并从1954年1月1日起施行上述协定，同时《中苏铁路联运协定》废止。

1955年7月，在柏林召开的《国际货协》参加者代表大会上，越南铁路部门也派代表参加，并从1956年6月1日起施行上述协定。

目前，参加《国际货协》的欧洲国家有阿尔巴尼亚、保加利亚、波兰、俄罗斯、白俄罗斯、拉脱维亚、立陶宛、摩尔多瓦、乌克兰等；亚洲国家有中国、朝鲜、越南、蒙古、哈萨克斯坦、乌兹别克斯坦、吉尔吉斯斯坦、塔吉克斯坦、土库曼斯坦、阿塞拜疆、格鲁吉亚等。不参加但施行《国际货协》的国家有匈牙利、罗马尼亚等。

2. 国际铁路货物联运范围

国际铁路货物联运的范围广、国家多、地域大。根据组织货物联运运输方法的不同，将国际铁路货物联运的范围大致分为货协国之间的联运、货协国与非货协国之间的联运，以及货物通过货协国港口发往其他国家的联运。货协国是指参加《国际货协》的国家和不参加但施行《国际货协》的国家；非货协国是指不参加且不施行《国际货协》的国家。

（1）货协国之间的铁路货物联运。参加《国际货协》的各国铁路（阿尔巴尼亚铁路、朝鲜铁路、越南铁路除外）的开办国内货运业务的所有各站间都办理了国际铁路货物联运。我国各站按《铁路货物运价规则》规定办理国际铁路货物联运。朝鲜铁路和越南铁路仅部分车站办理国际铁路货物联运。阿尔巴尼亚与其他国家的铁路不连接，参加《国际货协》的各国向该国发运货物时，可以通过匈牙利的布达佩斯站或东欧某个国家铁路的车站，由发货人或收货人委托的代理人领取后，用其他运输工具运往阿尔巴尼亚。

货协国铁路间的货物运送是指从发送站以一份送送票据，由铁路负责直接或通过第三国铁路运往最终到达站交付收货人。全程均可采用国际货协运单（简称货协运单）。

（2）货协国同非货协国间的铁路货物联运。向非货协国铁路运送货物时，通常发货人在发送站采用货协运单办理国际铁路货物联运至最后一个过境货协国铁路的出口国境站，由该国境站站长或发货人委托的代理人（或收转人）办理转发送至到达站。例如，我国通过蒙古、俄罗斯等货协国铁路将货物运往没有加入《国际货协》的国家时，如奥地利、瑞士、德国、法国、意大利、比利时、荷兰、西班牙、葡萄牙、芬兰、瑞典、挪威和丹麦等，都可采用站长转发送的方法将货物送至到达站。

由非货协国铁路向货协国铁路发运货物时，也由上述国境站站长办理转发送，进行国际铁路货物联运。

（3）货物通过货协国港口发往其他国家的货物联运。货协国铁路发送站和港口间采用货协运单。港口至另一国家的最终到达地由发货人或收货人委托港口的收转人办理转发送。例如，我国通过波兰铁路格但斯克、格丁尼亚、什切青等港口往芬兰、瑞典、挪威等国家

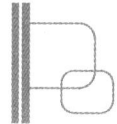

发货时，或朝鲜、蒙古、俄罗斯等国通过中国铁路经大连、新港等港口往阿尔巴尼亚和日本等国发货时，发送站（到达站）和港口间采用货协运单，并按《国际货协》规定办理国际铁路货物联运。

（二）国际铁路货物运输的有关规章

国际铁路货物运输的主要规章如下。

1. 《国际货约》

《国际货约》是参加国各国铁路部门和发货人、收货人办理国际铁路货物运送时必须遵守的基本公约。其主要内容如下。

（1）适用范围。适用于按联运单托运且运程至少通过两个缔约国的领土的货物。

（2）运输契约。运单即为运输契约。

（3）发货人的权利和义务。

① 发货人对运单记载和声明的正确性负责。

② 发货人应遵守载货限制，按要求包装货物。

③ 发货人应保证包装标记同运单相符，否则承担由此引起的装车不当而带来的损失，并应赔偿铁路部门的损失。

④ 发货人可以按规定变更和修改运输合同。

（4）收货人的权利和义务。

① 收货人应交付应付的一切费用，并于到达站领取运单和货物。

② 如果已证实货物灭失、损坏或在规定期限内未到达，收货人有权以本人名义按合同向铁路部门提出赔偿请求。

③ 收货人有权在发货人未支付有关运费或未按规定填写运单的情况下，变更运输合同，如指示货物中途停留、延迟交付货物、将到达的货物交于非运单中的指定收货人。

（5）承运人的权利和义务。

① 承运人有权检查运单记载事项是否正确，并将实际检查结果明确载入运单。

② 发货人超装时，承运人有权收取差额运费并对可能产生的损失提出索赔要求。

③ 承运人对全程运输负责。

④ 对因发货人或收货人的错误、疏忽行为或货物固有缺陷等造成的货物灭失或损坏，承运人免责。

（6）关于运费和索赔的规定。

《国际货约》规定了运费计算标准。索赔应以书面形式提出，诉讼时效为一年。

2. 《国际货协》

《国际货协》规定了货物联运运送组织、运送条件、运送费用计算核收办法及铁路部门与收货人、发货人之间的权利与义务等，对铁路部门和收货人、发货人都具有约束力。此外，《国际货协》附件中有多项规则，如危险货物运送规则、集装箱运送规则、易腐货物运送规则及各种轨距铁路的装载限界、运单样式。

3. 《关于统一过境运价规程的协约》及其附件《统一货价》

1991年6月27日，保加利亚、中国、朝鲜、蒙古、罗马尼亚和苏联的铁路部门在华沙签订了《关于统一过境运价规程的协约》，决定在国际铁路货物过境联运中采用《统一货价》。《统一货价》是《关于统一过镜运价规程的协约》不可分割的组成部分，不再从属于《国际货协》，具有独立的法律地位。我国于1991年9月1日起施行。

《统一货价》规定了参加《统一货价》的国家的铁路部门在办理货物运输手续、计算过境运送费用、运送过境货物时适用本规章，其对铁路部门和收货人、发货人都有约束力。

4. 《关于国际旅客和货物联运清算规则的协约》及其附件《国际旅客和货物联运清算规则》

《国际旅客和货物联运清算规则》（简称《清算规则》）规定了其参加国铁路之间一切费用的清算办法，适用于铁路财务清算部门和国境站。

《清算规则》和《统一货价》一样，过去均为《国际货协》的附件，从属于《国际货协》，1991年起脱离《国际货协》，成为具有独立法律地位的文件。各国可视具体情况选择参加各项协定和协约。

（三）《国际货协》的主要内容

根据《国际货协》的有关规定，在国际铁路货物联运过程中，发生货损、货差等不正常情况后，铁路部门应及时做出相关的货运记录。国际联运合同的各方当事人违反运输合同后，应承担相应的法律责任。受损方有权提出索赔，责任方应按规定负责赔偿。

1. 适用范围

本协定适用于缔约国之间的货物运输，协定中的内容对承运人、发货人、收货人均有约束力。

下列货物的运输则不适用本协定。

（1）发送站、到达站在同一国内，而发送的铁路则通过另一国家过境运输时。

（2）两个国家车站间，用发送国或到达国车辆通过第三国过境运输时。

（3）两国相邻车站间，全程运输使用同一方的铁路车辆并根据这一铁路的国内规章办理货物运输时。

上述（1）、（2）、（3）提及的货物，可根据各国有关铁路部门间签订的特别协定处理。

2. 运单

按照《国际货协》的规定，发货人在托运货物时，应对每批货物按规定的格式填写运单和运单副本，并在填写后向始发站提出托运申请。从始发站承运货物（连同运单）时起，即认为运输合同业已订立。运单随同货物从始发站至终点站全程运输，最后交收货人。运单既是铁路部门承运货物的凭证，又是铁路部门在终点站向收货人核收运杂费和交货的依据。运单不是物权凭证，不能转让买卖。运单副本在铁路部门加盖戳记证明合同业已订立后，应退还给发货人。

运单副本虽然不具有运单的效力，但按我国与《国际货协》各国所签订的贸易交货共同条件的规定，运单副本是卖方通过有关银行向买方结算货款的主要单证之一。

发货人在填写运单时，必须对运单内容的填写、申报的准确性负责。由发货人填写或申报不准确、不完整、不确切等引起的一切后果，由发货人负责。

对铁路部门来说，其有权检查发货人在运单中所记载的事项是否准确，但此项检查仅限于在海关和其他规章的规定情况下。发货人除填写运单外，还应将货物在运送途中为履行海

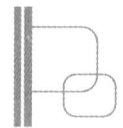

关或其他规章所需要的文件附在运单上，以使铁路部门在必要时检查。如发货人未履行此项规定，始发站可拒绝接收该项货物。同时，铁路部门不对发货人所附的文件准确性负责。

3. 铁路部门的责任

（1）铁路部门的责任期间及其范围。铁路部门在规定的条件范围内，从承运货物时起至交付货物时止（如果将货物转发送到未参加《国际货协》的国家，则至按另一种国际联运协定的运单办完货物运送手续为止），对货物运到逾期，以及因货物全部或部分灭失、重量不足、毁损、腐坏或因其他原因降低质量所产生的损失负有责任。

（2）铁路部门的连带责任。按《国际货协》运单承运货物的铁路部门，负责完成货物运送全程，直至到站交付货物时为止（如果将货物转发送到未参加《国际货协》的国家，铁路部门则负责到按另一种国际联运协定的运单办完货物运送手续为止）。如果货物转发送自未参加《国际货协》的国家，铁路部门则按《国际货协》运单办完货物运送手续后开始负责。

每一继续运送的铁路部门，自接收附有运单的货物时起，即认为参与了运输合同，并承担由此而产生的义务。

（3）铁路部门的免责事项。铁路部门对其承运的货物由下列情况产生的损失及货物运到逾期不承担责任。

① 由于铁路部门不能预防和不能消除的情况。

② 由于货物在发送站承运时质量不符合要求或由于货物的自然和物理特性，以致引起自燃、损坏、生锈、内部腐坏和类似的后果。

③ 由于发货人或收货人的过失或由于其要求而不能归咎于铁路部门的情况。

④ 由发货人或收货人装车或卸车所造成的情况。是否由发货人装车可根据发货人在运单"由何方装车"栏内注明的事项来确定；如果该栏内未注明由谁装车，则认为是由发货人装车。

⑤ 由于发送站的国内规章允许使用敞车类货车运送货物的情况。

⑥ 由于发货人或收货人或其委派的货物押运人未执行《国际货协》的有关规定，以及由于押运人不符合规定要求的情况。

⑦ 由于货物没有用《国际货协》规定的运送该货物所必需的容器包装，以致未能在运送全程保证货物完整的情况。

⑧ 由于铁路部门在发送站承运货物时无法通过外部检查发现的容器或包装的缺陷，以致未能在运送全程保证货物完整的情况。

⑨ 由于发货人用不正确、不确切或不完全的名称托运不准运送的货物的情况。

⑩ 由于发货人在托运应按特定条件承运的货物时，使用不正确、不确切或不完全的名称，或未遵守《国际货协》规定的情况。

⑪ 由于货物的自然特性致使货物减量超过《国际货协》规定标准的情况。

⑫ 由于发货人将货物装入不适于运送该货物的车辆或集装箱，而根据《国际货协》的有关装车或集装箱货物的规定，发货人在检查车辆或集装箱时可以通过观察确定其不合适的情况。

⑬ 对于有容器或包扎的成件货物，如将货物交付收货人时件数齐全、容器包扎完好，并且没有可以成为货物短少原因的能触及货物的外部痕迹，而重量短少时。

⑭ 对于无容器或无包扎的成件货物，如将货物交付收货人时件数齐全，并且没有可以成为货物短少原因的外部痕迹，而重量短少时。

⑮ 对于由发货人装入车辆或集装箱运送的货物，如将货物交付收货人时按照《国际货协》规定施加的发货人或发送站的封印完好，并且没有可以成为货物短少原因的能触及货物的外部痕迹，而重量短少或件数短少时。

⑯ 对于施封的汽车、拖拉机和其他自轮运行机器的可拆零件和备用零件，如将汽车、拖拉机和其他自轮运行机器交付收货人时按照《国际货协》规定施加的发货人封印完好，并且没有损坏也没有可以成为可拆零件和备用零件全部或部分灭失原因的能触及货物的外部痕迹，而零件全部或部分灭失时。

⑰ 发生雪（沙）害、水灾、崩塌和其他自然灾害，以及发生其他致使行车中断或限制的情况。

4. 发货人的责任

发货人对自己所填的货协运单的真实性负完全责任。发货人伪报、捏报货物品名、重量，应负违约责任。除按违章处理外，造成铁路运输设备的损坏或第三者财产损失的，发货人还应该赔偿损失。

发货人应按规定交纳运送费用。如果发货人无故不交纳运送费用，铁路部门有权拒绝承运，或按规定核收延期付款费。

发运前取消运输的，发货人应承担违约责任，支付铁路部门已发生的各项费用。

由发货人提供的包装不良，且铁路部门无法从外部发现而造成的货损、货差，其责任由发货人自负；如果给铁路部门或他人造成损失，发货人还应依法负赔偿责任。

5. 收货人的责任

当货物运抵终点站后，在收货人支付清运单中所记载的一切应付的运输费用后，铁路部门将运单和货物交给收货人。也就是说，收货人以支付清全部费用换取提货的权利。如果收货人在提取货物时，发现货物损坏不能拒收，只有在货物失去使用价值、毁损、腐烂、变质的情况下才可拒收；如果收货人在提取货物时发现货物短少，也不能少付运费，仍应按运单规定的货物数量支付运费，只是对缺少的那部分货物享有要求赔偿的权利；如果收货人超过期限提取货物，应按规定向铁路部门支付保管费。

6. 运输合同的变更

货物承运后，托运人与承运人签订的运输合同对承运人、发货人和收货人都有约束力，但发货人、收货人对已发生法律效力的运输合同有权提出变更。

（1）变更范围。

① 发货人变更范围。发货人有权变更的范围：在发送站将货物领回；变更到达站，在必要的情况下，应注明变更运输合同后货物应通过的国境站；变更收货人；将货物返还发送站。

② 收货人变更范围。收货人有权变更的范围：在到达国范围内变更货物的到达站；变更收货人。收货人的变更申请只限于在到达国进口国境站，且在货物尚未从该国境站发出时办理。

（2）变更申请及变更程序。发货人、收货人要求变更运输合同时，应按《国际货协》规定的格式逐项填写变更申请书。运输合同变更申请书的主要内容由以下几部分组成：一

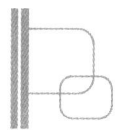

是抬头，填写应接受申请书的某铁路某站长；二是变更前的运输情况，如货物名称、批号、包装、件数，发送站与到达站名称，承运日期等；三是请求变更的具体事项；四是变更申请人的签字及申请变更日期。到达站可以接受收货人按到达站现行的国内规章规定的格式填写的运输合同变更申请书。

发货人应对每批货物单独填写一份变更申请书，连同货物名称栏内记入申请事项的运单副本提交发送站。发送站在收到变更申请书后，应在变更申请书和运单副本货物名称栏内发货人填记的事项处加盖车站日期戳，并由受理变更申请书的车站工作人员签字证明变更申请书已收到，然后将运单副本退还发货人。收货人则将变更申请书提交到达国进口国境站，并且可在提交变更申请书时不提交运单副本。

（3）变更限制。货物运输变更以发货人和收货人各申请办理一次为限，而且不能同一批货物分开办理变更。如果是成组车辆运送的数批货物均变更为同一到达站和同一收货人，则收货人也可按数批货物提交一份变更申请书。

（4）变更后的货物运费。变更后，货物运费应按正常条件计收并考虑下列特殊情况。

① 如果货物在途中站交付，则运费只计收到该站为止。如果货物已通过了新到达站，而铁路又将它运回该站，则除运到货物截留站的费用外，还应单独加算并核收从货物截留站至新到达站的运费。

② 如果货物发往比原到达站更远的新到达站或发往货物原运送路径以外的车站，则到原到达站或货物截留站的运费和从该站到新到达站的运费应分别计收。

③ 如果货物运回发送站，则往返运费应分别计算，并向发货人核收。

另外，还应核收运输合同变更费，这项费用向发货人或收货人核收。

7. 索赔及其处理

（1）赔偿请求人。赔偿请求应由发货人向发送站或发送局、收货人向到达站或到达局提出。

（2）赔偿请求的形式和方式。赔偿请求以书面形式提出。对因货物全部或部分灭失、重量不足、毁损、腐坏或因其他原因降低质量所产生的损失和对运送费用多收款额提出赔偿请求时，用所在国规定的赔偿请求书格式提出，在我国采用《铁路货物运输规程》规定的"赔偿请求书"格式；对货物运到逾期提出赔偿请求时，采用《国际货协》有关附件所规定的"货物运到逾期赔偿请求书"格式，一式两份。

赔偿请求的方式是按每批货物提出的，但下列情况除外：提出返还运送费用多收款额的赔偿请求时，可按数批货物提出；当国外铁路数批货物编写一份商务记录时，应按商务记录中记载的批数一并提出。

（3）赔偿请求的依据。

① 货物全部灭失时，由发货人提出赔偿请求，同时须提交运单副本；由收货人提出赔偿请求，同时须提交运单副本或运单正本与到货通知书及铁路部门在到达站交给收货人的商务记录。此时运单副本或运单正本与到货通知书中应有证明货物未到的记载。

② 货物部分灭失、毁损、腐坏或因其他原因降低质量时，由发货人或收货人提出赔偿请求，同时须提交运单正本与到货通知书及铁路部门在到达站交给收货人的商务记录。

③ 货物运到逾期时，由收货人提出赔偿请求，同时须提交运单正本与到货通知书。

④ 多收运送费用时，由发货人按其为运送所支付的款额提出赔偿请求，同时须提交运单副本或发送站现行国内规定的其他文件；由收货人按其为运送所支付的款额提出赔偿请求，同时须提交运单正本与到货通知书。对于进出口货物，我国铁路部门多收运费时，由发货人或收货人提交正式函件载明运单号码，发送站、到达站，货物名称、件数、重量，承运日期，已付款额与要求退还款等。此时，发货人可不提交运单副本，但收货人仍需提交运单正本与到货通知书和运杂费收据。

（4）赔偿请求的时效。赔偿请求人应在规定的时效期限内提出赔偿请求，否则即丧失提出赔偿请求的权利。

发货人或收货人向铁路部门提出的赔偿请求，以及铁路部门对发货人或收货人关于支付运费、罚款和赔偿损失的要求，应在 9 个月内提出。但货物运到逾期的赔偿请求应在 2 个月内提出。

赔偿请求的时效期按下列规定计算。

① 关于货物部分灭失、重量不足、毁损、腐坏或因其他原因降低质量的赔偿请求，自货物交付收货人之日起算。

② 关于货物全部灭失的赔偿请求，按规定的货物运到期限期满后 30 天起算。

③ 关于补充支付运费、杂费、罚款的赔偿请求，或关于退还这项款额的赔偿请求，或关于因运价规程不适用及费用计算错误所发生的订正清算的赔偿请求，自付款之日起算。若未付款，则自货物交付之日起算。

④ 关于其他一切赔偿请求和要求，自查明提出赔偿请求依据的情况之日起算。

时效期的开始日不算入该期间内。

（5）赔偿请求的处理。

① 处理单位。铁路部门在接到发货人、收货人提出的赔偿请求后，应及时处理。除关于货物运送费用多收的索赔由发货人、收货人直接向原收款站提出，其主管铁路局按有关规定处理外，货物全部或部分灭失、毁损、腐坏或因其他原因降低质量和运到逾期的赔偿请求，按以下办法处理：出口货物的索赔，由发货人提出，发送局处理，或由收货人提出，出口国境局处理；进口货物的索赔，由发货人提出，进口国境局处理，或由收货人提出，到达局处理；过境货物的索赔，由发货人提出，进口国境局处理，或由收货人提出，出口国境局处理。

② 审查程序。对国内索赔的审查程序，到达局或发送局接到索赔案件后，先审查索赔人提交的索赔文件、索赔时效和款额是否符合规定要求。若经调查责任确属国内铁路，到达局或发送局则按国内有关规章自行处理；若确定责任属于国外铁路，到达局或发送局则将全部文件寄送国境局处理；若确定国内和国外铁路均有责任时，到达局或发送局则将全部文件寄送国境局，另据索赔文件的复制件自行审查。国境局接到索赔案件后，与国境站交接情况，进行复核，确定全部或部分责任属国外铁路时，再将全部索赔文件转寄国外铁路审查。国外铁路回复后通知处理局答复索赔人。

对国外索赔的审查程序，国境局接到国外铁路转来的索赔案件后，也要先审查索赔文件、索赔时效和款额是否符合规定要求。经确认，全部或部分责任属本国铁路时，若责任属于国境局，则国境局自行处理；若责任属于国内其他铁路局，国境局则将赔偿款额和处理意见通知责任局，并抄知责任单位。责任局接到通知后，将同意或拒绝赔偿的决定和

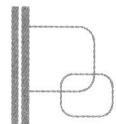

理由及证明文件答复国境局，再由国境局认真复核后答复国外铁路。

③ 处理期限。自赔偿请求提出之日（以发往邮局戳记或铁路部门在收到直接提出的请求书时出具的收据为凭）起，铁路部门必须在 180 天内审查赔偿请求，并给赔偿请求人以答复，支付赔偿的款额。部分或全部拒赔时，铁路部门须说明理由，并同时退还赔偿请求书所附的文件。

④ 赔偿款额的确定。铁路部门对货物全部或部分灭失负有不可豁免的责任时，其赔偿额按国外供货者账单或该账单摘录中所列的价格，或按由国家鉴定机关确定的货物价格计算；当声明价格的货物全部或部分灭失时，铁路部门应按声明价格，或相当于货物灭失部分的声明价格向发货人或收货人予以赔偿；不声明价格的家庭用品全部或部分灭失时，铁路部门对灭失的货物重量，应按每千克 6 瑞士法郎向发货人或收货人予以赔偿。

铁路部门对货物毁损、腐坏或因其他原因降低质量而负有不可免责的责任时，其赔偿额应相当于货物价值降低部分的款额；当声明价格的货物发生毁损、腐坏或因其他原因降低质量时，铁路部门应按照相当于因货物毁损、腐坏或货物因其他原因降低质量而降低价格的百分比，支付赔偿额。如因货物毁损、腐坏或货物因其他原因降低质量以致全部货物降低价格，赔偿额不应超过货物全部灭失的赔偿额；如因货物毁损、腐坏或货物因其他原因降低质量仅使部分货物降低价格，赔偿额不应超过降低价格部分的货物灭失的赔偿额。

货物运到逾期时，铁路部门应根据造成逾期铁路的运费和逾期的长短，向收货人支付赔偿额。对货物全部灭失予以赔偿时，铁路部门不必支付运到逾期赔偿额；如运到逾期的货物部分灭失，铁路部门则对货物的未灭失部分支付运到逾期赔偿额；如运到逾期的货物毁损、腐坏或因其他原因降低质量，除规定的赔偿额外，铁路部门还应支付运到逾期赔偿额。货物运到逾期赔偿额和损失的赔偿额之和不应超过货物全部灭失时所应支付的赔偿总额。

8. 诉讼

（1）诉讼提起人。凡有权向铁路部门提出赔偿请求的人，即有权根据运输合同提起诉讼。

（2）提起诉讼的条件。只有根据规定提出赔偿请求后，才可提起诉讼。铁路部门在收到赔偿请求后，未按照规定的期限处理赔偿请求，或在上述期限内铁路部门已将全部或部分拒绝赔偿请求一事通知请求人，则请求人才可对受理赔偿请求的铁路部门提起诉讼。

（3）司法管辖。诉讼只能在受理赔偿请求的铁路部门所属国家的适当法院提起。在我国，诉讼只能在相应的铁路运输法院提起。

（4）诉讼时效。根据运输合同，提起诉讼的时效与提出赔偿请求的时效相同。超过时效的赔偿请求无效，也不得提起诉讼。

二、国际公路货物运输法规

（一）国际公路货运公约

为了统一公路运输所使用的单证和承运人的责任，联合国所属欧洲经济委员会负责草拟了《国际公路货物运输合同公约》，简称《CMR 公约》，并于 1956 年 5 月 19 日在日内瓦由欧洲 17 个国家参加的会议上通过。该公约共有 12 章，就公约的适用范围、承运人责任、合同的签订与履行、索赔与诉讼，以及连续承运人履行合同等进行了较详细的规定。

为了满足集装箱运输的需求，联合国所属欧洲经济委员会成员国于 1956 年缔结了《关于集装箱的关税协定》，协定的宗旨是相互允许集装箱免税过境。在这个协定的基础上，根据欧洲经济委员会的倡议，还缔结了《国际公路车辆运输规定》（Transport International Router，TIR）。该协定规定，对装运集装箱的公路承运人，如果其持有 TIR 手册，则允许其承运的货物由发运地至目的地，在海关封志下，中途可不受检查，其可不支付关税，也可不付押金。这种 TIR 手册是由有关国家政府批准的运输团体发行的，这些运输团体大多是参加国际公路联合会的成员，它们必须监督其所属运输企业遵守海关法则和其他规则。协定的正式名称为《关于在国际公路运输手册担保下开展国际货物运输的报关公约》，简称《TIR 公约》。该协定的缔约国为欧洲的 23 个国家，并从 1960 年开始实施。从某种意义上说，尽管上述公约或协定有地区性限制，但仍不失为当前国际公路运输的重要公约和协定，并对今后国际公路运输的发展具有一定的影响。

（二）《国际公路货物运输合同公约》的主要内容

1. 适用范围

（1）适用于以车辆运输货物而收取报酬的运输合同，且接收货物和指定交货地点依据合同的规定在两个不同的国家，其中至少有一国是缔约国。

（2）如果车辆装载运输的货物在运输过程中经由海上、铁路、内陆、水路或航空，但货物没有从车辆上卸下，公约仍对整个运输过程适用。若发货人与其他运输方式的承运人订立的是货物运输合同，则公路承运人的责任不得依本公约予以确定，而应依照其他运输方式的承运人的责任规定予以确定。如果没有这些规定的条件，公路承运人的责任仍依据本公约的规定予以确定。

（3）若公路承运人本人也为其他运输方式的货物承运人，其责任也应依照上述（1）的规定予以确定，但在作为公路承运人和其他运输方式的承运人时，其具有双重身份。

（4）公路承运人应为其雇用人员、代理人或为执行运输而利用其服务的任何其他人的行为或不行为承担责任。

2. 运单

在公路货运业务中，习惯性认为运单的签发意味着运输合同的成立。因此，公路货运公约规定：运单是运输合同，是承运人收到货物的收据、交货的凭证，是解决责任纠纷的依据。

运输合同应以签发运单来确认，无运单、运单不正规或运单丢失不影响运输合同的成立或有效性。运单有发货人、承运人签字的正本三份，这些签字可以是印刷的，或为运单签发国的法律允许，也可由发货人和承运人以盖章替代。第一份交付发货人，第二份应跟随货物同行，第三份则由承运人留存。

当货物准备装上不同的车时，或在同一车内准备装载不同种类的货物与多票货物时，发货人或承运人有权要求对使用的每辆车、每种货或每票货物分别签发运单。如果运单中未包括这些运单，不管有任何相关条款，该运输被视为未遵照公路货运公约的规定，承运人应对由处置货物的行为或不行为而造成的货物灭失或损坏负责。

承运人在接收货物时应做到：查验运单中有关货物件数、标志、号码的准确性；检查

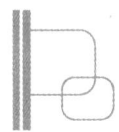

货物的外表状况及其包装。

3. 发货人的责任

在公路货物运输全过程中，发生以下情况则应由发货人承担责任。

（1）没有准确提供自己的名称、地址。

（2）没有在规定的地点、时间内将货物交付承运人。

（3）收货人的名称、地址有误，且由发货人提供。

（4）对托运的货物没有说明其准确名称。

（5）对托运的危险货物没有在运单中注明危险特性，以及一旦发生意外时应采取的措施。

（6）对运输要求没有进行说明。

（7）没有提供办理海关和其他手续所必要的通知。

（8）货物包装不牢、标志不清。

（9）由货物内在缺陷引起的货损。

（10）由于其过失对第三方造成的损害。

特别应该说明的是，为了办理货物应办的海关或其他手续，发货人应在运单后附必需的单证，或将其交承运人支配。承运人没有责任调查单证情况的准确与否。对于由单证缺陷所引起的损失，发货人应向承运人负责。

4. 承运人的责任和豁免

《国际公路货物运输合同公约》第 17 条对承运人规定的责任期限：承运人应对自货物接管时起至货物交付时止所发生的全部或部分灭失、损坏，以及由运输延误而造成的损失承担责任。此外，在运输过程中，因使用车辆有不良状况，或因租用他人车辆，或因其代理人的过失对货物造成损失的，承运人同样承担责任。

对于货物延误运输则应看是分票运输还是整票运输。习惯性认为承运人未能在双方规定的时间内交货，或货物的运输时间超出了一个勤勉承运人运输需要的合理时间，均为延误运输。特别是在分票运输的情况下，如果在双方规定应交货的时间届满 30 天后，或无规定交货时间应从承运人接管货物起 60 天后，承运人仍未将货交收货人，则应认为货物业已灭失。如果货物的灭失或损坏是由于下述一种或一种以上情况产生的，承运人应予免责。

（1）货物灭失、损坏是由于使用无盖敞车，而此种使用已在运单中有明确规定或有所规定。

（2）货物的灭失、损坏是由于无包装或包装不良。

（3）由于发货人、收货人或其代理人所进行的货物搬运、积载、卸载。

（4）由于包装上标志不清、号码不完整、不当、错误。

（5）由于承运活的动物。

（6）货物锈损、腐烂、干燥、渗漏、发霉、发潮是由于货物的自然特性。

尽管《国际公路货物运输合同公约》对承运人可享受的免责范围做了规定，但某些内容的免责承运人则负有举证之责任。如果货物由装有特殊设备的车辆运输，除非承运人证明他对此种货运设备及其维修、使用已采取了所有合理措施，否则不能免除承运人的责任。

5. 交货责任

当货物运抵指定交货地点后，收货人有权凭货物收据，要求承运人将第二份运单和货物交给他。如果货物业已灭失或承运人没有在规定时间或合理时间内交货，收货人对承运人有权以其名义免除运输合同的任何权利。但收货人在行使这一权利时，应支付清运单中规定的所应支付的费用，一旦因此项费用没有支付而产生争议，除非收货人已提供担保，否则承运人对货物享有留置权。

此外，在货物运抵收货地点后因某些情况妨碍货物正常交付时，承运人应要求发货人给予指示。在收货人拒绝提货时，发货人有权处置货物且无须出示第一份运单。必须说明，收货人拒绝提货并不等于收货人无权提货，在承运人没有从发货人那里得到任何指示前，收货人仍享有提货权。

收货人对货物的处理权利从运单签发之时起，因而当收货人指示承运人将货物交付另一人时，原收货人则为发货人，而另一人则为收货人。

6. 危险货物运输

当发货人将危险货物交由承运人运输时，应将有关危险货物的种类、性质通知承运人，必要时还应说明应采取的预防措施，并将此种情况记入运单内。运输危险货物所发生的有关货物的灭失或损坏，发货人或收货人解除责任的唯一途径是举证说明承运人在接受危险货物运输时业已了解该货物在运输过程中有可能造成危险的事实。如果在接受危险货物运输时，承运人并不知道有关该类货物的性质，承运人有权随时随地将其卸载、销毁，或使之无害，且不承担任何责任。

7. 承运人的赔偿责任限制

如果货物的灭失或损坏发生在承运人责任期限内，且其产生是因为承运人或其代理人的过失，承运人对此项灭失或损坏承担赔偿责任。承运人对全部或部分货物灭失的赔偿，依照接运地点、接运时的货物价值计算，货物毛重每千克的赔偿不超过 2 金法郎。当货物发生全部灭失时，承运人应全部偿还有关运输费用、关税，以及因货物运输产生的其他费用。如部分货物灭失，则应按比例赔偿。在赔偿延误损失的情况下，承运人承担的最高赔偿额不得超过全部运输费用的总和；只有在发货人申报货物价值并支付了附加运费的情况下，其才能得到较高的赔偿。

如货物的灭失或损坏是由承运人或其受雇人、代理人的故意不当行为造成的，则承运人无权享受赔偿责任限制。

8. 连续承运人的责任

如果公路货物的全程运输是由几个承运人共同完成的，则每一承运人对全程运输负责，每一承运人即成为运单条款或运输合同的当事人一方。连续承运人，即从前一承运人那里接收货物的承运人，其应给前一承运人签署收据，并在运单上写上名字、地址，必要时他也有权在运单中对所接收的货物做出保留。对于发生的货物灭失、损坏，受损人可对第一承运人、最后一个承运人或造成货物灭失、损坏的实际承运人提起诉讼。

但上述赔偿并不影响根据《国际公路货物运输合同公约》已赔偿的承运人有权从参与运输的其他承运人那里追偿已付的金额及利息和由于索赔而产生的所有费用。

（1）造成货物灭失或损坏的承运人应单独承担责任，不管受损人是否已向其他承运人提出此项赔偿。

（2）货物的灭失或损坏是由两个或两个以上的承运人共同的过失行为所造成的，每一

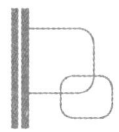

承运人应按其所负责的部分按比例赔偿。如果不能划分责任,每一承运人应按比例进行分摊。

(3) 如果货物的灭失或损坏无法确定属于某一承运人的责任时,则按上述(2)处理。

9. 索赔与诉讼

根据《国际公路货物运输合同公约》的规定,原告可在双方协议中约定的缔约国的任何法院提起诉讼,也可在下列地点提起诉讼。

(1) 被告通常住所或主要营业所在地的法院。

(2) 合同订立地的法院。

(3) 承运人接管或交付货物地点的法院。

上述法院做出的裁决是终局性的,但并不妨碍原告因特殊原因对同一案件提起新的诉讼,但此项新的诉讼只有在第一次诉讼的法院所做出的裁决无法在新提起诉讼的国家得以执行的情况下才可提起。

有关货物灭失或损坏提出的诉讼时效如下。

(1) 因货物运输正常提出的诉讼,其时效为一年。

(2) 如货物的灭失或损坏是由承运人故意不当行为所造成的,或是由与故意不当行为相等的其他过失所造成的,时效则为两年。

上述诉讼时效的计算如下。

(1) 如货物为部分灭失、损坏或延误运输,则自交货之日或应交货之日起算。

(2) 如货物为全部灭失、损坏,则自双方约定的交货日后满 30 天起算。如无约定具体交货日期,则自承运人接管货物之日后满 60 天起算。

(3) 在所有其他情况下的货物灭失或损坏,则在运输合同订立后 90 天起算。

但上述时效期限开始之日不应计算在有效期限内。

Mission 任务 3 国际航空货物运输法规

任务导读

现行的国际航空货运公约有 3 个,分别是《华沙公约》《海牙议定书》《瓜达拉哈拉公约》。在上述 3 个公约中,1929 年的《华沙公约》是基础,其他两个公约是对《华沙公约》的修改和补充。

本任务重点介绍国际航空货运公约的概述、适用范围、空运单、运输变更、承运人的责任和豁免、承运人的责任限制、托运人和收货人的权利与义务、索赔通知与诉讼时效等内容。

任务:假设你公司已取得多式联运经营资格,你负责杭州至泰国曼谷的国际多式联运路线业务,预测在航空途中出现货物损失事故,如采用单一责任制,索赔处理中会涉及哪些法律事项?

一、国际航空货运公约概述

现行的国际航空货运公约有 3 个,即 1929 年于华沙签订的《关于统一国际航空运输某些规则的公约》,简称《华沙公约》。该公约规定了航空运输承运人为一方,旅客、货物托运人和收货人为另一方的法律关系和相互义务,是国际空运方面的基本公约。我国于 1958 年正式参加该公约。

在实际使用中,人们发现《华沙公约》的某些内容已不适用于航空运输的要求,特别是对旅客伤亡的赔偿定得太低,应加以修改。于是,各国代表在 1955 年于海牙召开会议,在责任限制、运输单证、航空过失责任、索赔期限等方面对《华沙公约》进行了修改。这次修改是在海牙进行的,因此将修改后的文件称为《海牙议定书》,也有的叫《华沙公约修改本》。我国于 1975 年正式参加。

然而,《华沙公约》和《海牙议定书》都没有对某些内容进行明确规定,如承运人仅是指与旅客、货物托运人订有运输合同的人,还是包括受契约承运人的委托完成实际运输的人。为了解决这一问题,各国于 1961 在墨西哥的瓜达拉哈拉签订了一个公约,对这一问题进行了规定,该公约就是 1961 年的《瓜达拉哈拉公约》。至今已有近 60 个国家和地区参加了该公约,我国尚未参加。

在上述 3 个公约中,一方面,《华沙公约》是基础,其他两个公约是对《华沙公约》的修改和补充。另一方面,上述 3 个公约又是独立的国际公约,对每一个国家来说,可以参加其中的一个,也可参加其中的两个或全部参加,如英国参加了上述 3 个公约,而美国则参加了《华沙公约》。一般来说,一个国家同时参加上述 3 个公约,那么其与《华沙公约》参加国之间适用《华沙公约》。

目前,就航空来说,其与其他运输方式(陆运、海运、水运)相衔接的机会很少。这是因为空运接箱有两种类型:一是接送、转运业务,在这一类型中,运程两端都用货车接送,并用货车将货物从一个机场运到另一个机场;二是陆运和空运的衔接,这种类型实际上是短程货车接送业务,即用货车在机场两端、四周接送,而且这种货物仅限于适宜空运的货物,具有一定的价值。同时,由于空运货物的包装比陆运、海运的轻,就集装箱本身来说,也不能进行接送和交换使用。在短程货车接送业务中,货车接送是航空运程的一个附带部分,也包括在空运单内,空运承运人对全程运输负责,并接受《华沙公约》严格的赔偿责任制和相当高的赔偿责任限额。

此外,《华沙公约》有关适用的范围、单据、赔偿责任限制、通知的期限、诉讼时效、管辖等方面的规定,与国际多式联运有所不同。根据《华沙公约》的规定,其规定对所有国际空运都强制适用,任何违背公约条款的合同均无效。《华沙公约》关于联合运输的规定:本公约的规定仅适用于航空运输,在整个运输过程中,某一区段涉及其他运输方式时,其中空运区段应遵守《华沙公约》的规定。

二、国际航空货运公约的主要内容

国际航空货物运输若干法律规定主要以《华沙公约》为主,并结合《海牙议定书》的有关修订内容。

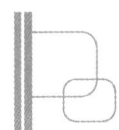

(一) 适用范围

(1) 所有以航空器运输旅客、行李或货物而收取报酬的国际运输。

(2) 航空运输企业以航空器办理的免费运输。

(3) 国家或其他法人符合下列条件时所办理的运输。

① 根据有关各方所订立的合同，无论在全程运输中有无中断或转运，其出发地和目的地是在两个缔约国或非缔约国的主权、宗主权、委任统治权或权力管辖下的领土内有一个约定的经停地点的任何运输。在同一缔约国的主权、宗主权、委任统治权或权力管辖下的领土间的运输，如果没有这种约定的经停地点，则不作为国际运输。

② 如果货物的全程运输是由多个承运人共同完成的货物的连续运输，但此种运输被合同各方认为是一项单一的运输业务，则无论以一个合同或几个合同形式订立，就《华沙公约》来说，都应将其视为一项单一的运输业务，并不因其中一个合同或几个合同完全在同一缔约国的主权、宗主权、委任统治权或权力管辖下的领土内履行而丧失其国际性质。

(二) 空运单

《华沙公约》将空运单证称为空运托运单（Air Consignment Note, CAN）。按《华沙公约》的规定，承运人有权要求托运人填写空运托运单，每件货物应填写一套单证，承运人应接受托运人填写的空运托运单。每一套空运托运单应有正本三份，并与货物一起交承运人。其中，第一份注明交承运人，由托运人签字；第二份交收货人，由托运人签字后随同货物运送；第三份在承运人接收货物后由承运人签字交还托运人。除空运托运单外，托运人还要向承运人提交有关货物运输和通过海关所必需的单证，如发票、装箱单等，以便能及时办理海关手续，迅速将货物送达收货人手中。空运托运单应填写的主要内容：填写空运托运单的地点、日期、起运地、目的地、中转地、发货人、收货人、货物名称、付款方式、货物重量、货物尺码等。空运托运单上的这些内容均由托运人填写，或由承运人根据托运人申述的内容填写，由填写或申述错误造成的损失，均由托运人负责。

根据《华沙公约》的规定，空运托运单是订立合同、接受货物运输条件，以及记录货物详细情况的初步证据，但其中有关货物数量、尺码、状况的声明并非对承运人的声明，除非在接收货物时承运人已当场予以核对。如承运人接收并承运了没有填写空运托运单的货物，或在空运托运单上没有包括这些货物，承运人则无权引用《华沙公约》中有关免除和限制承运人责任的规定。

空运托运单不同于海运提单，它不是货物所有权的凭证。因为空运速度快，通常在托运人将托运单送收货人之前，货物已运至目的地。这在很大程度上排除了通过转让单据来转让货物的情况。在实际业务中，空运托运单一般都印有"不可转让"字样，业务上的一般做法：货物运至目的地后，收货人凭承运人的到货通知书和有关证明提货，并在提货时在随货运到的空运托运单上签收，而不要求收货人凭空运托运单提货。

在空运单证方面，《海牙议定书》对《华沙公约》的修改主要有两点：一是将空运托运单改为空运单；二是空运单上所记载的内容比原来《华沙公约》对空运托运单要求的内容有所减少。

从实际业务需要看，空运单的性质和主要作用如下。

(1) 空运单是承运人与发货人之间的运输合同。

（2）空运单是承运人收到托运货物的货物收据。
（3）空运单是承运人记账的凭证。
（4）空运单是海关放行查验时的单据。
（5）空运单可作为保险证书。
（6）空运单是承运人处理内部业务的依据。

空运单的主要内容如下。

（1）空运单填写的地点、日期。
（2）货物的起运地、目的地。
（3）约定的经停地点（但承运人保留在必要时变更经停地点的权利，承运人行使这一权利时，不应使运输由于此种变更而丧失其国际运输性质）。
（4）托运人的名称、地址。
（5）第一承运人的名称、地址。
（6）必要时应写明收货人的名称、地址。
（7）货物包装的方式、特殊标志、件数、号码。
（8）货物的名称、性质。
（9）货物的数量、重量、体积、尺码。
（10）货物和包装的外表状况。
（11）如果运费已付，则应写明运费金额、运费支付日期、运费支付地点、运费支付方。
（12）如果运费为到付，则应写明货物的价格，必要时应写明所应支付的费用。
（13）如果有货物申报价，则应写明申报的价值。
（14）航空货运单的份数。
（15）如果双方已议定运输期限、运输路线，则也一并在空运单上注明。
（16）有关运输受《华沙公约》的约束等。

如果承运人在接收货物时没有填写空运单，或空运单中没有包括上述（1）～（9）及（16）项的内容，那么承运人无权引用公约中关于免除或限制承运人责任的有关规定。

对于空运单中所填写的关于货物的说明或声明的准确性，托运人负有绝对责任。如果因为这些说明或声明不完全、不准确使承运人或任何其他人遭受损失，托运人应承担赔偿责任。

在没有相反的证据时，空运单是订立合同、接收货物和承运条件的合同或合同证明。空运单中任何有关货物的重量、尺码、包装、件数的说明，均应被认为是准确的。

（三）运输变更

货物托运人在履行运输合同中所规定的一切义务的条件下，有权要求：

（1）在起运地航空站或目的地航空站将货物收回；
（2）在途中经停地点中止货物运输；
（3）在目的地或运输途中将货物交给非航空货运单上的指定收货人；
（4）要求将货物运回起运地航空站。

上述运输变更权利的行使使承运人或其他人遭受损失的，托运人应对此负责。

当承运人接到货物托运人要求运输变更的通知，而事实上已无法执行时，即应通知货物托运人。如果承运人根据托运人的指示交货，且没有要求收货人出具航空货运单，致使

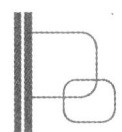

该航空货运单的持有人遭受损失时，承运人则应承担责任，但这并不妨碍承运人行使向托运人追偿的权利。

在货物运抵目的地航空站后，除另有约定外，承运人应在货物抵达后通知收货人，收货人在支付清应付费用和履行航空货运单上的条件后，有权要求承运人根据航空货运单交付货物。如果承运人承认货物发生灭失，或在货物应抵达的日期7天后仍未抵达，则收货人有权向承运人行使运输合同所规定的权利。

此外，货物托运人应提供必需的有关资料、文件，以利于货物在交付给收货人时能顺利办理海关、税务或其他有关手续，并且应将这些资料、文件附在航空货运单后面。由托运人提供的资料、文件不足、错误、不符合有关规定造成的任何损失，托运人应承担责任。承运人没有义务检查这些资料、文件是否齐全、准确。

（四）承运人的责任和豁免

根据《华沙公约》的规定，空运承运人应对货物在空运期间所发生的货物灭失、损坏或延迟交付承担责任。所谓空运期间是指货物交由承运人保管的整个期间，无论货物在机场，或在飞机上，或在机场外降落的任何地点。如果在机场外，为了装载、交货、转运而引起了货物的灭失、损坏，除有相反证据外，仍应视为在空运期间发生的损坏，承运人应承担责任。承运人可引用公约中的免责条款要求豁免责任，但不能免除对货物应有的责任。

可要求豁免责任的情况如下。

（1）如承运人能证明他或他的代理人已采取一切必要的措施以避免损失的发生，或能证明他或他的代理人不可能采取这种防范措施，承运人则对货损不负责任。

（2）如承运人能证明货物的灭失或损坏是由受损人的过失引起的，可免除承运人全部或部分责任。

（3）如承运人能证明货物的灭失或损坏是由领航上的疏忽或飞机操作上的疏忽或驾驶上的失误引起的，并能证明他和他的代理人已采取了一切必要的措施以避免损失时，承运人对此货损不负责任，但此项免责对旅客人身伤亡不适用。

（五）承运人的责任限制

《华沙公约》规定，承运人对货物的灭失、损坏或延迟交付的责任赔偿，以货物毛重每千克250金法郎为限。但托运人在货物托运时已声明了货物的价值，并支付了附加运费的情况则不在此限。除非承运人能证明托运人所申述的金额超出了交货时货物的实际价值。

必须说明，如果货物遭受的灭失、损坏或延迟交付是由承运人或其代理人的故意行为所造成的，承运人则无权引用公约中有关责任限制和免除承运人责任的条款。

（六）托运人和收货人的权利与义务

托运人应对在航空货运单上所填关于货物的各项说明和声明的准确性负责。托运人应提供各种必需的材料，以便在货物交付收货人以前顺利办理海关、税务或其他有关手续，这些必要的有关证件应附在航空货运单之后。

托运人在履行运输合同所规定的一切义务的条件下，有权在起运地航空站或目的地航空站将货物收回，或在途中经停地点中止货物运输，或在目的地或运输途中将货物交给非航空货运单上的指定收货人，或要求将货物运回起运地航空站。

货物抵达目的地后，收货人在交付了应付款项和履行了运单中规定的运输条款后，有权要求承运人移交航空货运单并交付货物。

(七) 索赔通知与诉讼时效

根据《华沙公约》的规定，在货物遭受损坏的情况下，收货人或有关当事人应于发现后即向承运人提出书面通知，或在收货后 7 天之内提出书面通知。如果收货人或有关当事人在上述规定期限内没有提出书面通知，则视为其放弃该项索赔。

1955 年，《海牙议定书》对托运人提出书面通知的时间进行了修改，将原来的 7 天改为 14 天，延迟交货的时间由原来的 14 天改为 21 天。

提起诉讼的期限为两年，即从货物到达之日起，或货物应到达之日起，或从运输终止之日起。过了该期限没有提起诉讼，则视为收货人等有关当事人放弃该项诉讼。但如果承运人方面有欺诈行为，则不在此限。

国际航空货物运输法规

Mission 任务 4　国际多式联运法律法规

任务导读

国际集装箱货物在采用多式联运进行"门到门"、"站到站"或"场到场"的运输时，都涉及买卖双方国家和过境国家海关对货物进出国境和过境的查验、管理等问题。因此，各国海关对国际集装箱货物的进出口和过境管理工作对于国际多式联运的发展具有重大影响。

本任务着重介绍《联合国国际货物多式联运公约》的主要内容。

任务：假设你公司已取得多式联运经营资格，你负责杭州至泰国曼谷的国际多式联运路线业务，预测在某一运输途中出现货物损失事故，如采用统一责任制，索赔处理中会涉及哪些法律事项？

一、国际多式联运法律法规概述

如果各国海关能够建立起可使集装箱自由通过国境的管理体制，就能促进国际多式联运的发展；反之，如果各国对集装箱货物都要求在国境进行启箱查验和办理报关的手续，国际多式联运就很难进行。为了便于集装箱货物的进出口，适应集装箱运输发展的需要，各国海关制定了相关公约，为集装箱货物的海关过境提供了方便。

（一）《CCC 公约》

1956 年，欧洲经济委员会制定了《CCC 公约》，也有的国家将其称为《1956 年国际集装箱报关公约》、《集装箱报关公约》或直接称《集装箱公约》。该公约主要是为简化集装箱本身在国际的报关手续而制定的，其主要内容是对暂时进口后再出口的集装箱免征关税，以及有关国际的保税运输，尊重缔约国海关关封等。

公约内容可归结为以下几点。

（1）缔约国应相互承认，为承运进口货物而暂时进口至另一缔约国的集装箱，如在 90

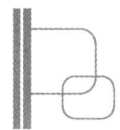

天内再出口，则可办理免税暂时进口。

（2）允许具有一定的技术条件、为公约认可的集装箱在国内运输，并在海关封志完整的情况下进行保税运输。

随着集装箱运输的发展，对该公约不完善的内容均采用"附属决议"以补充不足。从已补充的内容看，主要有以下几点。

（1）暂时进口并在90天内再出口的集装箱，各缔约国可免除征收进口税、进口限制，并禁止进口国有关法律对它的适用。同时，可免除进口申报手续，以及担保金。

（2）根据一定的技术要求制造并获得制造国当局承认的集装箱，可作为保税运输的容器在各缔约国间通行。

（3）暂时进口的集装箱在一定条件下可用于进口国国内使用。

（二）《TIR公约》

1959年，欧洲经济委员会制定了《TIR公约》。它与《CCC公约》的区别在于：《TIR公约》主要是针对集装箱货物运输而制定的报关公约；而《CCC公约》是针对集装箱本身而制定的。

该公约的主要内容有以下几点。

（1）已施加关封的集装箱货物在由公路车辆运输时，缔约国可免除征收其经由地进口关税或出口关税，或免除担保金。

（2）原则上免除经由地的海关检查，除非海关有足够理由怀疑箱内装载货物的准确性。

（3）公路运输车辆或集装箱应符合有关规定。

（4）货物在起运地由海关施加关封。

（5）货物运输时应办理获取TIR手册的担保手续。

想要享受上述权利，公路车辆或集装箱必须具备以下条件。

（1）符合规定的技术标准，并于事先得到批准。

（2）在发货地由海关加封。

（3）运输时应办理获取TIR手册的担保手续。

当货物在经由国发生灭失等事故时，TIR手册作为保函，对事故发生国的海关支付关税。同时，负责交纳在该手册担保下进行运输时发生的税款、罚款等。

自《CCC公约》《TIR公约》制定以来，由于集装箱运输技术的发展，在实际运输业务中出现了这两个公约未包括的内容。于是，欧洲经济委员会通过决议的形式，使这两个公约更加完善，更符合实际需要，并将这一决议通知各缔约国。

（三）新《CCC公约》

随着对《CCC公约》《TIR公约》附加决议的增多，欧洲经济委员会不断地将决议内容加入上述公约，并对其进行了修改。1972年，新的《CCC公约》在国际海事组织大会上通过，并于1975年生效。

与原《CCC公约》相比较，新的《CCC公约》的不同之处主要有以下几点。

（1）增加了国内运输，以及经营管理人的定义。

（2）在国内运输中，进口的空集装箱只能使用一次。

（3）为修理集装箱而进口的集装箱零件或备件，并不限于修理指定的集装箱，凡免税暂时进口的集装箱均可被修理。

（4）对由国家批准生产的集装箱，在发现不符合技术要求时的处理规定。

（四）新《TIR 公约》

新《TIR 公约》于 1975 年通过，并于同年 12 月生效。新《TIR 公约》与原《TIR 公约》的主要区别如下。

（1）对有关定义进行了补充修改，如国际公路运输业务、进出口关税和税费、公路车辆、起运地海关、目的地海关、经由地海关。

（2）无论使用多少种运输工具完成货物的全程运输，凡全程运输过程中涉及公路运输，则此种运输均可办理 TIR 手册。

（3）规定罚款不属于担保团体的责任范围。此外，规定每一份 TIR 手册的提保限额为 5 万美元。

（4）可规定 TIR 手册的有效期限。

（五）《ITI 公约》

《ITI 公约》是由海关互助理事会制定的，并于 1971 年通过，主要用于国际货物运输报关。该公约与《TIR 公约》规定的内容基本相同，但该公约制定较《TIR 公约》晚，其适用范围较广泛，条款内容较细，如《TIR 公约》的适用对象是公路车辆或载运集装箱进行的公路运输，而《ITI 公约》的适用对象是国际多式联运。

（六）《国际集装箱安全公约》

《国际集装箱安全公约》，简称《CSC 公约》，于 1972 年在联合国政府间海事协商组织的国际集装箱运输会议上通过。该公约的目的是维护集装箱在装卸、堆存、运输时的安全，促进国际集装箱运输的发展，将集装箱安全结构上的主要构件国际化。

为达到上述要求，各缔约国根据公约内容相继制定国内法，以便与公约同步。《CSC 公约》的主要内容包括集装箱结构的主要构件，集装箱试验的要求、条件，以及集装箱的维修、保养等。

凡符合上述要求的集装箱均可得到集装箱安全牌照。

国际集装箱运输方面的报关公约尽管已较齐全，且也符合当前集装箱运输的要求，但随着运输的进展，相信还会有新的变动，以不断地完善集装箱运输的规章制度。

二、《联合国国际货物多式联运公约》

该公约起草于 1965 年，并于 1969 年 3 月在东京召开的国际海事委员会第 28 届大会通过，因此该草案被称为《东京规则》。1973 年 10 月，联合国贸易与发展会议设立政府间筹备组负责重新起草联运公约草案，其中特别强调对发展中国家的照顾及对联运方式内涵的修改。1979 年 3 月，公约起草工作完成，并于 1980 年 5 月 24 日在联合国贸易与发展会议上通过。该公约共 8 章 40 条，其主要内容如下。

（一）适用范围与管理

公约的各项规定适用于两国境内各地之间的所有多式联运合同，但多式联运合同规定的多式联运经营人接管货物或交付货物的地点必须位于缔约国境内，并规定公约不得影响任何有关运输业务管理的国际公约或国家法律的适用，或与之相抵触。同时，公约不得影

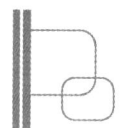

响各缔约国的国家一级管理多式联运业务和多式联运经营人的权利，包括就下列事项采取措施的权利：多式联运经营人、托运人、托运人组织与各国主管部门之间就运输条件进行协商，特别是在引用新技术开始新的运输业务之前进行协商；颁发多式联运经营人的许可证；参加运输；为了本国的经济和商业利益而采取一切其他措施。公约还明确规定，多式联运经营人除应遵守本公约的规定外，还应遵守其业务所在国法律的规定。

（二）多式联运经营人的责任

1. 多式联运经营人的责任期间

公约规定多式联运经营人的责任期间自接管货物之日起到交付货物之日为止。

2. 多式联运经营人的赔偿责任原则

公约实行推定过失原则，多式联运经营人对于责任期间内由货物灭失、损坏或延迟交付引起的损失应负赔偿责任，包括其雇用人员、代理人或为履行多式联运合同而使用其服务的任何其他人。除非多式联运经营人证明其本人、雇用人员或代理人为避免事故的发生及其后果已采取一切所能合理要求的措施，否则便推定损失是因其本人、雇用人员或代理人的过错行为而产生的。

3. 多式联运经营人的赔偿责任限额

多式联运经营人对货物的灭失、损坏造成的损失负赔偿责任，灭失、损坏的货物按每包或其他货运单位计不得超过 920SDR，或按毛重每千克计不得超过 2.75SDR 赔偿，以较高者为准（见表 11-1）。

表 11-1 承运人最高赔偿责任限额比较

公约名称	每件或每一单位		毛重每千克		备注
	责任限额 SDR	多式联运公约所占比例%	责任限额 SDR	多式联运公约所占比例%	
多式联运公约	920	570	2.75		内河运输包括海运
海牙规则	161	135			
维斯比规则	680		2.04	135	
CMR（公路）			8.33	33	
CIM（铁路）			16.67	16.5	
华沙公约			17	16	
多式联运公约			8.33		内河运输不包括海运
CMR（公路）			8.33	100	
CIM（铁路）			16.67	49.9	
华沙公约			17	49	

（1）如果货物用集装箱、货盘或类似的装运工具装运，经多式联运单据列明的装在这种装运工具中的包数或货运单位数应视为计算限额的包数或货运单位数，否则这种装运工具应视为一个货运单位。

（2）如果装运工具本身灭失或损坏，而该装运工具并不是多式联运经营人所有或提供的，则应将其视为一个单独的货运单位。

（3）多式联运合同如果不包括海上或内河运输，则多式联运经营人的赔偿责任按灭失或损坏货物毛重每千克计不得超过 8.33SDR。

（4）延迟交付货物造成损失所负的赔偿责任限额为该货物应付运费的 2.5 倍，但不得超过多式联运合同规定的应付运费的总额。

（5）多式联运经营人赔偿责任的总和（同时发生货损和延迟交付）不得超过按货物全部灭失所计算的赔偿责任限额。

（6）如果多式联运经营人和发货人之间订有协议，则多式联运单据中可规定超过上述各项规定的赔偿责任限额。

（7）如果货物的灭失或损坏发生于多式联运的某一特定阶段，而对这一阶段适用的一项国际公约或强制性国家法律规定的赔偿责任限额高于上述各项规定的赔偿责任限额，则应按照该公约或强制性国家法律规定的赔偿责任限额。

4. 多式联运经营人赔偿责任限制权利的丧失

如经证明，货物的灭失、损坏或延迟交付是由多式联运经营人或其雇用人员、代理人有意造成或明知可能造成而毫不在意的行为或不行为引起的，则多式联运经营人将丧失享受本公约所规定的赔偿责任限制的权利。

（三）发货人、收货人的权利和义务

1. 发货人、收货人的权利

（1）发货人有权选择单据是可转让的还是不可转让的。

（2）收货人在一定条件下，在多式联运经营人的责任期间，有权就货物的灭失、损坏或延迟交付所产生的损失提出索赔和诉讼。

（3）收货人在完成合理的交费义务后，有权向多式联运经营人要求提取货物。

2. 发货人、收货人的义务

（1）发货人、收货人必须按照规定向多式联运经营人支付各种必要的运输费用。

（2）发货人、收货人必须认真填写多式联运单据的基本内容，并对其正确性负责。

（3）如果多式联运经营人遭受的损失是由发货人的过失或雇用人员或代理人在其受雇范围内行事时的过失或疏忽所造成的，发货人对此应负赔偿责任。

（4）发货人对于运送的危险货物有义务加明危险标志或标签，并告知多式联运经营人，否则发货人对多式联运经营人由于运载这类货物而遭受的一切损失应负赔偿责任。

（四）危险货物的运输

（1）发货人应以合适的方式在危险货物上加明危险标志或标签。

（2）发货人将危险货物交给多式联运经营人时，应告知货物的危险特性，必要时告知应采取的预防措施。如果发货人未告知而多式联运经营人又无从得知货物的危险特性，则发货人对多式联运经营人由于运载这类货物而遭受的一切损失应负赔偿责任；视情况需要，多式联运经营人可随时将货物卸下、销毁或使其无害而无须给予赔偿。

（五）索赔与诉讼

1. 货物灭失、损坏或延迟交付的通知

（1）除非收货人不迟于在货物交给他的次一工作日，将说明货物灭失或损坏的一般性质的书面通知送交多式联运经营人，否则此种货物的交付即为多式联运经营人交付多式联

运单据所载明的货物的初步证据。

（2）在货物灭失或损坏不明显时，如果收货人在货物交付之日后连续 6 日内未提交书面通知，则第（1）条的规定相应适用。

（3）如果货物的状况在交付收货人时已经当事各方或其授权在交货地的代表联合调查或检验，则收货人无须就调查或检验所证实的灭失或损坏送交书面通知。

（4）遇有任何实际的或料想会发生的灭失或损坏时，多式联运经营人和收货人必须为检验和清点货物相互提供一切合理的便利条件。

（5）除非在货物交付收货人之日后连续 60 日内，或者在收货人得到通知，货物已按照多式联运合同或按照交货地点适用的法律或特定行业惯例，将货物置于收货人支配之下，或者将货物交给根据交货地点适用的法律或规章必须向其交付的当局或其他第三方之日后连续 60 日内，收货人向多式联运经营人送交书面通知，否则多式联运经营人对延迟交付所造成的损失无须给予赔偿。

（6）除非多式联运经营人不迟于在损失或损坏发生后连续 90 日内，或按照多式联运合同或按照交货地点适用的法律或特定行业惯例，将货物置于收货人支配之下，或者将货物交给根据交货地点适用的法律或规章必须向其交付的当局或其他第三方之日后连续 90 日内，以其较迟者为准，将说明此种灭失或损坏的一般性质的书面通知送交发货人，否则未送交书面通知即为多式联运经营人未由于发货人、雇用人员或代理人的过失或疏忽而遭受任何损失或损坏的初步证据。

（7）如果第（2）条、第（5）条和第（6）条中规定的通知期限最后一日在交货地点不是工作日，则该期限应延长至次一工作日。

（8）向多式联运经营人的代表，包括在交货地点使用其服务的人，或者向发货人的代表送交通知，应分别视为向多式联运经营人或发货人送交通知。

2. 诉讼时效

（1）根据本公约规定，有关国际多式联运的任何诉讼，如果在两年内没有提起，即失去诉讼时效。但是，如果在货物交付之日或应当交付之日后 6 个月内，没有提出书面索赔通知，说明索赔的性质和主要事项，则此期限届满后即失去诉讼时效。

（2）诉讼时效自多式联运经营人交付货物或部分货物之日的次一日起算。如果货物未交付，诉讼时效则自货物应当交付的最后一日的次一日起算。

（3）接到索赔要求的人可在诉讼时效期内随时向索赔人提出书面声明，延长诉讼时效。此诉讼时效可用另一次声明或多次声明再度延长。

（4）除非一项适用的国际公约另有相反规定，否则根据本公约，负有赔偿责任的人即使在上述各款规定的诉讼时效届满后，仍可在起诉地国家法律所许可的期限内提起诉讼，要求追偿，而此项所许可的期限，自提起此项追偿诉讼的人已清偿索赔要求或接到对其本人的诉讼传票之日起算，不得少于 90 日。

（六）仲裁

公约规定，合同双方可以达成书面协议，将争议提交仲裁。申述方有权选择仲裁地点，但应在有管辖权的法院所在国提交仲裁。

（七）管辖

（1）如果原告选择的法院按其所在国法律规定有权管辖，或者下列地点之一在其管辖范围内，原告可在该法院提起诉讼。

① 被告主要营业所，或者被告的经常居所。

② 订立多式联运合同的地点，而且合同是通过被告在该地的营业所、分支或代理机构订立的。

③ 国际多式联运货物的接管地或交付地。

④ 多式联运合同中指定并在多式联运单据中载明的任何其他地点。

（2）根据本公约，有关国际多式联运的任何诉讼程序均不得在第（1）条所没有规定的地点进行。本条各款并不妨碍各缔约国对于临时性或保护性措施的管辖权。

（3）虽有本条上述各项规定，但如果双方当事人在索赔发生之后达成协议，指定原告可以提起诉讼的地点，则该项协议有效。

（4）如果原告已根据本条各项规定提起诉讼，或者法院对于该诉讼已做出判决，则原当事人不得就同一理由提起新的诉讼，除非第一次诉讼的判决不能在提起新诉讼的国家执行。就本条而言，凡为使判决得以执行而采取措施，或者在同一国内将一项诉讼转移到另一法院，都不视为提起新诉讼。

三、我国《国际集装箱多式联运管理规则》

为了加强对国际多式联运的管理，促进通畅、经济、高效的国际多式联运的发展，满足对外贸易发展的需要，我国于1997年制定并施行了《国际集装箱多式联运管理规则》。下面介绍其中的一些主要规定。

（一）托运人的责任

（1）托运人将货物交给多式联运经营人，所提供货物的名称、种类、包装件数、重量、尺寸、标志等应准确无误，如为特殊货物还应说明其性质和注意事项。

（2）由下列情况导致的货物灭失、损坏或给多式联运经营人带来损失的，托运人应自行负责或承担赔偿责任：

① 箱体、封志完好，货物由托运人装箱、计数、施封或货物装载于托运人的自备箱内。

② 货物品质不良或外包装完好而内装货物短损、变质。

③ 运输标志不清，包装不良。

（3）由托运人的过失和疏忽给多式联运经营人或第三方带来损失的，即使托运人已将多式联运单据转让，仍应承担赔偿责任。多式联运经营人获得这种赔偿权利，不影响其根据多式联运合同对托运人以外的任何人应负的赔偿责任。

（4）托运人托运危险货物，应当依照该种货物运输的有关规定，妥善包装、粘贴或拴挂危险货物标志和标签，将其正式名称和性质及应采取的安全防护措施书面通知多式联运经营人；如果未通知或通知有误，多式联运经营人可以根据情况将货物卸下、销毁或者采取相应的处理手段，而不负赔偿责任。托运人对多式联运经营人因运输该种货物所受到的损失，应当负赔偿责任。

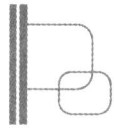

多式联运经营人知道危险货物的性质并已同意装运的,在发现该种货物对于运输工具、人员或者其他货物构成实际危险时,仍然可将货物卸下、销毁或者使之不能发生危害。

(二)多式联运经营人的责任

(1)多式联运经营人签发多式联运单据后,即表明多式联运经营人已收到货物,对货物承担多式联运责任,并按多式联运单据载明的交接方式,办理交接手续。

(2)多式联运经营人对货物的责任期间自接收货物时起至交付货物时止。

接收是指货物由多式联运经营人接管。

交付是指多式联运经营人按多式联运合同将货物交给收货人或根据交付地适用的法律或特定行业惯例将货物置于收货人的支配下或必须交给的当局及第三方。

(3)多式联运经营人在接收货物时已知道或有合理的根据怀疑托运人陈述或多式联运单据上所列货物的内容与实际接收货物的状况不符,但无适当方法进行核对时,多式联运经营人有权在多式联运单据上做出保留,注明不符之处、怀疑的根据及无适当核对方法的说明。

多式联运经营人未在多式联运单据上对货物或集装箱的外表状况加以批注,则应视为他已收到外表状况良好的货物或集装箱。

(4)除依照规定做出保留外,多式联运经营人签发的多式联运单据是多式联运经营人已经按照多式联运单据所载状况收到货物的初步证据。

(5)多式联运经营人有义务按多式联运单据中收货人的地址通知收货人货物已抵达目的地。

(6)收货人按多式联运单据载明的交接方式提取货物,并在提货单证上签收。多式联运经营人收回正本多式联运单据后,其责任即告终止。

(7)如果货物的灭失、损坏或延迟交付发生在多式联运经营人责任期间内,则多式联运经营人应依法承担赔偿责任。

货物在明确约定的交货日期届满后连续60日仍未交付的,收货人则可认为该批货物业已灭失。货物的灭失、损坏或延迟交付发生于多式联运的某一运输区段时,多式联运经营人的赔偿责任和赔偿责任限额适用该运输区段的有关法律、法规。

货物的灭失、损坏不能确定所发生的运输区段时,多式联运经营人的赔偿责任限额:多式联运全程中包括海运段的适用《中华人民共和国海商法》,多式联运全程中不包括海运段的适用有关法律、法规的规定。

(8)货物的延迟交付不能确定所发生的运输区段时,多式联运经营人对延迟交付承担的赔偿责任限额:多式联运全程中包括海运段的,以不超过多式联运合同计收的运费数额为限。货物的灭失、损坏和延迟交付同时发生的,多式联运经营人的赔偿责任限额按货物的灭失、损坏处理。

(9)因货物灭失、损坏或延迟交付给收货人造成损失,进而使收货人对多式联运经营人提起的任何诉讼,无论这种诉讼是根据合同还是侵权行为提起的,均适用第7条、第8条规定的赔偿责任限额。

(10)因货物灭失、损坏或延迟交付给收货人造成损失,进而使收货人对多式联运经营人的雇用人员提起诉讼的,该雇用人员如能证明其是在受雇范围内行事的,则其有权援用多式联运经营人的辩护理由和赔偿责任限额。

（11）如能证明货物的灭失、损坏或延迟交付是多式联运经营人有意造成的或明知有可能造成而毫不在意的行为或不行为所致的，多式联运经营人则无权享受第7条和第8条所规定的赔偿责任限额。

（12）多式联运经营人可以与有关各方签订协议，具体商定相互之间的责任、权利和义务及有关业务安排等事项，但不得影响多式联运经营人对多式联运全程运输承担的责任，法律、法规另有规定的除外。

（三）索赔

（1）多式联运经营人向收货人交付货物时，收货人未将货物灭失、损坏的情况书面通知多式联运经营人的，此项交付视为多式联运经营人已经按照多式联运单据交付货物及货物状况良好的初步证据。

货物灭失、损坏的情况非显而易见的，自货物整箱交付的次日起连续15日内，货物拆箱交付的次日起连续7日内，收货人未提交书面通知的，适用前款规定。

（2）货物交付时，如收货人已会同多式联运经营人对货物的状况进行联合调查或检验，则无须就查明的灭失或损坏的情况提交书面通知。

（3）如果多式联运经营人自向收货人交付货物的次日起连续60日内，未收到收货人就货物因延迟交付造成的经济损失而提交的书面通知，则不负赔偿责任。

（4）本条有关书面通知的提出时间，并不妨碍在所确定货物灭失、损坏发生区段法规所适用的书面通知提出的时效。

（四）诉讼时效

（1）多式联运全程包括海运段的，对多式联运经营人的诉讼时效期限为一年。多式联运全程未包括海运段的，按《中华人民共和国民法通则》的规定，对多式联运经营人的诉讼时效期限为两年。

（2）时效期间从多式联运经营人交付或应当交付货物的次日起计算。

（3）本条诉讼时效的规定不妨碍索赔人在能确定货物发生灭失、损坏区段时，根据该区段法规所规定的有权提起诉讼的时效。

（4）多式联运经营人对第三人提起追偿要求的时效期限为90日，自追偿的请求人解决原赔偿请求之日起或者收到受理对其本人提起诉讼的法院的起诉副本之日起计算。

项目拓展

项目案例分析

根据《海牙规则》规定："承运人须在航次开始前和开始时履行应尽职责，以便使货舱、冷藏舱和该船装载货物的其他部分适于并能安全地收受、承运和保管货物。"远洋货轮公司违背有关规定和国际惯例，疏忽大意，提供了不适载的集装箱，致使茶叶污染。

远洋货轮公司代理人代理签发的提单项下的3个集装箱由上海分公司全权代理发货人发货、点数、装箱、铅封。上海分公司未能按照常规要求认真检查箱体，过于自信或疏忽

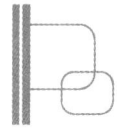

大意而使茶叶污染成为事实。

因此,远洋货轮公司应该承担较大的赔偿责任,上海分公司应承担一定的赔偿责任。

项目小结

本项目介绍了国际集装箱货物运输的相关法规,主要包括国际海运货物运输法规、国际铁路与公路货物运输法规、国际航空货物运输法规、国际多式联运法律法规等内容。

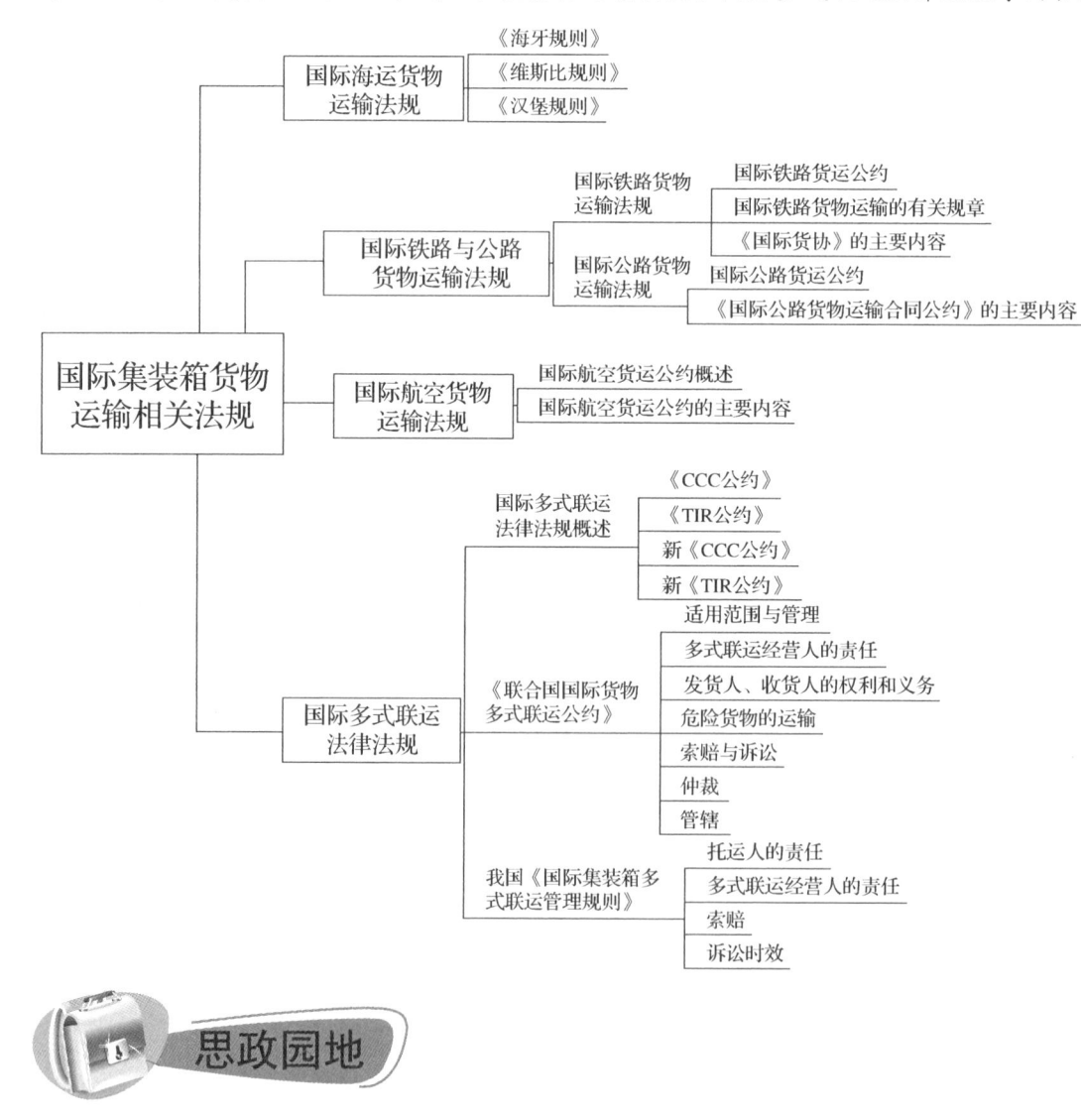

```
国际集装箱货物运输相关法规
├── 国际海运货物运输法规
│   ├── 《海牙规则》
│   ├── 《维斯比规则》
│   └── 《汉堡规则》
├── 国际铁路与公路货物运输法规
│   ├── 国际铁路货物运输法规
│   │   ├── 国际铁路货运公约
│   │   ├── 国际铁路货物运输的有关规章
│   │   └── 《国际货协》的主要内容
│   └── 国际公路货物运输法规
│       ├── 国际公路货运公约
│       └── 《国际公路货物运输合同公约》的主要内容
├── 国际航空货物运输法规
│   ├── 国际航空货运公约概述
│   └── 国际航空货运公约的主要内容
└── 国际多式联运法律法规
    ├── 国际多式联运法律法规概述
    │   ├── 《CCC公约》
    │   ├── 《TIR公约》
    │   ├── 新《CCC公约》
    │   └── 新《TIR公约》
    ├── 《联合国国际货物多式联运公约》
    │   ├── 适用范围与管理
    │   ├── 多式联运经营人的责任
    │   ├── 发货人、收货人的权利和义务
    │   ├── 危险货物的运输
    │   ├── 索赔与诉讼
    │   ├── 仲裁
    │   └── 管辖
    └── 我国《国际集装箱多式联运管理规则》
        ├── 托运人的责任
        ├── 多式联运经营人的责任
        ├── 索赔
        └── 诉讼时效
```

思政园地

提单上的破绽你能看出来吗

案情介绍:

2017年3月,国内某公司(以下简称甲方)与加拿大某公司(以下简称乙方)签订了设备引进合同。根据合同,甲方于2017年4月30日开立以乙方为受益人的不可撤销的即

期信用证。

信用证要求乙方在交单时，提供全套已装船清洁提单。

2017 年 6 月 12 日，甲方收到开证银行进口信用证付款通知书。甲方业务人员审核议付单据后发现乙方提交的提单存在以下疑点。

1．提单签署日期早于装船日期。

2．提单中没有"已装船"字样。

根据以上疑点，甲方断定该提单为备运提单，并采取以下措施。

1．向开证银行提出单据不符点，并拒付货款。

2．向有关司法机关提出诈骗立案请求。

3．查询有关船运信息，确认货物是否已装船发运。

4．向乙方发出书面通知，提出疑义并要求对方做出书面解释。

乙方在收到甲方通知及开证银行的拒付函后，知道了事情的严重性，向甲方做出了书面解释并片面强调船务公司方面的责任。在此情况下，甲方公司再次发函表明立场，并指出由于乙方原因，设备未按合同规定期限到港安装调试，已严重违反合同并给甲方造成了不可估量的损失，要求乙方及时派人来协商解决问题，否则甲方将采取必要的法律手段解决双方的纠纷。乙方遂于 2017 年 7 月派人来中国。在甲方出具了充分的证据后，乙方承认该批货物并未按合同规定时间装运，同时承认了其所提交的提单为备运提单。最终，经双方协商，乙方同意在总货款 12.5 万美元的基础上降价 4 万美元，提供三年免费维修服务作为赔偿并同意取消信用证，将付款方式改为货物到达目的港后以电汇方式支付。

案情分析：

本案例的焦点在于乙方提交银行的议付单据中提单不符合信用证规定的已装船清洁提单的要求。由于乙方在实际业务操作已经不可能在信用证规定的时间内向信用证议付银行提交符合要求的单据，便心存侥幸以备运提单作为正式已装船清洁提单作为议付单据。岂不知这种做法不仅违反了合同的有关要求而且已经构成了诈骗，其行为人不仅要负民事责任还要负刑事责任。作为信用证受益人要从中总结以下经验。

1．合同和信用证要详细清楚地规定议付单据中的提单必须是全套已装船清洁提单。

2．收到议付单据后，仔细认真地审核相关单证，确认所有单据符合单单相符、单证相符的要求。

3．仔细审核提单中的每一个细节，确保所收到的提单是全套已装船清洁提单。

忠告：

对于备运提单必须特别注意提单中是否有"已装船"字样，而预借提单因其一般注有"已装船"字样，很难鉴别其真伪，只有通过对照受益人向议付银行交单的日期是否早于提单签署日期、装运时间是否晚于提单签署日期，或通过船务公告中的航班时间表来判定。这两种提单也只能通过上述办法从中找出单据的不符点进而拒付，然后通过协商、仲裁或走司法程序解决。倒签提单是"已装船"提单，其与预借提单的根本区别在于其签署行为实施的时间是在货物装船以后，而预借提单是在货物实际装船以前签署的。由于倒签提单实际上是"已装船"提单，承运人只是把货物的装船日期及提单的签署日期提前，在审单过程中很难发现，即使通过船务公告或实际装运船只的航海日志确认该提单属倒签提单，但由于银行不负责鉴定单据的真伪，开证申请人也就无法因此拒付货款。在这种情

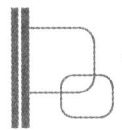

况下，只能通过司法程序向法院申请出具止付令，实施财产保全。只有这样，开证银行才有权做出拒付。

讨论思考：工作中为了业务顺畅，在具体操作时凭经验走捷径，心存侥幸的做法是否正确？

项目测试与训练

一、讨论分析题

1. 简述《海牙规则》的主要内容。
2. 《海牙规则》的缺陷是什么？
3. 简述《国际铁路货物联运协定》运输合同的变更范围和变更限制。
4. 空运单的主要作用是什么？
5. 简述《联合国国际货物多式联运公约》中多式联运经营人的责任。

二、技能训练

1. 承运人是否"恪尽职责"争议案

2003年3月20日，福建省某经济技术协作公司与日本三明通商株式会社签订了进口两台机械设备的合同。合同采用CIF湛江的价格条件，约定卖方应于当年6月底交货。该批货物由日本某集装箱运输公司作为承运人。货物运到湛江后发现两台机器有明显的碰损，于是请商检机构进行技术鉴定，鉴定结果为两台设备均由于碰撞，主要部件受损严重，已没有实用价值。该进口商向承运人提出索赔。承运人表示，船体在海上航行中发生颠簸导致船上所载货物发生碰撞是航行中不可避免的，船方已尽到责任，不应承担该损失。于是双方诉诸海事法院。

思考题：法院应如何判决？

2. 索赔时效争议案

中国烟台某葡萄酒公司于2005年1月24日向澳大利亚某公司订购了一批澳大利亚产的酒花。合同规定，酒花的纯度为99.85%，含水分最高为0.10%。每吨酒花4200美元，合同总额为4.2万美元，以即期信用证结汇。货物包装使用皮囊，皮囊要置于集装箱内。合同还规定"货到目的港后15天内索赔有效"。货物运至目的港后，港务代理通知收货人查验货物，收货人认为对方是多年的供货伙伴，没有发生过产品质量问题，因此没有必要查验，于是电话通知港方可以签发收据。货物运至港口7天后，收货人到港口提货，发现有一集装箱内皮囊是空的，里面并没有酒花。经当地商品检验局查验，皮囊上有许多细小的针孔。收货人认为承运人在运输中没有很好地照管货物，否则应该发现酒花泄漏，如果立即采取措施，酒花损失可以大大减少。因此，向该批货物的承运人提出索赔，但遭到承运人的拒绝。

思考题：承运人是否应该赔偿收货人的损失？

三、自我训练

（一）单选题

1. 具有货物所有权凭证的运输单据是（　　）。
   A．海运提单　　B．空运托运单　　C．货协运单　　D．海运单
2. CAN 是（　　）的简称。
   A．海运提单　　B．货协运单　　C．空运托运单　　D．空运单
3. 《国际货协》规定货物运输合同最多可以变更（　　）次。
   A．1　　B．2　　C．3　　D．4
4. 《海牙议定书》规定：在货物遭受损坏的情况下，收货人或有关当事人应于发现后即向承运人提出书面通知，或在收货后（　　）天之内提出书面通知。
   A．7　　B．14　　C．21　　D．30
5. 当货物灭失、损坏不明显时，如果收货人在货物交付之日后连续（　　）日内未提出书面通知，则此种货物的交付即为多式联运经营人交付多式联运单据所载明的货物的初步证据。
   A．6　　B．7　　C．14　　D．21

（二）多选题

1. 《海牙规则》中所谓的"货物"包括（　　）。
   A．大米　　B．电视机　　C．马　　D．机床
   E．猪肉
2. 参加《国际货协》的国家有（　　）。
   A．波兰　　B．俄罗斯　　C．中国　　D．蒙古
   E．荷兰
3. 我国加入的关于国际运输的公约有（　　）。
   A．《海牙规则》　　　　　　B．《国际铁路货物联运协定》
   C．《华沙公约》　　　　　　D．《海牙议定书》
   E．《瓜达拉哈拉公约》
4. 有关国际海运货物运输的法规包括（　　）。
   A．《海牙规则》　　　　　　B．《海牙议定书》
   C．《维斯比规则》　　　　　D．《华沙公约》
   E．《汉堡规则》
5. 我国出口货物可以以一份货协运单办理运送，最终到站交付收货人的国家是（　　）。
   A．德国　　B．法国　　C．乌克兰　　D．瑞士
   E．阿塞拜疆

参考答案

附录 A
国际标准集装箱参数表

表 A-1 杂货集装箱参数表

参数		20英尺箱		20英尺箱		20英尺箱		40英尺箱		40英尺箱	
材质		A（铝制）		B（铝制）		C（钢制）		A（铝制）		B（铝制）	
单位		mm	英尺-英寸	mm	英尺-英寸	mm	英尺-英寸	mm	英尺-英寸	mm	英尺-英寸
外部尺寸	长	6058	19-10.5	6058	10-10.5	6058	19-10.5	12 192	40	12 192	40
	宽	2438	8	2438	8	2438	8	3438	8	2438	8
	高	2438	8	2438	8	2438	8	2591	8-6	2591	8-6
内部尺寸	长	5930	19-5.44	5884	19-3.65	5888	19-3.81	12 062	39-6.87	12 052	39-6.5
	宽	2350	7-8.5	2345	7-8.94	2331	7-7.76	2350	7-8.5	2342	7-8.18
名义高度		2260	7-4.94	2240	7-4.18	2255	7-7.45	2380	7-9.86	2367	7-0.37
净空高度		2180	7-1.8	2180	7-1.8			2305	7-6.68		
门框尺寸	宽	2350	7-8.5	2342	7-8.18	2340	7-8.12	2035	7-8.5	2347	7-8.37
	高	2154	7-8.01	2135	7-0.16	2143	7-0.37	2284	7-5.68	2265	7-5.27
单位		m³	立方英尺	m³	立方英尺	m³	立方英尺	m³	立方英尺	m³	立方英尺
容积		31.5	1112	30.9	1091	31	1095	67.6	2386	66.5	2348
单位		kg	磅	kg	磅	kg	磅	kg	磅	kg	磅
自重		1600	3530	1700	3570	2230	4920	2990	6600	3410	7500
总重		24 000	52 913	24 000	52 913	24 000	52 913	30 480	67 200	30 480	67 200
载重		22 400	49 383	22 300	49 163	21 770	47 993	27 490	60 600	27 070	59 700

表 A-2 敞顶集装箱参数表

参数		20英尺		40英尺	
材质		铝制		铝制	
单位		mm	英尺-英寸	mm	英尺-英尺
外部尺寸	长	6058	10-10 1/2	12 192	40
	宽	2438	8	2438	8
	高	2438	8	2591	8

续表

内部尺寸	长	5930	19-5 7/16	12 056	39-6 5/8
	宽	2350	7-8 1/2	2351	7-8 1/2
名义高度		2180	7-1 7/8	2324	7-7
净空高度		2083	6-10		
门框尺寸	宽	2350	7-8 1/2	2340	7-8 1/16
	高	2154	7-0 13/16	2286	7-7
单位		m³	立方英尺	m³	立方英尺
容积		30.4	1073	60.8	2147
单位		kg	磅	kg	磅
自重		2030	4480	3800	8380
总重		24 000	48 525	30 480	67 200
载重		21 970	44 046	26 680	58 820

表 A-3 硬顶集装箱参数表

参数		20 英尺箱	
材质		钢制	
单位		mm	英尺-英寸
外部尺寸	长	6058	19-10 1/2
	宽	2438	8
	高	2438	8
内部尺寸	长	5918	19 - 5
	宽	2339	7-8 1/16
（名义）高		2243	7-4 5/16
门框尺寸	宽	2290	7-6 1/8
	高	2110	6-11 1/16
单位		m³	立方英尺
容积		30.8	1088
单位		kg	磅
自重		2200	4850
总重		24 000	47 185
载重		21 800	42 335
箱顶开口尺寸（mm）	长	5440	
	宽	2190	
箱顶重量（kg）		350	

表 A-4　板架集装箱参数表

参数		20 英尺箱		20 英尺箱		40 英尺箱		40 英尺箱	
材质		A（钢制）		B（钢制）		A（钢制）		B（钢制）	
单位		mm	英尺-英寸	mm	英尺-英寸	mm	英尺-英寸	mm	英尺-英寸
外部尺寸	长	6058	19-10 1/2	19-10 1/2	19-10 1/2	12 192	40	12192	40
	宽	2438	8	8	8	2438	8	2438	8
	高	2438	8	8	8	2591	8	2591	8
内部尺寸	长	5908	19-4 1/2	5928	19-5 3/8	12 054	39-6 9/16	12062	39-6 7/8
	宽	2388	7-10	2428	7-11 19-32	2256	7-4 13/16	2250	7-0 9/16
名义高度		2072	6-9 9/16	2178	7-1 3/4	1970	6-5 9/16	1964	6-5 5/16
单位		m³	立方英尺	m³	立方英尺	m³	立方英尺	m³	立方英尺
容积		29.2	1027	31.2	1102	53.8	1892	53.3	1882
单位		kg	磅	kg	磅	kg	磅	kg	磅
自重		2500	5520	2790	6150	4810	10610	5050	11 140
总重		24 000	52 913	24 000	52 913	30 480	56 590	30 480	56 060
载重		21 500	47 393	21 210	46 763	25 670	67 200	25 430	67 200

表 A-5　冷冻型集装箱参数表

参数		20 英尺箱		40 英尺箱	
材质		铝制		铝制	
单位		mm	英尺-英寸	mm	英尺-英寸
外部尺寸	长	6058	19-10 1/2	12 192	40
	宽	2438	8	2438	8
	高	2438	8	2591	8-6
内部尺寸	长	5391	17-8 3/16	11 480	27-7 15/16
	宽	2254	7-4 11/16	2234	7-3 15/16
名义高度		2130	6-11 13/16	2235	7-3 15/16
门框尺寸	宽	2254	7-4 11/16	2234	7-3 15/16
	高	2049	6-8 5/8	2163	7-1 1/8
单位		m³	立方英尺	m³	立方英尺
容积		25.9	914	57.3	2024
单位		kg	磅	kg	磅
自重		2750	6070	4750	10 480
总重		24 000	52 913	30 480	67 200
载重		21 250	46 873	25 730	56 720

表 A-6　干散货型集装箱参数表

参数		20 英尺箱		20 英尺箱	
材质		A（铝制）		B（铝制）	
单位		mm	英尺-英寸	mm	英尺-英寸
外部尺寸	长	6058	19-10 1/2	6058	19-10 1/2
	宽	2438	8	2438	8
	高	2438	8	2438	8
内部尺寸	长	5929	19-5 7/16	5889	19-3 27-32
	宽	2345	7-8 1/4	2338	7-8 3/64
名义高度		2213	7-3 1/8	2213	7-3 1/8
门框尺寸	宽	2350	7-8 1/2	2341	7/8 5/32
	高	2154	7-0 13/16	2130	6-11 7/8
单位		m^3	立方英尺	m^3	立方英尺
容积		30.8	1086	30.5	1076
单位		kg	磅	kg	磅
自重		1980	4370	2400	5511
总重		24 000	52 913		44 800
载重		22 020	48 543		39 289

表 A-7　通风型集装箱参数表

参数		20 英尺箱		20 英尺箱	
材质		玻璃钢		铝	
单位		mm	英尺-英寸	mm	英尺-英寸
外部尺寸	长	6058	19-10 1/2	6058	19-10 1/2
	宽	2438	8	2438	8
	高	2438	8	2438	8
内部尺寸	长	5901	19-4 5/16	5925	19-5 1/4
	宽	2370	7-9 1/4	2345	7-8 5/16
名义高度		2251	7-4 9/16	2213	7-3 1/8
净空高度		3137	7-0 1/8		
门框尺寸	宽	2276	7-5 9/16	2345	7-8 5/16
	高	2134	7	2112	6-11 1/5
单位		m^3	立方英尺	m^3	立方英尺
容积		31.5	1112	30.7	1086
单位		kg	磅	kg	磅
自重		2420	5340	2280	5030

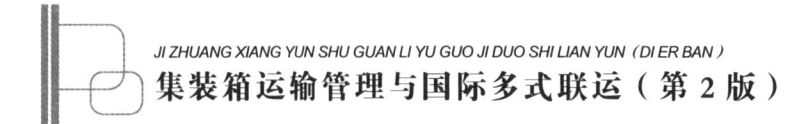

续表

单位	mm	英尺-英寸	mm	英尺-英寸
总重	24 000	52 913	24 000	52 913
载重	21 580	47 573	21 720	47 883

表 A-8　罐式集装箱参数表

参数		20 英尺箱		20 英尺箱	
材质		不锈钢制		钢制	
单位		mm	英尺-英寸	mm	英尺-英寸
外部尺寸	长	6058	19-10 1/2	6058	19-10 1/2
	宽	2438	8	2438	8
	高	2438	8	2438	8
内部尺寸	长	5247	17-2 9/16	5860	19-2 3/4
	直径	1900	6-2 3/4	2050	6-8 3/4
单位		m³	立方英尺	m³	立方英尺
容积		14.383	508	18.3	646.173
压力		1.8*9.8	25	0.7*9.8	9.954
参数		20 英尺箱		20 英尺箱	
单位		kg	磅	kg	磅
自重		3120	6380	3250	7165
总重		24 000	52 913	24 000	52 913
载重		20 880	46 533	20 750	45 748

附录 B
集装箱运输管理与国际多式联运常用单证

表 B-1 货物残损单

No._____

货物残损单
BROKEN & DAMAGED CARGO LIST

船名：_____　　　　　国籍：____　　　　　开航日期：____
S.S/M.S　　　　　　　　　　Nationality　　　　　　Berthed at

开工日期：___年___月___日　　　　　　　　　制单日期：___年___月___日
Tally commenced on　　　　　　　　　　　　　Date of list

提单或舱单号 B/L or Mft.No.	标志 Marks	货名 Description	件数 P'kgs	包装 Parking	残损情况 Broken and/or damage Conditions

表 B-2（1） 场站收据第一联（船代留底联）

Shipper（发货人）	委托号：	第一联
Consignee（收货人）	Forwarding agents	
Notify party（通知人）	B/L No.(编号)	
Pre-carriage by （前程运输） Place of receipt（收货地点）	集装箱货物托运单 船代留底	
Ocean Vessel （船名） Voy.No.（航次） Port of Loading（装货港）		
Port of Discharge（卸货港）	Place of Delivery（交货地点）	Final Destination（目的地）

Container No.（集装箱号）	Seal No.(铅封号)Marks & Nos.（标记和号码）	No.of Containers or package（箱数或件数）	Kind of packages & Description of goods（包装种类与货名）	Gross Weight 毛重（千克）	Measurement 尺码（立方米）

Total No.of Containers or Packages（IN WORDS）集装箱数或件数合计（大写）					
FREIGHT & CHARGES（运费与附加费）	Revenue Tons（运费吨）	Rate（运费率）	Per（每）	Prepaid（运费付至）	Collect（到付）
Ex.Rate:（兑换率）	Prepaid at（预付地点）		Payable at（到付地点）	Place of issue（签发地点）	
	Total Prepaid（预付总额）		No.of Original B/L（正本提单份数）	货值金额	

Service Type on Receiving □-CY, □-CFS, □-DOOR	Service Type on Delivery □-CY, □-CFS, □-DOOR	Reefer Temperature Required（冷藏温度）	°F	°C

Type of Goods（种类）	□ Ordinary（普通） □ Reefer（冷藏） □ Dangerous（危险品） □ Auto（裸装车辆） □ Liquid（液体） □ Live Animal（活动物） □ Bulk（散货） □_____	危险品	Class: Property: IMDG Code Page: UN No.

发货人或代理名称地址：			联系人：	电话：
可否转船：	可否分批：	装期：	备注	装箱场站名称
效期：		制单日期：		
由_____支付				

表 B-2（2） 场站收据第二联（场站收据副本）

Shipper（发货人）		委托号：	第二联
		Forwarding agents	
Consignee（收货人）		B/L No.（编号）	
Notify party（通知人）		**装货单**	
		场站收据副本	
Pre-carriage by（前程运输）　Place of receipt(收货地点)		Received by the Carrier the Total number of container or other Packages or Units stated below to be Transported subject to the terms and conditions of the Carrier's regular form of Bill of Lading(for Combined Transport or port to port Shipment)Which shall be deemed to be incorporated herein	
Ocean Vessel（船名）Voy.No.（航次）Port of Loading（装货港）			
		Date（日期）　　　　场站章	

Port of Discharge（卸货港）	Place of Delivery（交货地点）	Final Destination（目的地）			
Container No.（集装箱号）	Seal No.(铅封号) Marks & Nos.（标记和号码）	No. of Containers or package（箱数或件数）	Kind of packages & Description of goods（包装种类与货名）	Gross Weight 毛重（千克）	Measurement 尺码（立方米）
Total No. of Containers or Packages（IN WORDS）集装箱数或件数合计（大写）					
FREIGHT & CHARGES（运费与附加费）	Revenue Tons（运费吨）	Rate（运费率）	Per（每）	Prepaid（运费付至）	Collect（到付）
Ex.Rate:（兑换率）	Prepaid at（预付地点）	Payable at（到付地点）		Place of issue（签发地点）	
	Total Prepaid（预付总额）	No.of Original B/L（正本提单份数）		货值金额	
Service Type on Receiving □-CY, □-CFS, □-DOOR	Service Type on Delivery □-CY, □-CFS, □-DOOR		Reefer Temperature Required（冷藏温度）	℉	℃
Type of Goods（种类）	□ Ordinary（普通）　□ Reefer（冷藏）　□ Dangerous（危险品）　□ Auto（裸装车辆）			危险品	Class: Property: IMDG Code Page: UN No.
	□ Liquid（液体）　□ Live Animal（活动物）　□ Bulk（散货）　□＿＿＿				

发货人或代理名称地址：			联系人：	电话：
可否转船：	可否分批：	装期：	备注	装箱场站名称
效期：		制单日期：		
海运费由＿＿＿＿＿＿＿＿＿＿＿＿＿＿＿＿＿支付 如预付运费托收承付，请核准银行账号				

表 B-3　集装箱装箱单

集装箱装箱单			集装箱号 Container No.	集装箱规格 Type of Container:20 40
CONTAINER LOAD PLAN			铅封号 Seal No.	冷藏温度　℉　℃ Reefer.Temp.Required

船名　航次 OceanVessel Voy.No.	交货地点 Place of Receipt □场 □站 □门 CY　CFS　Door	装货港 Port of Loading	卸货港 Port of Discharge	交货地点 Place of Receipt □场 □站 □门 CY　CFS　Door	
箱主 Owner	提单号码 B/L No.	1.发货人　2.收货人 3.通知人 Shipper　Consignee Notify	标志和号码 Marks & Numbers	件数及包装种类 No. & Kind of P′kgs.	货名 Description of Goods	重量 (千克) Weight kg.	尺码 (立方米) Measurement Cu.M
					总件数 Total Number of Packages 重量及尺码总计 Total Weight & Measurement		
危险品要注明危险品标志分类及闪点 In case of dangerous goods,plesae enter the lable classification and flash point of the goods	重新铅封号 New Seal No.	开封原因 Reason for Breaking seat	装箱日期 Date of Vanning: 装箱地点 at: (地点及国名 Place & Country)			皮重 Tare weight	
	出口 Export	驾驶员签收 Received by Drayman	堆场签收 Received by CY	装箱人 Packed by 发货人　货运站 (shipper/CFS)　签署 Signed		总毛重 Gross Weight	
	进口 Import	驾驶员签收 Received by Drayman	货运站签收 Received by CFS			发货人或货运站留存* 1.shipper/CFS	

*集装箱装箱单一式多份，此栏具体标明为第几栏，何用途，表中本联为第一联"发货人或货运站留存"。

表 B-4 集装箱设备交接单（OUT）

集装箱设备交接单
EQUIPMENT INTERCHANGE RECEIPT

OUT 出场

No.

用箱人/运箱人（CNTR.USER/HAULIER）	提箱地点（PLACE OF DELIVERY）
来自地点（WHERE FROM）	返回/收箱地点（PLACE OF RETURN）

船名/航次（VESSEL/VOYAGE No.）	集装箱号（CNTR. No.）	尺寸/类型（SIZE/TYPE）	营运人（CNTR.OPTR）

提单号（B/L No.）	危品类别（IMCO CLASS）	铅封号（SEAL No.）	免费期限（FREE TIME PERIOD）	运载工具牌号（TRUCK WAGON BARGE No.）

货重（CARGO W.）	出场目的/状态（PPS OF GATE-OUT/STATUS）	进场目的/状态（PPS OF GATE-IN/STATUS）	进场日期（TIME-IN） 月 日 时

进场检查记录（INSPECTION AT THE TIME OF INTERCHANGE）

普通集装箱（GP.CNTR.）	冷藏集装箱（RF.CNTR.）	特种集装箱（SPL.CNTR.）	发电机（GEN.SET）
□ 正常（SOUND）	□ 正常（SOUND） 设定温度（SET） °C	□ 正常（SOUND）	□ 正常（SOUND）
□ 异常（DEFECTIVE）	□ 异常（DEFECTIVE）记录温度（RECORDED）°C	□ 异常（DEFECTIVE）	□ 异常（DEFECTIVE）

损坏记录及代号（DAMAGE & CODE）

BR	D	M	DR	DL
破损（BROKEN）	凹损（DENT）	丢失（MISSING）	污箱（DIRTY）	危标（DGLABEL）

如有异状，请注明程度及尺寸（REMARK）

(1) 用箱单位留底

除列明者外，集装箱设备交接时完好无损，铅封完整无误。
CONTAINER EQUIPMENT INTERCHANGED IN SOUND CONDITION AND SEAL INTACT UNLESS OTHERWISE STATED

用箱人/运箱人签署
（CONTAINER USER/HAULIER'S SIGNATURE）
____年____月____日

码头/堆场值班员签署
（TERMINAL/DEPOT CLERK'S SIGNATURE）
____年____月____日

表 B-5（1） 装货联单之留底联

中国外轮代理公司
CHINA OCEAN SHIPPING AGENCY
留底
COUNTERFOUL

S/O No._____

船名 Vessel Name　　　　　　　　　　　　　　　航次 Voy.　　　　目的港 For

托运人 Shipper

收货人 Consignee

通知 Notify

标记及号码 Marks & Nos.	件数 Quantity	货名 Description of Goods	毛重量（千克） Gross Weight In Kilos	尺码（立方米） Measurement Cu.M.

共 计 件 数（大写）

Total Number of Packages in Writing_____

委托号		可否转船	
装船期		可否分批	
结汇期		存货地点	
总尺码			

表 B-5（2） 装货联单之装货单联

中国外轮代理公司
CHINA OCEAN SHIPPING AGENCY
装货单　　　　　　　S/O No._____
SHIPPING ORDER

船名 Vessel Name　　　　　　　　　　　　　　　航次 Voy.　　　　目的港 For

托运人 Shipper

收货人 Consignee

通知 Notify

兹将下列完好状况之货物装船后希望签署收货单

Receive on board the under mentioned good order and condition, sign the accompanying receipt for the same

标志及号码 Marks Nos.	件数 Quantity	货名 Description of Goods	毛重量（千克） Gross Weight In Kilos	尺码（立方米） Measurement Cu.M

共 件 数（大写）

续表

Total Number of Packages in Writing_____

日期 Date　　　　　　　　　　　　　　　时间 Time

装入何仓_____

实收_____

理货员签名 Tallied By_____　　　　　　经办员 Approved By_____

表 B-5（3） 装货联单之收货单联

中国外轮代理公司
CHINA OCEAN SHIPPING AGENCY

装货单　　　　　　　S/O No._____
SHIPPING ORDER

船名 Vessel Name　　　　　　　　　航次 Voy.　　　目的港 For

托运人 Shipper

收货人 Consignee

通知 Notify

下列完好状况之货物业已受托无损
Receive on board the following goods apparent in goods order and condition：

标记及号码 Marks Nos.	件数 Quantity	货名 Description of Goods	毛重量（千克） Gross Weight In Kilos	尺码（立方米） Measurement Cu.M.

计　件　数　（大写）
Total Numner of packages in Writing_____

日期　　　　　　　　　　　　　　　　时间
Date　　　　　　　　　　　　　　　　Time

装入何仓_____

实收_____

理货员签名　　　　　　　　　　　　　大副
Tallied By_____　　　　　　　　Chief Officer_____

表 B-6　出口载货清单

No._____

出口载货清单

EXPORT CARGO LIST

船名：_____　　国籍：_____　　开航日期：_____

序号	提单号码 No. of B/L	装货港 Place of Shipment	目的港 Place of Destination	标志及包装 Marks and Numbers	件数 No.of packages	包装 Kind of pankages	货名 Descriptions	质量 Weight 千克 Kilos	备注 REMARKS

表 B-7　货物溢短单

No._____

货物溢短单

Overlanded&Shorlanded cargo list

开工日期：_____年_____月_____日

Tally commenced on

船名：_____　国籍：_____　停泊日期：_____　制单日期：_____年_____月_____日

S.S./M.S.　　　Nationlity　　　Berthed at　　　　　　Date of list

溢卸货物 Overlanded cargo					短卸货物 Shorlanded Cargo				
提单或舱单号 B/L or Mft. No.	标志 Marks	货名 Description	件数 P'kgs	包装 Parking	提单或舱单号 B/L or Mft. No.	标志 Marks	货名 Description	件数 P'kgs	包装 Parking
件数小计 P'kges Total					件数小计 P'kges Total				

收货人/代理人：_____　　理货组长：_____　　船长/大副：_____

Receiver/Agent：　　　　　　　Chief Tallyman：　　　　　Master/chief officer：

表 B-8（1） 交货记录联单之到货通知联

到货通知书
ARRIVAL NOTICE

No.

港区、场、站　　　　　　　　船档号：

收货人	名称：		收货人开户银行与账户	
	地址：			

船名		航次		起运港		目的地	
提单号		交付条件		到付海运费			
卸货地点		到达日期		进库日期		第一程运输	

标记与集装箱号	货名	集装箱数或件数	重量/kgs	体积/m³	

交付收货人

特此通知

年　月　日

注意事项：

1. 请凭本通知书和正本提单（加盖公章）速来我公司进口部门办理提货手续。
2. 如果需委托我公司代办报关转运，请随带有关单证及钱款，派员前来我公司委托。
3. 在必要情况下，我公司接受银行提保函替代正本提单办理提货手续。
4. 根据海关规定，货物到港 14 天内未能及时向海关申报，由此引起的滞报金由收货人承担。
5. 本通知书所列到达日期系预报日期，不作为申报进境和计算滞报金、滞箱费起算日的凭证。

表 B-8（2） 交货记录联单之提货单联

提货单
DELIVERY ORDER

No.

港区、场、站　　　　　　　船档号：

收货人							
船名		次		起运港		目的地	
提单号		交付条件		到付海运费			
卸货地点		到达日期		进库日期		第一程运输	
标记与集装箱号		货名	集装箱数或件数	重量/kgs	体积/m³		

请核对放货：

提货专用章

凡属法定检验、检疫的进口商品，必须向有关监督机构申报。

收货人章	海关章		
1	**2**	**3**	**4**

附录 B

表 B-8（3） 交货记录联单之费用账单联

费用账单（1）

No.

港区、场、站 _____　　　　　　　　　船档号：

收货人	名称：			收货人开户银行与账户	
	地址：				

船名		航次		起运港		目的地	
提单号		交付条件		到付海运费			
卸货地点		到达日期		进库日期		第一程运输	

标记与集装箱号	货名	集装箱数或件数	重量/kgs	体积/m³

费用名称	计费吨	单价	金额	计费吨	单价	金额	收货人章	
港务费								
堆存费							收款单位财务章	
装卸费							港区、场、站受理章	
							核算章	复核章
其他								
合计							开单日期	

表 B-8（4） 交货记录联单之交货记录联

交货记录

No.

港区、场、站					船档号：	
收货人	名称：			收货人开户		
	地址：			银行与账户		
船名		航次		起运港		目的地
提单号		交付条件		到付海运费		
卸货地点		到达日期		进库日期		第一程运输
标记与集装箱号		货名		集装箱数或件数	重量/kgs	体积/m³

交货记录

日期	货名或集装箱号	出库数量			操作过程	尚存数	经手人	
		件数	包装	重量			发货员	提货人
							收货人章	港区场站章
备注								

表 B-9 集装箱多式联运提单

1)Shipper Insert Name, Address and Phone		B/L No.
2)Consignee Insert Name, Address and Phone		中远集装箱运输有限公司 COSCO CONTARNER LINES TLX：33057 COSCO CN FAX：+86(021)65458984
3)Notify party Insert Name, Address and Phone		ORIGINAL Port-to-Port or Combined Transport **BILL OF LADING**
4)Combined Transport* Pre-carriage by	5)Combined Transport* Place of Receipt	RECEIVED in external apparent good order and condition except as otherwise noted. The total number of packages or unites stuffed in the container, The description of the goods and the weights shown in this Bill of Lading are fumished by the Merchants, and which the carrier has no reasonable means of checking and is not a part of this Bill of Lading contract. Yhe carrier has issued the number of Bills of Lading must be surrendered and endorsed or signed against the delivery of the shipment and whereupon any other original Bill of Lading shall be void. The merchants agree to be bound by the terms and conditions of this Bill of Lading as if each had personally signed this Bill of Lading. 　SEE clause 4 on the back of this Bill of Lading(Terms continued on the back hereof, please read carefully). *Applicable Only When Document Used as a Combined Transport Bill of Lading.
6)Ocean Vessel Voy No.	7)Port of Loading	
8)Port of Discharge	9)Combined Transport Place of Delivery	
	10)Final Destination (of the goods-not the ship)	

11)Marks& Nos. Container/Seal No.	12)No. & Kinds of PKGS.	13)Description of Goods(If Dangerous Goods,See Clause 20)	14)G.W.(kg)	15)MEAS(m^3)
		16)Description of Contents for Shipper's Use Only(Not part of This B/L Contract)		

17)Total Number of containers and/or packages(in words)
Subject to Clause 7 Limitation

18)Freight & Charges	19)Revenue Tons	20)Rate	21)Per	22)Prepaid	23)Collect
24)Ex. Rate:	25)Prepaid at	26)Payable at	27)Place and Date of Issue		
	28)Total Prepaid in	29)No. of Original B(s)/L	Signed for the Carrier, 　　　　COSCO CONTAINER LINES		

LOADING ON BOARD THE VESSEL

DATE		BY	

ENDORSEMENT:

附录 C

世界集装箱港口吞吐量前 20 强

世界集装箱港口吞吐量前 20 强（2014—2020）

（单位：万 TEU）

	2014		2015		2016		2017		2018		2019		2020	
1	上海	3528.5	上海	3651	上海	3713	上海	4023	上海	4201	上海	4330	上海	4350
2	新加坡	3360	新加坡	3092	新加坡	3090	新加坡	3367	新加坡	3660	新加坡	3719	新加坡	3687
3	深圳	2403.7	深圳	2420	深圳	2398	深圳	2521	宁波—舟山	2635	宁波—舟山	2753	宁波—舟山	2873
4	香港	2228.3	宁波—舟山	2063	宁波—舟山	2157	宁波—舟山	2464	深圳	2574	深圳	2577	深圳	2655
5	宁波—舟山	1944.9	香港	2011	香港	1981	香港	2076	广州	2187	广州	2323	广州	2319
6	釜山	1842	釜山	1945	釜山	1946	釜山	2047	釜山	2166	釜山	2199	青岛	2200
7	青岛	1662.44	青岛	1751	广州	1885	广州	2037	香港	1960	青岛	2101	釜山	2183
8	广州	1616	广州	1697	青岛	1805	青岛	1830	青岛	1932	香港	1830	天津	1835
9	迪拜	1525	迪拜	1559	迪拜	1477	迪拜	1537	洛杉矶/长滩	1755	天津	1730	香港	1796
10	天津	1465	天津	1411	天津	1452	天津	1506	天津	1601	洛杉矶/长滩	1696	洛杉矶/长滩	1732
11	鹿特丹	1230	鹿特丹	1223	巴生	1317	鹿特丹	1373	迪拜	1495	鹿特丹	1481	鹿特丹	1435
12	巴生	1100	巴生	1189	鹿特丹	1239	巴生	1198	鹿特丹	1451	迪拜/阿里山	1411	迪拜/阿里山	1348
13	高雄	1059.3	高雄	1026	高雄	1046	安特卫普	1045	巴生	1232	巴生	1358	巴生	1324
14	大连	1012.76	安特卫普	965	安特卫普	1004	厦门	1038	安特卫普	1110	安特卫普	1186	安特卫普	1203

附录C

续表

	2014		2015		2016		2017		2018		2019		2020	
15	汉堡	970	厦门	918	厦门	961	高雄	1027	厦门	1070	厦门	1112	厦门	1140
16	安特卫普	897	大连	945	大连	958	大连	971	高雄	1045	高雄	1042	丹戎帕拉帕斯	980
17	厦门	857.24	丹戎帕拉帕斯	912	汉堡	891	洛杉矶	934	大连	977	汉堡	928	高雄	962
18	洛杉矶	830	汉堡	882	洛杉矶	886	汉堡	882	丹戎帕拉帕斯	896	丹戎帕拉帕斯	907	汉堡	875
19	丹戎帕拉帕斯	780	洛杉矶	816	丹戎帕拉帕斯	828	丹戎帕拉帕斯	835	汉堡	877	大连	876	纽约/纽瓦克	758
20	长滩	682	长滩	719	林查班	723	林查班	778	林查班	807	纽约/纽瓦克	798	林查班	754

参考文献

[1] 王鸿鹏. 集装箱运输管理[M]. 2版. 北京：电子工业出版社，2012.
[2] 杨志刚. 集装箱码头业务管理[M]. 北京：人民交通出版社，1997.
[3] 方照琪，李艳琴，段雪妍. 集装箱运输实务[M]. 大连：大连海事大学出版社，2014.
[4] 段满珍. 国际集装箱运输与多式联运[M]. 北京：北京交通大学出版社，2011.
[5] 杨志刚. 国际多式联运实务与法规[M]. 北京：人民交通出版社，2001.
[6] 杨茅甄. 国际集装箱港口管理实务[M]. 上海：上海人民出版社，2007.
[7] 申习身. 集装箱运输实务[M]. 北京：对外经济贸易大学出版社，2011.
[8] 真虹. 集装箱运输学[M]. 大连：大连海事大学出版社，1999.
[9] 张敏. 集装箱运输业务[M]. 北京：人民交通出版社，1997.
[10] 陆华. 集装箱运输与多式联运[M]. 上海：上海交通大学出版社，2008.
[11] 吴永富. 国际集装箱运输与多式联运[M]. 北京：人民交通出版社，2008.
[12] 林祖乙. 国际集装箱运输与多式联运[M]. 北京：人民交通出版社，1993.
[13] 陈心德，姚红光，李程. 集装箱运输与国际多式联运管理[M]. 北京：清华大学出版社，2008.
[14] 刘锡蔚. 集装箱船舶积载[M]. 北京：人民交通出版社，1997.
[15] 邱文昌，施纪昌，沈玉如. 海上货物运输[M]. 北京：人民交通出版社，2005.
[16] 中国国际货运代理协会. 国际陆路货运代理与多式联运理论与实务[M]. 北京：中国商务出版社，2010.
[17] 陈广，蔡佩林. 集装箱运输实务[M]. 北京：中国经济出版社，2010.
[18] 方照琪，楼世洲. 基于工作过程导向的集装箱运输实务课程改革与实践[J]. 职教论坛，2012（29）：20-21，23.
[19] 方照琪，孙秋高. 道路危险品运输人员的管理现状及对策——以浙江省为例[J]. 中国商论，2012（23）：64-66.